사회학총서 1

현대사회학이론

-패러다임적 구도와 전환-

강정한 · 김문조 · 김종길
김홍중 · 유승호 · 하홍규

다산출판사

인사말

정진성(서울대/한국사회학회장)

사회학은 언론, 행정, 사법, 기업, 복지, 시민사회 분야 전반에 골고루 필요한 지식을 교육하여 취업 분야가 넓을 뿐만 아니라 사회과학 여러 분과학문에 가장 유용한 이론의 공급원이기도 합니다. 최근 법학전문대학원을 비롯하여 여러 새로운 형태의 대학원이 설립되면서, 학부 교육과정에서 사회학이 갖고 있는 종합성과 논리성, 이론적 강점이 새롭게 주목받기 시작했습니다. 더욱이 엄청난 속도의 과학기술 발전과 글로벌리제이션의 진전으로 사회가 더 이상 하나의 분과학문으로 설명할 수 없는 복합적 양상으로 변화하는 상황에서, 사회학의 종합성과 유연성이 학문 간의 융복합을 추동하는 역할을 할 수 있다는 점도 새롭게 조명되기 시작했습니다. 다만 실용적이고 전문화되어 가는 세태에서 '사회'라는 개념이 추상적이고 모호하게 인식되고 있기 때문에, 사회학을 공부하는 학생들에게, 그리고 일반인들에게도 사회학의 개념과 위상을 명확히 정립하여 인식하도록 할 필요가 있다는 것이 사회학총서 기획의 기본 취지입니다.

2011년 6월 사회학회 총회에서 2013년 회장이 선출되고, 곧바로 구성된 새로운 회장단은 사회학총서를 만들자는 데 뜻을 모았습니다. 2011년 회장단에서 '21세기 사회학혁신 특별위원회'를 만들어서 사회학의 영역과 커리큘럼을 조사했으며, 2012년 회장단은 일본에서 사회학총서가 두 차례에 걸쳐 발간되었고 최근 중국사회학회도 총서 발간에 관심을 기울이고 있는 것을 확인하고 한국사회학회에서도 총서작업을 시도하면 좋겠다는 의지를 보인 바 있습니다.

총서 기획은 사회학회 내에서 활동하고 있는 20여 개의 분과학회를 기반으로 이루어졌습니다. 1990년대 후반부터 사회학의 규모가 늘어나면서 여러 분과학회가 속속 만들어졌는데, 이 분과학회들이 전·후기 사회학대회의 발표 세션 구성의 주체가 되고 있습니다. 대부분의 분과학회들은 그 분야의 전반적인 내용을 체계적으로 보여주는 저술의 필요성을 인지하고 있었으며, 사회학회 차원에서 각 분야를 아우르는 총서를 기획하는 데에 매우 적극적인 의사를 표명했습니다. 이미 개설서를 출판한 문화사회학회, 비판사회학회 등을 제외한 16개 분과학회가 2012년 11월에 1차 기획회의를 가지고 총서의 기본적인 가이드라인을 결정했습니다. 총서는 각 사회학 영역의 내용과 방법론 등을 포괄하며 사회학 학부 고학년과 대학원 신입생 수준의 학생들이 그 분야 사회학에 대해 전문지식을 습득할 수 있는 수준과 방식으로 집필하는 것으로 의견을 모았습니다.

총서작업 과정에서 사회학회는 전 분과학회가 참여하는 학술회의를 열었습니다. 모든 분과학회가 발표와 토론에 참여하여 총서 추진과정에서 실제로 집필의 한 부분이 이루어지고 집필의 추진력도 받을 수 있도록 한 것입니다. 4월에 '복지'를 주제로 하여 8개의 학회가 참여하는 심포지엄을 개최했고, 5월에는 '경제민주화' 대토론회를 7개 학회의 참여로 진행했습니다. 각 분과학회들은 매우 성실하고 진지하게 발표원고를 준비하여, 복지와 경제민주화와 같은 사회 전체에 큰 영향을 미치는 문제에 대해서 기존의 좁은 학문의 울타리를 넘어 융복합의 분석을 주도할 수 있는 사회학의 강점을 최대한으로 발휘했습니다.

사회학총서는 사회학의 학문적 특성과 내용을 확실히 할 뿐만 아니라, 각 분과학회가 총서작업을 통해 학문적 수준과 결속력을 높일 것으로 기대합니다. 나아가 분과학회 상호 간의 학문적 교류와 신뢰를 강화하여 한국사회학회 전체의 정체성과 참여도를 높이고 결과적으로 한국사회학 전체의 수준을 높일 것이라고 믿습니다. 특히 서구의 학문적 업적에 기대온 과거의 관행에서 크게 벗어나 한국사회의 맥락에서 학자들의 문제의식과 시각, 문제해결의 방식을 정립할 수 있는 효과적인 계기가 될 것으로 생각됩니다.

그간에 각 학회장들의 회합이 계속 이어졌고, 6월 전기사회학대회에서는 총서 집필 현황을 서로 점검하는 공동 세션이 열렸으며, 이제 12월 사회학대회에서는 출판기념회를 계획하고 있습니다. 현재, 함께 시작한 16개 학회(몇 개는 개인들의 집필로 이루어지고 있음) 전체가 실제로 12월 사회학회에서 출판된 책을 가질 수 있기를 기대합니다만, 혹시 미처 끝내지 못한 학회는 나음 해를 기약하면 될 것입니다. 또 여러 다른 분과학회나 개인학자들이 속속 총서 작업에 합류하여 사회학총서가 점점 더 완성된 모습을 갖추게 되기를 기원합니다.

집필에 참여하신 사회학회 여러분들께 감사드리며, 총서의 기획으로부터 실무에 이르는 전체 과정을 책임져 주신 강정한 교수와 총서의 출판을 선뜻 맡아주신 다산출판사 분들께 진심으로 고마움을 전합니다.

아무쪼록 수준 높은 책들이 출판되어, 한국사회학의 발전에 큰 기여를 하게 되기를 기대합니다.

발간사

송호근(사회학총서 발간위원장)

한국사회학회에서 처음 시도하는 총서 발간을 진심으로 환영하고 축하한다. 그동안 학회 차원에서, 그리고 뜻있는 사회학자들 간에 총서 발간의 필요성이 심심치 않게 제기된 바 있고, 영역별로 총서 형태의 연구서를 이미 발행한 분과학회가 더러 있지만, 사회학회 차원에서 총서 발간이라는 대사업을 시작한 것은 처음 있는 일이다. 그런 의미에서 조금 늦은 감이 없지 않지만, 20세기 한국사회의 발전상을 바탕으로 21세기 세계화와 더불어 진행되는 한국사회의 변화상을 각 분과별로 정리, 조망해 보는 일은 그야말로 한국사회학의 토대를 다지는 기초 작업이다. 21세기 한국사회는 더 이상 일국경계에 한정된 사회가 아니라 전 지구적 차원의 변화와 맞물린 다국적 · 혼합적 변동의 중심에 놓여 있으며, 그에 따라 20세기 사회학 패러다임으로는 포착되지 않는 신종의 변동 요인들이 대거 집중되거나 자체 생산되고 있다고 봐도 과언이 아니다. 신종 요인들의 유입과 동화과정, 자체 생산되는 신요인들의 본질을 파악하려면 새로운 이론과 분석방법이 필요하다. 고전사회학의 기본 원리와 20세기 사회학 패러다임을 기초로 하되 구본신참, 신구절충의 정신으로 글로벌화의 와중에 있는 한국사회의 변동원리를 포착하고 정립하는 것이 절실한 과제이다. 총서 발간의 가장 중요한 의미는 바로 여기에 있다.

돌이켜보건대, 한국사회학은 사회변동의 척후 역할을 담당하던 '호황의 시대' 를 지나 사회적 수요가 현격히 줄어든 '위축의 시대' 를 맞고 있다. 누구나 사회학적 지혜를 필요로 했던 '격동의 시대' 에 오늘날의 수요위기를 예측하고 적절한 대비책을 준비해야 했다는 뒤늦은 반성이 총서를 발간하게 된 주요한 계기일 것이다. 사회학은 수요 위기와 함께 정체성 위기라는 이중적 위기에 당면하고 있다. 인접학문으로 주제와 쟁점이 이관되는 자연스런 학문분화, 산업화와 민주화가 어느 정도 정착함에 따라 변동론적 비전이 상대적으로 설득력을 잃는 현상, 그리고 무엇보다 사회학 내부에서 진행된 과잉전문화로 연구자와 대중이 분리되는 현상 등이 대중독자와 지지기반을 약화시킨 요인들로 보인다. 이는 사회과학 전반에서 목격되는 일반적 모습인데 사회학에서 그 중첩효과가 극대화되었다. 아카데미아에서 사회학의 위상을 회복하는 일, 대중독자들로부터 사랑과 신뢰를 회복하는 일이 무엇보다 절실한 요즘, '풍요한 사회' 의 내부 역학을 파헤치고 시민과 시민사회, 그리고 국가권력의 양지와 음지를 날카로운 분석기제와 생생한 언어로 조명하는 것은 사회학의 정체성을 살려내고자 하는 이 시대 사회학자들의 가장 중대한 과제라고 생각한다.

총서발간이 바로 그 작업의 기초를 마련할 것으로 기대한다. 21세기 한국사회의 변동역학과 인과법칙, 그리고 시민생활을 관할하는 객관적 법칙을 밝혀내는 작업이야말로 미시적 지식생산에 함몰된 아카데미아의 근시안적 연구경향을 극복하고 시민사회를 이끌 집단적 지혜와 교양을 증진하는 지름길이기 때문이다. 21세기 사회학이 바로 그 일을 담당해야 한다. 이는 정체성 위기에 처한 사회과학 일반의 지식저변을 넓혀 그 기초를 다지는 공동체적 과업의 첫걸음이라 할 수 있다. 이런 의미에서 총서 발간에 참여하는 집필진들은 사회과학의 공익함양과 공공성 증대라는 시대적 요구를 실천하는 사회학 전사라 해도 과언이 아니다.

총서 발간을 통해 사회학이 새로 태어나고 현재와 미래의 연구과제와 원리를 새롭게 갱신할 수 있기를 기대한다. 21세기 한국사회는 사회학과 더불어 숨 쉬고 사회학과 더불어 진화해 나갈 것을 희망한다. 사회학은 언제나 시민들이 발 딛고 있는 삶의 현장에서 시작해서 새로운 기획을 들고 다시 현장으로 돌아오는 실천적 학문이다. 시민들의 생생한 삶을 생동력 있는 이론과 신선한 언어로 퍼 올리는 것이야말로 21세기 사회학의 정체성을 구축하는 기본 원리다. 집필진들의 열정과 헌신을 기대한다.

기획의 글

사회학이 이 땅에 뿌리내린 지 근 70년에 달한다. 그간 한국사회는 급격히 변했고, 한국사회학도 급변하는 현실을 진단하고 설명하기 위해 진력해 왔다. 계몽주의적 유풍이 엄존하던 1960년대까지 우리 사회학은 사회체계의 정립과 방향 모색을 주된 과업으로 삼아 왔으나, 1970년대 이후부터는 현실비판과 대안적 사회질서의 탐색에도 힘을 기울여 왔다. 그러나 사회체계의 복잡성과 가변성이 고조되어 가는 근사에 이르러 사회학의 연구대상인 "사회적인 것(the social)"의 실체가 날로 묘연해지고 있다. 따라서 "사회학 하기"의 어려움이 커지고 있으나, 혼돈 속의 질서를 추구하려는 지적 책무는 오히려 가중되고 있는 실정이다.

"사회적인 것의 혼재"로 대변할 수 있는 오늘날 우리 사회에는 임기응변의 잡동사니 법칙이나 원리들이 성행하고 있다. 더구나 엄정한 진술 대신 경박한 교언이 각광받는 미혹의 시대에 사회학 자체가 매력도 쓸모도 없는 "비호감" 지식으로 외면되는 경향마저 엿보인다. 이 같은 난관은 "대중화"와 같은 안이한 대응으로는 결코 타개하기 힘들다고 본다.

정상급 사회과학(queen of social sciences)의 기대를 안고 출범한 사회학의 학문적 존재가치를 증진하기 위해서는 현대사회가 요구하는 지식생산에 충실한 것이 정도(正道)라고 판단된다. 이러한 시대적 요구에 부응하기 위해서는 복잡다기한 세상을 총체적으로 관망하고 진단할 수 있는 종합적 사고역량을 갖추는 일이 절실하다. 현실에 대한 종합적 통찰을 목표로 하는 이론은 바로 그러한 소명에 선도적 역할을 담당해야 한다고 본다.

사회학은 폭넓은 사회현상들을 다양한 방식으로 규명하고자 한다는 점에서 여타 학문들보다 종합적이다. 하지만 이론 특유의 종합적 사고력은 단순히 제반 현상들을 보다 널리 배려하기 위한 때문만은 아니다. 이론에 내재한 종합적 사유의 원천은 자체 이론에 대한 부단한 비판적 점검, 요컨대 성찰성이라는 속성에서 유래한 것이라고 생각된다. 관점이나 접근방법의 난립으로 때때로 무질서나 혼돈의 학문으로 공박당하면서도 결정적 순간마다 이론적 응답을 요청받곤 하는 것은 성찰을 통해 완숙된 '깊은 사회학(deep sociology)' 에 대한 사회적 기대를 반영한 것이라고 하겠다.

IMF 환란의 상흔이 미처 가시기도 전에 들이닥친 세계적 금융위기로 한국사회를 위시한 세계 거의 전역이 침체상황으로 들어서고 있다. 그러나 사회학은 위기 때마다 뛰어난 지적 역능을 발휘해 사회적 위기를 극복할 수 있는 계기를 제공해 온 위기의 산물이다. 이론적 통찰에 기반한 사회학이 현실적 난관을 돌파할 수 있는 '희망의 학문' 임을 학계 안팎으로 널리 알려 이론사회학의 담론공간을 확장하고 사회학 후속세대가 전문지식을 통해 사회발전에 기여하는 데 보탬이 되는 계기를 제공할 수 있기를 고대하면서, 한국사회학회가 추진하는 사회학총서 집필에 기쁜 마음으로 동참한다.

2013년 겨울

강정한 · 김문조 · 김종길

김홍중 · 유승호 · 하홍규

차 례

제 1 부 사회학이론의 전개과정

제11장 감정적 전환 / 김홍중

제12장 공간적 전환 / 유승호

제13장 코스모폴리탄 전환 / 김문조

제 1 부

사회학이론의 전개과정

제 1 장

서론 : 사회학이론의 성격과 의의

| 김문조(고려대) |

1. 이론이란 무엇인가?

이론은 "현상을 설명하거나 이해하기 위한 진술의 체계"를 뜻한다. 이론에 비추어 세상을 바라보면 복잡다단한 현상을 손쉽게 규명할 수 있고, 장황한 서술을 간명히 축약할 수 있으며, 겉으로 쉽게 드러나지 않는 숨겨진 진실을 포착할 수 있다. 따라서 자연과학이나 공학은 물론이요 사회과학, 인문학 및 예술학에 이르는 제반 학문분야에 이론이 상존한다. 그런데 복잡다단한 현실에 대한 앎을 증진시키고자 하는 이론 본연의 사명에도 불구하고 오히려 이론이 어려움을 가중시킨다는 비난이 제기되곤 한다. 그 가장 큰 이유는 현상에 대한 일반화된 진술을 목표로 하는 이론에는 경험적 확증과 사변적 고찰이라는 이중적 역할이 부여되어 있기 때문이라고 본다(Wallace, 1971).

분화와 통합을 거듭하며 복잡성을 더해 가는 현대사회를 올바로 진단하기 위해서는 당연히 이론이 요청된다. 그런데 탐구대상인 사회와 이론 간의 관계로부터 사회이론 특유의 어려움이 파생한다. 사회과학의 일부인 사회학에는 사회를 객관적으로 인식하고 설명하려는 실증주의적 연구전통이 엄존해 왔다(Halfpenny, 1982). 하지만 사회는 사람들의 모임인 까닭에 사회현상을 탐구하는 데 있어 객관적 현상의 분석 못지않게 개인의 주관적 내면세계에 대한 이해가 중시되어야 한다는 견해에 동조하는 학자들이 많다(Kincaid, 1996). 따라서 사회이론에는 객관과 주관, 존재와 의식, 사실과 가치, 설명과 이해를 동시적으로 충족시켜야 한다는 이중적 소명이 주어져 있다.

2. 사회이론의 층위 및 구성

이론은 "개념과 개념의 논리적 연결체(logical links of concepts)"로 알려져 있다. 그 점은 "심리적 좌절이 공격적 성향을 촉발한다(Frustration causes aggression)"는 좌절-공격 명제나 "집단 내 결속이 외집단에 대한 적대감을 가중시킨다(In-group solidarity increases out-group hostility)"는 집단갈등 명제와 같은 사례들을 통해 직시할 수 있다. 그러나 통상적으로 개별 사례들에 대한 경험적 일반화(empirical generalization)를 출발점으로 하는 이론은 보다 많은 현상들을 포괄할 수 있는 추상화(abstraction) 단계를 거쳐 현상 전반에 적용 가능한 패러다임(paradigm) 수준의 종합이론(grand theory)을 지향한다.

하지만 토마스 쿤(Thomas S. Kuhn)이 『과학혁명의 구조』에서 강조하고 있듯, 세상의 모든 이론은 그것이 성장 발전한 토양으로부터 자유롭지 못하다(Kuhn, 1962). 더구나 사회이론은 그 모태인 사회현실과 결코 무관치 않다. 사회이론은 그것을 제시한 이론가의 성장배경, 생활체험, 시대상황 등에서 배태된 인간관이나 사회관에 의해 색깔을 달리하게 된다. 따라서 이론 체계를 절단해 보면 논리적 구성체인 표층적 텍스트의 심부에 이론가의 개인적 · 사회적 여건을 반영하는 기반구조(infrastructure)라는 것이 내재해 있다고 상정할 수 있는데, 사회이론의 기본성격은 표층적 논리체계 대신 오히려 인간이나 사회에 대한 기본가정들(basic assumptions)과 직결된 기반구조에 의해 좌우되는 경우가 많다(Gouldner, 1970).

3. 사회이론의 목표와 의의

목표/의의

창의적 이론은 새로운 진리의 발굴을 통해 기존 지식체계를 확장(extend), 수정(revise), 재조명(recast), 재조직(reorganize)한다. "사회란 눈에 보이는 그대로가 아니다(Society is not what it appears to be)"라는 폭로적 관점(debunking perspective)에서 세상을 새로운 시각으로 바라볼 때 창의적 이론을 기대할 수 있다(Berger and Kellner, 1982). 그렇게 생성된 이론은 기존 지식체계에 도전을 가하면서 지적 확장 · 수정 · 종합 · 정교화를 도모하며, 지적 정식화를 통해 새로운 탐구영역을 창출할 수도 있다. 이러한 측면과 관련된 사례들을 한 가지씩 소개하면 다음과 같다.

① 기존 지식의 수정/확장: 절대적 빈곤상태를 벗어나 먹고살 만한 여유를 갖춘 집단성원들이 현존 질서에 반하는 저항운동에 적극 참여하는 행태를 설명함으로써 빈곤과 사회운동의 외연을 넓힌 상대적 빈곤론(theory of relative deprivation).

② 지적 종합이나 정교화: 유유상종(類類相從), 즉 같은 유형의 사람끼리 잘 어울린다는 동질성(homogamy) 명제 및 성향이 다른 사람들끼리 약점을 보완해 가며 잘 살아간다는 이질성 명제를 종합해, 총체적 손익을 따져 상대방을 택한다는 배우자 선택에 관한 교환론적 관점(exchange framework of mate selection).

③ 지적 정식화를 통한 새로운 탐구영역의 창출: 근로자들의 생산성에 관한 연구에서 작업장의 조명을 낮춰도 생산성이 올라가는 이례적 현상을 "호손 효과(Hawthorne Effect)"라고 명명한 후, 이를 근로자 사기(work morale)와 관련지어 과학적 관리론에 반하는 새로운 이론을 구축해 조직연

구의 범역을 확충한 인간관계론(human relation theory).

4. 사회학이론의 전개과정

1) 고전시대

사회학은 산업혁명, 프랑스혁명 및 계몽사상을 중심으로 한 지식혁명이 중첩된 서구사회의 근대적 변환기에 태동한 학문으로 알려져 있다. 즉, 자유노동의 증가, 길드체제의 와해, 매뉴팩처 및 공장제 대공업의 융성 등을 특징으로 하는 경제적 변혁, 절대왕정이라는 구체제를 대신해 부르주아 계급이 지배세력으로 등장하는 정치적 변혁, 그리고 이성중심 · 인간중심 사고, 기계론적 세계관, 진보적 사회관을 주조로 하는 사상적 변혁에 대한 지적 반응의 일환이었다는 것이다(터너 외, 1997). 즉 개탄스러운 혼돈상태를 벗어나 안정적 삶을 누릴 수 있는 진보적 기획이 당시 지식인층에 부여된 가장 절박한 과제였는데, 여기에 공동체적 국가 건설을 강조한 낭만-보수사상이 가세해 "진보와 질서"라는 이중적 목표를 지향하는 지적 대안으로서의 사회학이 출범하게 된 것이다(Zeitlin, 2000). 그러므로 초창기 사회학의 핵심적 관심사는 과학적 탐구를 통해 안정적 사회발전을 도모할 수 있는 실증적 지식을 축적하자는 데 있었다.

이때 "인식은 존재의 함수"라는 지식사회학 기본명제에 입각해 초창기 사회학의 연구전통을 섭렵해 보면, 다음 다섯 가지 흐름으로 범주화할 수 있다. 이러한 고전적 전통들은 추후 뒤르켐주의, 마르크스주의, 베버주의, 미드주의 및 공리주의 계열로 나누어져 현대 이론으로 이어지게 된다.

• 오거스트 콩트에서 에밀 뒤르켐으로 이어지는 프랑스의 집합주의

전통
- 애덤 스미스나 허버트 스펜서의 사상에 반영된 영국의 공리주의 전통
- 칼 마르크스, 막스 베버 및 게오르그 짐멜로 대변되는 독일의 관념주의 전통
- 존 듀이나 조지 허버트 미드가 주도한 미국의 실용주의 전통
- 빌프레도 파레토와 게타노 모스카로 대표되는 이탈리아의 엘리트주의 전통

2) 현대적 양상

삼라만상을 포괄하는 종합이론의 구축을 이상으로 전진해 온 사회학이론은 1940~50년대에 주도적 이론체계로 군림한 기능주의 패러다임이 갈등 패러다임을 위시한 다양한 대안적 패러다임에 의해 도전받게 된 1960년대에 들어서면서 분할의 시기로 접어들게 된다(Gouldner, 1970). 그러나 1990년대 이후 사회학이론은 보다 파편화되어 손꼽을 수 있는 소수 이론들이 각축을 벌이던 단계를 넘어 백화제방(百花齊放), 백가쟁명(百家爭鳴) 식으로 난립하는 과분화(hyper-differentiation) 상태로 이행하고 있다(Turner, 2002). 사회학이 "다중 패러다임의 학과(multiple paradigmatic discipline)"라든가 "사회학자들이 하는 일(Sociology is what sociologists do)"이라고 혼돈스럽게 정의되기 시작한 것은 이때부터이다.

따라서 사회학 분야에서는 이론의 분류 자체가 심각한 논쟁거리가 되곤 한다. 일차적으로 사회체계의 실재성에 관한 존재론적 입장에 따라 사회학이론은 독자적 성격을 지닌 사회(society sui generis)가 실존한다는 사회실재론(social realism), 그리고 사회란 실재하는 개인들의 집합에 불과하다는 사회명목론(social nominalism)으로 구분된다. 흔히 거시적 관점(macroscopic perspective)으로 분류되는 사회실재론은 다시 사회의 존재상

황에 대한 견해, 요컨대 사회가 안정적 · 균형적 질서를 유지하고 있다고 보는가 혹은 대립과 갈등의 변혁과정에 놓여 있다고 간주하는가에 따라 구조기능주의 패러다임(functional paradigm)과 갈등 패러다임(conflict paradigm)으로 양분된다. 반면 미시적 관점(microscopic perspective)이라고 불리는 사회명목론은 인간 상호관계에 초점을 둘 것인가 개개인의 주관적 의식세계를 중시할 것인가에 따라 사회적 교섭 패러다임(social interaction paradigm)과 해석적/현상학적 패러다임(interpretive/phenomenological paradigm)으로 구분된다. 여기에 모든 사회적 행위들이 알고 보면 투입 대비 산출을 극대화하기 위한 이윤추구 행위(profit-seeking behavior)일 뿐이라는 교환론적 관점에 기초한 공리주의 패러다임(exchange paradigm)을 추가하면, 현대 사회학이론은 일단 [그림 1]과 같은 다섯 가지 흐름으로 축약할 수 있다.

[그림 1] 현대 사회학이론의 주요 흐름

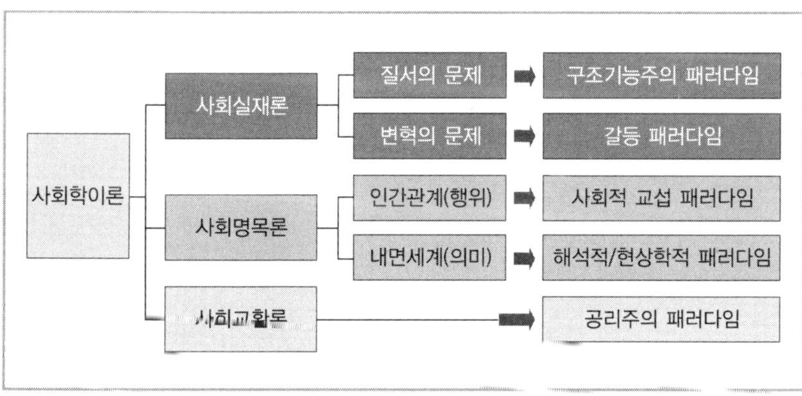

3) 최근 현황 : 이론적 지평의 확장

그러나 사회학이론은 오늘날 전술한 "5대 이론"의 궤도를 벗어나 다방면으로 분유하고 있다. 이 같은 새로운 양상을 '전환(turn)' 명제의 형식을 통해 열거해 보자면, 문화적 전환(cultural turn), 정신분석학적 전환(psychoanalytic turn) 및 생물학적 전환(biological turn)이라는 세 가지 유형을 우선적으로 꼽을 수 있을 것 같다. 체계이론가 탈콧 파슨스(Talcott Parsons)가 위계적 체계 도식에서 제시한 4대 체계가 문화체계(cultural system), 사회체계(social system), 인성체계(personality system) 및 유기적 체계(organic system)로서(Turner, 1991: 65-66 참조), 사회체계에 해당하는 구조적 측면에 관심을 기울이던 사회학이론이 일차적으로 관심을 갖게 될 영역이 나머지 세 가지 핵심적 하위체계가 될 것으로 판단되기 때문이다. 또 근대성에 대한 재귀적 인식에 근거해 거시적 관점과 미시적 관점의 통합을 도모하는 후(後)근대적 전환(late modern turn)도 의미 있는 시도로 꼽힌다. 그러나 이론연구가들은 최근 그 외에도 다양한 영역들로의 전환을 시도해 왔다. 명시적 성과가 돋보이는 것들을 추려보면 다음과 같다(Ritzer and Smart, 2001; Turner, 2008; 하홍규, 2013).

- 역사적 전환(Historical Turn in Social Theory)
- 공간적 전환(Spatial Turn in Social Theory)
- 유동적 전환(Mobility Turn in Social Theory)
- 지구적 전환(Global Turn in Social Theory)
- 코스모폴리탄 전환(Cosmopolitan Turn in Social Theory)
- 감정적 전환(Affective Turn in Social Theory)
- 신체적 전환(Corporal Turn in Social Theory)
- 기술적 전환(Technological Turn in Social Theory)

- 구성적 전환(Constitutive Turn in Social Theory)
- 체계론적 전환(Systematic Turn in Social Theory)
- 탈근대적 전환(Postmodern Turn in Social Theory)
- 연결망석 전환(Networking Turn in Social Theory)
- 소통론적 전환(Communicative Turn in Social Theory)
- 언어적 전환(Linguistic Turn in Social Theory)
- 서사적 전환(Narrative Turn in Social Theory)
- 실용주의적 전환(Pragmatic Turn in Social Theory)
- 존재론적 전환(Ontological Turn in Social Theory)
- 실천적 전환(Practice Turn in Social Theory)

이 밖에도 이론가들의 관심사나 강조점에 따라 다른 방향으로의 이론적 확장도 지속되어 왔다. 따라서 이론적 전환의 메뉴는 얼마든지 덧붙일 수 있으리라 본다. 예컨대 가부장주의에 기초한 지난날의 남성편향적 사회이론의 지양을 목표로 하는 여성주의적 전환(feminist turn)도 꼽을 수 있고, 근대사상에 내재한 시각중심성을 보완하기 위한 감각적 전환(sensual turn), 그리고 사회학의 창시가 콩트가 일찌감치 배제한 바 있는 신학적 전환(theological turn) 같은 것도 추가할 수 있다.

이러한 일련의 전환운동으로 인해 사회학의 이론적 지형이 크게 변모되어 가고 있는데, 변화의 골자는 과학으로서의 사회학을 뒷받침하여 온 이성중심주의의 탈피라고 말할 수 있다. 이성적으로 해명할 수 없는 쟁점까지 이론적 탐구에 포함시키고자 하는 이론적 지형의 확장을 통해, “사회학이론에서 사회이론으로”라는 주제로 압축할 수 있는 일련의 변화가 오늘날 이론사회학 분야에서 활발히 진행 중이다.

5. 새로운 사회현실의 대두

혁신적으로 전환하는 것은 이론뿐만이 아니다. 이론적 논의를 포함한 학문체계의 터전인 사회체계도 혁신적 전환이 일상으로 간주되리만큼 격변하고 있다. 따라서 현대인에게는 현실세계의 변화가 별도로 논급할 필요조차 없는 당연한 사실로 받아들여지고 있다. 즉, 액체사회나 질주사회 등으로 불리는 현 상황에서는 종전에 사회변동론 챕터나 책자에서나 찾아볼 수 있던 "만물이 변한다(Everything changes)"라는 헤라클레이토스의 언명이 당연한 상식으로 간주되고 있다(Bauman, 2000; Virillio, 1986[1977]). 이 같은 현대적 정경을 정치적 · 경제적 · 사회적 · 문화적 차원에서 간략히 개관해 보도록 하자.

1) 정치적 차원

정치적 차원에서는 "통치에서 협치로(from government to governance)"라는 명제로 축약할 수 있는 권력의 분산화가 현대사회의 가장 특징적 현상으로 꼽히고 있다(Kooiman, 2003). 이처럼 권력구도가 집권적 · 수직적 형태에서 분권적 · 네트워크적 형태로 변화하면서 권력의 소재도 가변화되어, 고정된 권력축을 기반으로 해 온 헤게모니 시대(hegemonic age)가 후기 헤게모니 시대(post-hegemonic age)로 이행하는 추세에 있다(Lash, 2007).

2) 경제적 차원

경제적 차원에서는 성장이 목표이자 가치로 간주되던 단계가 종료를 고하고, 탈성장론(저속성장, 제로성장, 마이너스성장 등)이 새로운 대안으로 대두하는 시대로 바뀌어가는 중이다. 또 탈성장 이념의 확산과 더불어 기호가치나 체험가치가 사용가치나 교환가치를 대신한 부가가치의 기축으로 대두하고 있다(Baudrillard, 1981; Schulze, 1992).

3) 사회적 차원

사회적 차원의 가장 괄목할 만한 변화는 강화된 역능과 권리의식을 지닌 시민사회의 성장이라고 할 수 있다. 국가의 실패(state failure) 및 시장의 실패(market failure)의 틈새에서 성장한 이들 능동적 시민층으로 인해 국가-신민형 시민사회의 2분 모형이 국가-시장-시민사회의 3분 모형으로 대체되고 있다(Arato and Cohen, 1992). 여기에 "약한 관계의 강한 효과(strong effect of weak ties)"를 유발하는 뉴미디어의 확산이 중첩되어 시민사회의 역량이 나날이 신장되고 있다(Gillmor, 2004).

4) 문화적 차원

문화적 차원의 변화는 신세대의 가치관 변화에서 명백히 드러난다. 그것은 일련의 포스트 명제, 예컨대 탈산업주의(post-industrialism), 탈물질주의(post-materialism) 혹은 탈인습주의(post-conventionalism)와 같은 새로운 가치관을 대변하는 신세대론을 통해 확인할 수 있다(Bell, 1999[1973]; Inglehart, 1977; Deflen, 1994). 또 이러한 새로운 가치관의 확산으로 정체성이나 신정성 대신 표출성이나 전시성에 집착하는 '외면인(homo apparentis)'이 늘어나고 있다(김홍중, 2009).

한마디로 정태적 구조를 논하는 사회정학(social statics)이 설득력을 상실하고 사회동학(social dynamics)으로 대변되는 사회체계의 역동적 변화가 부각되는 현 시점에서 사회학의 태두 오거스트 콩트가 언급했던 "예측하기 위해 본다"라는 학문적 사명을 실현하기가 날로 어려워지고 있다. 이는 사회질서의 탐구를 목표로 하는 사회학에 대한 크나큰 도전이 아닐 수 없다. 현대사회의 변화상이 급진적 · 다원적 · 전면적일 뿐 아니라 복합적이라는 사실이 지적 분석이나 대응을 어렵게 한다. 복합전환의 실상은 전환의 양상이 복선적 수준을 넘어 다중나선형의 융복합적 형태를 취해 나가고 있다는 점에서 절감할 수 있다. 그 결과, 사회체계의 모습은 복잡계 이론이 제시하는 복잡계나 초대형 메가복잡계, 나아가 복잡성 정도가 소정의 임계치를 넘어선 초(超)복잡계의 양상을 띠어가고 있다(김종길, 2008; 김문조, 2013).

사회적 복잡성은 사회체계의 자유도(degree of freedom)를 배가시켜 사회적 불확실성을 높이게 된다. 불확실성의 시대에는 사회적 도전과제들이 증식한다. 이 같은 상황에서 과분화적 혼돈상태에 있는 사회학은 문제해결능력을 상실하여 사회와 사회학 간의 연결고리가 날로 약화되고 있다(월러스틴, 2007). 따라서 지적 탐구대상으로서의 사회와 사회체계를 연구하는 사회학 간의 관계회복은 지식체계의 현실적 적합성을 향도해야 할 사회이론이 앞장서야 할 소임임이 분명하다.

6. 이론사회학의 새로운 과제 : 지식세계와 현실세계의 틈새 메우기

미래사회학자 다니엘 벨은 "조직화된 복잡성(organized complexity)"이 증대할 후기산업사회에는 기능적 효율성을 중시하는 경제학화 양식(economizing mode) 대신 주관적 · 공동체적 · 윤리적 · 환경적 요소 등에 대한 광범위한 기준들을 고려하는 사회학화 양식(sociologizing mode)이 각

광받게 될 것으로 진단하면서 사회학 전성기를 암묵적으로 예고한 바 있다(벨, 2006). 오늘날 현실은 그렇지 못하지 않느냐고 반문하는 이들이 있을지 모르나 사회교육(social education), 사회자본(social capital), 사회연결망(social network), 사회병질(sociopath), 사회적 미디어(social media), 사회적 기업(social enterprise, 사회생태학(social ecology)) 등 "사회 혹은 사회적"이라는 용어가 널리 부각되고 있는 현상으로 미루어볼 때 현실세계에 관한 벨의 전망은 옳다고 판단된다(강정한 · 조연정, 2013; 유승호, 2012). 남은 과제는 증가하는 현실적 수요를 충족시킬 수 있는 지적 대응이라고 본다. "사회적인 것"에 대한 현실세계와 지식세계의 간극을 메우기 위한 사회학적 노력의 전범(典範)으로는 일차적으로 다음 세 가지를 꼽을 수 있을 것 같다.

1) 사회학적 상상력

사회학 분야에서 지식과 사회와의 간극 해소를 적극적으로 제기한 선각적 학자로는 신변적 문젯거리를 구조적 거시세계와 연결시켜 개인의 체험을 역사사회적 맥락에서 인식시켜 주는 정신적 자질로서의 "사회학적 상상력(sociological imagination)"을 역설한 밀즈(C.W. Mills)를 우선적으로 꼽을 수 있다. 개인의 문제를 공공의 문제로 전환시킬 수 있는 통찰력인 사회학적 상상력이 자유와 정의에 대한 위협에 응전하려는 사회과학의 프로메테우스적 이상을 실현하기 위한 지적 관개지(灌漑地)라면(밀즈, 2004), 이론은 그곳에 자양분을 공급하는 젖줄에 비견할 수 있으리라 본다.

밀즈는 "관념이 내용에 비해 과대하면 거대이론의 함정에 빠지기 쉬우며, 내용(사실)이 관념을 삼켜버리면 추상적 경험주의의 함정에 빠지기 쉽다"면서 거대이론의 공허한 사변주의 및 양적 방법론에 매몰된 편협한 경험주의를 사회학적 상상력을 저해하는 "위협의 쌍두마차"라고 경고하고,

사회학적 상상력의 증진방안으로 연구생활과 일상생활의 일체화를 향한 연구활동의 일상화를 역설한 바 있다(밀즈, 2004).

2) 공공사회학

공공사회학적 문제제기는 사회학에는 지적 창의성을 요하는 학문세계와 "악마적 힘들의 교차지"인 사회현실을 이어주는 가교 역할이 주어지고 있음을 일찌감치 논급한 막스 베버로 소급할 수 있다. 즉 베버는 『직업으로서의 정치』에서 사회적 대의실현을 위한 뜨거운 열정과 소정의 거리를 두고 현상을 관조하는 냉철한 균형감각, 거기에 행위동기에 대한 심정윤리(Gesinnungs-ethik)를 넘어 행위결과에 대한 문제의식을 지닌 책임윤리(Verantwortungs-ethik)를 강조하면서, 사회학의 공공적 사명을 주지시켰다(베버, 2007).

그로부터 오랜 세월이 경과한 2004년 미국사회학회 회장취임 강연에서 마이클 뷰러웨이(M. Burawoy)는 사회학이 무엇이며 그 학문적 목표는

[그림 2] 공공사회학의 범역 확장

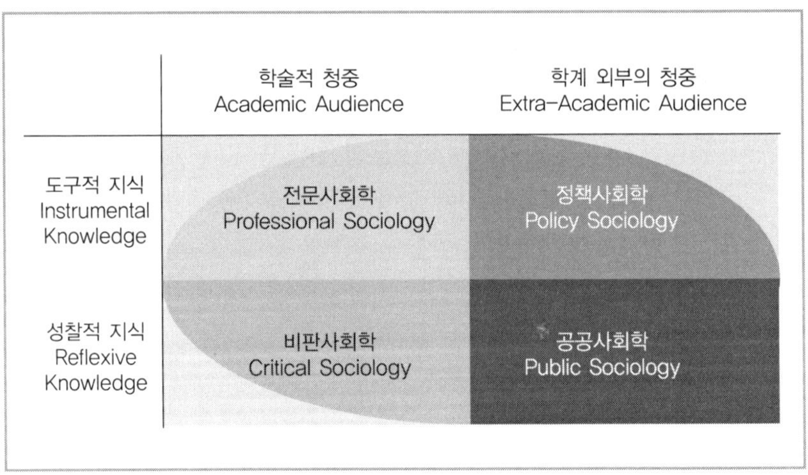

무엇이어야 하는가를 재론하면서, 사회학을 학술적 청중을 위한 도구적 지식으로서의 전문사회학(professional sociology), 학술적 청중을 위한 성찰적 지식인 비판사회학(critical sociology), 일단 학계 외부의 청중을 위한 도구적 지식으로서의 정책사회학(policy sociology) 및 학계 외부의 청중을 위한 성찰적 지식인 공공사회학(public sociology)으로 유형화하였다. 그리고는 "사회를 위한 사회학"이라는 공공사회학적 소명을 실현하려면 공공사회학의 범역이 [그림 2]의 타원형 부분과 같이 확장되어야 한다고 주장하면서 사회학의 공공적 역할을 강조하였다(Burawoy, 2005).

3) 메타사회학

위르겐 하버마스는 자신의 교수취임 강연을 정리한 책자『인식과 관심』서문에서 학문의 유형을 분석적 관심이 인도하는 자연과학, 해석적 관심이 인도하는 인문학 및 비판적 관심에 의해 인도되는 사회과학으로 구분한 바 있다(Habermas, 1971[1968]). 그런데 종합과학의 전형에 해당하는 사회학은 분석적 · 해석적 · 비판적 관심 모두를 필요로 한다. 나아가 지식의 파편화와 더불어 사회적 복잡성과 역동성이 더해가는 오늘날 사회학에는 전술한 3가지 관심유형들은 물론이요, "종합적 관심(synthetic interest)"이 가세된 메타사회학적 이론의 창발이 절실히 요청되고 있다.

금세기 초입에 들어서면서 전문성에 대한 일방적 찬양이 퇴조하는 대신 탈경계(border-crossing), 통섭(consilience), 혼합(fusion), 혼성(hybrid) 등을 내세운 융합이 오히려 바람직한 사회적 목표나 이상으로 권장되고 있다. 따라서 분화-세분화의 원리, 이성과 이분법적 세계관 및 명판성의 원칙 등에 입각한 근대적 사유양식은 적합성의 한계를 드러내며 차츰 설득력을 잃어가고 있다(김문조, 2013). 더구나 에너지 위기, 지구온난화, 신종 바이러스 등 최근 인류사회를 위협하는 주요 문제점들은 어느 특정 분야에 한정시킬 수 없는 복합적 위기로 치닫고 있는데, 이러한 현대적 위기에 대한 효과적 응전을 위해서도 종합적 관심에 의해 인도되는 메타사회학이론의 창출이 긴요하다고 본다. 요컨대 융·복합적 도전과제들에 대한 응전력을 갖춘 메타사회학적 관점을 통해 통합학문적 지위를 확보함으로써, 사회학은 앎의 세계와 삶의 세계의 증진을 동시적으로 추구하는 존중받는 학문으로서의 위상을 견지할 수 있으리라 본다.

7. 이론적 관장영역의 확장

지난 반세기가량의 사회학 연구사를 되돌아보면, 누적적 발전을 거듭해 온 방법론 분야에 비해 이론 분야의 진전은 상대적으로 미흡했다는 소회를 불식할 수 없다. 특히 이론과 방법론 간의 격차로 인한 이론의 무력화 현상이 도처에서 목도되는데, 아마도 그 가장 큰 이유는 경험적으로 검증 불가한 이론의 사변적 속성에 있다고 여겨진다.

최근 스웨드버그(R. Swedberg)는 이 같은 '이론적 지체(theoretical lag)'를 극복할 수 있는 효과적 방안의 하나로 발견적 맥락(context of discovery)에서의 이론화(theorizing) 작업을 역설한다(Swedberg, 2012). 과정으로서의 이론화(theorizing)를 최종 결과물로서의 이론(theory)과 구분하면서, 스웨드버그는 경험적 확증을 위한 정당화 맥락(context of justification)에서 이루어지는 귀납, 연역, 일반화 혹은 이론구성과 같은 일련의 작업들은 연구력을 점진적으로 향상시키는 데 도움이 될지언정 혁신적 사유를 촉진하는 데는 크게 기여하지 못한다고 주장한다. 이러한 한계는 중범위이론을 해법으로 제시한 머튼(Robert C. Merton)을 위시해 포퍼나 제터버그와 같은 경험주의 연구가들의 이론관에서 보편적으로 감지되는데, 그러한 경향은 이론 주도적 연구(theory-driven research)를 역설해 온 밀즈나 베버 등과 같은 학자들의 경우도 예외가 아니라는 것이다.

따라서 스웨드버그는 정당화 맥락에서의 사전조사(pretest)가 아닌 발견적 맥락(context of discovery)에서의 사전연구(prestudy)를 통해 이론의 창조적 잠재력을 보다 적극적으로 개진해야 한다고 주장한다. 그 구체적 방안으로 흥미로운 현상에 관한 선택적 관찰에서 개념화, 정식화, 이론화를 거쳐 잠정적 설명에 이르는 가추(abduction) 논리에 근거한 이론화를 강조한다. 이처럼 이론화의 관장영역을 확대하게 되면, 이전까지 소극적으로 행사되어 왔던 이론의 창의적 역능을 재활시켜 '이론의 힘(power of theory)'을 온전히 실현할 수 있으리라 기대된다.

8. 총체적 구성

학습적 교본이되 창의성을 진작시킬 수 있는 이론서를 준비한다는 것은 결코 용이한 일이 아니다. 그러한 이중적 목표를 충족시키기 위한 방안으로 다음과 같은 편제로 본론을 구성해 집필에 임하고자 한다. 그간 기존 사회학이론 책에서 공통적으로 다뤄온 "5대 이론"을 〈제1부 : 사회학이론의 전개과정〉에서는 균형적 시각에서 간략히 소개하고자 한다. 한편, 최근 새로이 시도되는 이론적 탐색들은 〈제2부 : 새로운 이론적 지평〉에서 선별적으로 논의하기로 한다. "전환(turn)" 명제로 귀착되는 제2부의 주제 선정은 성과가 확실한 것들을 우선시하되 문화사회학, 사회심리학, 역사사회학, 과학사회학, 몸의 사회학과 같이 독립된 분과로 정착되어 다른 총서에서 집중적으로 다루게 될 것들은 제외시켰다. 총 2부로 이루어진 본론의 구성을 총체적으로 도식화하면 [그림 3]과 같다.

[그림 3] 본론의 구성

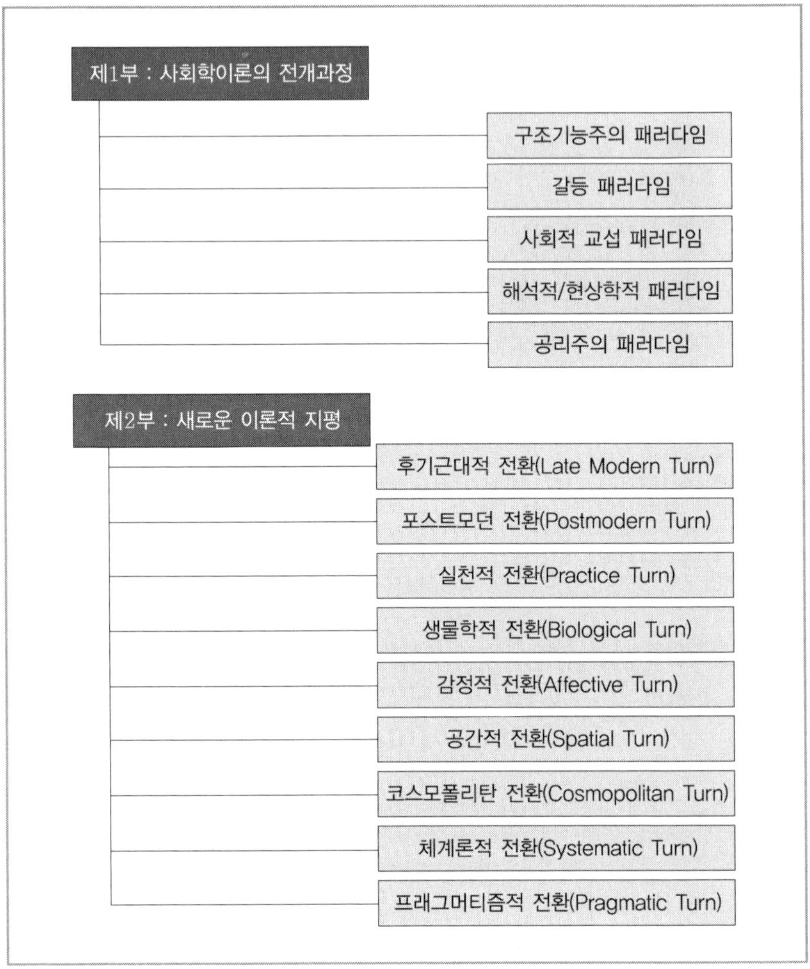
제1부 : 사회학이론의 전개과정
구조기능주의 패러다임
갈등 패러다임
사회적 교섭 패러다임
해석적/현상학적 패러다임
공리주의 패러다임
제2부 : 새로운 이론적 지평
후기근대적 전환(Late Modern Turn)
포스트모던 전환(Postmodern Turn)
실천적 전환(Practice Turn)
생물학적 전환(Biological Turn)
감정적 전환(Affective Turn)
공간적 전환(Spatial Turn)
코스모폴리탄 전환(Cosmopolitan Turn)
체계론적 전환(Systematic Turn)
프래그머티즘적 전환(Pragmatic Turn)

제 2 장

구조기능주의 패러다임

| 유승호(강원대) |

1. 기능주의에서의 기능과 체계

허버트 스펜서가 기능(function)이란 말을 생물학에서 사회학으로 가져왔을 때는 사실 사회과학적 특수성을 반영하기보다는, 생물학적 의미의 기능이란 말을 그대로 가져와서 쓰기를 원했다. 법칙의 발견이 부재하여 과학적 바탕을 결여한 기존 사회과학은 진화론을 정점으로 인간발전의 법칙을 규명한 생물학을 추종해야 한다는 것이 그의 주장이었다. 따라서 사회학은 그러한 사회과학의 약점을 자연과학의 방법론으로 보완, 대체하는 신학문이어야 했다. 그렇다면 생물학에서 쓰는 기능이란 어떤 뜻일까? 우선 그것은 내적 활동(internal activity)이다. 정확히 말하면 조직이나 기관처럼 유기체적 시스템 또는 하위시스템의 내적 활동이 일어나는 모든 과정이다. 예를 들어 간(liver)에서 일어나는 모든 세세한 생화학적 반응과 그에 따른 비물질적 과정이 이에 속한다. 즉, 내적 활동은 주어진 종의 시스템이 겪어야 하는 과정만을 지칭한다(Mahner and Bunge, 2001). 그러나 유기체의 하위시스템(subsystems)을 말할 때 그것은 고립되어 존재할 수 없고 더 포괄적인 시스템의 구성물이 된다. 그래서 모든 유기체 내 하위체계의 내적 활동이란 다른 시스템의 활동과 관련을 갖는다. 하나의 하위시스템은 다른 하위시스템 그리고 전체 유기체와의 관계를 갖게 되고, 이때 하위시스템의 외적 활동(external activity)이 생겨나고 이를 역할(role)이라고 부를 수 있다. 예를 들어 심장의 내적 활동은 리듬수축의 수행과 심박의 생성이고 외적 활동과 역할은 혈액순환이 되는 것이다. 생물학에서는 이러한 내적 활동과 외적 활동을 모두 기능으로 포괄하여 지칭하며, 이들은 상호의존적이다. 우리가 다리라고 말할 때는 근육과 뼈의 생리학적 활동으로서의 다리와 움직이는 다리를 동시에 생각한다. 그러므로 진화생물학자들이 말하듯 대부분의 활동의 적합성이란 우연적이거나 설계적인 것이 아닌, 선택

(selection)의 결과, 즉 적응(adaptation)의 결과이다(Williams, 1997). 기능은 이러한 적응까지를 포괄한다.

이러한 기능의 특성이 생물학에서 사회적 관계로 적용되면서 '사회과학에서의 기능주의'가 탄생했다. 인류학에서 기능주의를 이끌었던 래드클리프 브라운은 "인간사회에 적용된 기능이란 개념은 사회적 생활과 유기체적 생활 간의 유추에 기초를 두고 있다"고 밝히고 있다(로저 키징, 1984: 445). 이것은 래드클리프 브라운이 분석했던 원시시대의 임신과 결혼, 수확물 증여와 관련된 의례만이 아니라, '음악의 유기체 사회'라 할 수 있는 오케스트라의 사례에서도 잘 드러난다. 플룻은 가장 잘 부는 사람을 만나는 것이 플룻의 기능을 극대화하는 것이지 좋은 것(the better)이다. 그리고 오케스트라 안에서 플룻을 잘 분다는 것은 전체 안에서 자기의 역할을 잘 해내는 것이며 전체에서 맡았던 관악부문의 역할을 통해 전체에 기여하는 역할, 즉 '유기체로서의 사회통합' 기능을 수행하는 것이다. 그래서 구조기능주의에서는 유형, 분류와 역할정립(role arrangement)이 중요하며, 역할이 세분화(specialization)될수록 체계의 기능성(functionality)은 증가한다. 역할의 세분화는 다시 서로 연결되어 '역할의 다발들'이 되면서 유형(레이몽 부동, 2011: 226)과 체계를 형성(Kingsbury and Scanzoni, 1993)하고, 이 체계들은 다시 구조를 구성한다. 구조기능주의가 전체를 강조하면서 동시에 그 전체를 이루는 부분들, 즉 하위체계를 중시하는 이유다.

1) 구조기능주의와 체계들

사람들은 안정과 질서를 지향한다. 그런 욕망이 기반이 되어 어떤 자기조직화하는 시스템을 만들어 낸다. 관료제부터 파시즘까지 각각의 시스템들은 스스로를 조직화하는 특별한 방식을 만든다. 그렇다면 어떠한 사회가 안정되고 평안한 사회일까? 전체 사회가 안정될 수 있도록 각자가 안정된 사회를 위해 '최선'을 다하는 사회이다. 바로 기능주의는 이러한 최선(the greater good)의 개념에서 출발한다. 기능주의의 핵심은 기존의 기준체제에 부합하는 행위로 인해 행위자가 속해 있는 사회 전체의 선이 증진된다는 것이다(Gouldner, 1970). 그래서 제프리 알렉산더는 기능주의의 대가 파슨스의 이론을 도덕적 원칙에 충실하기 위해 선을 행하는 '심오한 도덕주의(profound moralism)'라고 비판했다.

그러나 이것은 파슨스의 구조기능주의 이론이 전쟁의 후유증, 그리고 냉전으로 치닫는 혼란스러운 상황에서 사회의 안정이라는 목표를 위해 학문이 무엇을 할 수 있는가라는 고민을 배경으로 하고 있다는 점에서 과도한 비판일 수 있다. 즉, 파슨스는 그 시대를 이해하고 질서의 실마리를 찾기 위해 파시즘 같은 체제가 등장하는 이유를 설명하려 했다. 따라서 거대이론이 필요했으며, 이를 통해 인간의 지향점인 안정된 사회의 이념형을 그렸던 것이다.

그렇다면 도덕을 행한다는 것은 구체적으로 무엇인가? 그것은 사회가 요구하는 어떤 기능을 수행하는 것이다. 이것을 기능적 요구(functional requisite)라고 하는데, 사회가 생존하고 발전하기 위해서는 이러한 기능적 요구가 충족되어야 한다. 행위자가 속한 사회가 존속되어야 행위자도 존재할 수 있기 때문에 사회가 요구하는 기능적 요구를 충족시키는 것이 가장 우선이다. 즉 기능이란 전체가 유지되기 위해 전체의 부분들인 각 하위체계들이 자기 기능을 적절히 수행해야 한다. 그래야 전체가 유지된다. 하위체계에는 대표적으로 가족 · 경제 · 퍼스낼리티 등이 있는데, 가족들이 아이를 낳고, 키우고, 도덕을 갖춘 성인으로 사회화시키는 역할을 충실히 해야 전체 사회가 유지된다(McIntyre, 1966). 또한 열심히 일한 후 가족들과 함께 시간을 보내 재충전해야 다시 일터에서 열심히 일할 수 있는 동력을 얻는다. 경제체계도 생계를 유지하는 데 문제가 없도록 해야 한다. 이렇게 부분들이 잘 작동되면 전체 사회는 안정될 것이다. 이 과정에서 전체의 부분들, 즉 하위체계는 전체에 기여하는데, 그것은 각자에게 주어진 기능을 잘 수행함으로써 완성된다.

그래서 전체와 하위체계는 각 행위자에게 역할을 부여하고 그것에 기대를 건다. 그것을 '제도화된 역할기대(institutionalized role-expectations)'라고 한다. 가족을 보면 가장은 집안에서 수입을 창출하는 경제적 역할을 하고, 주부는 자식들을 돌보는 정서적 역할을 수행한다. 이들은 사회적으로 제도화된 역할기대를 잘 수행함으로써 도덕적 원칙에 가장 충실하고 선을 행하는 사람이 된다. 그래서 제도화된 역할기대는 규범적 통합(normative integration)과 통한다. 행위자가 자신에게 주어진 기대를 잘 행하는 것이 '규범을 잘 지키는 것'이고 이것이 사회를 통합으로 이끈다. 그렇다면 이 사회의 갈등과 변화는 어떻게 설명할 수 있고 그러한 규범은 어디서 나왔는가?

2) 기능주의에서 변화와 기능적 등가물

시스템의 요구를 만족시켜 주는 것이 기능인데, 전체 시스템 내에서 같은 역할을 하는 기능은 서로를 대체할 수 있다. 기능적 등가물(functional equivalence)이란 개념은 구조기능주의에서 '변화'를 설명할 때 대단히 중요한 개념이다. 집의 기능은 가족의 사회화가 일어나는 공간이다. 집이란 공간은 가족 간의 모든 관련 기능들이 집약되고 분화된 곳으로서, 각자의 휴식을 위한 방, 소통하고 사회화하는 거실, 일하는 서재로 분화되었다. 그러나 도시라는 거대한 시스템이 들어서면 집의 기능적 등가물이 생겨난다. 즉 도시공동체가 도서관이나 서재 같은 기능을 수행하면 집의 서재기능은 줄어든다. 동네 도서관이나 스타벅스 같은 장소가 대표적인데, 스타벅스가 집의 서재기능을 대신하면서 집은 잠자는 작은 스튜디오로 바뀐다.

기능적 등가물은 이해(understanding)의 개념에도 유용하다. 뒤르켐은 분류의 가장 기본은 기능적인 것이며 기능은 그 발생적 기원에서 잘 드러난다고 했다. 같은 기능을 하는 것끼리는 합쳐지고 다른 기능을 하는 것과는 분리된다. 기능은 분류(classification)이고 개념(concept)도 이 분류에서 기원한다. 이것이 곧 이해의 방법이다(Lemert, 2009). 예컨대, 스마트폰 채팅중독의 아이들을 야단치는 부모의 행위는 자극-반응의 관점에서 본다면 정당하나, 기능주의적 관점에서 본다면 그렇지 않다. 채팅중독이란 평안함의 욕구를 가족으로부터 충족하지 못해 친구들로부터 대신 공급받는 것이며, 그래서 부모가 채팅의 기능적 등가물을, 즉 평안함을 제공해 준다면 기능적 요건이 충족되어 채팅이 줄어들 수 있다. 각 부분의 기능은 구조와 전체의 관점에서 보다 명확해지며 그것은 인간 이해의 폭을 넓힌다.

2. 뒤르켐과 유기적 연대

'기능주의 사회학' 의 선구자인 에밀 뒤르켐의 아버지는 유대교 랍비였다. 이에 영향을 받아 자연스럽게 절약 · 절제하는 생활습관을 몸에 익힌 그는 19세기 말 프랑스의 개혁적인 공화파 등 진보적 사회개혁을 지지했다. 특히 유대인을 다른 프랑스 사람들과 동등하게 사회 내부로 '동화(同化)' 시키고자 하는 공화주의에 호감을 느꼈다. 뒤르켐은 『사회분업론』에서 밝혔듯이, 당시 사회를 혼란스러운 무정부상태가 아닌, 사회적 연대방식이 바뀌는 과도기적 단계로 간주했다. 그러면서 그는 새로운 산업화시대에 어울리는 도덕적 개인주의 기반의 유기적 연대가 필요함을 역설했다. 또한 그는 사회학이 자연과학의 방법론을 통해 독자적이며 과학적인 연구방법을 수립할 수 있음을 『자살론』을 통해 입증했다.

1) 도덕적 규범을 위한 연대와 아노미 현상

『자살론』에는 개인의 신념이 사회적 외부성에 의하여 강제되는 사회학적 방법론의 특징이 잘 드러나 있다. 당시 유럽에서는 자살에 대한 설명을 유전적인 문제나 정신병적 문제로 판단했으나 뒤르켐은 통계적 실증을 통해 당시의 가톨릭 국가의 자살률이 개신교 국가의 자살률보다 낮았다는 것을 확인했다. 뒤르켐은 이를 종교의 사상 그 자체보다는 종교의 구조적인 문제로 설명했다. 개신교 신자는 신 앞에 혼자 있는 반면, 가톨릭은 중간에 교회와 사제의 개입으로 공동체로 통합됨에 따라 이러한 차이가 존재한다는 것이다. 또한 영국의 경우 성공회가 국교로 개신교의 교리와 가톨릭의 제도를 절충하여 운영했기 때문에 다른 개신교 국가보다 상대적으로 자살률이 낮은 것으로 판단했다. 또한, 미혼자의 자살률이 기혼자보다 높은 이유를 공동체로의 통합성에 차이가 나기 때문이라고 설명했다. 경기 하강기와 부양기 같은 '상황변동의 불안정성'이 높을 때도 자살률이 높았는데, 이는 물질적 풍요만으로는 자살을 막을 수 없음을 보여주었다. 따라서 자살률에 영향을 미치는 것은 물질적 요인보다 집단의 도덕적 신념이며, 집단의 결속력이다.

그는 현대사회가 더 이상 과거의 '기계적 연대' 방식이 아닌 '유기적 연대'의 방식으로 구성된다고 주장했다. 전통사회는 자신이 태어난 선천적인 집단과의 유사성을 기반으로 결속되나, 산업화 이후의 사회는 노동분업과 인구증가, 도시발전 등 사람들의 상호작용의 기회가 기하급수적으로 증가하면서 유기적 연대로 진행된다. 기계적 연대가 구성원들 간의 유사성과 공통점에 기초한 연대라면, 유기적 연대는 개인성(individuality)에 기초한 연대이다(Pope and Johnson, 1983). 이러한 개인성의 발현은 노동분업에서 유래한다. 즉, 유기적 연대가 기계적 연대와 다른 중요한 기준은 노동분업이다. 이런 면에서, 뒤르켐은 인간사회의 진화를 노동분업의 역사로 본

애덤 스미스로부터 지대한 영향을 받았다고 볼 수 있다(Freidson, 1976). 그러나 뒤르켐은 애덤 스미스를 뛰어넘는데, 자기 이익의 최대화라는 공리주의의 주장으로는 '계약을 가능하게 만드는 비계약적 요소'를 설명할 수 없다는 것이다. "오늘은 당신과 연합하는 게 내게 이익이 되겠소. 하지만 내일이 되면 같은 이유로 당신을 적으로 삼을 거요"(뒤르켐, 2012: 307, 338). 입찰과 흥정에 기초하는 사회는 단지 '일시적인 관계와 우연한 연합'만을 만들어 내기 때문에 무정부 상황으로 귀결될 수밖에 없다.

그래서 뒤르켐은 사회학에 '전계약적 연대(precontractual solidarity)'로서의 도덕과학을 요청한다. 그에게 도덕적 규범의 사실은 사회적 사실과 동격이었다. 뒤르켐은 당시 사회의 계급 갈등과 사회적 혼란으로 인해 발생되는 아노미 상태를 사회적 연대의 변화 속에서 발생한 과도기적인 병리현상으로 판단하며 다음과 같이 표현했다. "노동분업이 연대를 창조하지 못하는 것은 인체 장기(organs)들이 서로 규제되지(regulated) 못하는 것과 같다. 이것이 아노미이다"(뒤르켐, 2012). 뒤르켐은 이렇듯 사회적 체질(social context)을 강조했다. 사회적 체질로 볼 때 아노미는 개인의 경험적인 좌표점(empirical reference point)과 현재가 충돌하면서 나타나는 병리현상이었다(Szelenyi, 2009). 규제의 결핍상태, 그것이 아노미인 것이다.

2) 사회통합을 위한 문제의식

마르크스와 베버가 무엇이 사회의 갈등을 유발시키는지에 대한 질문으로 계급과 권력을 부각시켰듯이, 뒤르켐은 '무엇이 사회를 통합시키는가?'라는 질문에 연대(solidarity)를 부각시켰다. 나폴레옹 절대왕정이 무너지고 군주제와 민주주의 이행기의 프랑스 제3공화정의 혼란 속에서 그는 기존의 사회적 통합을 이끌었던 사회적 연대가 해체되는 것을 봤다. 그 때문에 '새로운 연대가 등장할 수 있는 계기는 무엇인가?'가 그에게 가장 큰 과제였다.

뒤르켐은 루소의 일반의지, 몽테스키외의 일반정신 등 개인을 초월하여 존재하는 것을 하나의 '사실'로 받아들였다(Durkheim, 1960). 몽테스키외가 『법의 정신』에서 역설했듯이, 일반정신이란 개인을 초월하여 존재하며 기후, 종교, 법, 정부의 표어, 예절 등 인간의 모든 환경이 만들어 낸 것이다. 이러한 일반정신은 뒤르켐의 집단의식(collective consciousness)의 존재로 이어져, 실재하는 '사회적 사실'로 개념화되었다. 그로부터 사회는 개인의 합보다 크다는 방법론적 집합주의(methodological collectivism)가 정립된다. 뒤르켐은 노사문제, 정경유착 등 그 시대의 집합의식이 사회적 사실임을 밝혀내는 것이 사회학이라고 정의했다. 또한, 뒤르켐은 『사회분업론』에서 분업과 유기적 연대 그리고 도덕적 개인주의를 역설하며, 분업이 유기적 연대를 초래하지만 동시에 너무 분화되고 전문화되면 개인이 서로에게 의지하고 있다는 것을 인식하지 못해 연대가 깨져버린다고 보았다.

뒤르켐은 개인을 보호할 수 있는 가장 최적의 사회통합을 고민하며 유기적 연대를 주창한 것이며, 이는 그 후 개인이 다양한 사회적 네트워크에 속해 서로 영향을 주고받는 네트워크이론 및 사회적 자본과 연결되는 지점(Pescosolido and Georgianna, 1989)을 제공했다고 볼 수 있다. 그렇기 때문에 뒤르켐을 '개인을 무시한 구조기능주의자'로 몰아붙이는 것은 정당하지 않다. 그는 사회적 사실의 분석을 통해 개인을 어떻게 행복하게 만들 것이냐에 관심을 두었으며, 역사적 필연성에 의한 선형적 사회발전은 부정했다. 인간의 행동이란 집합의식에 지배를 받는다는 '사회적 사실에 대한 학문으로서의 사회학'을 성립한 그는 『자살론』과 『사회분업론』에서 이를 실증한 것이다.

3) 집합표상과 사회통합

> "사회가 커지고 시장이 확장되면 될수록 불안정성을 종식시킬 만한 어떤 규제의 필요성이 절실해진다. 왜냐하면 전체가 부분을 초월하면 할수록, 사회가 개인 너머 자라면 자랄수록, 개인이 꼭 고려해야만 하는 사회적 관심과 필수성을 인식하기가 더 힘들어지기 때문이다"(Durkheim, 1991: 30).

뒤르켐은 한 사회의 부피와 밀도의 증가가 지속될 수 있는 것은, 각 개인이 자기를 차별화시킬 수 있고, 각 개인에게 자기의 과제가 주어지고, 각 개인이 자기에게 맞는 독자적인 삶의 방식을 선택할 수 있을 때라고 강조한다(Durkheim, 1981; 슈뢰르, 2010). 경계의 설정은 분업화에 압박을 가한다. 그러나 뒤르켐은 지나친 분업화로 근대사회를 위협하는 가치혼돈은 피해야 한다고 주장했으며 '조망 가능한 집단화'로의 통합이 필요하다고 생각했다.

뒤르켐은 도덕적 연대의식에 대한 본인의 목표를 구체적으로 이루기 위하여 생애 말년에 원시종교에 관한 연구를 진행하였다. 고도화된 현대사회보다는 제도적 단순함이 존재했던 원시사회를 들여다보면, 원시사회에서의 토템, 즉 '집합표상'이 그 사회를 구성하는 기반으로 드러난다. 특히 집단마다 선택한 동식물의 표상은 그 집단에 응집력을 제공하고, 이는 그들이 속한 공동체를 숭배하는 것으로 이어지게 된다. 이렇게 생겨난 집단이 공유하는 가치가 표면적으로 나타나는 것이 바로 종교이고, 이 종교는 도덕적 표상이 되는 것이다. 뒤르켐에게 종교는 인간의 환각적 정신상태도 아니고, 성직자들이 상상해 낸 거대한 오류도 아니다(캘리니코스, 2008: 215). 종교가 충족시키는 욕구는 사회적인 것이다. 종교를 통해 개인들에게 존경을 부여하고 그의 경배의 대상이 되는 힘이 바로 사회이며, 신은 단지 사회의 실제적 형태일 뿐이었다. 한마디로 종교는 사회가 그 자신을 인식하는 상징체계이며, 집합적 존재의 독특한 사유방식이다(뒤르켐, 1999). 그래서 사회는 궁극적으로는 '하나의 종교적 실체' 이다. 종교 속에서 공경받는 것은 신이 아니라 사회 그 자체이기 때문이다. 또한 뒤르켐은 신성한 것과 세속적인 것을 대립시킨다. 신성한 것은 종교의 금지규정이 보호하고 또 분리시켜 놓은 것들이며, 세속적인 것은 그러한 금지규정이 적용되는 것들이다(뒤르켐, 1992: 57, 69).

당시 뒤르켐과 그 학파의 구성원들은 자유방임주의와 사회주의라는 이분법적 딜레마에 빠져 있던 지식인들에게 '공화주의' 라는 제3의 발전모델을 제시함으로써, 프랑스사회의 양극화 현상과 거기에 따른 극단적 이념적 혼란상황을 수습하는 데 결정적으로 기여했다(민문홍, 2012: 75). 또한 뒤르켐은 개인주의가 불러온 규범해체의 아노미를 자살과 이혼 같은 생활세계적 차원에 적용했다. 자살을 막기 위한 새로운 사회통합으로서의 유기적 연대를 주장하면서도 이혼문제에서는 전통적 방식이 아닌 상호합의에 의한 이혼(Divorce by Mutual Consent)을 허락해야 성적 아노미(sexual anomie)를 극복할 수 있다고 주장하면서 개인주의 기반의 개혁적 도덕론을 펼친 것이다.

이러한 뒤르켐의 개인화된 도덕적 규범화, 유기적 연대의 주창은 현대의 복지국가, 조합주의로 결실을 맺었다(김종엽, 1998; 민문홍, 2012). 자본주의는 개인들끼리의 경쟁을 전제로 한다. 이때 시장은 개인들이 합리적인 선택을 하도록 강요하게 된다. 하지만 선택을 해야만 하는 개인은 사회와 떨어진, 순수하고 합리적인 판단을 내릴 수 없는 것이 현실이다. 국가가 시장의 힘을 상쇄하기 위해 규제를 완화하고 작은 정부를 운영하면 뒤르켐이 말한 국가의 도덕적 통합력도 함께 약화된다. 현대사회는 개인이 스스로 토템이 되어 도덕적 규범을 서로가 만들어 나가야 하는데, 시장은 이런 평등한 출발점을 무너뜨리게 되는 계기를 만들기 때문이다. 국가가 시장에 속박되어 경제적 논리로만 모든 것이 설명된다면, 개개인은 불안정한 상황에서 살아가야만 한다. 이 경우 반성적인 아노미 상황에 처할 수도 있다.

이러한 문제를 해결하기 위해 시장에 속박되지 않은 '유기적 연대로서의 직업집단'과 '교육을 통한 도덕적 통합능력'이 중요하며, 그 시작에 '개인'과 '개인들이 모인 집단'의 존엄에 대한 '토템적 숭배'가 바탕이 되어야 한다(Collins, 2004: 15). 뒤르켐에게 개인과 사회는 둘이 아닌, 서로 융합하는 것이다. 그러나 뒤르켐의 기능주의는 규범적인 것에 치우쳐 아노미가 주로 경제적 불안정과 사회적 갈등에 의해 야기되고 있는 '명백한 현실'을 간과했다고 비판받기도 한다. 경제적 삶의 차원을 생략함으로써 사회질서를 침식하는 힘에 관한 이론을 제시하지 못했다는 것이다(Lockwood, 1992: 78, 캘리니코스, 2008: 224).

3. 마르셀 모스와 레비스트로스의 기능주의 : 통합을 위한 증여와 이항대립

1) 모스의 증여론

레비스트로스가 '과학적인 발전의 결정적인 사건'이라고 극찬한 책이 바로 『증여론』이다. 에밀 뒤르켐의 조카이자 후학인 마르셀 모스는 『증여론』에서 선물을 주고받는 행위가 단순히 경제적인 문제가 아닌, 사회적 연대를 형성하는 데 있어서 매우 중요한 사건이며 이를 '총체적인 관계' 속에 놓고 이해해야 한다고 말했다(이재혁, 2011; Durkheim and Mauss, 1963). 사회적 단위들을 총체적인 관계 속에서 바라보고 이해해야 한다는 '총체적인 사회적 사실'이라는 개념은 의례, 결혼, 신화, 교환 등의 인간 제도와 행동이 사회체계를 형성하며 사회 전체의 통합에 기여한다는 논리로 실증되었다.

모스는 구체적인 예시로 아메리카의 포틀래치와 멜라네시아의 쿨라 그리고 뉴질랜드의 하우라는 전통적 교환방법을 들었다. 그는 민속지적 분석을 통해서 누군가에게 가치가 전달되는 순간, 즉 증여의 순간이 관계를 이루는 기초라고 말한다. 수혜자와 전달자, 그리고 연대감 속에 발생하는 호혜성의 법칙은 사회 구성원들의 감정적인 교류의 증거인 것이다.

모스가 연구했던 세 가지의 전통적인 교환방식(마르셀 모스, 2011)을 살펴보자. 먼저 포틀래치는 아메리카 치누크 인디언의 용어로 '식사를 제공하다', '소비하다'는 뜻이다. 포틀래치는 세 가지의 의무를 따라야만 한다. 쌍방 간에 선물을 주어야 하는 의무, 선물을 받아야 할 의무, 그리고 다시 답례를 해야 할 의무가 있다. 이를 지키지 않으면 전쟁이 발생할 정도로 아주 중요한 사항이다. 포틀래치는 불균등한 인디언 집단 간의 부의 생산과 분배를 재조정해 주며, 다른 집단의 선물만 받는 것은 권력에 예속됨을 의미한다.

두 번째로 쿨라를 통해 섬들로 구성된 폴리네시아에서 선물이 어떻게 협력으로 이루어지는지 살펴보았다. 쿨라는 'A'에게서 선물을 받으면 다른 이웃인 'B'에게, 'B'는 'C'에게 선물을 주는 방식으로, 최초의 선물 증여자인 'A'에게도 선물이 돌아간다. 이 같은 선물체계는 섬 전체를 하나의 공동체로 묶어주는 역할을 한다. 세 번째로는 '하우(hau)'의 개념이 선물에 있는데, 이는 바람과 영혼, 무생물과 식물의 영과 힘을 가리킨다. 하우를 행했던 사람들은 숲이나 토지에 영혼이 깃들어 있다고 믿었다. 그래서 누군가에게 선물을 받는다 하더라도 그것은 자연에 되돌려주어야 한다고 생각했다. 누군가가 서로에게 선물한 그 무엇인가(타옹가)는 영적인 힘을 가지고 있어 누가 나에게 '타옹가'를 주게 되면, 나는 또 그것을 다른 제삼자에게 주어야 한다. 선물이 사람에게 의무를 지우는 것은 받은 물건에 생명이 존재하고 있다는 것을 의미한다. 인간은 비록 물건을 소유한다고 하더라도 그것의 지배자가 될 수 없을 뿐만 아니라, 오히려 사물이 가진 영혼의 지배에서 영원히 벗어날 수 없다. 여기서 사물을 넓은 의미로 자연이라고 해석할 수 있다면, 모스는 '증여'의 분석을 통해 인간과 자연의 영원한 대화 그리고 조화를 말하려고 했다(박정호, 2009). 그는 평등한 사회는 정의롭고 관대하게 행동함으로써 실현될 수 있다고 생각했다. 증여의 정신, 즉 '주고받고 되돌려주는 임무'라는 도덕을 기반으로 하는 사회를 그렸다. '관대하게 행동하지 않고 더 관대한 사회를 세울 수는 없다'고 모스는 주장한다. 뒤르켐의 기능주의가 공화주의적 복지국가의 이념적 토대라면 모스의 기능주의적 '선물경제(gift economy)'는 민주적 사회주의의 이론적 토대라 할 수 있을 것이다.

2) 레비스트로스와 야생의 사고

레비스트로스는 '야생의 사고'와 문명인의 사고가 사물을 범주화시키는 방법과 관심의 영역에서 다를 뿐 어느 것이 더 논리적이라고 주장할 수 없음을 밝히고 있다. 그는 '야생의 사고'가 문명인의 사고와 같은 의미에서 그리고 같은 방식으로 논리적이라고 주장하고, 야생의 사고가 감정에 의해 움직이는 것이 아니라 이성적 판단에 의해서 움직이며, 혼동과 참여에 의해서가 아닌 변별과 대립의 도움으로 가능한 것이라고 주장한다(송태현, 2010). 일부 학자들은 원시인들에게는 추상적 관념어가 결핍되어 있어 추상적 사고에 무능하다고 주장한다. 레비스트로스는 우선 추상적 관념어가 발달한 원시인들이 있음을 지적한다. 나아가 그는 관념어의 발달이 그 민족사회 속의 특정 집단이 가지고 있는 관심의 차이에서 온다고 주장한다. 그는 신화적 사유의 논리가 실증적인 사유와 마찬가지로 엄격한 것이고, 또한 신화적인 사유와 과학적인 사유 사이에 동일한 논리가 작용하고 있는 것으로 판단한다. 원시인에서 '브리콜뢰르'는 현대의 엔지니어이다. 브리콜뢰르는 손재주꾼을 뜻하는 것으로 신화적 사고의 특성과도 일치한다. 무슨 과제가 주어지든 주어진 재료를 활용하는 신화적 사고는 일종의 지적인 '손재주(브리콜라주)' 인 셈이다. 그리고 이러한 신화는 변별과 대립을 명확히 보여주고, 대립된 것들 사이를 매개한다.

뒤르켐의 성적인 것과 세속적인 것의 대립과 대립을 통한 '규범의 통합적 기능' 처럼 레비스트로스는 신화와 의례에서 이항대립적 속성을 찾고 이로부터 신화와 의례가 행하는 구조의 통합을 설명하고 있다. 구조주의 사상의 요체는 이러한 이항대립 체계가 '상황적 자유성' 을 가지면서 보편성, 논리성을 지향한다는 데 있는 것이다(김문조, 1991). 즉 구조주의는 감성적인 것을 합리적인 것에 통합하려는 의도를 갖는데, 이것은 야생적 사고/이성적 사고, 감성적인 것/합리적인 것을 포함하여 원시인과 현대인은 물론 시간과 공간을 초월해 존재한 모든 인간들에게 공통적으로 나타나는 또 다른 합리성을 찾는 것이다.

또한 레비스트로스는 래드클리프 브라운의 분석처럼 족내혼 금지제도와 여성교환을 통해 구조가 유지되는 메커니즘을 말한다. 여기에는 음식 금기가 동반된다. 오스트레일리아 북부의 경우 토템 금기가 더욱더 명확해서 족외혼조직의 결혼규제에 해당하는 '요리' 금기가 존재한다. 어떤 부족들은 자기의 토템뿐만 아니라 아버지의 토템, 어머니의 토템, 할아버지(혹은 할머니)의 토템을 먹는 것을 절대 혹은 조건부로 금하고 있다(레비스트로스, 1999: 156). 음식 금기는 자신의 토템에 해당하는 생물을 먹을 경우 자식행위(自食行爲)에 해당하기 때문이다.

그러나 레비스트로스는 '인식 불가능성/인식 가능성' 의 대립을 바탕으로 '죽음/삶', '신/인간', '성/속' 과 같은 하위의 범주들에 대립적 가치를 부여하는 방식, 즉 우리의 사고에 정지적 구조를 설정하는 이항대립의 '인식론적 역동성' 의 원리까지 보지는 못했다(최일성, 2011). 이러한 이항대립의 인식론적 역동성은 알렉산더에게 와서야 확실하게 드러난다.

'악' 이라는 범주의 존재 자체가 자연적으로 존재하는 것이 아니라 임의적인 구성, 즉 문화적 · 사회학적 작업의 산물로 인식되어야 한다는 것이다. 이원성은 복잡한 경험세계를 두 개의 대립하는 형태로 단순화시키며, 그 사이의 모든 회색영역을 감소시킨다. 이는 모든 인류사회의 본질적인 특징이었으며, 특히 아이젠스타트가 '축의 시대 문명(axial age civilization)' 이라고 일컬었던 사회에서 중요했다(알렉산더, 2007: 78-79). 성과 속의 엄격한 대립은 공유되는 규범적 '선' 주위에 중요한 안전장치를 확립한다. 동시에 이러한 대립은 선을 위협하는 모든 것에 대항하는 강력하고 공격적인 방책을 세운다.

4. 파슨스와 그 후학들의 구조기능주의

거대이론(Grand Theory)이자 일반이론(General Theory)으로서의 구조기능주의는 파슨스에서 그 이론의 추상적 개념화가 고도화되고 정교화된다. 파슨스는 『사회적 행위의 구조(*The Structure of Social Action*)』에서 사회적 행위의 유물론적 접근과 관념론적 접근 모두를 거부하며, 사회적 행위란 주관적 선택(subjective choice)과 객관적 제약(objective constraint) 사이의 결합임을 주장했다(Seidman, 2013: 73). 파슨스에게 자원적 행위(voluntary action)에 대한 논리적 설명은 다음의 순서로 이루어진다. ① 행위에는 개별 행위자가 있다. ② 행위에는 목적이 있다. ③ 행위자는 목표달성을 위한 여러 가지 수단들을 갖고 있다. ④ 행위자는 다양한 상황적 조건에 직면한다. ⑤ 가치, 규범, 여타의 관념은 목표설정에 그리고 목표달성을 위한 수단의 선택에 영향을 미친다. ⑥ 행위자의 목표달성을 위한 수단의 선택에는 행위자의 주관적 선택이 포함되고, 이 결정은 상황적 조건에 의해 구속받는다. 이로부터 파슨스는 베버의 수단/목적 도식을 뒤르켐의 공통가치 혹은 합의에 대한 법칙과 융합시켰다. 공유된 가치는 수단과 목적의 선택에 영향을 미치고, 개인이 각자의 목적(이익)을 추구함은 안정된 상호작용의 사회관계로 진행되는 것이다.

파슨스는 『사회체계론(*The Social System*)』에서 이러한 제도적 질서(institutional order)가 어떻게 형성되는지를 구체적으로 기술한다. 사회체계란 분석적으로 구분된 체계들로서, 퍼스낼리티체계는 개인의 욕구와 동기로, 문화체계는 공유된 신념과 가치로, 사회체계는 사회적 역할과 규범들의 다발로 각각 구성된다. 앞서의 오케스트라 예를 다시 들어보자. 오케스트라의 멤버가 된다는 것은 오케스트라의 '대중을 위한 연주'라는 가치를 공유하며(문화체계), 목표달성을 위해 각 연주자들에게 기대되는 역할들이 부여되며(사회체계), 각 연주자들은 연주단의 일원이 됨으로써 자신의 동기와 욕구를 충족시킨다(퍼스낼리티체계). 이들 상호체계가 잘 맞아 작동하면 적절히 기능하는(well-functioning) 사회체계가 된다. 추후 파슨스는 사회체계론을 좀 더 구체화시켜 4가지 기능적 요건으로 확대한다. 물질적 기초로서의 경제체계(적응(adaptation)), 목표설정과 자원동원의 정치적 제도(목표달성(goal attainment)), 사회적 규제와 연대를 위한 법적 체계(통합(integration)), 욕구와 가치, 동기 등을 내면화하는 가족, 종교, 교육체계(유형유지(pattern maintenance))가 그것이다. 이들 각각이 분화되고 상호 균형 있게 교환될 때 모든 체계의 문제가 해결된다. 반면 변동은 각 하위체계가 서로 정보와 에너지를 교환하며 외부적 · 내부적 재조정이 일어날 때 발생한다(터너, 1984: 81). 예컨대 가치(정보적)갈등은 규범적 갈등(아노미)을 야기하고, 규범적 갈등은 다시 퍼스낼리티체제와 경제체제에 영향을 미친다.

파슨스와 그 이후 머튼, 기어츠 등 기능주의자들은 이러한 구조기능주의의 이론들로부터 자기 시대가 당면한 가장 중요한 사회적 현상을 이해하려 애썼다. 파슨스는 파시즘부터 의료기관까지, 머튼은 관료제부터 아웃라이어까지 그 시대의 문제를 기능주의적 설명으로 제시했고 기능주의적 유용성을 보여주려 했다. 파시즘에 대한 해석 당시—그리고 지금까지도 일반적으로 인식되고 있는—'보수주의의 극우화'라는 갈등적 · 대립적 도식을 뛰어넘었다. 파슨스는 사람들이 원하는 기능적 요구를 분석한 후 기존의 종교가 자기 기능을 다하지 못하면서 사회해체가 가속화되었고 기존의 종교가 수행하던 인간의 감성적 부분의 욕구를 파시즘이 채워준 것이라는 설명을 통해, 파시즘에 접근하는 시각을 확장시켰다.

1) 파슨스의 파시즘 해석

그 당시 사회의 가장 큰 이슈였던 파시즘의 해석은 자본주의 확장의 도구와 프로이트 계열의 라이히적 정신분석 접근이 주류를 이루고 있었다. 파시즘에 관한 최초의 해석인 '자본주의의 앞잡이로서 권력을 손에 쥔 폭력배들의 정치운동'은 그 때부터 지금까지 한 번도 이론적 장악력을 잃어본 적이 없다. 라이히는 파시즘 초기의 특징적 현상인 폭력적이고 남성적인 형제애가 성적 억압의 소산이며 파시즘의 성해방적 언동들—야간업소와 클럽의 부흥 등—이 그 많은 대중들의 지지를 이끌어 낸 동인이라고 해석했다. 그러나 이러한 자본주의적 구조와 심리에 대한 해석은 자본주의의 고도화가 전 유럽대륙을 휩쓸고 있던 때에 왜 독일과 이탈리아에서 유독 파시즘이 창궐했는가에 대한 해석으로는 부족했다.

이러한 상황에서 파슨스는 파시즘을 '사회학적 시각'으로 해석한다. 그는 1942년의 「파시스트운동의 사회학적 양상(Some Sociological Aspects of the Fascist Movement)」이란 논문에서, 파시즘이 경제 · 사회적 불균등발전이 만들어 낸 극심한 상실과 긴장 때문에 창궐했다는 해석을 내놓아 파시즘을 하나의 체제이자 역사의 산물로 이해할 수 있는 '사회학적' 패러다임을 내놓았다. 파슨스는 독일과 이탈리아처럼 뒤늦게 급속한 산업화를 경험한 국가에서는 계급 간 갈등이 특히 심했으며, 계급화해의 가능성은 여전히 건재하던 전산업적 엘리트층에 의해 막혀버렸다고 주장했다. 산업화에 따른 합리화와 이에 대한 커뮤니티 기반의 전통적 비합리성이 서로 충돌하였고 그런 합리화와 비합리화의 충돌로부터 파시즘이 발생했다는 것이다.

파슨스는 경제체제가 가져온 합리성의 패턴이 전근대적 특권층에서부터 민중들의 일상생활 전반까지 침투하지는 못했으며 이러한 비합리성의 정서(sentiment)가 합리성의 제도화에 일정한 한계를 가져오거나 또는 충돌을 야기하면서 파시즘이 발생했다고 보았다. 즉 파시즘은 하나의 아노미적 특성이며 이것이 사회의 통합적 지향과 만나 정치운동으로서의 파시즘체제를 유발했다. 특히 파시즘의 중요 지지세력이었던 독일의 중하층과 청년, 그리고 여성의 계층적 상황을 분석함으로써, 근대적 합리화의 상징인 '전문성(professionalism)'과 '상업성(commercialization)'에 안전히 포섭되지 못한 계층이 아노미적 불안에 빠지고 퇴행적인 속성인 구원(salvation)에 의지하려는 지향으로 파시즘이 나타났다는 점을 직시했다.

2) 파슨스의 환자 역할론

파슨스는 기능주의적 분석틀을 의사와 환자의 관계에도 적용하여 의료분야가 전체 사회와 갖는 관련성을 논했다. 우리는 휠체어나 링거를 맞고 있는 사람이 환자임을 자연스럽게 알아볼 수 있다. 우리는 TV에서 검찰에 출두하는 유명인사들이 꼭 휠체어를 타고 나타난다는 것에서 이를 확인한다. 그 모습은 조사받는 이가 죄인이기보다 환자로 보이게 한다.

파슨스는 질병과 사회의 관계를 논하기 위해 의사와 환자의 역할(sick role)에 대한 기능론적 이론을 전개하였다(Parsons, 1975). 그는 질병이라는 요소를 개인에게 사회적 역할을 수행할 수 없도록 하는 사회적 일탈의 주요 원인으로 보았고, 이 논의를 발전시켜 질병이 일으키는 일탈과 이를 제어하는 통제의 문제를 의료 사회학이론으로 정립하였다.

환자 역할의 기본전제는 질병이 발생원인은 그 사람이 일부러 선택히

거나 병에 걸리려고 노력했던 것이 아니라는 것에서 출발한다. 병에 걸린 환자는 범죄와 같은 기타 사회 일탈적 행위와는 다르게, 본의 아니게 사회적 기능의 테두리에서 일탈한 것으로 간주된다. 하지만 범죄와 같은 제도적 일탈과 환자 역할로 인한 일탈 모두 사회적 역할과 기능을 제대로 수행하지 못한다는 것과 법률이나 의료 행위 등을 통해 사회적 중재를 위해 노력해야 한다는 점에서 공통적인 특성을 지녔다. 이에 파슨스는 환자 역할이 사회적인 기능을 수행하는 것을 회피하는 공식적인 허가와 같은 형태이기 때문에 역기능적이라고 주장하였으며, 면책특권과 같은 환자 역할 때문에 일부에서는 이 역할을 더 수행하기를 원할 수도 있다고 보았다.

파슨스에 따르면 환자 역할의 기능은 기본적으로 아픈 사람들이 빨리 회복되어 사회에서 제 기능을 수행할 수 있도록, 질병이 사회에 미치는 악영향을 통제하는 것에 있다고 여겨진다. 환자는 의사에게 협조를 하고 믿어야만 하는 '일탈적 하위문화'가 형성되어야만 하고, 이를 위해서는 의료전문직이 질병을 과학적으로 판독하는 역할을 맡아야 하며, 결과적으로 의료전문직은 전체적으로 질병에 의한 사회통제의 기능을 수행하게 된다.

또한 파슨스는 환자 역할이라는, 질병을 매개한 기능의 일탈을 복귀시키는 일련의 과정을 연구함으로써, 다른 분야에서 발생하는 기능의 일탈 또한 해결할 수 있는 가능성을 보였다. 예를 들어 군대와 같은 강력한 조직생활에서 일시적인 휴가는 기업의 병가 기능과도 상통한다. 이와는 반대로 환자 역할은 지배적인 사회구조에 반대하는 사람들에게 환자 역할을 주고 그들을 제거하는 기능도 수행할 수 있다(Segall, 1976). 실례로 1960년대 월남전이 한창 진행될 당시 미국에서는 병역문제를 일으키는 개인들을 환자로 취급하여 사회로부터 고립시키기 위해 의료기관을 늘렸던 사실이 있었다.

3) 파슨스의 기능적 정명과 '목적론적 설명'

파슨스의 기능적 정명론(functionalism imperativism)은 한 구조가 전체의 욕구를 유지하는 데 수행하는 기능이 바로 그 구조를 출현시키는 원인이 될 수 있다고 보는 것이다(터너, 1982: 90). 더 나아가 파슨스는 그런 목적론을 세부화하여 '적응, 목표달성, 통합, 잠재성(AGIL)' 의 요건으로까지 확대하였다.

구조기능주의는 모든 담론에 어떤 근원적 동인—적응, 통합, 권력 등—이 작용하며, 이러한 동인은 누군가가 소유하는 것이 아니라 주체 없이 행사된다고 본다. 동인이란 기능주의자들의 입장에서 본다면 '사회체계들의 공고화된 기대구조들' 을 뜻한다. 그래서 구조기능주의도 이러한 차원에서 여전히 비판받는다. 하버마스는 체계이론을 '지배에 순응하는 문제설정', '기성의 것의 존속유지를 위한 옹호론' (Habermas, 1971: 170), '현대사회의 복잡성 상승을 옹호하는 태도' (Habermas, 1988: 426)로 비판한다(정성훈, 2009). '탄생은 기능으로 환원할 수 없다' 는 것이다. 그러나 욕구의 충족, 그리고 균형의 유지에 어떤 결과를 미치는 구조들은 그렇지 않은 구조들에 비하여 선택상의 이점을 가지며 시간적으로 선행하여 존재할 수 있다. 예를 들면, 파슨스는 법적 체계의 진화와 그것이 근대사회체계로의 변천에 미친 영향을 분석하는 데 이 역의 인과연쇄를 사용하였다. 선행문화—가장 유명한 것은 그리스—의 법적 잔여(성문화되고 세속화된 법전)는 그 후의 사회에 '선택상의 이점' 을 갖게 하였다. 왜냐하면 그 법전들은 정치체계의 세속적 정당성을 용인하는 한편 경제, 가족, 종교 등의 다양한 제도적 영역들을 규제하였기 때문이다.

스틴치콤(Stinchcombe)이 『사회이론의 구성(*Constructing Social Theories*)』에서도 밝혔듯이, 기능적 설명은 인과적 이론의 복합적 형태이며 그 이유는 "그 결과에 따라서 행동 또는 구조를 선택할 수 있는 다양한 역의 인과적 과정인데, 이를 깨닫지 못한 이론가들의 상상력의 빈곤 때문에" 기능주의를 인과적 설명의 바깥으로 몰아세웠다는 것이다(터너, 1982: 91). 이는 '현재는 과거에 따라 바뀌지만 미래에 따라 바뀌기도 한다' 고 말하며 목적론적 삶에 대한 명확한 규정을 내린 니체의 상상력과 "피투(被投)된 삶에서 미래로의 기투(企投)로 나아가는 삶"을 말하는 하이데거의 통찰력으로도 지지된다.

4) 파슨스의 구조기능주의 한계와 자기생산적 체계

파슨스는 부분체계들이 수행하는 기능을 AGIL로 제한하였고, 이 부분체계들은 전체 사회의 유지를 위해 존재하는 것으로 보았다. 반면, 루만은 기능체계들을 '자기생산적 체계' 로 개념화했다. 개별 기능체계들의 자율성이 해당 체계들의 존속에만 도움이 될 뿐, 전체 사회의 존속에는 오히려 부정적 결과를 가져올 가능성이 높다는 것이다. 예를 들어 생태문제에 대해 각 체계가 내놓은 처방들은 개별 체계의 지속에는 도움이 될 수 있을지 모르나 전체 사회와 생태계의 지속에는 부정적 결과를 낳는다. 회피해야 하는 부정적 통합상태는 '과소통합' 과 '과잉통합' 이다(Lange and Schimank, 2004; 정성훈, 2009; 김종길, 2009). 과소통합이란 통합된 상태가 참여체계의 행위 대안을 제어하지 못해 그것은 일종의 해체상태가 됨을 뜻한다. 반면 참여체계들 상호 간에 행위선택의 자유도가 너무 낮다면 과잉통합상태가 된다. 즉, 과소통합의 문제는 상호의존관계에 있는 부분체계들에게 제공해야 하는 성과의 거부 혹은 제공불능이고, 과잉통합의 문제는 체계의 자율성 훼손이다. 과잉통합은 탈분화로 이어진다. 경제체계의 영향력과 논리가 다른 체계로 확산되면서 근대사회는 과잉통합, 탈분화되어 가는 것이다.

5) 머튼의 중범위이론 : 관료제와 퍼스낼리티

머튼(Robert Merton)은 『사회이론과 사회구조』에서 기존의 기능주의 분석을 세련화시킨 중범위이론(theories of the middle range)을 제창했다. 그는 사회를 기능적으로 단일한 것으로 가정한 기존의 기능주의가 경험적 질문을 간과한 결점을 지녔다고 비판하며, '역기능(dysfunction)'과 '잠재적 기능(latent function)'을 제시했다. 그는 두 개념을 통해 '의도하지 않은 결과(unintended consequence)'를 파악할 수 있다고 보았다. 머튼에게 역기능이란 '체제의 적응을 감소시키는 관찰된 결과'로 정의된다. 또한 머튼은 어떤 것이 사회에 기능적이다, 역기능적이다라고 하는 것은 과잉 단순화시킨 것으로 주장하는데, 이는 어떤 품목들은 개인이나 하위집단들에게 기능적이고 다른 사람들에게는 역기능적일 수 있기 때문이다. 즉 개인은 다양한 지위, 하위집단, 보다 큰 사회체계 및 문화체계 속에 존재하는데, 어느 범위에서 기능적이냐 역기능적이냐를 고려해야 한다는 것이다(Timasheff and Theodorson, 1976: 52). 예를 들어 인종차별은 신분제도를 강조하는 사회에서는 순기능이지만, 자유와 기회를 강조하는 사회에서는 역기능이다. 이는 파슨스가 전근대사회에서는 확대가족이 농지상속과 농사기술의 전수라는 측면에서 정상적이지만, 직업을 얻기 위해 이동이 필요한 근대사회에서는 비정상적 제도가 되어 핵가족으로 변화된다고 분석한 것과 상통한다(부동, 2011: 106). 이러한 역기능 개념은 구조기능주의의 '전체적 접근(holistic perspective)'을 다시 강조함과 동시에, 구조적 수준에서의 압박과 긴장이 발생을 의미하므로 기능주의에서 취약했던 변동의 연구에 분석의 방법을 제공한다.

또한 머튼은 현재적 기능(manifest function)과 잠재적 기능(latent function)을 구분했다. 현재적 기능이란 적응에 공헌하고 의도된 구체적인 사회 혹은 문화적 단위의 결과물을 말하고, 잠재적 기능은 의도되지 않고 인식되지 않은 결과들을 지칭한다. 경제적 소비의 현재적 기능은 '사용'이고 잠재적 기능은 '위세의 유지나 상승'이다. 여기에서 머튼은 기능이 사회적 행동의 결과이고, 목적은 그러한 사회적 행위 뒤에 숨어 있는 의도로 파악하여 잠재적 기능이 목적의 달성과 더 밀접하게 연결되어 있다고 보았다.

한국에서도 '북한에 쌀을 보내주자'라고 했을 때 이 말을 있는 그대로 '배고픈 사람들을 돕자'는 뜻으로 아는 사람들도 있는 반면 '친북한적 언사'로 간주하는 사람들도 있다. 대선후보 토론회에서 누군가를 강하게 비판하면 상대편 지지자들이 더욱 뭉칠 수 있다. 머튼에게서 개별 인간은 무기력하고 무저항적인 존재가 아니라 능동적인 존재로서 선별적으로 메시지를 받아들이며 또한 자신의 준거틀 및 태도, 욕구 등의 기존 성향에 따라, 본인 혹은 본인이 속한 집단의 이해에 따라 메시지를 해석한다. 이 때문에 잠재적 기능에 따른 의도하지 않은 결과가 인간행동에 수반된다는 머튼의 설명은 긴장과 갈등, 변화의 동태적 현상을 설명하는 데 유용한 개념으로 평가받고 있다. 또한 머튼은 현대사회의 특징인 관료제와 개인의 퍼스낼리티의 관계를 설명하면서 개인의 퍼스낼리티체제가 어떻게 사회구조와 기능적으로 맞물리는지, 그리고 관료제가 어떤 역기능을 불러일으키는지를 분석함으로써 구조기능주의 이론의 추상성을 낮추고 구체적 현실에의 적용가능성을 높였다. 이러한 머튼의 관료제 분석은 현대사회의 본질을 꿰뚫고 있다는 점에서 이론적 '설명도구'로서의 기능주의 이론을 실증하고 있다.

머튼은 1940년 발표한 「관료제와 퍼스낼리티(Bureaucratic Structure and Personality)」라는 논문에서 베버의 관료제분석을 비판적으로 계승하여 관료제의 역기능과 관료제의 병리적 특징을 기능주의적으로 분석하고 있다. 이 연구에서 중요한 개념적 발견들은 동조의 과잉, 형식주의, 무능화된 전문화, 무사안일주의, 자생집단화, 인간성 파괴이다. 동조과잉이란 본래 수단으로 간주되었던 규칙의 준수가 형식주의를 초래하여 그 자체가 목표로 전도되는 현상을 말한다. 형식주의는 모든 사무의 처리를 일반적 규칙에 의거하여 서면으로 행하여 권리의무책임의 정도를 서면으로 확인할 수 있다. 또한 현대의 관료제는 전문가를 요청하나, 전문가는 타 분야에 대한 이해도 적을 뿐만 아니라 아집화, 할거화 등의 병리현상을 초래한다. 무사안일주의는 선례에 따르거나 상관에 무조건 영합하는 행동을 의미하며, 변동 및 쇄신에 대한 저항으로 보수성과 자생집단화의 경향을 띠며, 업무를 매일 반복하기 때문에 무감정, 권태, 욕구불만, 부속품화로 인해 인격을 상실하기 쉽다.

머튼의 관료제 분석은 체계통합의 관점에서 분석된 것으로서, 체계통합은 목표와 이 목표를 성취하기 위한 수단 사이의 통합에 있다. 머튼은 목표와 수단이라는 두 지표를 사용해서 동조, 혁신, 의례주의, 도피주의, 반역의 다섯 가지 적응양식들을 제시하였는데, 관료제 분석에서도 이를 그대로 적용하여 목표와 수단 간의 통합부족과 이로부터 생성되는 적응양식들을 분석하였다.

5. 제프리 알렉산더와 신기능주의의 등장 : 홀로코스트와 워터게이트의 분석

제프리 알렉산더는 베버와 뒤르켐에 의지해 경제결정론을 뒤집는다. 그는 자본주의의 출현에 프로테스탄티즘이란 종교가 핵심 역할을 했다는 베버와, 상징과 의례를 중시하는 종교사회학에 뒤르켐의 전통, 그리고 해석학적 관점에서 이데올로기를 기능적으로 분석한 기어츠의 문화인류학을 계승하여 문화를 사회구조의 부차적 산물로 바라보는 전통사회학에 도전한다. 이는 사회변동에서 문화의 역할을 독립변수로 보는 '강한 프로그램'과 종속변수로 보는 '약한 프로그램'의 대조에서 확인된다. 약한 프로그램은 부르디외의 아비투스 이론, 푸코의 지식권력론, 영국의 문화연구이론을 포함하고, 강한 프로그램은 여기에 기호학과 해석학까지 끌어들여 사회변동에서 문화의 독자적 역할에 주목한 문화인류학자 클리포드 기어츠까지 연결시킨다. 그리고 사회가 문화적 변수에 의해 변화되는 모습은 강한 프로그램에서만이 실현됨을 주장한다.

2003년에 출간한 『사회적 삶의 의미』에서 알렉산더는 수많은 대량학살 가운데 나치의 홀로코스트만이 우리 시대 최대의 악으로 각인된 이유(한 예로, 2,000만 명으로 추산되던 아메리카 인디언은 유럽 이민자가 아메리카 대륙에 상륙한 후 20만 정도만이 남아 있다)와, 그 과정에서 사회통합을 위한 시도가 필연적으로 사회악을 탄생시키는 문화적 메커니즘을 분석했다. 홀로코스트가 우리 시대 최대의 악이 된 이유는 '구성된 악(construction of evil)' 이기 때문이다. 이 악은 근대적 현실을 반영하는 하나의 사실이 아니라 이를 성립시킨 집합표상이다. 여기서 뒤르켐의 집합의식 개념의 발전을 볼 수 있다. 뒤르켐은 집합의식을 하나의 사물(thing)로 보았지만, 알렉산더는 집합표상을 역동적인 하나의 '차원(dimension)' 으로 보았다. 알렉산더는 집합표상, 집단의 정체성은 문화적 외상(trauma)에 의해 형성된다는 사실을 우리 시대의 계속 변화하는 서사적 틀인 '두꺼운 기술(thick description)' 을 통해 논증하였다. 연합군이 전쟁에서 승리한 후 나치를 '지상 최대의 악' 으로 프레이밍하는 과정에서 이전까지 존재했던 미국을 포함한 서구의 반유대인적 분위기는 누그러진다. 언론권력에 의한 선악의 선명한 이분법이 지배하면서 홀로코스트가 가장 선명한 악으로 코드화되었으며, 이를 통해 유대인은 이전의 '무고한 일반사람들' 에서 '가장 핍박받은 민족' 으로 전환되었다. 이로써 홀로코스트라는 비극서사의 재현에서 가장 중요한 사건은 관객이 반복적으로 회귀하는 외상드라마가 되었다. 외상드라마로의 회귀는 뒤르켐의 용어로 말하자면 성스러운 악(sacred evil)으로 변환하도록 홀로코스트 이야기에 신화의 지위를 부여한 것이다(알렉산더,

2007: 116, 127). 성스러운 악이란 엄청난 흉악성과 공포의 외상을 회상시키며 일상 세계 및 다른 모든 외상적인 사건과는 철저하게 구분되는 악이다.

홀로코스트 분석처럼 워터게이트 사건이라는 시대의 외상을 통해서도 알렉산더는 집합적 정체성의 형성과정을 드러낸다. 그는 워터게이트 사건과 뒤레피스 사건을 보며 이를 타락한 민주주의를 구원하기 위한 일종의 문화적 정화(淨化)의식으로 분석하며 홀로코스트의 신성한 악의 구성처럼 "스캔들은 탄생하는 것이 아니라 만들어지는 것"이라고 주장한다. 스캔들은 시민사회가 다소간 사회악의 부활을 원하기 때문이다. 악은 모든 영역에서 코드(code), 우선순위(weighting), 서사(narratives)를 통해 발현된다. 그것을 통해 선악의 구분을 명확히 하여 악을 구체화하고 이를 기반으로 처벌이 가능함을 보여주려 시도한다.

위와 같은 폭력과 스캔들이 사회적 악으로 탄생하는 과정은 여론의 지지를 얻기 위한 상징투쟁의 과정이다. 이 과정에서 사회적 악의 기능은 도덕적 집합의식의 강화에 기여하는 것이다. 이러한 알렉산더의 분석을 통해 뒤르켐이 완벽히 풀지 못한 핵심문제, 즉 분화되고 세속화된 근대 시민사회에서 유기적 연대가 어떻게 가능한가에 답을 제시하고 있다. 이것은 역으로 사회통합-사회체계의 생존(the survival of social system)을 위한 시도는 필연적으로 사회적 악의 탄생을 요구하는, 즉 사회적 악의 기능적 정언(functional imperatives of social evil)과도 연결된다.

이것이 사회학을 지배해 온 실증주의적 전통에 서사적 보완이 요구되는 이유이다. 알렉산더는 사회학 방법론에서 서사적 인터뷰는 공론장의 역할을 해야 한다고 주장한다. 지금까지 공론장은 하버마스를 따라 단지 의사결정에 이르는 합리적 절차 기제로만 좁게 정의되는 경향이 있었다. 이 때문에 공론장이 사람들이 탁월성을 두고 경합하는 장으로 넓게 정의되지 못했다(최종렬, 2012; Alexander and Smith, 1993). 이제 여러 문제가 공론장에 적극적으로 반영되어 시민사회 형성에 서사적 패러다임이 기여해야 하는 '사회학적 이야기'가 필요한 시대이다.

6. 구조기능주의의 사회이론적 의미와 한계

1) 구조기능주의와 프로이트 심리학

후기 파슨스의 구조기능주의론은 프로이트 심리학과 깊은 연관을 맺는다. 파슨스는 퍼스낼리티 개념을 행위체계이론에 도입하여 프로이트의 초자아와 뒤르켐의 사회체계를 연결시켰다. 파슨스는 행위의 하위체계를 퍼스낼리티, 사회체계, 문화체계로 설정하고 이들 간의 상호침투를 논함으로써 프로이트와 뒤르켐을 성공적으로 연결시킨 미시-거시 통합이론을 만들었다(Kurzweil, 1987; 이윤희, 2006). 퍼스낼리티의 구성요소인 욕구성향들은 가치의 내면화 및 사회화 과정을 통해 형성된다. 파슨스는 욕구성향의 형성에 있어서 일반적인 개인의 욕구를 더욱 강조한다. 유아가 성장할 때 부모는 어린이의 끊임없는 욕구를 무제한 충족시키는 것이 아니라, 어린이가 부모의 기대에 따를 때 그에 상응하는 만족감을 얻게끔 허용한다. 어린이는 말이나 동작으로 나타나는 부모의 태도와 성향에 반응을 보이기 시작하고, 물리적인 것뿐만 아니라 상징적인 보상과 형벌에 반응하는 능력을 얻는다. 그들은 중요한 사람들을 기쁘게 함으로써 스스로 만족감을 얻는 것이다. 이런 과정을 통해 어린이는 사회적 관계에 대한 욕구와 다른 사람의 인정을 받고 싶은 욕구를 발전시킨다. 즉 "행위자에게 있어서 모든 문제는 욕구 충족의 최적화(an optimum of gratification)를 행한다는 목적에 의해 일반화된다(Parsons and Shils, 1951: 122)." 파슨스에게 사회체계와 퍼스낼리티는 상호교환의 과정을 통해 호혜적인 투입-산출을 하고 있는 관계이다. 행위의 하위체계들 간의 상호침투는 문화체계에서 제공되는 가치에 대한 상징코드들이 사회체계에서 제도화되고 이들이 다시 퍼스낼리티체계를 통해 '선택적으로 내면화' 된다(이윤희, 2006). 선택적으로 내면화된다는 것은 욕구충족이 최적화된다는 것인데, 이는 프로이트의 최적의 좌절(optimal frustration) 개념과 상통한다. 최적의 좌절은 소망충족이 지연되는 것으로서 즉시충족과 지연된 충족 사이의 어느 지점이며, 이 지점에서 소망과 현실을 구분하는 현실원리를 깨닫게 된다. 이것이 내면화되어 행위자의 욕구가 충족되는 메커니즘이 작동하면 이에 따라 사회질서가 형성되는 것이다.

2) 구조기능주의와 아비투스론

네트워크와 문화자본의 이론적 확장은 역설적으로 구조기능주의적 시각의 복원을 요구한다. 부르디외는 그의 이론에서 아비투스는 개인에 의해 실천되나 이는 어린 시절의 내면화(internalization)에 의한 취향에 의해 형성되며 그래서 개인의 내재적 속성(innate property)이란 존재하지 않고 오직 성향(disposition)의 아비투스가 존재한다고 보았다. 아비투스는 관계로부터 형성되는 사회적 산물이며, 역사적으로 주어진 환경 속에서 집단은 자신의 배타성을 최대한 유지할 수 있는 취향을 선택한다(Bourdieu, 1996). 20세기 중반 골프는 상층계층의 취향이지만 20세기 후반의 골프는 더 이상 구별의 기능을 상실하게 되며 그러면서 계급을 구분하는 새로운 취향의 실천이 등장하는 것이다. 그것은 각 사회가 처한 관계적 속성에 종속된다. 이에 대해 엘스터와 젠킨스는 부르디외의 아비투스론이 기능주의자들이 주장했던 기능적 분화와 그 속에서 특히 파슨스의 '사회화' 과정을 통한 기능적 균형의 유지와 통합론을 확장한 것이라고 본다(Elster and Jenkins, 1994; Jenkins,1992). 아비투스란 '객관적 가능성에 대한 주관적 기대(subjective expectation of objective probabilities)' 라는 구조기능주의적 행위자(agent)와 유사하다는 것이다. 구조기능주의에서 개인들은 각 계층이나 집단, 제도적 장치에 의해 부여된 자신들의 역할을 인식하고 그 구조 내에서 주어진 기대를 수행하는데 이는 부르디외의 아비투스가 부여한 개체와 정확히 일치한다. 마르셀 모스가 아리스토텔레스에게서 계승한 용어인 '아비투스'는 몸을 지배하는 기법이며 "특히 교육, 관습, 유행, 위신에 따라 다르기" 때문에(자크 르 고프 · 니콜라스 트뤼옹, 2009), 고쳐지기 어려우며 견고한 지속성을 갖는다. 변화는 내부에서 일어날 수 없고 오직 외부적 요인에 의해서만 일어날 수 있다. 이는 기능주의의 비판이자, 동시에 부르디외의 아비투스론을 비판하는 것으로 연결된다. 이에 대해 부르디외는 아비투스란 사회적 장(social field)에 영향을 받으며, 사회적 장 자체가 변화될 수 있는 것이기 때문에 개인의 희망과 열망 같은 속성의 아비투스도 변화할 수 있다는 점, 그리고 '의식과 사회분석의 계발(awakening of consciousness and socioanalysis)'로 아비투스를 통제할 수 있다는 점에서 구조기능주의적 결정론에 빠지지 않았다고 반박하고 있다(Hoy, 2005: 123; Jenkins, 1992: 83). 이러한 부르디외 비판의 재반박은 역설적이게도 구조기능주의가 가진 단점을 극복하는 것이며, 사실상 부르디외의 이론을 구조기능주의의 방법론적 효용과 연결하는 지점이기도 하다.

3) 구조기능주의와 사회적 자본

부르디외와 콜만의 사회적 자본의 정의와 기원은 개인적 자유보다는 사회적 통제(social control)의 역할에 대한 강조와 관련이 깊다(Portes, 1998). 특히 사회적 자본은 가족의 지지, 가족 외부의 네트워크에 의해 매개된 편익 등을 강조한다. 콜만의 초기연구에서 사회적 통제는 가족과 공동체에 의해 전통적으로 달성되었고, 이를 통해 사회적 자본이 만들어져 왔음을 인정했다. 그러나 현대사회에서 비공식적으로 사회적 자본창출의 역할을 하던 가족과 공동체의 구조가 사라지면서 공식적 조직이 그런 사회적 자본의 창출기능을 맡아야 한다고 주장된 것이다. 콜만은 1992년 미국 사회학회장 취임사에서 가족과 공동체는 공식적 조직에 의해 대체되어 그 사회적 자본생성 기능이 사라지고 있으며, 여기에서 사회학의 역할은 사회적 자본을 재생산하기 위해 물질적 및 지위적 인센티브라는 합리적 방식으로 이전 방식을 대체하는 사회공학의 과정임을 역설하였다(Portes, 1998: 10). 이는 사회적 자본이 사회적 통제의 기능임을 명확히 한 것이다. 이것은 기존의 뒤르켐이 강조한, 그리고 구조기능주의 전반에 흐르는 기저인 사회통합, 즉 가족과 전통공동체에서의 연대가 해체되면서 그것이 직업집단으로 대체되어 새로운 유기적 연대를 창출해야 한다는 주장과 맥락을 같이한다.

제 3 장

갈등 패러다임

| 김종길(덕성여대) |

1. 갈등을 보는 다양한 시각들

사람 사는 곳에는 으레 갈등이 있게 마련이다. 좁게는 가정 내 부부간에 또는 부모와 자녀 간에 크고 작은 갈등이 생기기도 하고 넓게는 이해관계를 달리하는 사회집단들이 첨예한 갈등을 겪기도 한다. 갈등을 바라보는 학계의 시각도 학자에 따라, 전공영역에 따라 천차만별이다. 갈등을 사회분열을 부추기고 사회통합을 저해하는 핵심 요소로 파악하는 학자가 있는가 하면 이를 사회발전의 측면에서 긍정적으로 해석하는 쪽도 있으며 이 두 입장 사이에서 적절한 균형을 취하고자 하는 노력도 병존한다. 사회과학만 한정해 놓고 보아도 전공영역에 따라 갈등을 바라보는 관점이 갈린다. 심리학이 개인들 간 및 개인 내면의 갈등에 각별한 관심을 기울이고 있는 데 비해, 사회학은 보다 규모가 큰 사회집단들 간 갈등 또는 전체 사회의 갈등에 방점을 두고 있다. 반면 행정학과 정치학은 앞의 두 관점들을 선택적으로 수용하면서 갈등의 관리와 정책적 우선순위 설정에 일차적 관심을 두고 있다.

갈등에 대한 사회학의 관심은 오래되었다. 사회학 형성 초기부터 많은 사회학자들이 사회갈등의 원인과 발생기제 및 그것이 초래하는 결과에 관심을 보였다. 사회학계에서 갈등을 보는 관점 역시 학자에 따라, 또 이론적 지향에 따라 색깔을 달리 한다. 동일한 이론적 뿌리를 공유하는 학자들도 갈등원인 진단, 갈등대상 선정, 갈등수준 설정, 갈등결과 예측, 미래전망 등을 둘러싸고 조금씩 차이를 보이고 있다.

2. 주요 갈등 패러다임

사회학의 갈등 패러다임은 사회갈등의 원인과 과정 및 해법을 기본적으로 사회구조 속에서 찾고 있다. 바꿔 말해, 사회학 쪽에서 발원한 갈등이론들은 기본 문제의식과 이념적 지향의 차이와는 무관하게 구조론적 입장을 견지해 왔다. 대체로 파슨스(T. Parsons)를 위시한 기능주의가 불안정이나 무질서 또는 갈등과 같은 현상들을 일탈적 · 비정상적 · 병리적인 극복대상으로 설정하고 있는 데 비해, 갈등이론은 모든 사회에는 갈등을 불가피하게 하고 그것을 벗어날 수 없게 만드는 기제가 있다는 전제하에 그것의 원인과 결과를 비판적으로 분석하고 있다.

1) 고전사회학의 기여

사회학적 갈등이론에 영향을 끼친 선구적 학자들은 많다. 먼저, 『사회분업론』과 『자살론』으로 유명한 뒤르켐(Emile Durkheim)에게 사회갈등은 중요한 '사회적 사실들' 중 하나였다. 그가 보기에 사회갈등은 사회분업, 그중에서도 특히 '병적이고 비정상적인' 사회분업의 형태와 불가분의 관계에 있다. 비정상적인 분업은 사회통합의 견인차라고 할 수 있는 사회적 유대에 긍정적인 기여를 하기는커녕, 경우에 따라서는 그것이 원래 의도한 것과는 정반대의 결과를 초래한다(박재환, 1992: 64-66). 이처럼 사회갈등의 원인을 비정상적인 분업과 연결짓는 뒤르켐의 의도는 현대사회의 위기가 일차적으로 도덕적 혼란에서 비롯되고 있다는 그의 현실진단을 뒷받침하기 위한 것이다. 사회 전체의 혼란과 긴장 및 계급갈등의 뿌리는 참된 규범과 가치관에 바탕을 둔 합의가 부재하는 데서 연유한다는 것이다. 뒤르켐이 제시한 이에 대한 해결책은 새로운 도덕적 권위로서의 국가나 직업조직체의 역할 또는 시민도덕체계에 기대는 것이다. 그에 따르면 전체 사회는 새로운 도덕적 권위를 갖는 국가, 직업윤리, 시민도덕체계의 발달에 의해 비로소 '공리주의적 집단이기주의'가 초래하는 무질서와 갈등에서 벗어날 수 있으며, 나아가 참된 '유기적 연대'에 기초한 질서와 균형을 유지할 수 있다.

칼 마르크스(Karl Marx)와 게오르그 짐멜(Georg Simmel)은 사회갈등의 원인과 과정, 결과와 전망과 관련하여 뚜렷한 대칭관계를 이루면서 현대 갈등이론의 형성 및 발전에 지대한 영향을 끼쳤다. 이들은 모두 사회집단 간의 갈등이 사회생활의 핵심적이고 필연적인 부분을 차지한다는 점을 부각시키면서 사회 전반의 변동과정을 현재적이고 잠재적인 갈등 프리즘을 통해 설명하려고 시도했다.

특히 마르크스의 변증법적 계급갈등론은 구조론적 갈등이론의 효시로 평가된다. 일찍이 마르크스는 사회의 질서를 합의가 아니라 지배집단이 피지배집단을 억압하는 비대칭관계를 통해 유지되는 것으로 보고, 사유재산제도에 기초한 계급 간 갈등을 사회변동의 핵심 추동요인으로 부각시켰다. 이에 비해 짐멜은 갈등 자체가 결과적으로 긍정적이거나 보상적일 수 있음에 주목했다. 그에게 있어 갈등은 갖가지 이원론을 해결하기 위해 기획된 것이며, 때로는 갈등 당사자 중 한쪽의 제거를 수반하기도 하지만 일종의 통일성을 이루기 위한 방식이다. 바꿔 말해, 갈등은 긍정적이고 구성적이며 사회적으로 불가피한 측면이 있으며, 가치 있는 관계적 요소들을 함축하고 있다. 이러한 인식에 따라 짐멜은 다양한 갈등의 형태와 그 결과를 분류하고 유형화하는 데 각별한 노력을 기울였다(Simmel, 1972).

이처럼 마르크스와 짐멜은 모두 갈등을 사회체계에 널리 퍼져 있는 불가피한 특성으로 간주했다. 하지만 사회의 본질에 대한 이들의 기본가정과 지적 목표는 상이했다. 마르크스가 사회갈등의 불가피성과 분열성을 강조한 반면에, 짐멜은 사회갈등이 가져올 통합적 결과에 주목했다. 또 마르크스가 자원들의 불공평한 분배와 이에 내재한 이익갈등의 사회구조적 원인에 눈을 돌렸다면, 짐멜은 갈등의 형태와 결과에 더 많은 관심을 보였다. 뿐만 아니라 마르크스가 갈등집단이 목표를 명확히 인식하면 할수록 폭력적 갈등의 가능성이 높아진다고 진단한 반면, 짐멜은 목표의 명료화가 타협 등의 대안적 해결방법 강구처럼 갈등의 수단화를 가져온다고 보았다.

2) 프랑크푸르트학파의 비판이론

자본주의 사회의 계급갈등과 갈등 잠재력에 대한 마르크스의 관심은 이른바 프랑크푸르트학파의 '비판이론(Kritische Theorie)'에 의해 계승 발전되었다. 프랑크푸르트학파의 연원은 프랑크푸르트대학 사회철학 교수로 부임한 막스 호르크하이머(Max Horkheimer)가 사회조사연구소를 설립한 1923년의 시점까지 거슬러 올라간다. 당시 프랑크푸르트대학 사회조사연구소에는 유럽의 수많은 젊은 마르크스주의자와 비판적 지식인들이 몰려 자본주의 사회 현실을 고민하고 진단했으며, 그 향방을 가늠하고 예측했다. 이 과정에서 이들은 자본주의 체제에 대한 총체적 분석의 필요성을 절감했고 이를 위해 부단히 학제 간 연구를 시도했으며 이론적 담론과 경험적 연구를 결합시키려고 노력했다. 이러한 고민을 함께하고 연구관심을 공유한 일군의 학자들은 나중에 프랑크푸르트학파로 불렸다.

프랑크푸르트의 비판이론가들은 제각기 학문적 관심과 지향의 차이에도 불구하고 서구 자본주의의 발전을 동반한 정치 · 경제 · 문화적 변동의 성격을 규명하고 그 후속 결과를 분석 · 예측하는데 지대한 관심을 보였으며, 이러한 관심공유와 공동의 연구작업을 통해 서로 인적으로, 학문적으로 결합하고 연대했다. 이들의 가장 주요한 목표는 자신들의 작업을 통해 계급사회에 불가피하게 내장된 갈등의 잠재력을 가감 없이 드러냄으로써 진보적 사회발전의 새로운 전망을 제시하는 것이었다. 여기에는 자본주의 사회의 심층적 구조와 모순의 본질 파악, 파시즘의 대두와 혁명조류의 쇠퇴 원인에 대한 규명, 현대 서구사회의 점증하는 권위주의적 · 관료주의적 경향에 대한 진단, 일차원적 사회, 물화, 상품화, 권위에의 예속, 총체적 관리사회, 억압사회, 문화적 · 미학적 야만성에 대한 관심이 포함된다. 히틀러의 등장 이후 이들은 박해를 피해 대거 미국으로 망명했는데, 미국에서 이들의 주된 연구관심은 '문화산업'이라는 용어에 집약된 매스미디어로 향했다. 프랑크푸르트학파에게 문화산업이 각별한 관심의 대상이 되었던 이유는 현대 자본주의 사회의 지배-피지배 관계는 문화산업을 소유하고 통제하는 사적인 이해관계의 요구에 지대한 영향을 받을 뿐만 아니라 문화산업이 사회화의 새로운 기제로서 중요한 역할을 하기 때문이다. 이들에게 문화산업은 자본주의 사회에서 고도로 조작적인 기능을 수행하기 위해 불가피하게 출현한 것이며, 지배적인 자본가계급을 위해 저항적이고 비판적인 의식을 억제하고 타도하는 데 기여하고 있다. 즉, 문화산업은 계급통제의 메커니즘으로서의 중요성을 지니며, 기존 질서의 이데올로기적 재생산에 이바지한다.

호르크하이머와 아도르노 등 1세대 비판이론가들이 견지한 시대진단의 핵심 키워드는 계몽의 자기파괴, 총체화된 이성의 도구화로 요약될 수 있다(Horkheimer and Adorno, 1969). 하지만 이성적이고 합리적인 사회에 대한 이들의 논의는 전반적으로 추상적이고 유토피아적인 성격을 띠었다. 왜냐하면 경제적 합리성 내지 도구적 이성이라는 단선적 합리성 개념에 입각해 이론을 전개했기 때문이다 .

위르겐 하버마스는 사회적 합리성의 개념을 도입함으로써 비판이론의 외연을 확대한 2세대 비판이론가이자 경제체계로부터 상호작용 영역으로 비판이론의 패러다임을 전환시킨 학자로 평가된다. 그에 따르면 의사소통적 이성에 기반하는 사회적 합리성과 도구적 이성에 기반하는 경제적 합리성은 질적으로 상이한 차원을 가지며 서로서로에게는 제약요인으로 작용한다. 하버마스가 비판적으로 반추했듯이 인간역사의 변증법적 발전과정을 계급투쟁의 역사로 파악한 쪽은 구래의 마르크스주의였고, 어떤 특수성도 삼켜버리는 완벽한 체계지배의 출현으로 이를 이해한 쪽은 프랑크푸르트학파의 네오마르크스주의였다. 이에 대해 하버마스는 체계와 생활세계의 역동적 분리과정이야말로 현대로의 발전행로를 결정적으로 특징짓는 현상이라고 설파했다. 이를 구체화하기 위해 도입한 전략적 개념쌍이 바로 '체계' 와 '생활세계' 다. 하버마스에 따르면 사회는 그 내에 어떤 행위유형이 지배적이냐에 따라 동시에 행위를 조직화하는 체계로 이해될 수도 있고, 소통적으로 행위하는 주체들의 생활세계로 파악될 수도 있다(Habermas, 1981, bd.2: 380). 선사시대 사회에서는 생활세계가 '사회' 와 동일시되었기 때문에, 체계-생활세계의 구분 자체가 무의미했다. 체계와 생활세계의 분리과정은 고등문화 시기로 넘어가 국가단위로 조직된 계급사회들이 등장하면서 비로소 시작되었다. 현대사회, 특히 후기자본주의 사회에 들어와 구체적 행위영역들이 보다 세분화되면서 생활세계와 체계는 최종적으로 결별했다. 하버마스는 생활세계와 체계의 이러한 분리를 현대사회로의 진화과정에서 나타나는 불가피한 현상으로 인식했다.

나아가 하버마스는 후기자본주의 사회의 도래와 함께 노-사 대립으로 대변되던 기존의 긴장과 갈등 전선들이 후퇴하고 새로운 긴장 및 갈등 영역이 형성되었다고 진단했다. 점증하는 물질적 풍요와 함께 낡은 계급적대에 대신한 새로운 유형의 사회병리들이 출현하게 되었다는 것이다. "체계와 생활세계의 전반적 분리는 유럽 봉건제의 층화된 계급사회들이 초기 근대의 경제적 계급사회들로 이행하기 위한 필수불가결의 조건이다. 그러나 자본주의적 방식의 근대화는 생활세계의 상징구조들이 화폐 또는 권력을 매개로 분화된 하위체계들의 정명들에 의해 변형, 즉 물화되는 특징을 지닌다"(Habermas, 1981, bd.2: 420). 바꿔 말해, 현대사회에서는 체계적으로 조직되고 효율성을 통해 정당화되는 과학기술이 본질적으로 소통을 지향하는 생활세계의 영역들, 예를 들어 가정과 같은 사(私)영역 및 공공영역으로 침입해 들어가고, 경제적 · 행정적 합리성 논리가 일상적 생활영역에까지 간섭해 들어간 결과, 다양한 형태의 '기형현상'이 나타나게 된다. 하버마스는 이를 '생활세계의 식민화'라고 불렀는데, 이는 체계적 내지 비(非)소통적 과정에 의해 생활세계적 행위맥락이 조종됨으로써 생활세계가 그 하위체계로 전락함을 의미한다. 이것은 결국 현대의 다양한 병리들을 초래했다. 하버마스는 이 문제상황으로부터의 유일 가능한 출구, 즉 체계와 생활세계의 합리적 매개의 문제에 대한 유일한 해결책을 이성적이고 합의도출적인 그리고 지배에서 자유로운 '담론(Diskurs)' 절차에서 찾았다.

오늘날 비판이론은 프랑크푸르트의 사회조사연구소 그룹들을 중심으로 1세대 비판이론가들의 '도구적 이성' 테제뿐만 아니라 하버마스의 '생활세계 식민화' 테제에 내장된 한계와 맹점을 극복하려고 시도하는 한편으로, '자본주의적 근대화의 역설들'이라는 표제하에 새로운 시대진단과 해법을 모색하고 있다. 특히 비판이론의 제3세대를 대표하는 악셀 호네트(Axel Honneth)는 '인정투쟁'이라는 새로운 개념발상의 도입과 현실진단에의 적용을 통해 상호작용 패러다임의 비판이론적 지평을 확대해 가고 있다.

3) 랄프 다렌도르프

고전 사회학자들의 연구성과를 계승 발전시키면서 1950년대 이후 갈등을 사회구조의 측면에서 분석한 대표적 사회학자는 랄프 다렌도르프(Ralf Dahrendorf)와 루이스 코저(Lewis A. Coser)다. 먼저, 다렌도르프는 파슨스의 구조기능주의 통합이론이 사회의 구조적 변동과 갈등을 설명하는데 불충분하거나 부적합하다고 보고 사회변동의 원천 내지 핵심원인을 사회구조의 본질적인 성격 그 자체에서 찾기 시작했다. 다렌도르프는 자신의 갈등이론의 사회상을 다음과 같은 간략한 명제로 집약했다(Dahrendorf,

1959).

- 모든 사회는 항시 불합의와 갈등의 잠재력을 지니고 있다. 따라서 사회적 갈등은 편재한다.
- 사회의 모든 부분요소는 직간접적으로 사회의 와해와 변동에 기여한다.
- 모든 사회는 일부 구성원들에 의한 다른 구성원들의 강제에 기초하고 있다.

갈등이론이 일반적으로 상정하는 것처럼 다렌도르프도 사회변동과 갈등의 원인을 사회구조의 본질적인 성격 자체에서 찾았다. 하지만 마르크스와는 달리 그는 사회변동을 설명하기 위해 급진적 혁명론을 전개하지도 않았고, 또 사회구조의 성격을 경제적인 생산관계만으로 설명하려고 하지도 않았다. 그에 따르면, 사회 안에는 언제나 갈등의 잠재력이 내장되어 있고, 사회질서는 갈등하는 이해관심을 지닌 집단들 사이에서 한 집단이 다른 집단을 강제로 복종시키는 관계에서 성립하며, 갈등이 있음으로써 비로소 사회변동이 가능하다.

다렌도르프에게 있어 갈등의 원천은 일차적으로 사회의 구성원들 또는 사회집단들에게 부여된 상이한 권위에 있다. 이때 권위는 개인이 아니라 지위에 부착된 것이다. 그런 만큼 사회학이론의 최우선 과제는 대통령 지위의 권위와 장관 지위의 권위, 사장 지위의 권위와 평사원 지위의 권위처럼 사회 내의 다양한 지위에 부착된 권위 역할들(authority roles)을 확인하는 것이어야 한다. 그에게 있어 권위(authority)는 지배(superordination)와 복종(subordination)을 모두 포함하는 개념이다. 권위 있는 지위를 점하고 있는 사람들은 그보다 아래에 있는 사람들을 통제할 것으로 기대된다. 즉, 그들은 자신의 심리적 특성 때문이 아니라 그들을 둘러싸고 있는 사람들의 (역할)기대 때문에 지배하고 있는 것이다. 뿐만 아니라 모든 권위는 기본적으로 정당하기 때문에 그에 동의하지 않는 사람들에 대해서는 법적 강제력이 행사될 수 있다. 다렌도르프는 이 같은 권위를 갖는 지위의 위계에 의해 통제되는 사람들의 집합을 '권위적으로 조정된 결사체(Imperatively Coordinated Association: ICA)'로 명명하고, 현대사회를 수많은 ICA로 이루어진 체계로 보았다.

하지만 다렌도르프의 갈등이론에서 유의할 점은 권위가 불변은 아니라는 것이다. 한 집단이나 조직 내에서 권위를 갖고 있는 사람이 다른 집단이나 조직에서도 반드시 권위 있는 지위를 갖는 것은 아니다. 마찬가지로 한 집단 내에서 종속된 지위에 있는 사람이라도 다른 집단에서는 지배적인 지위를 차지할 수 있다.

다렌도르프는 지위가 갖는 구조뿐만 아니라 지위들 간의 갈등에도 지대한 관심을 기울였다. 하지만 그에게 갈등의 원인은 마르크스처럼 경제적 이해관심이 다른 계급적 대립에 있는 것이 아니며, 권위적인 관계로 맺어진 집단들 사이의 희소자원을 둘러싼 대립에 있다. 바꿔 말해, 권위관계로 맺어진 지배집단과 종속집단은 서로 권위와 지위를 유지 또는 차지하려는 상반된 이해관심을 지니는데, 이와 같은 상반된 이해관심은 갈등을 일으킬 수 있는 구조적 요인이 되며, 이로 인해 사회 또한 변동한다(Dahrendorf, 1959).

대체로 다렌도르프의 갈등이론은 구조기능주의의 보수성과 고전적 갈등이론의 급진성을 동시에 극복하려 한 의미 있는 시도로 평가된다. 절충주의적 입장에서 그는 구조기능주의와는 다르게 갈등의 편재성과 갈등을 통한 사회변동의 가능성을 적극적으로 설파했다. 하지만 그가 제시한 사회변동 패러다임에는 마르크스식의 혁명이 항상 필연적으로 수반되는 것으로 전제되지는 않았다.

4) 루이스 코저

루이스 코저(Lewis A. Coser)의 이론적 출발점은 기능주의 갈등이론과 다렌도르프 갈등이론에 대한 양비론적 시각이다. 그가 보기에, 파슨스의 기능주의는 갈등문제를 설명하는 데 실패했고, 다렌도르프의 갈등이론은 사회체계의 유지를 위한 갈등의 역설적 기능을 과소평가했다. 코저의 갈등기능론(conflict functionalism)은 갈등의 사회적 기능을 중시했던 짐멜의 이론을 한층 더 정교화하고 구조화한 것으로 볼 수 있는데, 그 핵심은 갈등이 있음으로써 집단의 결속력이 더욱더 커질 수 있다는 것이다(코저, 1980).

그에 따르면, 사회세계는 상호 관련된 상이한 부분들의 체계이며, 모든 사회체계는 상호 관련된 상이한 부분들 사이에 이익의 불균형과 긴장 또는 갈등을 드러낸다. 뿐만 아니라 체계의 구성요소들 사이의 그리고 부분요소들 안에서의 과정은 상이한 조건들하에서 체계의 통합과 적응성을 유지하고 변동시키며 증대 혹은 감소시키는 작용을 한다. 어떤 조건에서 폭력, 부동의, 일탈, 갈등 등 전형적으로 체계 파괴적인 것으로 간주되는 많은 과정들이 또 다른 조건들 아래에서는 그 체계의 환경에 대한 적응성뿐 아니라 그 체계의 통합의 기초를 강화하는 것으로 간주될 수 있다.

이처럼 코저 이론의 기본골격 자체는 사회갈등 측면을 도외시했던 기능주의 사회학으로부터 물려받은 것이다. 하지만 그가 어떤 사회학자보다도 더 광범위하게 갈등과 관련된 명제들을 이론화하려고 노력했다는 점에서 그는 기능주의와 갈등이론의 가교 역을 자인한 것으로 평가된다. 마르크스나 다렌도르프와 같은 변증법적 갈등이론가들이 갈등의 원인을 '모순' 혹은 '이익들의 갈등'에서 찾고 종속적인 위치에 있는 사람들이 자신의 이익을 의식함으로써 갈등이 표면화된다고 본 반면 코저는 폭력, 부동의, 일탈, 갈등과 같이 전형적으로 체계에 파괴적인 것으로 간주된 많은 과정들이 특정 조건 아래에서는 그 체계의 환경에 대한 적응성뿐 아니라 그

체계의 통합적 기초를 강화하는 것으로 간주될 수 있다는 점을 강조했다(코저, 1980). 그에 따르면, "갈등은 관계를 안정화시키고 통합시키는 기능을 가질 수 있다. 갈등은 불만족의 원천을 차단하고 해체의 원인을 제거함으로써 사회구조의 재조정을 가능하게 한다"(코저, 1980).

이 같은 발상의 전환을 통해 코저는 갈등의 원인, 갈등의 강렬성, 갈등의 폭력성, 갈등의 지속기간 그리고 갈등의 기능들을 폭넓게 자신의 이론에 흡수했고 그것이 가져오는 다양한 결과들을 이론적으로 정명화했다. 그에 따르면, 첫째, 갈등의 근본원인은 정당성 여부에 있다. 사회구조 속에서 종속적인 위치에 있는 구성원들이 희소자원의 기존 배분의 정당성을 의문시하면 할수록 갈등이 유발될 가능성은 더욱 커진다. 또 피박탈 상황이 절대적인 것에서 상대적인 것으로 전화될수록, 즉 절대적 박탈감이 아니라 상대적 박탈감이 문제가 될수록 피박탈자들이 갈등을 유발시키기 쉽다. 둘째, 구성원들이 갈등에 감정적으로 몰입하면 할수록 갈등은 더욱 강렬해진다. 구체적으로 갈등하는 세력들 간의 내부관계가 원초적일수록 감정적 몰입의 정도는 커지고, 이차적일수록 그들의 참여는 보다 분절적이며 감정적 몰입의 양도 적다. 셋째, 개인적 이익을 초월하여 갈등이 객관화될수록 갈등은 더욱 강렬해진다. 한 집단이 이데올로기적으로 통일될수록 갈등은 자기 이익을 더욱 초월하게 된다. 넷째, 집단들이 그들의 실질적 이익에 대해 갈등할수록 갈등은 덜 폭력적이 된다. 즉, 집단들이 실질적 이익에 대해서 갈등할수록 그들은 이익을 실현할 수단에 대하여 타협을 추구하는 반면 집단들이 비실질적이고 추상적인 쟁점에 관해서 갈등할수록 감정적 몰입이 커지게 됨으로써 갈등은 더욱 폭력화된다. 다섯째, 사회구조가 경직될수록 갈등과 긴장을 흡수할 제도적 수단의 이용 가능성이 줄어들며, 갈등은 한층 더 폭력적으로 된다. 갈등집단들의 관계가 원초적일수록 사회구조는 더 경직되고, 이차적이고 기능적으로 상호의존적일수록 사회구조는 덜 경직된다. 여섯째, 핵심적 가치에 대한 갈등일수록 갈등이 더욱 폭력화되는 경향이 있다. 그리고 그러한 갈등은 가치의 강력한 신봉에 의해 결속된 경직된 체계에서 한층 더 발생하기 쉽다. 일곱째, 갈등의 지속성 측면에서 갈등의 목표가 불명료할수록, 또 갈등의 목표에 대한 합의의 정도가 낮을수록, 그리고 상대방에 대한 승패 여부의 해석이 어려울수록 더 오래 지속된다. 여덟째, 갈등이 강렬하고, 구성원들 간 관계가 원초적일수록 각 갈등집단 내의 비동조자와 일탈자는 더욱 억압받게 되고, 규범과 가치에 대한 강요된 동조의 가능성이 높아진다(Turner, 1990).

현대 사회학이론의 발전과정에서 코저가 남긴 가장 큰 이론적 유산은 사회질서와 형평에 대한 기능주의자들의 전통적 관심을 갈등의 사회적 과정에 대한 관심으로 돌려놓았고 갈등 의제를 당대의 지배적인 사회학이론 패러다임이었던 구조기능주의의 틀 내에 접목하고 재해석한 것이다. 하지만 그의 갈등기능론은 인간과 사회의 성격에 대한 기능주의자들의 주요 가정과 전제들을 일관되게 고수했다는 점에서 여전히 기능주의 전통에 서 있는 것으로 간주된다. 또한, 그의 이론이 정태적이고 몰역사적인 기능주의 분석의 한계를 상당 부분 극복하기는 했으나 장기적인 역사적 과정 그리고 갈등과 강제력의 관계를 적절히 다루는 데는 실패한 것으로 평가된다.

전반적으로 다렌도르프와 코저의 갈등 패러다임은 사회갈등에 대한 거시적 조망과 갈등발생의 구조적 메커니즘을 밝혀내었다는 점에서 갈등의 경험적 연구와 후속적 논의를 위한 유용한 이론적 준거가 되었다. 하지만 갈등 당사자들의 구체적 행위나 미시적 선택을 이론 내에 충분히 고려하지 않았고, 주로 갈등의 구조적 요인 규명에 치중하면서 갈등 당사자의 복잡다단한 행위와 상호작용과정과는 거리를 두는 경향이 있었기 때문에 현실세계에서 일어나는 실제적인 갈등의 분석과 해법의 제시에는 한계를 보였다는 것이 중론이다.

5) 게어하드 렌스키

게어하드 렌스키(Gerhard E. Lenski)는 갈등이론과 기능주의를 단순히 접목하는 차원을 넘어 양자를 내용적으로 아우르고 절충하는 통합이론의 구축을 시도했다. 기능주의와 갈등이론의 유기적 통합을 위해 렌스키가 차용한 이론적 준거틀은 진화론이었으며, 심층적인 분석대상으로 삼은 주제는 사회계층이었다. 렌스키가 보기에 시간 범역의 제약 없이 계층 과정과 구조를 동시에 분석할 수 있는 것은 진화론밖에 없었다.

잘 알다시피 기능주의와 갈등이론은 제각기 사회계층에 대한 나름의 독특한 관점을 발전시켰다. 기능주의 계층이론가인 킹스레이 데이비스(Kingsley Davis)와 윌버트 무어(Wilbert Moore)는 경제활동상 직업의 분업화와 이를 통한 여러 가지 사회적 기능의 수행이 사회체계의 생존과 유지에 필수 불가결하다고 보았다. 그런데 이러한 다양한 직업들의 사회적 기능들 간에는 사회체계의 유지 · 발전을 위한 중요도 측면에서 크고 작은 차이가 있다. 즉, 분화된 다양한 직업들의 사회적 기능들은 사회체계의 유지 발전이라는 측면에서 더 중요한 것과 덜 중요한 것으로 나뉜다. 예컨대, 이 세상에는 사회의 안녕과 발전에 큰 기여를 하는 보다 더 중요한 자리가 있게 마련인데, 그 자리에 요구되는 역할을 성공적으로 수행하기 위해서는 장기간의 훈련과 노력이 필요하기 때문에 그러한 역할을 수행하는 사람에게는 보다 나은 보상을 해 주어야 한다. 이러한 보상의 차이가 있어야만 사람들은 보다 더 열심히 일을 하게 될 것이며 이는 결국 사회 전체에도 도움이 된다는 것이다. 이처럼 기능주의의 입장에서 보면 사회계층은 분화된 역할(직업 등)들의 기여도에 대한 사회적 평가의 상호작용의 결과이며, 따라서 사회계층의 존재는 전체 사회체계의 균형유지에 순기능적이다.

이에 대해 갈등이론가들은 사회를 갈등적인 다양한 이익집단과 계급들로 이루어진 체계로 보았다. 사회계급제도는 어느 한 이익집단(통상적으로 생산수단을 소유한 집단)이 다른 집단을 지배하고 수탈하는 것을 인정하는 제도로서 권력의 소유자들이 자신의 영향력을 영속화하려는 과정에서 생겨난 것이다. 즉, 어느 집단이 상속을 통하거나 충분한 정치경제적 자원을 얻어서 특권적 지위를 강화하는 데 성공할 경우 지배계급이 출현한다는 것이다. 이와 같은 관점에서 보면 지배는 언제나 강압을 토대로 하기 때문에 피지배자들의 내면적 저항이 언제나 잠재되어 있다. 강압을 당하고 있다는 사실은 불쾌한 경험이므로 강압의 사용은 지배를 당하고 있는 사람들에게 적개심을 유발하고 이는 계급갈등을 초래한다.

렌스키가 보기에 기능주의는 계층의 존재를 전체 사회체계의 안녕과 발전에 필수적인 것으로 간주하는 보수적 전통에 기반하고 있는 반면에, 갈등이론은 그러한 '사회적 필요'의 존재 자체에 의문을 제기하면서 공급부족 상태의 가치 있는 재화와 서비스를 얻기 위한 투쟁과정이 차별적 계층을 만들어 낸다고 본다. 이러한 차이는 기본적으로 인간상에 대한 상이한 가정에서 출발하고 있다. 기능주의는 인간은 다른 사람들과 집단을 이루고 살지 않으면 생존이 불가능한 존재인 만큼 인간의 본성을 제어하는 사회제도가 필요하다는 입장인 반면, 갈등이론은 인간의 본성에 대해 낙관적이며 이러한 본성을 제약하는 사회제도를 불신한다. 이러한 상반된 인간상에 따라 기능주의와 갈등이론은 서로 다른 사회관을 도출한다. 기능주의는 사회를 완벽하고 완결적인 상호의존적 체계로 간주하는 반면, 갈등이론은 사회를 다양한 투쟁이 일어나는 전쟁터로 간주하는 경향이 강하다.

렌스키는 인간을 '선' 혹은 '악'으로, 그리고 사회를 '체계' 혹은 '비체계'로 간주하는 사회학이론의 오랜 이분법에 대해 회의적이었다. 사회학자는 모름지기 양자택일적 이분법을 반영하는 범주적 개념들을 만들어 내기보다 특정 현상이 실제로 어느 정도 존재하는지를 설명하는 변수개념들을 만들려고 노력해야 한다는 것이다. 그에게는 예를 들면 사회가 완결적 체계인지 아닌지 보다는 체계적 특성들이 실제 사회에 얼마나 존재하느냐가 훨씬 더 중요하다. 마찬가지로 인간이 사회적 구속을 필요로 하는지 구속을 전혀 필요로 하지 않는지가 문제가 아니라 실제로 구속이 어느 정도 존재하느냐가 중요하다. 렌스키의 입장에서 보면 기능주의와 갈등이론은 모두 계층에 대한 양자택일식 결론으로 귀결될 수밖에 없는 이분법적 명제들을 고수해 왔다.

렌스키는 『권력과 특권(*Power and Privilege*)』(1966)에서 양자의 입장을 유기적으로 통합하고자 시도했다. 이 책에서 그는 과학기술과 그것이 조형해 내는 사회구조 그리고 사회구조의 일부인 계층체계의 경직성 사이의 '곡선적' 관계에 주목했다. 원시사회들은 잉여의 결핍으로 매우 미미한 경제계층화 수준을 보였다. 이 사회들은 대개 개인 위신에 기반한 개방체계에 가까웠다. 여기서는 갈등과 강제가 최소한의 수준에서 일어난다. 더 높은 수준의 기술발전과 한층 더 복잡한 구조를 갖는 사회가 되면 경제재화의 잉여는 점점 더 경쟁적 투쟁의 승자가 독식하는 구조가 된다. 그러다가 고도로 발전된 기술사회가 되면 증가하는 잉여재화에 대한 처분이 용이해지는 것에 비례하여 불평등은 감소하는 경향이 나타난다. 비록 렌스키가 인간 본성을 감안할 때 완전한 평등은 결코 달성될 수 없다고 보았을지라도 고도로 복잡한 산업사회는 농경사회와 비교해 불평등 정도가 훨씬 덜한 사회다.

렌스키는 보수적 기능주의와 급진적 갈등이론의 주요 가정과 내용을 취사선택하고 조합하는 과정을 통해 재화와 서비스의 분배와 관련한 네 가지 법칙을 확정했다. 첫째, 인간은 사회라는 공동체 속에서 더불어 살 수밖에 없는 사회적 존재다. 둘째, 비록 인간은 이러한 사실을 숨기려고 애쓸지라도 대개는 다른 사람의 이익보다 자신과 자기 집단의 이익을 우선시한다. 셋째, 인간은 한 사회 내에 처분 가능한 재화와 서비스에 대한 채울 수 없는 욕구를 가지고 있다. 넷째, 개인들은 이러한 희소 재화와 서비스를 획득하기 위한 투쟁에 참여할 능력을 불균등하게 부여받는다(Lenski, 1966:

30-32). 인간의 사회적이면서도 동시에 이기적인 특성을 보여주는 이러한 가정들이 유효하다면 다음 두 명제 역시 타당하다고 본다. 첫째, 어떤 행위가 자신들에게 필요한 정도만큼 또는 이익이 되는 타인들의 생존과 지속적인 생산성을 담보하기에 필요한 정도만큼 사람들은 자신들의 노동의 산물을 공유할 것이다. 둘째, 권력은 한 사회가 보유한 거의 모든 잉여의 분배를 결정할 것이다(Lenski, 1966: 44). 렌스키는 다양한 역사적 자료의 추적과 경험적 분석을 통해 자신의 기본 가정과 명제들을 입증해 내고자 시도했다. 이에 따르면 다양한 형태의 재화와 서비스 분배는 사회의 기술발전 수준과 밀접한 관련이 있는데, 기술적으로 덜 발전된 사회들에서는 재화와 서비스가 개인욕구에 기반하여 분배되는 데 비해 좀 더 발전된 사회에서는 권력이 분배체계의 배후에서 작용한다(Lenski, 1966: 46). 즉 사회가 복잡하면 할수록 권력은 가처분 자원들의 분배에서 더 중요해진다. 렌스키에게 권력과 욕구는 계층체계를 지배하는 두 가지 기본원리였다.

렌스키의 계층이론은 진화론이라는 큰 틀 안에 갈등이론과 기능주의를 하나의 통합이론으로 종합하고자 한 균형잡힌 기획으로 평가된다. 급진적 갈등이론의 재고로부터 렌스키는 사회의 본질, 계층체계 내에서의 강제력 동원, 그리고 사회갈등이 불평등을 생성하는 정도에 대한 가정을 발굴했다. 보수적인 기능주의로부터 렌스키는 인간본성과 불평등의 불가피성에 대한 자신의 관점을 정교화했다(Poloma, 1979). 구체적으로 그는 계층의 차이가 가져오는 긍정적인 측면을 인정하지만 귀속적으로 얻어지는 계층은 사회에 아무런 도움을 줄 수 없다고 주장했고, 귀속적 지위의 철폐를 위한 사회개혁이 바람직하다고 제안했다. 업적에 따른 계층의 차이만을 인정해야 한다는 것이다.

6) 찰스 라이트 밀즈

기능주의 사회이론과 더불어 상호작용이론과 같은 미시사회이론에 자주 가해지는 비판들 중 하나는 이들이 갈등논제를 의도적으로 배제하고 있다는 것이다. 앞에서 살펴본 것처럼 사회통합에 대한 기능주의자들의 과도한 관심은 사회갈등을 평가절하하는 것으로 귀결되기 십상이었다. 반면 사회학적 분석단위로서의 개인에 대한 상호작용론자들의 지나친 강조는 강제나 갈등과 같은 거시사회학적 현상들을 이론적으로 적절히 자리매김하는 것을 불가능하게 했다. 루이스 코저와 같은 학자는 사회갈등 이슈가 기능주의의 틀 내에서도 얼마든지 다루어질 수 있다는 것을 보여줌으로써 기능주의에 가해진 비판들 중 일부를 무력화했다. 하지만 이들은 여전히 갈등의 미시적 차원을 도외시하는 한계를 보였다.

이에 비해 찰스 라이트 밀즈(C. W. Mills)는 행위자들 간의 상호작용과 의미해석과정 등 사회심리학의 원리들을 갈등 패러다임에 성공적으로 도입하고 접목한 학자로 평가된다. 일생 동안 일관되게 견지한 밀즈의 이론적 관심은 이해관계의 갈등이 인간 삶의 핵심적인 사회적 사실들 중 하나임을 밝혀내는 것이었다.

1963년에 사망한 밀즈는 구조기능주의와 실증주의가 절정의 위세를 떨치던 1950년대 중반에 이 패러다임에 정면으로 도전했던 주요 저작들을 출간했다. 당시는 갈등 패러다임, 심지어 갈등기능론조차 학계에 본격적인 선을 보이기 전이었다. 당시 유행했던 사회학은 시대의 문제와는 동떨어진, 몰평가적이고 몰가치적인 경향이 강했는데, 밀즈는 사회과학자들은 사회의 과학적 연구에 대한 관심 못지않게 시급한 공공 이슈들에 눈을 돌리고 인간 삶의 질을 높이는 데에도 깊은 관심을 가져야 한다고 주장했다 (Poloma, 1979: 211-212).

1950년대의 혼란기를 거치며 밀즈는 피델 카스트로 체제하의 쿠바에서부터 제3세계의 갈등에 이르기까지 당대의 시대적 고뇌와 현안들에 각별히 주목했다. 이러한 '고뇌'들을 분석하는 과정에서 그의 가장 큰 관심사는 권력이었다. 그는 인간의 사회적 삶은 때로는 전쟁에서의 물리적 대결, 또 때로는 상징투쟁이나 정치투쟁과 같은 권력투쟁으로 점철되는 것으로 보았다.

권력의 문제는 밀즈의 주요 저작인 『파워엘리트(*Power Elite*)』(1958)의 핵심 논제였다. 이 책에서 밀즈는 타인의 반대에도 불구하고 자기 자신의 의지를 타인에게 관철할 수 있는 능력으로 이해한 막스 베버(Max Weber)의 권력 개념을 자연스럽게 차용했다. 밀즈가 보기에 권력구조의 최고 정점에 서 있는 사람들과 그렇지 못한 사람 간에는 결정적 간극이 존재한다. 중간계급과 극명하게 대조되는 파워 엘리트는 중요한 결과들을 초래하는 결정들을 내릴 수 있는 핵심 위치에 있는 사람들이다.

밀즈는 미국 사례의 분석을 통해 권력이 모든 사회불평등의 원천이 되고 있음을 폭로하고자 시도했다. 그에 따르면 미국은 정치, 경제, 군사 분야에서 지배적인 위치에 있는 소수의 권력집단에 의해서 통치되고 있다. 이들은 서로 밀접히 연관되어 있기 때문에 각 분야의 지도자들은 결속되어 더욱 비민주적으로 되어 가고 있다는 것이다. 또한, 미국사회에서는 우월한 경제적 지위와 권력 행사가 밀접한 관계에 있다. 특히 경제 엘리트와 군부 엘리트(군부 장성들)는 행정관료와 결탁하여 상층 권력 엘리트를 형성한다. 이 권력 엘리트들은 스스로를 특권계층으로 생각하고 그들의 이익을 비(非)엘리트의 이익과 차별화하며 자신의 이해관계를 우선적인 것으로 고려한다. 미국사회의 대다수 사회적 · 정치적 · 경제적 정책들은 이 세 엘리트가 공동으로 결정하는 내용들을 반영하는 경향이 짙다. 나아가 이 엘리트들은 서로의 이해관계가 얽힘으로써 그들 서로가 나누어 가지고 있는 영향력의 정도에 따라 다양한 형태의 결합체를 형성한다.

밀즈의 문제지향적이고 처방주의적인 사회학은 당시 미국에서 외면을 받던 갈등이론에 새로운 자양분을 제공했고 남미를 중심으로 태동하던 종속이론에 적지 않은 영감을 주었으며, 제3세계 사회학, 새로운 사회학, 급진사회학, 인도주의 사회학과 같은 대안적 이론 조류의 탄생과 발전을 견인했다. 이 과정에서 밀즈가 폭로하고자 한 것은 당시 주류 사회학이론으로 군림했던 균형이론 내지 기능주의에 내포된 신화였다. 밀즈의 인간, 사회, 사회학에 대한 이미지는 당대에 유행했던 구조기능주의의 가정이나 이론 지향과는 상반된 것이었다. 당시 많은 사회학자들은 인간을 사회적으로 규정되는 합리적 존재라고 가정했다. 기능주의 역시 개인들을 자신의 사회구조에 의해 상당 수준 결정된 존재로 간주하는 경향이 강했다. 이에 비해 밀즈는 인간에게 내장된 자유의 잠재력을 충분히 인정했으며, 그런 점에서 상호작용이론을 적극 수렴하고 있다고 판단된다. 또한, 대다수 사회학이론가들이 사회의 행위자를 합리적이고 목적지향적인 인간으로 가정해 왔던 반면 밀즈는 인간행위의 비합리성에 주목했다. 밀즈는 인간의 이러한 비합리성을 이론적으로 조망하고 실천적으로 폭로함으로써 사람들이 사회구조를 뒤바꾸고 개선하려는 노력을 행하기를 희구했다. 밀즈는 사회의 성격에 대한 지배적 관점도 수정했다. 기능주의와 상호작용이론 모두에게 사회는 질서 잡히고 유형화된 것으로 가정된 반면, 밀즈는 경쟁하는 이익들의 전장으로서의 사회를 강조했다. 사회학이론 발전과정에서 밀즈의 가장 큰 공헌은 이처럼 과학적이고 실증주의적이며 몰가치적인 사회학이 이상적인 것으로 제시되던 시절에 강단 사회학의 무능력을 질타하고 그것의 지배 이데올로기적 성격을 고발했다는 것에서 찾을 수 있겠다.

3. 갈등이론의 여러 얼굴 : 부정론, 긍정론, 통합론

갈등의 사회적 성격을 기준으로 갈등이론을 정리하면 크게 부정론과 긍정론 그리고 통합론으로 나눌 수 있다. 먼저, 부정론은 갈등에 관한 전통적 입장 또는 고전적 견해로서 갈등이 조직과 사회에 해악을 가져다주고 효율성과 통합성을 저해하는 것이기 때문에 제거되거나 최소화되어야 한다는 입장을 말한다. 여기서는 갈등이 언제나 폭력, 파멸, 불합리성과 같은 의미로 사용되며 항상 조직과 사회의 효율성 또는 통합성에 부정적인 영향을 주는 것으로 이해된다. 그러므로 갈등이 발생할 경우 공식적인 규정과 절차에 따라 해결하면 되고, 그로 인하여 속죄양이 생겨나는 것은 어쩔 수 없는 일이라고 본다. 이에 따르면, 갈등은 첫째, 해소되거나 해결되어야 하는 저해요인, 둘째 유익하지 못한 요인, 셋째 공격적이고 경쟁적이며 부적합하고 불합리한 행동을 유발하는 요인, 넷째 커뮤니케이션의 유효성을 저해하고 인간관계에서 이해와 신뢰 및 개방을 방해하는 요인으로서 역기능적이므로 반드시 해소되어야 한다(최해진, 2004: 30). 이 입장에서 보면, 갈등의 분출을 효과적으로 통제 또는 관리하는 것으로 사회질서의 확립이 가능하기 때문에 공권력이나 법제도 또는 관리시스템이 주요한 갈등대응 메커니즘으로 부상한다. 갈등에 대한 이러한 부정론은 구조기능주의를 위시한 미국의 주류 사회학이론이 전통적으로 견지해 온 입장이다.

이에 대해 긍정론은 갈등은 어느 사회에서나 불가피한 것이고, 따라서 갈등이 표출되는 것은 지극히 자연스러운 현상이며 갈등이 없이는 사회발전이나 건강한 사회변화가 불가능하다고 본다. 또한, 일정한 조건하에서 갈등은 조직에 활력을 불어넣고 생산성과 효율성을 높여줄 수 있다. 즉, 갈등은 사회체계가 역동적으로 발전하는 데 촉매 역할을 하며, 따라서 합리적이고 공정한 과정이 보장된다면 갈등은 얼마든지 사회분열이 아니라 전향적 통합과 긍정적 사회변동을 이끌어 내는 힘이 될 수 있다. 초기 사회학계에서는 게오르그 짐멜이 이러한 입장을 견지했으며, 2차 세계대전 이후 루이스 코저에 의해 계승 발전되었다.

마지막으로, 통합적 시각은 갈등 그 자체는 가치중립적인 성격을 가지며 사람들의 대응 여하에 따라 그 결과가 부정적일 수도 있고 긍정적일 수도 있다고 본다. 즉 갈등은 어떻게 그것을 관리하느냐에 따라 그 효과가 긍정적일 수도 있고 부정적일 수도 있다는 것이다. 이러한 갈등 독법은 기본적으로 갈등 자체는 중립적이기 때문에 건설적이고 비폭력적인 방법과 과정을 통해 갈등을 긍정적 에너지로 전환시키는 시스템과 문화가 있는 사회가 건강한 사회라는 인식을 밑바탕에 깔고 있다. 갈등의 가치중립적이고 잠재적으로 순기능적인 성격을 강조하는 통합론적 입장은 1970년대 이후 등장한 새로운 관점으로 사회학의 경우 조직론 분야에서 적극 활용되었으며, 여타 사회과학의 경우 심리학과 행정학 분야에서 특히 주목을 받았다.

사회과학은 이처럼 갈등현상에 대해 양립하기 어려운 해석과 지향의 대립을 보이고 있지만, 몇 가지 측면에서 갈등에 대한 인식을 공유하고 있다(유해운 외, 1997: 51). 첫째, 갈등은 개인, 집단, 조직을 포함하는 둘 이상의 갈등주체 사이에 발생하는 현상이다. 둘째, 갈등은 원인의 형성, 원인의 지각, 심리적 대립현상 그리고 대립적 행동의 표면화로 이어지는 동태적 과정이다. 셋째, 대립적 행동이 표면화되지 않더라도 갈등 당사자들이 갈등상황을 지각하고 긴장, 불안, 적대감 등을 느끼기 시작하면 이미 갈등이 존재하는 것이다. 넷째, 갈등을 유발하는 대립적 행동에는 싸움, 파괴, 이견의 표명 등 적극적 행위뿐만 아니라, 당연히 해야 할 말이나 행동 등을 하지 않는 등의 소극적 행위도 포함된다. 다섯째, 갈등발생에는 반드시 원인과 조건이 있게 마련이다. 여섯째, 갈등은 사회에 순기능적일 수 있고 역기능적일 수도 있다. 하지만 현실적으로 순기능적 갈등과 역기능적 갈등이 언제나 뚜렷하게 구별될 수 있는 것은 아니다.

4. 갈등 패러다임의 적용과 활용

갈등을 부정적으로 보든 긍정적으로 보든 간에 인류의 오랜 역사를 놓고 볼 때, 갈등 없는 사회, 아니면 반대로 심각하고 광범위한 갈등을 겪는 사회보다는 작은 수준의 갈등이 자주 일어나는 사회가 건전하고 발전적인 사회였다. 사회발전의 방향을 설정하는 치열한 문제의식과 새로운 가치관, 사회변화를 갈구하는 사회구성원들의 헌신적 노력은 일차적으로 '갈등'이라는 이름을 달고 우리 앞에 나타나게 마련이고, 이런 것들이 사회발전의 원동력이 되곤 했기 때문이다.

오늘날 민주주의 선진국을 자처하는 사회들 또한 갈등 없는 사회라기보다는 갈등이 제도화된 사회라고 할 수 있다. 갈등은 그렇지 않으면 잠복한 채 악화되고 있을 사회문제들을 노출시키고 폭로함으로써 적절한 해법을 마련하도록 독려하는 측면이 있고, 문제해결을 위한 다양한 노력을 고무시킴으로써 사회적 혁신을 가능하게 하며, 작은 수준의 빈번한 갈등을 통해 사회 전반의 면역체계를 강화한다. 그런 만큼 사회갈등에 대한 접근과 해법은 역기능적이고 파괴적인 갈등을 해소 또는 진정시키며, 갈등의 순기능적이고 건설적인 측면을 촉진시켜 갈등 당사자 간 공존과 화해 및 상생을 도모하는 것에서 출발해야 할 것이다.

사회학에서 발원한 갈등 패러다임은 오늘날 사회과학 분야 전반으로 확산되고 여러 학자들에 의해 활용되었는데, 이는 크게 행위 중심의 갈등 패러다임과 제도론적 갈등 패러다임으로 나뉜다.

1) 행위 중심의 갈등 패러다임

행위 중심의 패러다임은 구체적 갈등 당사자(집단)의 선택과 행위를 고려한 갈등분석으로 주로 행정학과 심리학 분야에서 폭넓게 지지되고 있다. 이 관점은 모든 조직과 집단에서 갈등은 필연적으로 발생하므로 완전히 제거하는 것이 불가능하며 경우에 따라서 갈등이 집단의 성과를 향상시키기도 한다는 점을 강조한다. 나아가 이 입장은 갈등을 변화과정의 본질로 이해하고 적절한 갈등이 오히려 구성원들의 창의력을 고취시킨다면서 갈등을 수용하려는 태도를 보인다. 복잡한 대규모 조직에서 구성원들이 공동의 조직목표를 수행하다 보면 의견 불일치와 갈등 또는 대립이 당연히 발생하는데 이것들은 때로 유용한 기능을 가지고 있으므로 갈등을 제거하기보다는 관리하는 것(managing conflict)이 조직발전에 훨씬 더 보탬이 된다는 것이다.

이 같은 행위 중심의 관점은 행정학과 심리학처럼 갈등의 정책적 차원과 미시적 차원을 강조하는 학문분야를 중심으로 발전했으며, 이후 게임이론(game theory)과 합리적 선택이론(theory of rational choice) 등으로 각론화되었다(김태기, 2005: 6-7). 이 이론들은 갈등 당사자들이 선택하는 행동의 목적이 본질적으로 자신에게 유리한 해결방안을 찾는 데 있으며, 따라서 갈등문제를 적절하게 이해하기 위해서는 갈등 당사자들이 선택하는 행동의 본질을 단순화시켜서 볼 필요가 있다고 주장한다. 이 입장에 따르면, 갈등 당사자들이 해결방안에 도달하는 과정은 구체적으로 협상게임이라는 틀 속에서 분석되고 해석되어야 한다. 갈등 당사자들은 협상을 통해 상대방이 어떤 행동을 선택할지를 가늠한 후 자신의 행동을 결정하며, 이 과정에서 자신에게 유리한 방향으로 협상환경을 바꾸고자 부단히 노력한다. 다시 말해, 협상게임에 임하는 갈등 당사자들은 상호의존적인 의사결정과정을 통해서 자신의 행동을 결정하며, 필요하다고 판단될 경우 갈등 당사자들은 게임의 상황을 바꾸기 위한 전략적 행동을 취한다. 갈등 당사자들의 이 같은 전략적 행동은 매우 다양하고 갈등의 해결과정을 복잡하게 만들지만 그 최종적인 목적은 상대방이 자신에게 유리한 방향으로 행동을 선택하도록 유도하는 데 있다. 위협 또는 약속의 형태로 수행되는 전략적 행동은 갈등 당사자들이 어떤 요구나 주장을 하고 상대방이 이를 믿을 수 있도록 만들기 위해 근거를 제시하거나 공개적으로 다짐하는 것으로 나타나는데, 이 모든 노력의 목적은 결국 자신에게 유리한 방향으로 갈등을 해결하기 위한 것이다.

2) 제도론적 갈등 패러다임

제도론적 패러다임은 사회구성원들의 욕구, 이해관계, 가치이념의 표출로서의 갈등이 갖는 정상성과 긍정성을 전제하면서 주로 갈등을 예방하고 관리하는 데 초점을 두고 있는 이론들을 말한다. 통상적으로 갈등관리론(theory of conflict management)으로 불리고 있다. 이에 따르면, 갈등관리란 개인 간, 집단 간, 조직 간 갈등의 원인을 분석함으로써 조직의 순기능적인 활동을 방해하는 갈등요인(역기능적 갈등)은 제거하고, 조직활동에 도움을 주는 갈등요인(순기능적 갈등)은 유지시키는 일련의 과정과 활동을 의미한다(안광일, 1994). 갈등이 관리될 수 있다는 것은 갈등이 초기의 잠재적 단계에서 성숙 단계를 거쳐 종료 단계로 이동해 가는 동태적인 사회과정임을 의미하며, 동시에 관련 당사자들은 물론 주변환경에 어떤 영향력을 미칠 수 있다는 것을 의미한다. 이 같은 갈등관리의 최종목표는 이로운 영향력을 증대시키고 해로운 영향력을 감소시키는 데 있다. 다시 말해, 갈등관리의 주된 관심은 갈등을 제거하거나 방지하거나 통제하는 데 있는 것이 아니라, 갈등으로부터 생기는 가치와 이득을 증대시키고 비용과 불만족을 감소시키는 데 있다(Bercovitch, 1984: 7).

그런 만큼 제도론적 접근에서는 사회 문화적 조건에 맞는 갈등관리 기법, 갈등관리를 위한 전문성을 지닌 조정, 중재자의 양성과 훈련 시스템 구축 등 갈등관리의 제도 실행 능력과 성과를 높이는 구체적이고 실천적인 정책이 중시된다. 갈등관리의 제도화를 통해 '갈등의 사회화'가 민주적인 방식으로 진전되는 것을 거스를 수 없는 시대적 과제이자 대세로 보는 것이다. 갈등관리의 제도화를 통해 한편으로 갈등의 역기능이 완화되어 사회적 비용이 경감되고 다른 한편으로 사회구성원이 자신의 이해관계에 영향을 미치는 갈등을 정치적으로 동원하고 조직하는 데 관심을 갖게 함으로써 참여를 통한 생활정치와 풀뿌리 민주주의가 진전되는 계기가 마련될 것으로 본다.

제 4 장

사회적 교섭 패러다임

| 하홍규(연세대학교 BK21 플러스 사업단) |

1. 사회적 교섭

> 사람들은 서로를 바라보고, 서로에 대해서 시기를 한다. 그들은 서로에게 편지를 쓰거나 같이 점심을 먹는다. 그들은 구체적인 이해관계와 전혀 상관없이 서로 공감하거나 또는 반감을 가지면서 접촉한다. 한 사람은 다른 사람에게 길을 묻기도 하고, 서로는 서로를 위해서 옷을 입고 치장을 한다. 사람에서 사람으로 연결되는, 순간적인 또는 지속적인, 의식적인 또는 무의식적인, 덧없는 또는 중대한 이 모든 무수한 관계들(이 가운데 위에 언급한 예들은 아주 자의적으로 고른 것이다)이 우리를 지속적으로 함께 묶는 것이다. 매일같이 그리고 매 시간마다 이와 같은 관계들이 형성되고 소멸되며, 새로이 시작되고, 다른 관계들에 의해서 대체되고, 그것들과 뒤섞인다(짐멜, 2005: 154-155).

사람은 홀로 사는 존재가 아니다. 늘 동료 성원과 교섭하고 소통하며 살아간다. 위에 따온 글에서 짐멜이 자의적으로 고른 예들 이외에도 사람들은 수많은 종류의 교섭을 하며 살고 있으며, 같은 종류의 교섭이라 하더라도 다양한 양상으로 드러난다. 친구 사이의 교섭을 예로 들자면, 친구는 농담으로 시간을 함께 흘려보내기도 하고, 초점 있는 열띤 정치적 논쟁을 벌이기도 한다. 함께 점심을 먹을 때, 내가 친구를 위해 돈을 내기도 하고, 반대의 경우도 가능하며, 또한 자기가 먹은 것을 각자 지불하기도 한다. 무관심을 표현하기도 하며, 때로는 반감을 갖게 되기도 할 뿐만 아니라, 다시 화해하기도 한다. 우리는 싸우기도 하고 경쟁하기도 하며, 협력하기도 한다. 이 모든 것이 바로 사람들 사이의 교섭이다.

사회적 교섭은 기본적으로 둘 또는 그 이상의 개인들이 직접 대면하여 행위하고 그에 반응하는 상호적 과정을 뜻한다. 거꾸로 표현하자면, 사회 구성원들의 활동은 상호적인 관계 안에서 서로에게 반응하는 가운데 일어난다. 이렇듯 사회는 교섭하는 개인들로 이루어져 있으며, 그래서 사회는 그 성원들이 행하는 교섭에 의해서 정의된다. 사회이론에서 사회적 교섭

관점은 사람들 사이의 교섭이 어떻게 의미 있는 사회적 경험을 만들어 내고, 이런 경험들이 어떻게 사회적 행위에서 드러나는지에 관심을 둔다. 그래서 사회적 교섭의 관점은 구조보다는 행위에 주된 관심을 둔다.

2. 주요 이론가들

1) 게오르그 짐멜

사회생활을 이해하는 데 교섭의 중요성을 가장 강조했던 고전 사회학자는 게오르그 짐멜(Georg Simmel)이다. 짐멜의 사회학은 인간은 언제나 다른 인간들과의 교섭 가운데 산다는 기본적인 전제 위에서 출발한다. 그러한 전제 위에서 짐멜은 사회학을 인간들 사이의 사회적 교섭과 그 교섭에 의해서 형성되는 다양한 형식을 인식의 대상으로 삼는 과학으로 여긴다. 짐멜에게 있어서 사회는 구성원들 사이의 구체적인 교섭들의 총합이다. 단순히 인간들이 일정한 공간 안에 모여 있다는 사실이 사회를 구성하는 것이 아니라, 이 인간들이 교섭을 통하여 서로 영향을 주고받는 형식을 획득하게 될 때 사회는 생성된다. 우리가 생명의 과정을 이해하고자 할 때, 그 생명을 구성하고 있는 세포들 사이에서 진행되는 끊임없는 상호작용들을 이해해야 신체가 그 형태를 구성하고 유지하고 또는 변화시키는 원리를 알 수 있듯이, 사회를 이해하는 것도 그 구성원들 사이에서 일어나는 상호작용을 이해해야만 하는 것이다.

> 여기에 오로지 심리학적인 현미경을 통해서만 접근이 가능한 사회 원자 사이의 상호작용이 존재한다. 이들 상호작용이야말로 명백하지만 불가해한 사회적 삶이 지니는 모든 끈질김, 유연성 그리고 모든 다양성과 통일성의 바탕이 되는 것이다. 경험세계에 주어진 실제적인 사회적 삶은 전통

> 적으로 사회과학의 인식대상이었던, 객관화된 커다란 구조로 구성될 수 없다(짐멜, 2005: 155).

"경험세계에 주어진 실제적인 사회적 삶은 전통적으로 사회과학의 인식대상이었던, 객관화된 커다란 구조로 구성될 수 없다"라는 주장을 통해서, 짐멜은 실체화된 사회의 개념, 곧 사회 실재론을 거부하고 있음을 알 수 있다. 곧, "모든 특수한 현상들의 창발(emergence)을 위한 조건이라는 의미에서의 사회라는 것은 없다"(Simmel, 1971: 27)는 것이다.[1]

그러나 짐멜이 실재론적 사회 개념을 거부한다고 해서 명목론을 주장하는 것은 아니다. 사회를 볼 때 사회를 구성하고 있는 개인적 요소들의 결합으로부터 개인들의 속성으로 환원할 수 없는 독특한 실재가 형성된다는 것을 인정해야 한다. 교섭이 있는 곳에는 어디서나 사회가 존재한다. 그러므로 사회학은 총체로서 이미 존재하는 사회에 대한 연구가 아니라, 사회가 어떻게 형성되는지, 곧 "사회가 어떻게 가능한가"하는 문제를 연구하는 학문인 것이다. 짐멜은 이를 '형식과 내용의 변증법'으로 표현한다.

> 사회는 수많은 개인들이 교섭에 들어가는 곳에서 존재한다. 이 교섭은 항상 어떤 욕구의 기반 위에서나 또는 특정한 목적을 위해서 일어난다. 성애적, 종교적 또는 단지 연합하고자 하는 충동들 — 그리고 방어, 공격, 놀이, 이익, 도움 또는 지시의 목적들 — 이것들과 수많은 다른 것들이 인간으로 하여금 다른 인간들과 함께 살게 하며, 그들을 위하여, 그들과 함께, 그들과 대적하여 행동하고, 그래서 자신의 조건과 다른 인간들의 조건을 서로 연결시키도록 한다. 짧게 말해서, 인간은 다른 인간들에게 영향을 주고 또한 영향을 받는다. 이러한 인간들 사이의 교섭의 중요성은 충동하는 욕구들과 목적들을 가지고 있는 개인들이 하나의 연합체, 곧 사회를 형성하게 되는 것이 바로 이 인간들 사이의 교섭 때문이라는 사실에 있다

---

1) 짐멜은 개인적 요소들의 중요성을 평가절하하고, 사회를 총체화하는 시도에 반발한다. 이런 뜻에서 짐멜의 사회학을 '사회' 존재의 선험성을 주장하는 뒤르켐에 대한 비판으로 볼 수도 있을 것이다.

(Simmel, 1971: 23).

인간 개인들은 여러 가지 충동, 욕구, 그리고 목적들을 가지고 다른 인간과의 교섭에 들어간다. 짐멜은 이러한 충동, 욕구, 목적들, 그리고 동기, 이해관계, 감정, 이상, 가치 등 개인들이 가지고 있는 것들을 '내용'(content)이라고 부르는데, 사회적 교섭의 재료라고 할 수 있겠다. 이 내용들은 개인들에게 주어져 있는 것으로서 '사회적'인 것이 아니다.[2] 오히려 사회교섭의 선험적 요소들이라 할 수 있을 것이다. 개인들이 여러 가지 내용을 실현하기 위해 다른 개인들과 교섭하게 될 때, 이 내용들은 갈등, 협동, 분업, 연대, 지배, 교환, 복종, 적대관계 등 다양한 교섭의 형식 가운데 실현된다. 이때 형식(form)이란 사회생활의 다양한 내용들과는 구별되는 비교적 안정되고 유형화된 사회생활의 요소를 의미한다. 곧, 형식은 일단 형성되고 나면 지속하는 경향이 있다는 뜻이다. 보기를 들어, 짐멜은 "종교가 종교성을 창출하는 것이 아니라 종교성이 종교를 창출한다"고 주장한다. 종교성(religiosity)이란 인간의 항구적인 내적 본질로서 그 자체로는 아직 종교가 아닌 대상 없는 상태 또는 역동성이다. 그러나 이 종교성의 성취를 위해 다른 사람들과 특정한 사회적 교섭을 하게 되는데, 이 과정을 통해서 객관적인 세계, 곧 신앙의 대상세계인 '종교'가 성립하게 된다. 바로 삶의 내적 역동성으로부터 사회적 교섭을 통하여 다양한 종교적 삶의 형식이 형성되는 것이다(Simmel, 1997: 121, 144).

사회생활은 형식과 내용의 다양한 결합에 의해서 이해될 수 있다. 곧, 하나의 형식에 각기 다른 내용들이 담길 수도 있고, 하나의 내용이 각기 다른 형식 가운데 나타날 수도 있는 것이다. 보기를 들어, 굶주림이라는 욕구를 해소할 수 있는 형식이 단 하나만 있을 수 있는 것이 아니라 여러 형식

2) 짐멜은 이 심리학적 내용들은 인간들의 교섭에 필수적인 것들이지만, 주어진 것이기에 사회학의 연구과제가 아니라고 본다.

이 가능하며, 협동이라는 형식을 통해 충족할 수 있는 내용들도 여러 가지가 있을 수 있다. 그래서 사회생활은 미리 정해진 길을 따라 진행되는 과정이 아니다. 형식과 내용의 변증법적 발전은 끊임없이 변하며, 결코 끝나지 않는 과정이다.[3] 그러기에 우리는 교섭의 형식을 "개인의 심리상태나 객관적인 역사발전의 법칙 또는 이 세상에서 경험적으로 행위하는 인간들을 초월하는 형이상학적 영역으로 환원시키지 않고 다양한 역사적 · 사회적 현상이나 과정에 적용할 수 있는 것이다"(김덕영, 2007: 330-331).

2) 상징적 교섭론

독일의 고전 사회학자 짐멜이 사회적 교섭을 사회학의 주된 과제로 삼았지만, 사회적 교섭에 우선적 관심을 두는 사회학이 꽃을 피우게 된 것은 미국에서였다. 상징적 교섭론(Symbolic Interactionism)은 일상생활의 여러 가지 맥락에서 사회 성원들 사이에 일어나는 대면적 교섭에 초점을 두고, 그 교섭의 상세한 내용에 주목하고, 그것이 어떻게 타인의 말과 행동을 이해하는 데 사용되는지에 관심을 기울이는 사회학적 입장이다. 짐멜이 사회적 교섭의 형식에 초점을 두었다면, 상징적 교섭론은 사람들이 의미에 대한 해석과 정의에 바탕을 두고 서로 행위를 주고받기에 교섭은 '상징적'이라는 입장을 강조한다. 상징적 교섭론은 사회 내에서의 행위자가 맡고 있는 역할을 강조하는 역할이론가들과 행위의 규범적 측면을 강조하는 파슨스로 대표되는 구조기능주의에 대항하여 행위자가 특정한 상황에서 대상에 대한 의미를 해석하고 이에 바탕을 두고 행위한다는 점을 강조한다.[4]

3) 짐멜의 변증법은 헤겔과 마르크스의 변증법이 갖고 있는 역사의 목적(telos)이 없다. 곧, 모순의 해소에 의해 이루어지는 역사의 완성을 상정하지 않는다. 짐멜에게 있어서 역사는 어떤 목적을 향해 가는 것이 아니라, 우연적으로 끊임없이 발전하는 과정이다.

4) 상징적 교섭에 대한 관심은 또한 사회학을 객관적인 과학으로 보려는 입장에 대한 반발이기도 하다.

곧, 사회적 교섭은 사회적 역할들이나 구조적 지위들 사이에서 일어나는 것이 아니라, 바로 자신이 부딪치고 있는 것들을 해석하고 조직화하고 대처할 수 있는 사람들 사이의 교섭이라는 것이다. 사람들 사이에 일어나는 교섭은 단순한 작용과 반작용의 연쇄가 아니다. 사람은 교섭의 과정에서 발전된 상징들을 사용하여 행위하며, 이 상징의 소통을 통하여 서로에게 행위하는 것이 바로 교섭이다.

상징적 교섭론의 견지에서 볼 때, 사회는 구조적 실체라기보다는 사람들이 행위하는 가운데 소통하고 교섭하며, 서로 영향을 주고받는 관계의 망이라고 할 수 있다. 사회는 이러한 교섭의 총체일 뿐이다.

(1) 조지 허버트 미드

조지 허버트 미드(George Herbert Mead, 1863-1931)는 퍼스(Charles Sanders Peirce), 제임스(William James), 듀이(John Dewey)와 함께 미국 프래그머티즘의 대표적인 학자로 꼽힌다. 미드는 인간들 사이의 소통과 사회성(sociality)이 동물의 것과는 어떻게 다른지 그 독특성에 대한 생각과, 인간의 정신(mind)과 자아는 주어진 것이 아니라 사회적 관계 속에서 생성되어 발전한다는 생각을 전개한 것으로 유명하다.

먼저 미드가 강조하는 것은 동물들의 소통과 사회성과 비교하여 인간의 소통과 사회성은 '의미 있는 상징들(significant symbols)' 을 통하여 이루어진다는 것이며, 인간은 반응을 하기 전에 상대방의 입장에서 생각할 수 있는 능력, 곧 성찰성(reflexivity)이 있다는 것이다. 미드는 당시에 위세를 떨치고 있었던 왓슨(J.B. Watson)으로 대표되는 행동주의(behaviorism)에 대항하여 논의를 펼치고 있는데, 그는 특별히 행동주의는 관찰되는 행동에만 주의를 기울여, 인간을 마치 자극에 기계적으로 반응하는 꼭두각시처럼 취급하고, 인간의 사고과정을 마치 블랙박스처럼 여기고 있다고 비판한다.

의미 있는 상징을 통한 소통은 단순한 자극-반응의 연쇄가 아니라, 상대방의 행위를 이해하고 그 이해에 따라 반응할 수 있는 가능성을 의미한다. 보기를 들어, A가 B를 향하여 주먹을 휘두를 때 B는 이에 대해 직접적으로 반응하는 것이 아니라, A가 왜 주먹을 휘두르는 몸짓을 취하는지 이유를 짐작해 보기도 하고, 아니면 직접 물어보기도 하여서, 단지 몸을 피하는 행동으로 반응할 뿐만 아니라, 용서를 구하거나, 화해를 요청하거나, 오해를 풀어주거나, 거래를 제시하거나, 아니면 맞받아치는 등 다양한 방식으로 반응할 수 있다. 이처럼 다양한 선택지가 가능할 수 있는 조건은 B가 A의 입장에서 A의 분노를 아는 것이다. 이는 B 역시도 분노를 가지고 같은 방식으로 몸짓을 취할 수 있는 능력을 소유하고 있음을 의미한다. 그러한 능력을 소유하고 있기에 상대방이 취할 수 있는 가능한 반응들을 미리 생각해 보고 그에 대해 반응할 수 있는 것이다. 만약 그러한 능력이 없다면 B가 취할 수 있는 행동은 느껴지는 공포에 해당하는 회피의 몸짓뿐일 것이다.

두 번째로 미드는 인간의 정신과 자아는 인간 개인의 속성이 아니라, 인간들 사이의 소통과 사회적 경험의 과정에서 등장(emerge)하고 발전되는 현상이라는 생각을 내놓는다. 미드는 다음과 같은 대담한 주장을 내놓는다. "정신은 사회적 과정이나 경험의 맥락 안에서 제스처의 대화에 의한 커뮤니케이션을 통해 발생하는 것이지 커뮤니케이션이 정신을 통해 발생하는 것은 아니다"(미드, 2010: 128).[5] "자아는 생리적 유기체의 특성과는

5) 여기서 미드는 '나는 생각한다 고로 존재한다'는 데카르트의 철학을 뒤집고 있다. 생각할 수 있는 능력이 타인에 대하여 행위하게 하는 것이 아니라, 타인과의 교섭을 통하여 생각할 수 있는 정신적 능력을 갖게 된다는 것이 미드 사상의 핵심이다. 생각이란 사회적 과정에서 다른 개인들과 함께 진행하는 교섭의 과정에서 내면화되는 것이다. 그리고 생각은 다른 이와 교섭하기 위해 상징을 다루는 것이다. 그러므로 생각한다는 것은 언어의 습득을 전제해야만 한다. 데카르트의 명제는 마치 언어를 습득하기 이전에 생각하는 것이 가능하다는 것을 전제하고 있다. 그러나 주어진 사회 또는 사회적 집단의 모든 개개 구성원들에게 같은 의미를 지니는 의미 있는 상징이 없다면, 그 언어 이전의 생각이란 것은 어떻게 의미 있게 이해될 수 있을 것인가? 언어 이전의 생각은 논리적으로 불가능한 것이다.

다른 특성을 지닌다. 자아는 발달과정을 지니는 것이다. 자아는 태어나자마자 처음부터 이미 존재하는 것이 아니다. 즉 자아는 사회적 과정 전체에서, 그리고 사회적 과정 속에서 다른 개인들과 이루어 가는 관계의 결과로, 특정 개인 안에서 발달해 가는 것이다"(미드, 2010: 223). 미드에게 있어서 정신과 자아는 사회적인 현상이다. 미드는 인간 정신과 자아의 기원과 발달을 설명하는 데 있어서 사회적인 경험에 우선성을 둔다. 바로 사회적 경험이 일어나는 곳에서 학습이 일어나고, 인간은 인간으로서 사고하고 행위하는 방법을 배우게 된다.

이러한 사고의 결과는 인간행위는 사회적이며, 인간사회는 바로 사회적으로 교섭하는 현상이라는 것이다. 미드의 사고에서 '사회'란 바로 정신과 자아에 선행하여 지속되고 있는 사회 과정을 일컫는다. 곧, 사회적 경험을 이해하는 데 있어서 사회적 세계에 우선성을 부여하고 있는 것이다. 인간이 행위할 때 고립된 개인으로서 하는 것이 아니라, 사회의 일원으로서 하는 것이다.

> 우리가 소속해 있는 사회는 개인이 포함되어 있는 일정한 상황에 대한 반응의 조직화된 조합을 새롭게 하고, 개인이 그들 자신의 본성 속에서 이러한 조직화된 반응을 취하는 것이 가능하다. 그들 반응을 상징에 의해 사회적 반응 속에서 불러일으키는 것이 가능한 한 그는 심적인 과정이 진행되는 정신을 소유한다. 그 정신의 내적인 구조는 그 개인이 그가 소속한 사회로부터 취할 수 있는 것이다(미드, 2010: 376).

(2) 허버트 블루머

미드의 제자였던 허버트 블루머(Herbert Blumer)는 미드의 생각이 갖고 있는 사회학적 함의를 발전시켰는데, 자신의 이론을 '상징적 교섭론'이라 이름 붙였다.[6] 블루머가 미드의 생각으로부터 발전시키고 있는 주제는 다

6) 그래서 미드가 '상징적 교섭론'이라는 이름을 만든 것은 아니지만, 흔히 미드를 상징적 교

음의 다섯 가지이다. 첫째, 인간은 '자아'를 가졌기 때문에 행동하는 유기체가 되는데, 이 때 인간이 자아를 갖고 있다는 것은 어떤 구조물을 갖고 있다는 것이 아니라 하나의 과정으로 이해되어야 한다는 것이다. 특히 다른 사람의 태도를 취할 수 있고, 나아가 자기 자신을 대상화하여 볼 수 있는 '반성과정(reflexive process)'은 우리로 하여금 환경의 자극에 자동적으로 반응하는 것이 아니라, 우리가 살아가고 있는 세계에 대하여 행동하고, 우리가 직면하는 것들을 해석하고, 또한 그 해석에 터하여 우리의 행동을 조직화할 수 있게 해 준다. 둘째로 인간의 '행동'은 해석과 조직화를 포함하는 자기 교섭과정의 결과라는 것이다. 인간은 흔히 인간행동의 결정요인으로 여겨져 왔던 것들, 곧 생리적 자극, 본능, 욕구, 의식/무의식적 동기, 규범, 역할기대, 감정, 사상, 문화적 규정, 제도적 압박, 또는 사회체계의 요구 등에 수동적으로 반응하는 것이 아니라 능동적인 유기체로서 행위를 구성해 낸다. 셋째로 인간들의 교섭은 그 자체가 적극적인 형성과정이고, 또한 계속하여 진행되는 과정이며, 다른 사람의 행동을 해석하고 정의하는 과정이 그 핵심을 이룬다는 것이다.[7] 넷째로 인간이 삶의 과정에서 만나게 되는 대상의 의미는 행위자로부터 독립하여 존재하는 것이 아니라, 그 대상을 대상으로 삼고 있는 사람들에 의해 그 의미가 정해진다는 것이다. 곧,

---

섭론의 시조라고 여기게 되었다. 상징적 교섭론은 미드 이외에도 쿨리(Charles Horton Cooley), 제임스, 듀이, 그리고 토마스(W.I. Thomas) 등 미국 프래그머티즘 학자들의 저작에 기초를 두고 있다. 쿨리의 '일차집단'과 '거울 자아(the looking-glass self)'의 개념, 제임스의 '습관', '본능', '자아'의 개념, 듀이의 '습관'과 '행위'의 개념, 토마스의 '상황의 정의' 개념들은 상징적 교섭론이 터하고 있는 중요한 이론적 자원들이다. 보다 자세한 논의를 위해서는 Meltzer *et al*.(1975), 1장 "상징적 교섭론의 생성"을 참조하라.

프래그머티즘 전통에 영향받은 이른바 시카고학파 사회학은 1910년대에서 1930년대까지 미국사회학을 지배했었으나, 이후 파슨스학파가 사회학의 헤게모니를 잡으면서 주변화되었다가, 파슨스를 비판하면서 1950년대 이후 다시 영향력을 행사하기 시작했다.

7) 미드의 탁월함은 비상징적 교섭과 상징적 교섭의 두 가지 형태 또는 수준을 밝혀낸 것이다. 비상징적 교섭은 해석하지 않은 반응으로서 다른 사람의 몸짓이나 행동에 직접적으로 반응하는 것이며, 상징적 교섭은 해석과 상황정의의 과정을 포함하는 반응을 의미한다. 미드는 둘 중 상징적 교섭에 주된 관심이 있었다.

대상의 의미는 그 대상의 본질에 내재해 있는 것이 아니라, 사회적 교섭에서 일어나는 정의의 과정에 의해 형성되고 변형되는 사회적 산물이다. 보기를 들어, 나무는 목재상이나 식물학자, 그리고 시인에게 동일한 대상일 수 없으며, 별은 고대의 양치는 목동과 현대의 천문학자에게 다른 대상일 수밖에 없다. 인간은 이렇듯 대상이 그들 자신에게 지니는 의미를 바탕으로 그 대상에게 대하여 행위하며, 그러기에 그 대상에 대하여 즉각적으로 반응하는 것이 아니라 반응을 연기할 수도 있고, 각기 다른 방식으로 반응할 수도 있다. 다섯째로 사회적 행위는 개별적인 참여자들이 행동노선을 함께 조절함으로써 구성하는 '연합행동(joint action)' 이라는 것이다.

블루머는 위와 같은 미드의 생각을 바탕으로 인간의 집단생활과 인간행동을 연구하는 접근방법으로서 상징적 교섭론을 발전시킨다. 그가 스스로 밝히는 상징적 교섭론의 세 가지 전제는 다음과 같다. 첫째는 "인간은 사물들이 인간에 대하여 지니고 있는 의미를 바탕으로 하여 그 사물에 대해 행동한다는 것이다"(블루머, 1982: 28). 여기서 '사물들' 은 인간이 자기 세계에서 감지할 수 있는 모든 것들, 곧 물질적 대상들뿐만 아니라 다른 사람들, 제도들, 집단, 타인의 행동들, 상황들 모두를 포함하며, "도덕적 원리, 철학적 학설, 정의, 착취 또는 열정 같은 이념의 추상적 대상들"(블루머, 1982: 41)도 의미 있는 행위의 대상이 될 수 있다. 둘째는 "그러한 사물들의 의미는 사람이 그의 동료들과 갖는 사회적 교섭으로부터 연유되거나 또는 그것으로부터 나온다는 것이다"(블루머, 1982: 28). 곧, 사물들의 의미는 그 사물들에 내재해 있는 것이 아니라 인간사회 안에서 사람들 사이의 교섭의 과정을 통해 나타난다는 것이다. 그래서 의미는 사회적 산물이다. 셋째는 "이러한 의미들은 사람이 맞부딪히는 사물들을 다루어 나가면서 쓰는 해석과정 속에서 처리되고 변형된다는 것이다"(블루머, 1982: 29). 이때 해석과정은 기존의 의미를 기계적으로 적용하는 것이 아니라 자기 교섭을 통하여 적극적으로 형성해 내는 과정이다. 그러기에 동일한 구조적 지위에 있는 개인들이라 하더라도 각자 다른 방식으로 행동할 수 있으며, 동일한 행동이라 하더라도 다른 맥락에서는 다른 의미를 가질 수 있다. 결코 행위자가 처한 구조적 지위가 행동을 결정짓지 못한다.

상징적 교섭론의 입장에서 사회는 교섭하며 삶을 살아가는 사람들에 다름 아니다. "인간사회란 사람들이 삶에 참여하는 것이라고 본다. 그러한 생활이란 참여자가 부딪치는 각양각색의 상황에서 행동노선을 발전시키고 있는 계속 진행되는 활동의 과정이다"(블루머, 1982: 55-56). 사회를 교섭하는 과정으로서 보기 때문에 여기에는 사회를 자기 충족적인 전체로 볼 수 있는 근거가 전혀 없다. 파슨스로 대표되는 구조기능주의나 사회를 전체로 보는 사회학적 전망에서 흔히 볼 수 있는 바대로 행위하는 개인을 기능적 필요나 문화적으로 규정된 규범에 따라 행동하는 사회적 산물로 보는 것이 아니라, 자신이 살아가는 세계를 정의하고 해석하며 거기에 의미를 부여함으로써 능동적인 행위주체로 보기 때문에 상징적 교섭론은 사회학의 주된 관심을 사회로부터 행위자에게로 옮겨놓는다. 행위자에게 관심을 둘 때 반드시 기억해야 할 것은 상징적 교섭론은 항상 고립된 개인의 개별 행위가 아니라 교섭, 곧 사람들 사이의 행위(interaction 또는 joint action)를 출발점으로 삼고 있다는 것이다.

블루머는 상징적 교섭론을 하나의 철학적 이론으로서가 아니라, 인간의 집단생활과 인간행동에 대해 검증할 수 있는 지식을 낳기 위한 경험적 사회과학의 접근방법으로서 발전시키고자 하였다. 그에 따르면, 우리가 알고 싶어하는 경험적인 사회세계는 계속적으로 진행되는 교섭활동으로 이루어져 있기 때문에, 그 안에서 어떤 일들이 일어나고 있는지 알아보기 위해서는 그 상황으로부터 떨어져서 관조적으로 바라보는 것이 아니라, 그 상황 가운데로 가까이 다가가야만 한다. 의미와 그 의미의 해석을 바탕으로 이루어지는 교섭에 대한 연구는 통상의 과학적 사회학이 추구해 왔던 바대로 변수 중심의 방법이 아니라, 행위하는 인간들의 관점으로부터 시작하는 것이어야 한다. 주어진 특정 사회집단 내에서 그 구성원들이 왜 그렇게 행동하며, 또한 어떻게 행동하는가를 이해하기 위해서는 이들 구성원들에게 의미의 대상들이 어떻게 나타나고, 어떻게 받아들여지며, 또한 어떤 의미를 가지고 반응하는지를 이해해야 한다. 그래서 블루머는 그 경험세계에 가까이 다가가서 교섭하는 행위자들의 의미세계를 이해하기 위해 어떤 특정한 절차에 얽매일 필요는 없다고 본다. 그는 사회적 경험세계의 연구자에게 "직접관찰, 면접, 그들의 대화를 귀담아 듣는 것, 그들의 이력을 조사하고, 편지와 일기를 사용하고, 공적 기록을 참고하고 집단토의를 마련하고, 또 항목별로 번호를 매기는 것과 같이 가치 있다고 생각되는 것이면 그 어느 방법도 사용할 수 있다"(블루머, 1982: 84-85)고 권하고 있다.

사회학자들은 흔히 미리 잘 정의된 개념을 가지고 사회적 경험세계에 접근하려고 한다. 그러나 블루머가 보기에 사회학자들이 사용해 왔던 '사회적 응집력', '통합', '동화', '권위' 등과 같은 추상적인 개념들은 오히려 우리가 알고자 하는 세계에 대한 일반적인 지식을 증가시키는 데 도움을 주지 못한다. 왜냐하면 경험세계에 대한 앎은 경험세계 그 자체가 줄 수 있는 것이지 추상화된 개념들이 미리 알려줄 수 있는 것이 아니기 때문이다. 그러므로 경험세계에 대한 연구는 경험세계를 직접 조사해야 한다는 원칙 위에서 수행되어야 한다. 그래서 블루머는 사회학의 개념들을 경험적인 세계를 정의하는 것이 아니라 감지해 내는 도구로 사용해야 한다고 주장한다. 이른바 한정적 개념(definitive concepts)은 속성이나 고정된 기준점에 의한 명료한 정의의 도움을 받아 한 부류의 대상들에 공통적인 것을 명확하게 언급한다. 그러나 우리가 알고자 하는 경험세계의 대상들은 독특한 맥락 가운데 나름의 독특하고 특수한 또는 고유한 성격을 가지고 있기 때문에 한정적인 개념으로는 이 경험세계의 내용들을 다 담아낼 수가 없다. 그래서 우리는 개념들을 감지적으로 사용해야 하는데, 감지적 개념(sensitizing concepts)은 단지 보는 방향만을 제시하며, 그 개념의 사용자가 경험적 사례들에 접근할 때 준거를 제시하고 안내하는 역할을 한다.

(3) 하워드 베커

상징적 교섭론은 추상적 이론이 아니라 경험적인 연구를 고무하는 조사연구의 전통으로 자리를 잡았다. 가족, 감정(Denzin, 1984; Hochschild, 1983), 자아와 정체성(Strauss, 1969), 종교, 집합행동, 직업과 노동연구 등 매우 다양한 영역에서 경험적인 연구가 수행되었다. 흥미롭게도 상징적 교섭론이 특별히 유명하게 된 것은 '일탈행동' 영역에서였다. 가장 많이 알려진 대표적인 연구는 하워드 베커(Howard Becker)의 *Outsiders — Studies in the Sociology of Deviance*(1963)이다.

우리는 사회에서 일탈행동을 본질적으로 그러한 행동이 있는 것으로 여기는 경향이 있다. 곧 본래 일탈적인 행동과 그렇지 않은 행동이 있다고 생각한다는 것이다. 그러나 베커는 일탈행동을 그 자체로 비정상적이고 혐오스러운 행동이 아니라, 사회 안에서 특정 집단에 의해서 일탈적이라고 규정되는 특정한 행동이라고 여긴다. 모든 사회집단들은 무엇이 옳은 행동인지 그렇지 않은 행동인지 규정하는 규칙을 갖고 있으며, 집단 성원들이 그 규칙을 지키도록 강제한다. 일탈행동은 바로 그 사회적으로 규정된 규칙을 어기는 행동이다. 그래서 '일탈'은 주어진 자연적 현상이 아니라 사회적으로 정의된, 곧 사회적으로 이름 붙여진 현상이다.

> 사회집단들은 어기면 일탈이 되는 규칙을 만들고, 그 규칙을 특정한 사람들에게 적용하며, 그리고 그들을 아웃사이더로 낙인찍음(labelling)으로써 일탈을 생성한다. 이러한 관점에서 볼 때, 일탈은 사람이 저지르는 행위의 특징이 아니라, 다른 사람들이 '위반자'에게 규칙과 제재를 적용한 결과이다. 일탈자는 그 낙인이 성공적으로 적용된 사람이다. 일탈행동은 사람들이 그렇게 낙인찍은 행동이다(Becker, 1963: 9).

일탈이 성공적인 낙인의 결과이기에[8] 사회마다 '일탈'로 정의되는 현상이 다를 수 있다. 어떤 사회집단에서 일탈인 행동이 다른 사회집단에서는 그렇지 않을 수 있다. 곧, 어떤 행동을 일탈이라고 정의할 수 있는 동질적이고 보편적인 범주가 없다는 뜻이다. 그러므로 우리는 일탈을 설명할 수 있는 어떤 공통된 요소들을 찾기를 기대하기는 어렵다. 그보다는 일탈에 대하여 어떠한 정의가 내려지며, 누구에 의해서, 어떤 상황에서 그리고 어떠한 과정을 통해서 그 정의들이 당연하게 받아들여지는 정당성을 획득하게 되는지에 대한 상세한 연구가 필요하다.

이러한 관점에서 일탈을 볼 때, 던질 수 있는 또 다른 질문은 일탈행동은 과연 누구의 규칙을 어긴 것인가 하는 것이다. 현대사회는 사회계급, 인종, 직업집단, 문화집단 등에 의해 고도로 분화되어 있다. 그러므로 모든 사회 성원이 동의하는 규칙이 존재하고 그 규칙이 구체적인 상황에 동일하게 적용된다고 상정하기는 어렵다. 일탈은 일탈행위자와 이를 일탈이라고 규정하는 자들 사이의 도덕적 드라마이다. 이를 이해하기 위해서는 이 드라마에 참여하는 이들의 행위를 이해하는 것이 필요하다. 어떤 이들이 규칙을 정하고 다른 이들로 하여금 이를 받아들이고 그에 따르도록 할 수 있는가? 그리고 그 규칙을 어긴 자에게 그들은 어떻게 반응하는가? 이것은 경제적 · 정치적 권력의 문제이다.

여기서 베커가 일탈이 낙인의 결과라고 할 때, 이를 일탈과 범죄의 발생을 인과적으로 설명하는 이론으로 제시한 것이 아님을 기억하는 것이 중요하다. 낙인이 일탈행위자의 행위에 대한 유일한 설명일 수는 없다. 낙인에 대한 그의 생각은 훨씬 겸손한 목적을 갖고 제시된 것이있다. "이 집근의 가장 중요한 기여 가운데 하나는 낙인이 행위자를 일상생활에서 정상적

8) 경험적으로 볼 때, 일탈로 여겨지는 행동을 하지 않은 사람에게 낙인이 잘못 찍혀질 수도 있다. 그러한 경우에도 그 낙인은 효력을 발휘한다. 도마스의 '상황의 정의'를 상기하여 보라. 사람들이 어떤 상황을 실재라고 정의하면 이런 정의들이 결과적으로 실재하게 된다.

인 일과를 지속하는 것을 힘들게 만들고, 그래서 그를 '비정상적' 행위를 하도록 유발하는 환경 안에 처하게 하는 방식에 주의를 모으는 것이었다" (Becker, 1963: 179). 베커의 이론은 어느 사회에서나 발견되는 일탈이라는 인간행동의 일반적인 영역에 접근하는 데 있어, 이전에는 모호했던 것들을 더 잘 이해하게 해주는 데 가치가 있는 관점으로서 제시된 것이다(Becker, 1963: 181).[9] 낙인이 어떠한 그리고 어느 정도의 효과를 갖는가 하는 것은 이론에 의해서 해결될 수 있는 것이 아니라 구체적인 사례들에 대한 조사를 통해서 해결될 수 있는 경험적인 문제이다.

3) 고프먼의 '교섭질서'

흔히 어빙 고프먼(Erving Goffman)은 상징적 교섭론자의 하나로 꼽히고 있지만, 그는 다른 상징적 교섭론자들과는 구별되는 매우 독특한 연구영역과 조사방법을 발전시킨 사회학자이다. 먼저 그는 그가 '교섭질서(interaction order)' 라고 이름 붙였던 면대면 상황에서의 교섭을 주된 연구영역으로 삼았다. 고프먼은 그의 대표적 저서 가운데 하나인 『상호작용 의례』(2013)에서 "적절한 상호작용 연구란 개인과 개인의 심리학보다는 사람들이 서로를 보는 자리에서 하는 행동들의 결합관계를 탐구하는 것"(고프먼, 2013: 15)이라고 주장한다. 면대면 상황에서의 교섭에 대한 우선적 관심은 그가 기본 분석단위로 삼는 것이 개별 행위자와 그의 심리가 아니라, 일상적인 무대를 함께 만들어 가는 개인들로 이루어진 팀(team)이라는 것을 뜻한다.[10] 그리고 고프먼은 실험 상황과 같이 억지로 만들어진 상황이 아니라, 자연적인 상황에서 교섭이 어떻게 일어나는지 관찰하고 묘사하는 데

9) 흔히 베커를 '낙인이론' 의 주창자로 보고 있지만, 베커는 '낙인이론' 이 자신의 이론에 대한 적절한 이름이 아니라고 하면서, 후에 자신의 이론을 '교섭적 일탈이론' 이라고 부른다.
10) 이런 뜻에서 고프먼을 방법론적 개인주의자로 보는 것은 적절치 못하다.

관심을 두고 있다. 자연적인 상황 가운데 어떤 일들이 일어나는지 알아내기 위해서는 매우 세밀한 관찰력이 필요하다. 정신병원 같이 수용자에 대한 완벽한 관리가 이루어지는 총체적 제도(total institution)에서의 삶을 다룬 *Asylums*(1961), 장애인과 같이 손상된 정체성을 어떻게 관리하는가 하는 문제를 다룬 *Stigma*(1964), 공적인 공간에서 낯선 사람들 사이에 일어나는 교섭을 다루고 있는 *Relations in Public*(1971) 등 일련의 연구들을 통해서 우리는 그의 세밀한 관찰력이 면대면 상황에서 벌어지는 매우 작은 사건들, 심지어는 아주 사소해 보이는 행동들에까지 이르고 있음을 발견하게 된다. 면대면 상황에서의 교섭을 연구하기 위한 궁극적인 행동 자료들은 "의도했든 의도하지 않았든 사람들이 상황에서 보여주는 눈짓, 몸짓, 위치 선정, 말들"(고프먼, 2013: 13)이다. 고프먼은 단지 행위자의 말뿐만 아니라 여러 "작은 행동들"에 대한 세밀하고 체계적인 관찰조사를 통해서 사람들이 직접 다른 사람을 만날 때 일어나는 "셀 수 없이 많은 행동의 유형들과 자연적 순서들"을 묘사해 내고자 한다.

고프먼은 면대면 상황에서의 교섭이 어떻게 조직되는지를 분석하는 데 있어서 독자들의 감탄을 자아내게 하는 '연극', '게임', '의례', '프레임(frame)' 등과 같은 은유들을 사용한다. 그 은유들 가운데 가장 유명한 것은 '연극'이다.[11] 연극의 은유가 사회적 삶에 대하여 밝혀주는 것은 일상의 사회적 삶이 마치 행위자들이 청중들에게 보이고 싶어하는 모습을 보이기 위해 연기하는 무대와도 같다는 것이다. 곧, 사회 성원들은 마치 연기자들처럼 사회라는 무대 위에서 매순간 자신을 드러내는 연기를 한다는 것이다. 그러나 연극과 일상의 상호작용이 다른 점은 일상의 무대 위에서 팀으로서 함께 펼치는 연기에서 행위자는 연기자임과 동시에 서로에게 청중이라는 사실이다. 서로에게 연기자이자 청중이기에 팀의 성원들은 함께 공연

11) 고프먼의 사회학을 흔히 연극학적(Dramaturgical) 사회학이라 부른다.

을 성공적으로 마치기 위해서 서로에게 의존할 수밖에 없는 존재이다.

연기하는 동안 행위자는 어떤 확고한 자아를 갖고 있는 것으로 드러난다. 나는 물건을 팔 때는 장사꾼이며, 딸과 대화할 때는 아버지이며, 교회에서는 집사이다. 나는 아버지로서 물건을 파는 것이 아니며, 교회 집사로서 딸과 대화하는 것이 아니며, 장사꾼으로서 교회에 있는 것이 아니다. 대부분 정상적인 상황에서 행위자는 자신의 역할을 혼돈하지 않고 연기를 펼친다. 그래서 정상적인 상황에서 행위자가 보이는 확고한 자아는 마치 그 연기자 자신으로부터 발산되어 나오는 것처럼 보인다. 그러나 연기하는 동안 행위자가 보이는 확고한 자아는 행위자의 소유물이 아니라 연기하는 동안 행위자와 청중 사이의 연기를 통한 교섭의 산물이기에 사회의 것이다.

연기자로서 행위자는 다른 사람들에게 좋은 인상을 주기 위해 자신의 행동을 꾸민다. 곧 개인들은 상호작용할 때 남들에 의해 수용될 특정한 자아[12]의 한 부분을 보이기 위해서 여러 가지 노력을 기울인다는 것이다. 만약 장사꾼이 아버지가 자신의 딸을 대하듯 연기한다면, 그 연기는 실패로 끝날 것이다. 그래서 연기자는 성공적인 연기수행을 위하여, 곧 장사꾼으로서의 이미지를 유지하기 위해 여러 가지 기술을 사용한다. 장사꾼으로서의 옷차림, 자신이 팔고자 하는 상품의 품질에 대한 확신을 보여주는 태도, 겸손한 말투 등 모든 것들이 장사꾼으로서의 훌륭한 연기를 위해 필요하다. 고프먼은 이를 '인상관리(impression management)' 라고 부른다.

일상생활에서 대부분의 연기는 성공적으로 수행된다. 그래서 연기자가 보이는 확고한 자아는 본래 그 연기자의 본질적 모습인 것처럼 보인다. 하

---

12) 사람은 다른 사람에게 보이고자 하는 긍정적인 자아의 모습을 유지하는 방식으로 교섭한다. 고프먼은 이 자아의 모습을 '얼굴(face)' 이라고 한다. 이 얼굴은 스스로 보이고자 하는 긍정적인 이미지임과 동시에 승인된 사회적 특징들에 의해서 묘사되는 자아의 이미지이다. 이 얼굴은 행위자 개인에게 내재해 있거나 그 개인의 항구적인 특성이 아니라 교섭의 산물로서, 고프먼의 표현대로 하자면 사회로부터 빌려온 것이다. 한글 번역본에는 '체면' 으로 번역되어 있으나 공적인 얼굴이라는 의미에서 '공안(公顔)' 으로 번역하는 학자도 있다.

지만, 연기를 수행하는 동안 아무리 확고해 보이는 자아라 할지라도 그 자아는 교섭의 산물이기에 연기가 이루어지는 동안 발생할 수 있는 방해에 의해서 훼손될 가능성이 언제나 존재한다. 그래서 고프먼은 방해가 예방되거나 극복될 수 있는 여러 가지 기술들에 대해 관심을 두고 있다. 보기를 들어, 교수가 강의를 하는 동안 어떤 학생에 의해서 정상적인 강의가 불가능하게 되었을 때, 그 교수는 교수로서의 이미지를 훼손하지 않고 그 방해를 처리해야만 연기를 지속할 수 있을 것이다. 이를 위해 교수는 여러 가지 기술들을 사용해야 한다. 방해의 사건이 발생하여도 쉽게 흥분하지 않아야 하며, 또한 방해에 집중된 학생들의 시선을 자신에게로 돌리기 위해 애써야 한다.

이렇듯 사회생활은 어떤 견고한 조직을 갖지 않은 것처럼 보이기도 하지만, 고프먼은 우리에게 교섭에 바탕을 둔 사회질서가 우리의 일상적인 사회적 삶에 퍼져 있음을 보여주고자 한다. 곧, 사회의 구성원들 사이의 교섭이 어떻게 해서 사회조직의 자율적인 질서로서 창출되는지 보여주고자 하는 것이다. 이른바 '질서의 문제'에 대하여 파슨스가 문화적 가치와 규범에 기반한 해답을 제시하였다면,[13] 고프먼은 이 질서가 사회적 삶에 참여하는 연기자들이 함께 이루어가는 것이라고 주장한다. "의례질서는 노선 협조를 기초로 조직된다. … 개인은 원치 않는 때, 장소, 화제, 비난받을 자리는 알아서 멀리하기 때문에 사회생활이 순조롭게 돌아간다. 모험을 무릅쓰지 않아도 얻는 바가 많으니 서로의 체면 유지에 협조하는 것이다"(고

13) 파슨스는 '질서의 문제(problem of order)'를 사회이론의 가장 기본적인 질문으로 여겼다. 파슨스는 질서의 문제를 가장 먼저 정식화한 학자로서 토마스 홉스(Thomas Hobbes)를 들고 있는데, 17세기에 홉스는 인간사회의 자연상태를 '만인에 의한 만인의 투쟁'으로 묘사하면서, 이러한 야만적 상태를 극복하기 위해 개인들이 권리를 국가에 양도하여 주권을 창조했다고 본다. 그래서 국가는 사회계약에 의해 만들어진 인공적 산물이며, 사회질서는 국가에 의해 강제적으로 이루어진다. 그러나 파슨스는 질서는 홉스가 말한 것처럼 강제적으로 이루어지는 것이 아니라 개인들이 규범을 내면화하여 행위함으로써 조화롭게 이루어진다고 주장한다. 질서의 문제에 대해서는 Dennis H. Wrong(1994)을 참조하라.

프먼, 2013: 53-54).

4) 가핑켈의 민간방법론[14]

1967년 헤롤드 가핑켈(Harold Garfinkel)이 쓴 *Studies in Ethnomethodology*에서 기원하는 민간방법론(Ethnomethodology)은 간단히 말해서 일상의 실천적 사회행위의 성취, 이해 가능성 그리고 조직에 대한 탐구들이라고 할 수 있다(Coulter, 1990). 여기서 '탐구들' 이라고 한 이유는 민간방법론이 하나의 사회이론으로서 보다는 조사연구를 위한 프로그램으로서 제시되었으며(Garfinkel, 2002), 이에 따라 하나의 영역 안에 묶기 힘든 다양한 연구들이 생산되어 왔기 때문이다.[15] 민간방법론은 기본적으로 일상생활에서 사람들이 행위하고 교섭하며 사용하는 다양한 방법들, 상식, 그리고 절차들에 관심을 두는 사회학적 접근방법이다.

민간방법론은 연구 프로그램으로 제시되었으나, "사회를 어떻게 이해할 것인가" 하는 이론적 문제에 있어서 마르크스주의, 기능주의 등과 같은 전통적 사회학이론들에 근본적인 도전을 하고 있다. 그 도전의 핵심에는 기존의 사회학은 사회구성원들이 갖고 있는 일상적 지식을 충분히 해명하는 데 실패함으로써 객관적인 사회 실재를 관찰 가능하고 설명 가능한 것으로 만드는 데 실패했다는 비판이 담겨 있다. 뒤르켐을 따라서 사회적 사실의 객관적 실재를 사회학의 근본적인 원리라고 할 때, 민간방법론은 이 객관적 실재를 "현장에서 내생적으로 생산되고, 자연적으로 조직되며, 자연적으로 설명 가능하고, 현재 진행형인, 실천적 성취"(Garfinkel, 2002:

14) 그동안 Ethnomethodology를 '민속방법론' 으로 번역해 왔지만, 이 옮김말은 '민속학(ethnology)' 과 혼돈하기 쉽다. Ethnomethodology는 사람들이 사회생활을 하면서 사용하는 방법에 대한 연구라는 뜻에서 '민간방법론' 으로 옮기자는 주장이 있어 이 글에서도 '민간방법론' 이라는 용어를 채택하였다.

15) 민간방법론의 다양성에 대해서는 Maynard(1991)를 참조하라.

118)라고 본다. 그러나 가핑켈의 선생이었던 파슨스는 행위자들이 어떻게 자신들의 행위상황을 정의하고, 행위를 수행하는 데 어떤 고려를 하며, 행위를 완수하는 데 어떤 조건들이 있는지 보여주는 데 실패함으로써 사회의 객관적 실재를 구체적인 용어 가운데 설명하지 못하고 있다(Joas and Knöble, 2009: 151). 가핑켈은 바로 앞서 살폈던 고프먼의 견해처럼, 사회적 사실은 객관적인 실재로서 행위자의 외부에 존재하는 것이 아니라, 일상적 삶이 진행되는 과정에서 서로 연합된 행동들에 의해 상황 가운데 성취되는 것이라고 본다. 파슨스가 질서의 문제에 대한 해답으로 제시했던 '공통의 문화가 제공하는 규범에 따라 행위하는 개인' 은 가핑켈이 보기에는 단순히 사회구조의 담지자에 불과한 '문화적 꼭두각시' 였다.[16] 그래서 가핑켈은 사회적 규범의 내면화라는 파슨스의 개념을 상황 가운데 실천적으로 생각하고 행하는 행위자의 개념으로 대체한다. 사회질서라고 하는 현상은 사회의 안정적 특징들, 곧 역할, 규범, 문화, 구조에 의해 이루어지는 것으로 전제될 수 있는 것이 아니라, "일상적 사회의 일상적 질서 현상을 생산하고, 드러내 보이며, 목격하고, 알아차리며, 이해하고 설명하는 생생하고, 즉각적이며, 매개되지 않은 집합적 실천"(Garfinkel, 2002: 93)으로 구성되어 있다.

민간방법론은 바로 이렇게 질서를 성취해 내는 실제적이고 구체적인 행위자들의 활동들에 대한 연구를 목표로 한다. 가핑켈에 따르면 민간방법론이란, "지표적[17] 표현들과 다른 실천적 행위들의 합리적 특질들을 조직되고 기교적인(artful) 일상생활의 실천들의 우연적이고 현재 진행형인 성취로서 연구"하는 것이다(Garfinkel, 1967: 11). 그렇다면 이러한 일상생활

16) 문화적 꼭두각시(cultural dope)는 "공통의 문화가 제공하는 이미 마련되어 있고 합법적인 행위의 대안들에 순응하여 행위함으로써 사회의 안정적인 특성을 생산하는 사회학자의 사회 안에 있는 사람"을 가리킨다(Garfinkel, 1967: 68).

17) '지표적(indcxical)' 이란 말은 모든 언어적 표현은 어떤 추상적 정의에 의해 고정되어 있는 것이 아니라 표현이 나타나는 상황에 의존함을 뜻한다.

의 질서를 어떻게 연구할 것인가? 사회구성원들이 질서를 성취해 내기 위해 사용하는 절차적 방법들에 접근하는 여러 방법이 있겠으나 가핑켈이 제안하는 방법 가운데 가장 유명한 것은 '위반실험(breaching experiments)' 이다. 이 방법은 "안정적인 특질을 가진 체계로부터 시작하여, 말썽을 일으키기 위해서는 무엇을 할 수 있을지 묻는"(Garfinkel, 1963: 187) 것인데, 다시 말해 말썽을 일으켜봄으로써 어떻게 해서 사회질서가 일상적으로 유지되는지 알아낼 수 있다는 것이다. 가령, A가 "안녕"이라고 했을 때, B가 그저 늘 그러했듯이 일상적으로 "안녕"이라고 대답하는 대신에, "넌 내 근황을 묻는 것이니, 아니면 건강을 묻는 것이니? 도대체 안녕이라는 것은 무엇에 대한 안녕을 말하는 거니?"라고 되묻는다면, A는 상당히 당황해할 것이다. 왜냐하면 B의 대답은 일상적인 대화에서 암묵적으로 전제하고 있는 규칙을 위반하고 있기 때문이다. 이렇듯 평소에는 전혀 문제가 일어나지 않던 상황에서 말썽을 일으켜 봄으로써, 우리는 실험적 상황이 아니면 알아차리기 힘들었던 사실, 곧 사회구성원들이 어떠한 방법들을 사용하여 일상의 질서를 이루어 가는지 알게 되는 것이다. 실제 생활에서도 이러한 실험적 상황이 벌어지는 것이 가능할 것이다. 그러할 때 A는 B의 반응을 농담으로 여긴다든지 그런 반응이 나오는 이유들을 추적해 본다든지 해서 그 상황을 어색한 채로 남겨두지 않으려 애쓸 것이다. 이렇듯 우리는 일상의 삶에서 행위를 수행하면서, 적극적으로 정상성(normality)을 만들어내고 있다. 사회구성원들은 상황 속에서 어떻게 행위해야 하는지 알고 있으며, 민간방법론은 바로 이 구성원들의 친숙한 지식을 알아차릴 수(recognizable) 있게 그리고 이해 가능하게 해 준다.

3. 결 론

이 장에서 소개된 사회적 교섭 패러다임은 모두 사회생활에 대한 이해는 일반적이고, 추상적이며, 또한 선험적 범주에 기대는 방법에 의해서는 적절하게 묘사될 수 없다는 입장을 공유하고 있다. 사회세계에 대한 지식을 얻기 위해서는 경험세계에 가까이 다가가야 함을 강조한다는 점에서 이들의 이론은 추상적 완전성을 추구하는 것이 아니라 경험연구를 위한 가이드라고 할 수 있을 것이다. 그런 뜻에서 사회적 교섭 패러다임은 사회학이론의 지평에서는 주변화되어 왔다고 볼 수 있겠지만,[18] 끊임없이 풍부한 경험연구를 생산해 왔다는 점에서 그 기여는 적지 않다. 경험연구로 초청하는 사회적 교섭 패러다임은 확실한 지식은 연구자가 사회세계 안에 발을 들여놓기 전에 미리 갖고 있을 수 있는 것이 아니라, 오로지 연구의 결과로서 얻어지는 것이어야 한다는 신념을 공유하고 있다.

18) 특히 고프먼의 저작들은 이론적인 연구로 보기 힘들지만, 그를 체계적인 사회이론가로 보고자 하는 시도도 있다. Giddens(1988)를 참조하라.

제 5 장

해석적 · 현상학적 패러다임

| 하홍규(연세대학교 BK21 플러스 사업단) |

1. 의미와 해석

자연주의적 또는 실증주의적 과학관에 따르면 사회과학의 주요 목적은 법칙에 의하여 사회현상을 설명하고 예측하는 것이다. 사회학이라는 이름을 만들어 낸 오거스트 콩트(Auguste Comte)는 자연과학이 물리적 세계의 법칙을 발견하여 그 기능을 설명하듯이, 사회세계의 법칙을 설명하는 사회과학이 가능하리라 믿었다. 우리가 자연계의 법칙을 발견해 내면, 이를 통하여 자연에서 일어나는 현상들을 설명해 내고 이를 바탕으로 그 현상들을 통제하고 예측할 수 있듯이, 인간사회의 경우에도 이를 지배하고 있는 법칙을 발견할 수 있다면, 우리 인간사회의 운명을 결정하고 복지를 증진시켜 가는 데 도움이 되리라 여겼던 것이다. 그러나 불행하게도 이렇듯 '하나의 과학(unity of science)'을 추구했던 사회과학의 야심은 사회과학의 역사에서 결코 실현되지 못하였다. 현재에도 여전히 양적 자료에 우선권을 두는 실증적 사회학연구가 주류를 이루고 있으나, 법칙에 의하여 사회현상을 설명하고자 하는 야심을 계속하여 소지하고 있는 사회학자는 없어 보인다.

이러한 실증적 사회과학에 반기를 드는 이들은 실증적 사회과학적 탐구에는 무언가 심각한 혼란이 있다고 여긴다. 번스타인(Richard J. Bernstein)의 말처럼, "인간행위의 묘사와 설명을 경험적 자연과학의 격자(grid) 안으로 강제로 집어넣으려는 가차 없는 시도에는 몹시 잘못되고 개념적으로 혼란된 무언가가 있다"(1976: xvi)는 것이다. 실증적 과학에 대한 믿음을 갖고 있는 이들은 인간을 복잡한 물리적 체계로 보는데, 나머지 자연과 그 정도에 있어서만 차이가 날 뿐 종류에 있어서는 같다고 여긴다. 그러나 이에 반대하는 이들은 이러한 견해가 인간을 심각하게 왜곡하여 이해한다고 본다. 그들은 대신에 인간은 단순히 자연과 동질적으로 취급되어야 할 것이 아니라, 의미를 가진 존재로, 곧 자극에 단순히 반응하는 것이 아니라 의미 있게 해석하고 이에 의미 있게 반응하는 존재로 보아야 한다는 것이다. 그래서 이들은 '의미'가 인간행동을 적절하게 이해하는 데 반드시 필요한 범주이기 때문에, 사회과학의 목적은 의미의 이해여야 하고, 그 방법은 해석이어야 한다고 주장한다(Taylor, 1971).

인간은 타인과 공유하는 세계 안에 존재한다. 그리고 그 세계 안에서 타인과 의미를 주고 받는다. 그래서 사회현상은 본질적으로 의미 있는 (meaningful) 현상이며, 이 사회현상의 의미는 행위자들이 부여하는 의미에 의해 구성된다. 우리는 세계 내 존재(being-in-the-world)로서 행위하기에, 의미에 대한 이해는 행위자의 관점으로부터 멀리 떨어져서는 얻어질 수 없다. 객관화된 관찰자의 시선이란 허구이며, 의미의 해석은 인과적 설명이나 귀납적 일반화에 의해서 이루어질 수 없는 것이다.

2. 사회과학의 해석학적 패러다임

의미를 해석하는 방법으로서 해석학은 원래 난해한 문학적 · 종교적 문헌들을 이해하고자 했던 시도에서 비롯되었으나, 후에 문화해석의 일반적 과정을 가리키는 데 사용되었다(휴즈 · 샤록, 2000: 164). 사회과학에 대한 근대적인 해석적 접근은 19세기 말 20세기 초에 사회현상에 대한 실증주의적 접근에 극렬하게 반대했던 빌헬름 딜타이(Wilhelm Dilthey)로 거슬러 올라갈 수 있다. 딜타이는 해석학을 문헌학으로부터 역사적 지식의 문제로 적용하는 데 기여하였던 슐라이어마하(Friedrich D. E. Schleiermacher)에 기초를 두고, 자연과학으로부터 정신과학 또는 문화과학의 선을 뚜렷이 긋고자 하였다. 그에 따르면, 인간의 본질은 의미의 창조에 있다. 그런데 실증주의적 과학은 "역사와 사회가 인간의 창조물이라는 생각의 여지를 그리고 이 자유로운 창조가 모든 사회형태들의 본질을 구성한다는 생각의 여지를 없애"버리기 때문에 "인간의 역사에 대한 연구는, 인간들이 그들 자신에게 의미를 갖는 세계 속에 살고 있는 목적을 가진 창조자들이라는 사실에 기초를 두어야 한다"(휴즈 · 샤록, 2000: 165)고 주장한다. 사회세계가 보여주는 객관성과 실재성은 그 창조자들의 주관성이 객관화된 것이므로, 자연계의 법칙을 따르지 않는다. 따라서 이 실재에 대한 이해는 그 창조자들의 삶 내부로부터 인식하는, 곧 다른 사람들의 경험에 대한 상상적 재창조(imaginative recreation), 감정이입(empathy)에 근거를 둔 해석적 절차를 통하여 얻어질 수 있다.

자연과학과 뚜렷이 구별되는 정신과학 또는 문화과학을 수립하고자 했던 딜타이의 노력은 두 개의 과학(Two Sciences)이 화해할 수 없이 대립하는 형국을 낳았다. 막스 베버의 사회학은 이렇듯 두 개의 과학이 싸우는 전투장에서 자신만의 고유하고 독특한 종합을 이루어내고자 한 시도였다.

1) 막스 베버 : 해석적 사회학

베버는 사회과학도 자연과학처럼 연구해야 한다는 실증주의적 과학관과 사회 · 문화과학은 감정이입적 직관을 통한 이해를 추구해야 한다고 하는 해석학적 전통 가운데 어느 한 쪽에 서는 것을 거부한다. 무엇보다 사회 · 문화과학은 주관적으로 의미 있는 현상에 대한 해석적 이해를 그 목적으로 한다. 그러나 베버가 추구했던 사회 · 문화과학은 '설명'을 배제하고 단순히 '이해'만을 추구한 것이 아니었다. 그래서 베버의 사회학을 단지 이해의 사회학, 또는 해석적 사회학(interpretive sociology)이라고 부르는 것은 일면적이다. 베버가 던졌던 질문은 이해나 설명의 어느 한 쪽만을 추구하는 것이 아니라, "문화생활을 다루는 학문영역에서는 도대체 어떤 의미에서 '객관적으로 타당한 진리'가 존재하는가?"(베버, 2011: 29)하는 것이었다. 사회 · 문화과학에서 객관적 진리를 추구하는 데 자연과학에서는 생기지 않는 문제가 있다. 그것은 사회 · 문화과학에서는 행위하는 사람이 탐구의 주체가 되면서 동시에 그 대상, 곧 객체이기 때문이다. 그래서 이 행위자에 대한 이해로부터 출발하지 않으면 사회 · 문화과학에서 객관적 진리를 추구하는 작업에 한계가 있을 수밖에 없다. 그러나 이해에만 머문다면 그것은 객관적인 진리를 얻어낼 수 없게 된다. 그래서 이해가 엄밀하고 객관적인 과학적 인식방법이 되기 위해서는 반드시 인과적 설명에 의해 뒷받침되어야 하는 것이다(김덕영, 2012: 82). 그래서 베버는 자신이 추구하는 사회학을 다음과 같이 정의한다. 사회학은 "사회적 행위를 해석하여 이해하고 이리하여 그 경과와 영향 속에서 인과적으로 설명하고자 하는 과학"(베버, 1997: 118)이다.[1]

베버는 인간행위자가 특정한 사회 역사적 맥락에서 교섭하는 동안 자신의 행위에 부여하는 주관적 의미에 대한 이해를 사회학의 출발점으로 삼는다. 의미가 없는 행동은 사회학의 탐구대상이 될 수 없다. 그 이유는 "우리가 세계에 대해 의식적으로 자신의 입장을 정립하고 또 이 세계에 의미를 부여할 수 있는 능력과 의지를 지닌 문화인간이라는 사실"(베버, 2011: 76)에 있다. 이때 '의미'란 "우리에게 인간의 공동생활의 특정한 현상들을 평가할 수 있는 기준, 이 현상들의 의의에 대해 (긍정적 또는 부정적으로) 입장을 정립할 수 있는 기준을 제공해 주는 것이다(베버, 2011: 76). 인간으로서 한 인격체가 존엄한 이유는 바로 이러한 기준들, 곧 가치들을 갖고 살아간다는 데 있으며, 이것이 우리가 문화의의라고 부를 수 있는 것이다. 그래

1) 여기서 베버가 사용하는 용어들에 대한 구체적인 정의가 필요하다. 베버 자신의 정의에 따르면,

> …'행위'란, 단수의 행위자나 복수의 행위자들이 자신의 행동[행태]에 주관적인 **의미**를 결부시킬 경우의 그리고 그러한 한에서의 인간의 행동…을 뜻한다고 하겠다. 그러나 '사회적 행위'는, 어떤 행위가 단수 또는 복수의 행위자에 의해 생각된 의미에 따라 타인의 행동에 관계되며 그 경과에 있어서 **타인**의 행동에 지향되는 그러한 행위를 뜻한다고 하겠다(베버, 1997: 118-119).

서 '문화'란 "세상사의 무의미한 무한성 가운데 우리가 인간의 관점에서 의의와 중요성을 부여한 유한한 단면이다"(베버, 2011: 76). 베버는 이렇게 삶의 현상들이 가진 문화의의를 인식하고자 하는 학문분야를 '문화과학'이라고 불렀다. 제아무리 완벽한 법칙 개념일지라도 문화과학이 갖는 의의는 결코 밝혀질 수도 이해될 수도 없다. 왜냐하면 문화 개념은 하나의 가치 개념이며, 문화현상은 가치이념들에 연계됨으로써 비로소 생겨나는 것이기 때문이다. 그래서 베버는 이른바 역사발전법칙에 따라 설명하고자 하는 사적 유물론에 대한 비판을 곳곳에서 하고 있다. 문화 개념은 기본적으로 가치 개념이기에 문화적 현실에 대한 모든 인식은 언제든지 특정하게 선별된 관점들하에서 이루어지는 인식일 수밖에 없는 것이다(베버, 2011: 77).

그렇다면 이해는 어떻게 가능한가? 사회 · 문화과학이 문화인간으로부터 출발한다는 것은 곧, 여기에 정신적 과정이 함께 작용한다는 것을 의미한다. 그래서 베버에게 있어서 이해란 바로 행위자의 주관적인 상태에 대한 이해를 뜻한다. 달리 표현하면, 베버의 이해의 방법은 "사회적 행위자들의 주관적 경험을 재구성하려는 시도"(휴즈 · 샤록, 2000: 170)라고 할 수 있다. 이 과제는 어떠한 법칙을 세움으로써 완수될 수 없다. "이 정신적 과정을 추체험적으로 '이해한다'는 것은 엄밀한 자연인식의 공식들이 해결할 수 있거나 또는 해결하고자 하는 과제와는 전혀 다른 성격의 과제인 것이다"(베버, 2011: 66). 해석이 목표로 하는 바는 "주어진 행위를 수행하는데 있어 행위자의 마음의 상태, 곧 행위자로 하여금 행위하도록 하는 믿음, 가치, 목적에 대한 가설에 도달하는 것이다"(Little, 1991: 71-72). 베버는 이러한 과정을 '관찰적 이해'와 구분지어서 설명적(explanatory) 또는 동기적(motivational) 이해라고 하는데, 이는 행위자의 행위를 그 행위가 이루어지는 맥락 가운데서 행위자가 그 행위를 함에 있어 어떤 의미를 결부시켰는가를 동기에 상응하게 합리적으로 이해하는 것이다(베버, 1997: 124-125). 보기를 들어, 나무꾼이 나무를 하고 있는 것을 관찰하는 것만으로 그 행위에 대한 이해에 도달했다고 할 수 없다. 그 나무꾼은 임금을 받기 위해서 또는 자신이 쓸 땔감을 마련하기 위해서, 아니면 기분전환을 하려고 또는 부인과 싸운 후 화를 달래려고 그 행위를 할 수 있다. 이렇듯 그 나무꾼의 동기에 대한 이해에 도달하지 않는다면 그 행위를 이해했다고 할 수 없는 것이다.

그러나 이 동기에 대한 이해는 해석학이 목표하는 바대로 직관적 추체험에 의해 자연스럽게 이루어지는 과정은 아니다. 베버는 인간의 행위가 경험적으로 지향될 수 있는 많은 궁극적인 '목적'과 '가치'를 완전히 명증하게 이해할 수 없는 경우가 흔하다는 사실을 잘 알고 있었다. 더구나 타인의 목적과 가치가 나 자신의 궁극적인 가치와 근본적으로 다를 경우에 그것을 감정이입적인 상상적 재구성에 의해 추체험적으로 정확하게 이해하기는 훨씬 더 어렵다(베버, 1997: 120-121).

베버의 해석적 사회학을 이해하기 위해 기억해야 할 것은 그가 관심을 두었던 대상이 고립된 개인의 일회적 행위가 아니라 집단 안에 있는 사람들, 곧 개인들의 행위의 의미였다는 것이다. 베버는 그래서 "한정된 집단 안에 있는 사람들의 주관적 의미에 대한 분석과 행위의 규칙성의 규명"(Kalberg, 2003: 146)을 사회학적 과제로 삼고 있다. 베버 자신의 말로 표현하자면,

> 사회적 행위의 내부에서는 사실상의 규칙성이 관찰될 수 있다. 동일한 행위자에 있어서 전형적으로 같은 종류의 생각된 의미 속에 반복되거나 (경우에 따라서는 또는 그와 동시에) 수많은 행위자들에게 만연되어 있는 행위경과가 바로 그것이다. 사회학은 행위경과의 이러한 유형을 연구하는 일에 종사하며, 중요한, 즉 운명적인 개별 연관을 인과적으로 귀속하는 작업을 하는 역사학과 다르다(베버, 1997: 153).

집단 내의 개인들의 유형화되고 의미 있는 행위 지향들의 이해를 위해 베버가 제시하는 방법론적 원칙은 이념형이다. '이념형(ideal type)'은 경험

적 실재에서 발견되는 특징들을 추상화하여 우리가 실재 세계에서 발견할 수 있는 것보다 훨씬 더 논리적으로 일관성 있는 형태로 단순화하여 구성해 낸 개념이다.

> 이념형은 해당 주제에 관련된 하나의 관점 또는 몇 가지 관점을 일면적으로 강조하면서, 이렇게 일면적으로 강조된 관점들에 부응하는 일련의 개별 현상들, 즉 곳에 따라 더 많이 또는 더 적게 분산되어 불명료하게 존재하거나 또 어떤 곳에는 전혀 존재하지 않는 개별 현상들을 하나의 일관된 사유상(思惟象)으로 종합함으로써 얻어진다. 이 사유상은 그 개념적 순수성에서는 현실의 어느 곳에도 경험적으로 존재하지 않으며, 따라서 그것은 하나의 유토피아이다. 그리고 역사적 연구의 과제는, 개개의 경우에 현실이 얼마나 이 이념상(理念象)에 가까운지 또는 먼지를 확인하는 것이다(베버, 2011: 89-90).

보기를 들어, 베버는 『프로테스탄티즘의 윤리와 자본주의 정신』(2010)에서 '개신교도'라는 이념형을 통하여 체계적인 노동과 현세적 금욕주의로 살았던 개신교도들의 규칙적 행위를 규명한다. 그래서 이념형은 주관적 의미를 보다 객관적으로 파악하는 수단이라 하겠다. "그러므로 이해는 베버에 의해 합리적 모델들의 구성으로 변형되었다"(휴즈 · 샤록, 2000: 171). 법칙은 모든 것을 설명하는 일반적 원칙이 아니라 방법론적 · 발견적 도구가 된다.

2) 클리포드 기어츠

인류학자 클리포드 기어츠(Clifford Geertz)는 막스 베버를 따라서 인간을 자신이 실을 자아내어 만든 의미의 망(webs)에 매달려 있는 존재이며, 바로 그 의미의 망이 '문화'라고 본다. 그리고 기어츠가 관심을 두고 있는 것은 바로 이 문화 안에 있는 의미이다. 특히 인류학자로서 그는 다른 낯선 문화 안에 있는 의미에 대한 접근은 어떻게 이루어질 수 있는가 하는 질문을 던진다. 기어츠는 낯선 문화 안에 있는 의미에 대한 접근은 '해석'을 통해서 이루어질 수 있다고 본다. 그러기에 그 문화에 대한 분석은 법칙을 추구하는 실험과학이 아니라 의미를 추구하는 해석적인 것이어야 한다고 주장한다. 그렇다면 해석은 어떻게 이루어지는가? 인류학적 해석이란 무엇을 말하는가? 행위자의 관점에서 사물을 바라보는 이해접근법을 취한다고 할 때, 이것이 연구자가 연구대상의 주관적 의미세계에 직접적으로 접근할 수 있다는 것을 의미하는가? 그렇지 않다. 인간의 문화적 활동을 연구하는 것은 "내성심리학이나 혹은 보다 나쁘게, 사변적인 철학의 정신적 세계에 들어가서 '인지', '감정', '의욕'과 그 밖의 포착하기 어려운 실체들의 안개에서 영원히 방황하는 것이 아니다"(기어츠, 1998: 116).

인간의 행위는 상징적이다. 상징은 의미를 전달하는 도구로서 사회행위자들이 세계를 보고, 느끼고 세계에 대하여 생각하는 방식을 형성한다. 타인들의 주관성의 이해는 사람들이 함께 만들어 가는 공적인 세계를 묘사해 줄 수 있는 상징체계의 분석을 통해 가능하다. 상징은 개인의 것이 아니다. 상징은 공적(public)이다. 공유되는 것만이 이해 가능하다. 의미는 이 상징을 통해 드러난다. 그래서 의미는 더 이상 사적인 것이 아니라, 공적인 것이 된다. "의미가 공적인 까닭에 문화도 공적"(기어츠, 1998: 23)이다. "문화적 활동, 구성, 이해 그리고 상징적 형태의 이용은 다른 것과 마찬가지로 사회적 사건이다. 그것들은 결혼과 마찬가지로 공적이며, 농업과 마찬가지로 관찰 가능하다"(기어츠, 1998: 116).

다른 문화에 접근하기 위해 연구자들은 자신이 잘 알지 못하는 문화에 대해 알려줄 정보원을 고르고, 공감대(rapport)를 형성하고, 면접하고, 관찰하고, 텍스트를 기록하고, 일기를 쓰고 하는 등의 작업을 한다. 그러나 문화연구를 정의하는 것은 단지 이러한 기술들을 사용하고 절차들을 따르는 것이 아니라, "두껍게 기술(記述)하는(thick description)" 것이다. 이 개념은 철학자 길버트 라일(Gilbert Ryle)[2]로부터 빌려 온 것인데, 간단히 말하자면, 행위자가 어떠한 행위를 하고 있을 때, 그가 과연 무엇을 하고 있는지 밝히고자 하는 시도이다. 기어츠가 말하는 두꺼운 기술에 대한 흔한 오해는 단순히 상세한 자료들을 많이 모아 쌓아놓는 것이라는 것이다. 그러나 이것은 오히려 엷은 기술(thin description)이다. 엷은 기술은 단순히 자료를 기록하는 경험적 관찰의 과정이다. 그래서 엷은 기술은 상세하게 많은 자료들을 모아 기술한다. 이에 반해 두꺼운 기술은 그 엷게 기술된 자료들로부터 보다 정제된 논의를 통해 그 의미를 끄집어내는 과정이다. 라일의 흥미로운 보기를 통해 두꺼운 기술이 무엇을 의미하는지 살펴보자.

두 소년이 오른쪽 눈의 눈꺼풀을 빠르게 수축시키는 장면을 상상해 보자. 이때 한 소년은 자신도 모르게 눈을 깜박거렸을 수 있으며, 다른 소년은 친구에게 어떤 음모의 신호를 보냈을 수 있다. 겉으로 관찰된 현상은 동일하다. 그래서 두 소년의 윙크를 사진으로 찍었을 때에는 어떠한 차이를 발견할 수 없을 것이다. 그러나 두 소년의 행동에는 엄청난 차이가 있다. 단순한 눈의 경련과 음모의 신호는 전혀 다른 행동인 것이다. 첫 번째 소년은 신호라기보다는 증상(symptom)이다. 그러면 두 번째 소년의 경우 무엇이 동일한 신체적 움직임을 신호로 만드는가? 그의 의도인가? 베버의 정의대로 한다면 행동을 의미 있게 만드는 것은 주관적 의미이다. 그러나 이 경우 단지 행위자의 주관적 상태만으로는 충분해 보이지 않는다. 윙크를 한다는 것은 "① 의도적으로, ② 특정인에게, ③ 특정 메시지를 전달하기 위하여, ④ 사회적으로 인정된 코드에 의하여, ⑤ 같이 있는 다른 사람들이 알아채지 못하도록 의사를 전달하는 것이다"(기어츠, 1998: 15). 윙크를 의미 있는 신호로 만드는 것은 단지 그 소년의 의도만으로는 불충분하다. 중요한 것은 바로 사회적으로 인정된 코드의 존재이다. 그래서 윙크란 "눈꺼

2) 두꺼운 기술에 관한 라일의 논의는 그의 글모음집에 실려 있는, "Thinking and reflecting"과 "The thinking of thoughts: What is *'le Penseur'* doing?"(2009)을 참조하라.

풀을 수축하는 것이 하나의 공모의 신호로 여겨지는 공적인 코드가 존재하는 곳에서 의도적으로 눈꺼풀을 수축시키는 행위를 하는 것"(기어츠, 1998: 15)이다. 엷은 기술이 한 소년이 한쪽 눈을 수축시켰다라는 것을 관찰하고 기록하는 것이라면, 두꺼운 기술은 한쪽 눈을 수축시킨 소년이 무엇을 한 것인지 이해하여 보여주는 것이다. 이를 위해 중요한 것은 단지 행위자의 의도만이 아니라 사회적으로 인정되는 공적인 코드의 존재이며, 윙크가 신호로 읽혀질 수 있는 맥락이다. 맥락이 중요한 이유는 다른 맥락에서는 윙크가 공모와는 다른 의미를 가질 수 있기 때문이다(제3의 소년은 두 번째 소년의 윙크를 모방하여 조롱하는 의미를 전달할 수도 있다). "문화라는 것은 사회적으로 설정된 일련의 의미구조들로 이루어져 있으며 사람들은 그러한 의미체계에 의거하여 (윙크를 통하여) 남에게 어떠한 음모가 있다는 것을 암시할 수 있으며 또한 그러한 음모행위에 가담하기도 한다. 뿐만 아니라 그러한 사회적 의미체계가 있음으로써 사람들은 어떤 경우에 자신이 모욕당했다는 것을 감지하기도 하고 그것에 대처할 수도 있게 된다"(기어츠, 1998: 23-24).

인류학적 해석이란 바로 이러한 사회적으로 인정되는 공적인 코드를 사용하는 타인의 삶에 접근해 가는 과정이다. 이러한 해석은 단번에 완료될 수 있는 종류의 것이 아니다. 연구하고자 하는 대상의 자기 해석과 연구자의 해석이 완벽한 동일시를 이룰 수는 없는 것이다. 그래서 기어츠는 다음과 같이 말한다.

> 인류학적 저서들은 그 자체가 이미 해석이며, 그것은 이차적 해석일 수도, 삼차적 해석일 수도 있다(실상 첫 번째 해석은 "원주민"만이 내릴 수 있는데, 그것은 그들의 문화이기 때문이다). 인류학적 저서들이란 이런 의미에서 하나의 허구라고 할 수 있다(기어츠, 1998: 27-28).

그러므로 문화연구는 언제나 해석이며, 그러기에 항상 불완전할 수밖에 없다. 인류학자의 해석을 '번역' 에 비유해 본다면, "'번역' 은 다른 이들이 사물을 정리하는 방식을 내가 정리하는 방식대로 단순히 수정하는 것이 아니라(그것은 사물을 잃어버리는 방식이다), 그들이 사물을 정리하는 방식의 논리를 우리의 표현(locution) 안에서 보여주는 것이다. 이것은 천문학자가 별을 설명하기 위해 하는 것이라기보다는 비평가가 시를 조명하기 위해 하는 것에 보다 더 가까운 개념이다”(Geertz, 2000: 10). 타인의 문화는 상징체계로 구성된 일종의 텍스트이다. 이 텍스트를 해석하는 일은 제2 또는 제3의 텍스트를 생산하는 행위이다. 그래서 다른 문화의 텍스트를 읽어내는 일 자체가 또 하나의 행위이다.

3. 현상학적 사회학

현상학의 창시자인 에드문트 훗썰(Edmund Husserl)에 따르면 철학이란 가장 근본적이고, 본래적인 의식경험의 증거를 연구하는 엄격한 과학이다. 여기서 ‘현상’[3]은 마음과 의식 앞에 나타나는 일이나 사태를 말하는데, 그와 같은 현상은 지향성을 통하여 성립한다. 이때 ‘지향성(intentionality)’이란 우리의 의식은 항상 무언가에 대한 의식이라는 것을 의미한다. 곧, 우리는 의식의 기층(substratum)이라고 가정하는 것을 그 자체로서 경험할 수 없으며, 언제든지 무엇에 관한, 무엇에 관여하는, 무엇에 관계 맺는, 무엇에 정향된(directed) 의식을 경험한다는 것이다. 우리는 이러한 의식의 지향성 덕분에 세계를 인식하고 그 안에서 행동하며 살아갈 수 있게 된다. 그래서 우리가 경험하는 실재는 고정되고 불변하는 외적 실재가 아니라, 언제나 지향된(intended) 실재이다. 현상학이 주된 과제로 삼는 것은 바로 이러

3) 철학에서 ‘현상’은 나름의 역사를 갖고 있는 개념이다. 플라톤의 철학에서 ‘현상’은 이데아에 대비하여 감각을 통하여 파악되는 허상적인 세계로서 진정한 실재가 아닌 또는 덜 실재적인 영역이라면, 칸트 철학에서 ‘현상’은 감정적 직관의 형식(시간과 공간)과 지성적 사유의 형식(12범주)을 통해 우리가 인식적으로 구성해 낸 세계이다.

한 지향적 경험을 하는 의식의 구성(constitution)과 구조를 기술하는 데 있었다.

현상학은 이러한 관념적 지향(ideal orientation) 때문에 사회학과는 그리 어울리지 않는 것처럼 보인다. 그러나 인간의 의식은 고립되어 존재하는 것이 아니라, 타인들과 공유하는 생활세계 안에 상호주관성의 흐름 가운데 존재한다는 사실은 현상학을 사회학과 관련되게 한다. 이렇듯 현상학이 사회학의 영역으로 들어올 수 있었던 것은 알프레드 슈츠(Alfred Schutz)의 공헌이었다. 슈츠는 철학자이자 사회과학자로서 막스 베버, 앙리 베르그송(Henri Bergson) 등의 사상을 후설의 사상과 종합하여 '사회 현상학' 또는 '현상학적 사회학(phenomenological sociology)'을 발전시켰다. 슈츠의 작업은, 사회과학은 방법론적으로 자연대상과 구별되는 인간주체의 본질을 반영해야 한다는 빌헬름 딜타이와 막스 베버의 전통에 서 있으면서, 초월적 주체에 한정되어 있는 훗썰 현상학의 범위를 사회적 실재(social reality)가 구성되는 의식의 행위들에 대한 현상학적 분석으로 확대하는 것이었다. 이로써 슈츠는 사회과학의 현상학적 기초를 닦았다고 할 수 있다. 훗썰에게 있어서 현상학이 의식의 구성과 구조를 체계적으로 밝히는 것이었다면, 슈츠에게 있어서 현상학은 사회적 세계의 유의미한 구조를 해명하고 밝히는 것이다.

현상학적 사회학의 대상은 바로 인간들이 의미 있게 삶을 살아가는 일상의 삶의 세계이다. 그래서 현상학적 사회학은 우리가 일상에서 경험하는 생활세계(Lebenswelt)에 대한 연구라 할 수 있다. 인간 행위자는 사회의 구성원으로서 이미 주어진 생활세계 안에서 행위한다. 그러니 이 세계는 고정되고 불변하는 외적 세계가 아니다. 바로 그 안에서 행위하는 구체적 행위자들에 의해 구성되는 세계이다. 사회 현상학자들은 바로 이 생활세계를 그들의 주요 주제로 삼아서 그 생생하고 구체적인 사실들을 표현하고자 한다.

1) 알프레드 슈츠 : 자연적 태도

우리는 일상 가운데서 어떻게 타인을 이해하고 살아가는가? 나의 의식의 경험은 직접적으로 이해할 수 있다고 전제할 때, 타인의 의식의 경험을 이해하는 것은 직접적으로 이루질 수 없는 작업일 것이다. 만약 그러하다면 타인들과 교섭하며 살아가는 우리의 일상은 언제나 타인에 대한 직접적이지 않은 불확실한 지식에 의해 이루어질 것이다. 과연 그러한가? 슈츠는 우리의 일상의 삶은 불확실한 지식에 의해서가 아니라 오히려 의문시되지 않는, 자명해서 당연한 것으로 받아들여지는 지식에 의해 이루어진다고 주장한다.

슈츠는 우리의 행위를 사회세계 안에서의 생생한 경험(lived experience)으로 고려함으로써 후설의 초월적 현상학을 비판한다. 우리가 의식하며 살아가는 세계는 동료 구성원과 함께 살아가는 상호주관적(intersubjective), 사회적 세계이며, 인간행위에 대한 이해는 바로 우리가 이 상호주관적 세계에서 살고 경험하고 있다는 데서 출발해야 한다는 것이다. 훗썰의 현상학은 바로 이러한 기본적인 사실을 고려하고 있지 않기에, 매우 제한된 의식의 개념을 가지고 있으며, 그로 인해 '이해(verstehen)' 의 문제를 해결하는 데 한계가 있을 수밖에 없다.[4] 그러나 여기서 슈츠의 사회세계에 대한 관심은 뒤르켐처럼 이를 사회적 사실로 전제함으로써 출발하는 것을 의미하지는 않는다. 슈츠는 사회현상을 객관정신(objective mind)[5]의 세계에 속

4) '상호주관성(intersubjectivity)' 의 중요성은 후설이 자연적 태도에 대한 논의를 할 때 이미 제시된 것이기는 하나, 더 발전되지는 않았다. 슈츠에 따르면, 초월적 현상학의 주요 테제는 오로지 초월적 주체성만이 절대적 존재의 존재론적 지위를 가지고 있으며, 반면에 실재세계는 본질적으로 주체성에 관련된 것으로 존재한다. 그러나 슈츠에게 있어서 상호주관성은 처음부터 사회적으로 구성된 현상이다. 후설의 초월적 상호주관성에 대한 슈츠의 논의는 그의 논문 모음집(1970)에 실린 "The Problem of Transcendental Intersubjectivity in Husserl"을 볼 것.

5) 여기서 '객관정신' 은 딜타이의 것인데, 자체의 내적 형식과 구조를 가지고 있는 것으로 고

하는 것으로 보기는 하지만, 이를 어떠한 과학법칙의 형식 아래에서 보고 있지는 않다. 그에 따르면, 사회세계에 대한 물음의 해답은 선험적으로 찾아지는 것이 아니다. 오히려 "모든 사회현상은 개인행동의 양식으로 소급되어야 하며, 그러한 양식의 특정한 사회적 형식은 상세한 묘시를 통해 이해되어야 한다"(Schutz, 1967b: 4)는 짐멜(Simmel)의 통찰을 따라서 슈츠는 다음과 같이 과감하게 주장한다. "뒤르켐의 의미에서 집합적 영혼이나 집합적 의식과 같은 것은 없다. 사회관계는 항상 상호개인적(interindividual)이다"(Schutz, 1967a: 144).

막스 베버의 '해석적 사회학'은 개인과 개인의 행위를 기본단위로 출발한다는 점에서 동일한 출발점을 갖고 있다. 곧, '국가', '결사체' 등과 같은 이른바 사회에 속하는 개념들을 이에 참여하고 있는 개인들의 행위로 환원하여 이해 가능하게 만들고자 한다. 슈츠의 관심을 끌었던 것은 사회학을 사회적 행위, 곧 주관적으로 의미 있는 행동의 과학으로 보았던 베버의 견해였다. 그러나 슈츠가 보기에 베버는 사회현상의 기본적이고 환원할 수 없는 요소인 인간주체성에 대한 적절한 철학적 분석을 결여하고 있었다. 베버가 출발점으로 삼은 '개인의 의미 있는 행위'는 사실상 매우 복잡하고 분기된(ramified) 영역이다. 베버는 진행 중인 행위(action)와 완료된 행위(act)를 구분하지 못하고 있으며, 나 자신의 행위의 의미와 다른 이의 행위의 의미, 나의 경험과 다른 이의 경험 그리고 나의 자기—이해와 다른 이의 자기—이해를 구분하지 못하고 있다. 나아가서 베버는 나의 자아와 다른 이의 자아 사이에 존재하는 독특하고 구분적인 관계를 규명하려는 노력을 기울이지 않고 있다(Schutz, 1967b: 8). 나의 경험을 이해하는 것과 다른 이의 경험을 이해하는 것은 결코 동일한 문제가 아니다. 베버는 이러한 구분들에 실패함으로써 우리가 일상생활에서 어떻게 타자를 이해하며 살

려되는 문화적 매개의 총체를 의미하며, 인간과학 또는 문화과학에 적절한 대상이다 (Schutz, 1967b: 3).

아가고 있는지에 대한 구체적 논의를 충분히 발전시킬 수 없었던 것이다. 곧, "베버는 사회적 인식론을 전개시키면서 타인이 경험될 수 있다는 사실을 단지 전제하고 있을 뿐 타인에 대한 경험이 어떤 구조를 보이는지의 문제는 전혀 분석하고 있지 않다"(이남인, 2011: 128).

그러면 우리는 어떻게 서로 이해하며 살아가는가? 내가 다른 이의 마음을 이해할 수 있는 근거는 바로 개인이 경험하는 세계가 동료들과 함께 공유하는 '우리의' 세계이며, 그 안에서 "내가 사람들 사이의 한 인간으로서 그들과 함께 살아가며, 직접적인 경험 안에서 지속적으로 그들을 마주한다"(Schutz, 1967b: 140)는 데 있다. "세계는 우리가 다른 사람들 사이에서, 공통의 영향과 작업을 통해 그들과 얽혀서, 다른 이를 이해하고 그들에 의해 이해받으며 그 안에서 살기 때문에 상호주관적이다"(Schutz, 1967a: 10). 이 세계는 나 개인의 세계가 아니라 타인들과 공유하는 공동의 세계이다. 그리고 이 세계는 우리가 태어나기 전에 존재했었고, 타인들뿐 아니라 우리의 조상들에 의해서도 경험되고 해석되었던 세계이다. 그래서 우리는 이 세계를 '주어진(given)' 것으로 경험한다. 이렇듯 우리에게 주어진 세계는 자연세계와는 달리 역사를 가지고 있다. 거기에는 모든 인간의 이전의 경험들이 침전되어 있다. 그래서 이 세계에 대한 모든 해석은 우리가 부모들과 선생들로부터 물려받은 것이다.

우리는 이 세계를 의심 없이 받아들인다. 곧 의문을 제기하지 않는 자연적 태도(natural attitude)로 이 세계 안에 사는 것이다(김광기, 2005).[6] 우

---

6) 자연적 태도는 의심의 중지라는 뜻에서 슈츠는 훗썰의 현상학 방법인 판단중지(*epoché*)의 방법을 뒤집고 있다. 현상학은 마음 앞에 나타나는 현상의 본질 — 지향적 체험의 구조와 본질 — 을 파악하고 그것을 기술하고자 하는 철학이다. 의식에 나타나는 사태의 본질을 파악하기 위해서는 자연적 태도에서 철학적 태도로의 태도 변경이 필요하다. 곧, 사물의 궁극적 본질에 대한 판단을 중지할 것을 요청하는 것이다. 이를 판단중지, 현상학적 괄호 또는 현상학적 환원이라고도 부르는데, 이를 통해 현상은 실재에 대한 어떠한 믿음에 근거하지 않고서 단순히 현상으로서 고려될 수 있다. 그러나 슈츠는 실재에 대한 믿음이 아니라 오히려 의심을 괄호 치는 자연적 태도가 상호주관성의 기초라고 주장한다.

리는 이 세계를 이론적 태도를 가지고 보는 것이 아니라, 자연적 태도를 가지고 본다. “자연적 태도 안에 있는 사람은 문화적 대상들을 포함하여 물리적 사물들과 동료 존재들, 사회적 집합체들 그리고 인공물들(artifacts)에 대한 지식의 저장고(stock of knowledge)를 ‘가지고’ 있다”(Schutz, 1967b: 81). 우리는 우리에게 물려진 이 지식의 저장고를 가지고 다른 이들과 사회적 교섭을 한다. 매일의 삶의 세계에서 우리의 자연적 태도 안에서 타인을 만나 교섭하기에, 나는 마치 나의 의식의 흐름에 주의를 기울이듯이 타인의 의식의 흐름에 주의를 기울일 수 있으며, 그럼으로써 타인의 마음에서 무슨 일이 일어나는지 의식할 수 있게 된다. 곧, 우리는 상호주관적 세계에서 의미의 구조를 공유하고 있기에 나 자신과 타인의 행위를 이해할 수 있을 뿐만 아니라, 타인도 자신과 나의 행위를 이해할 수 있다.

이를 통해 슈츠는 사회적 행위의 의미를 일상의 세계에서 구성되는 ‘상식(common-sense)’의 경험에 의해서 해석한다. “세계 일반의 일관성과 의미성은 과학적 · 형이상학적 · 종교적 담론을 포함하여, 매일의 삶의 일상적 실재 안에 과거 · 현재의 성찰의 침전(sedimentation)의 결과인 것이다”(Ferguson, 2006: 93). 침전된 지식은 개별적으로 산재하는 것이 아니라 전형(typifications)을 이루고 있다. 그래서 심지어 우리는 낯선 곳에서 낯선 사람을 만나더라도, 물론 틀릴 수도 있지만, 어떠한 전형을 가지고 교섭하게 된다. 이는 일상의 구체적 경험이 보이는 것처럼 그렇게 구체적인 것이

현상학은 우리에게 현상학적 판단중지의 개념, 곧 데카르트의 철학적 회의의 방법을 급진화함으로써 자연적 태도를 극복하기 위한 도구로서 세계의 실재에 대한 우리의 믿음을 중지하는 것을 가르쳐 주었다. 그 제안을 다음과 같이 과감히 고칠 수 있다. 자연적 태도 안에 있는 사람도 특정한 판단중지의 방법을 사용한다. 물론 이것은 현상학자의 것과는 다른 것이다. 그는 외부세계에 대한 믿음을 중지하는 것이 아니라, 반대로 그 존재에 대한 의심을 중지한다. 그가 괄호 안에 넣는 것은 세계와 세계의 대상들이 그에게 보이는 것과 다를 수도 있다는 의심이다. 우리는 이러한 판단중지를 자연적 태도의 판단중지라고 부르기를 제안한다(Schutz, 1967a: 229).

아니라, 어느 정도 추상화된 전형적인 모습을 띠고 있다는 것을 의미한다. 이 전형성(typicality)이 우리가 이 세계 안에서 가지고 살아가는 일상적 지식의 특징이다. 우리의 일상적 행위는 이러저러한 유형의 사회구성원들이 전형적인 방식으로 행위한다는 전제 위에서 이루어진다. 바로 이 전형들이 구성되고 또 재구성되는 끊임없는 과정을 통해서 상호주관적인 공동의 세계가 형성된다. 베버가 상정하였던 주관적인 세계는 애초부터 상호주관적인 공동의 세계였다.

슈츠는 자신의 사회이론을 '일상적 지식의 사회학'으로 인식하였다. 이 사회학은 이론적 체계를 세우기보다는, 단순히 일상적인 사회적 지식의 구조와 행위자들이 그들의 사회적 삶의 세계를 이해하는 데 그 지식을 사용하는 방식을 묘사하는 것이다.

2) 피터 버거와 토마스 루크만 : 실재의 사회적 구성

피터 버거(Peter L. Berger)와 토마스 루크만(Thomas Luckmann)은 그들의 선생이었던 슈츠의 현상학을 사회 구조와 행위를 설명하는 사회의 이론으로 발전시켰다.[7] 슈츠를 따라서 이들은 일상의 생활세계에 대한 일차적 관심을 보이고 있다. 그러나 이들의 일상 생활세계에 대한 관심은 슈츠와는 차이를 보인다. 이들에 따르면, 우리가 질서 있는(ordered) 실재로 경험하는 일상의 세계는 상호주관적 세계임과 동시에 객관적 실재이기도 하다. 이러한 객관화가 없다면 사회생활은 본질적으로 불가능하다. 왜냐하면 우

7) 이들의 작업은 슈츠의 현상학뿐만 아니라 마르크스(Karl Marx), 베버(Max Weber), 짐멜(Georg Simmel), 겔렌(Arnold Gehlen), 플레스너(Helmuth Plessner), 뒤르켐(Emile Durkheim), 파슨스(Talcott Parsons), 머튼(Robert Merton), 미드(George Herbert Mead), 토마스(W. I. Thomas), 슈타크(Werner Stark) 등 매우 다양한 지적 · 이론적 전통들로부터 영향을 받았다. 그러므로 버거와 루크만의 사회학을 현상학적 사회학이라는 이름 안에 가두는 것은 무리한 일이다.

리는 바로 이 객관화를 통해서 타인의 주관적 의도, 목적, 동기, 감정을 이해할 수 있기 때문이다. 따라서 이들의 이론에서 중요한 점은 인간의 창조성이 어떻게 객관화되는가 하는 데 있다(Abercrombie, 1986: 14-15). 이를 물음의 형태로 표현하자면, 어떻게 주관적 의미가 객관직 사실성이 되는 것이 가능한가? 또는 어떻게 인간활동이 사물의 세계를 산출하는 것이 가능한가?

이 질문들에 대한 대답으로서 버거와 루크만이 제시하는 기본 테제는 '실재는 사회적으로 구성된다'는 명제로 요약될 수 있다. 그렇다면 실재는 사회적으로 구성된다고 하는 주장의 의미는 무엇인가? 이때 '실재'란 인간의 의지로부터 독립적인 존재를 가지는 것으로 인정되는 현상들을 의미한다. 실재의 사회적 구성(the social construction of reality)이라는 테제는 끊임없는 변증법적 과정 가운데 있는 다음의 세 가지 계기를 의미하는데, 곧 '사회는 인간의 산물이다(외재화)', '사회는 객관적인 실재이다(객관화)', '인간은 사회적 산물이다(내면화)'는 것이다(Berger and Luckmann, 1966: 61). 이 변증법적 과정을 통해서 주관적 의미는 객관적 사실성을 갖게 되며, 객관적 사실성은 주관적 의미가 된다.[8] 사회는 각 계기들을 개별적으로 다룰 수 없는, 또는 개별적으로 다루어서는 안 되는 본질적으로 변증법적인 현상이다. 사회라는 변증법적 현상을 자세히 살펴보자.

(1) 외재화

외재화(externalization)는 인간이 신체적 활동과 정신적 활동 속에서 지속적으로 자신을 흘려 내보내는 것을 말한다. 자신을 외부로 표출해 내는 활동은 기본적으로 인간은 완성되지 않은 존재라는 인간학적 전제로부터

---

8) 이런 뜻에서 버거와 루크만의 사회학은 뒤르켐의 사회의 사실성과 베버의 주관적 의미를 화해시키고 있다.

비롯된다. 인간은 다른 동물들과 비교하여 본능적인 조직에 의해서 확고하게 구조화된 환경을 갖고 있지 않다. 인간은 태어날 때 완전하게 프로그램화되어 있지 않기에, 인간의 불완전성은 인간으로 하여금 본능대로 살게 하기보다는 오히려 여러 다른 활동에 참여하도록 허용한다. 인간은 폐쇄된 내재성 안에 갇혀 사는 것이 아니라, 자신을 끊임없이 밖으로 표출하면서, 자신을 위해서 세계를 건설해야 한다. 자신을 위한 세계를 건설하지 않는다면 인간은 삶을 영위할 수 없다. 그래서 외재화는 바로 인간학적 필요성인 것이다.

사회가 인간의 산물이 되는 것은 바로 이 외재화의 과정을 통해서이다. 내가 태어나기 전부터 이 세계가 존재하였다 하더라도 이 세계는 인간에 의해 만들어진 세계이다. 그래서 인간과 인간이 살아가는 세계와의 관계는 개방성(openness)에 의해 특징지어진다. 이는 인간이 살아가는 모습이 문화마다 다양하다는 데서 드러난다. 인간은 한쪽에서는 농사를 지으며 살며, 다른 한쪽에서는 목축을 키우며 산다. 사냥을 하며 살기도 하며, 교환을 하며 살기도 한다. 그래서 우리가 인간의 본질이라고 부를 수 있는 것이 반드시 없다고 말하기는 어려울지라도, 그 인간됨은 사회 문화적으로 매우 다양하다. "형성되는 인간다움의 구체적인 모양은 그 사회 문화적 형성에 의해 결정되며, 그 사회 문화적 형성의 수많은 변화와 관련된다"(Berger and Luckmann, 1966: 49).

우리는 사회세계를 혼란스럽지 않고 질서 있게 경험한다. 미리 정해진 세계가 아님에도 불구하고, 우리가 만든 세계이기에 언제나 변할 수 있음에도 불구하고, 우리는 그 세계를 안정된 것으로 경험한다. 이 질서, 안정됨은 바로 인간의 산물이다. 사회질서는 자연법칙으로부터 유래하는 것이 아니라, 인간의 지속적인 외재화의 과정 가운데 인간에 의해 만들어진다(Berger and Luckmann, 1966: 52).

(2) 객관화

인간의 활동은 습관화(habitualization)되기 쉬우며, 반복되는 행위는 하나의 유형이 된다. 인간은 동일한 문제를 만날 때마다 매번 어떻게 행해야 할지 의식적인 노력을 기울여 결정하는 것이 아니라, 동일한 방식으로 문제의 행위를 수행한다. 곧, 선택의 폭을 줄여주어 '노력의 경제'를 달성하는 것이다. 이 습관화는 제도화의 기초이다. "제도화는 여러 유형의 행위자들에 의해 습관화된 행위들의 상호적인 전형화가 이루어질 때"(Berger and Luckmann, 1966: 54) 발생한다. 곧, 제도화의 과정은 인간행위가 유형화되고 습관적으로 반복되는 데서 시작하는 것이다. 제도화가 이렇듯 인간교섭의 결과로서 인간의 산물이라는 것을 기억하는 것이 중요하다. 그러나 제도화가 되면 본래 인간의 구성물이었던 것이 이를 떠나서 뒤르켐의 용어로 사회적 사실(social fact)이 된다. 곧, 물질성(*choséité*, thingness)을 획득하게 되는 것이다. 물질성을 획득하게 되면, 사회적 세계는 자연세계와 마찬가지로 본래 그랬던 것처럼 경험되게 된다. 제도적 세계는 객관적 실재로 경험되는 것이다.

공교롭게도 이 사회적 세계는 개인들에 매우 육중한 실재로서 경험되기 때문에 사람들은 이 세계가 자신들의 창조물이란 것을 기억하며 살지 않는다. 그래서 어쩌면 사회생활은 창조자가 자신인 것을 잊고 사는 소외의 삶이라 하겠다(김광기, 2001). 제도가 존재한다는 사실은 곧, 인간행동에 제재가 있음을 의미한다. 문제의 상황에 부딪쳤을 때, 이제는 내 마음대로 행할 수 없다. 만들어진 전형을 따라야 하는 것이다. 자신이 창조자임을 잊기에 이것이 가능하다.

"인간활동의 외재화된 산물이 객관성이라는 특징을 얻게 되는 과정이 객관화(objectivation)이다." "제도적 세계의 객관성은 개인에게 아무리 거대하게 보일지라도 인간에 의해 생산되고, 구성되는 객관성이다"(Berger and Luckmann, 1966: 60). 제도의 객관성은 인간이 의식하든 그렇지 못하든 인간활동의 산물이다.

(3) 내면화

내면화(internalization)는 객관화된 사회세계가 사회화의 과정을 통해서 인간의 의식 안으로 되돌아오는 과정이다. 곧, 객관적 세계의 구조가 주관적 의식의 구조로 변형되는 과정이다. 개인은 사회구성원으로 태어나는 것이 아니라, 사회성(sociality)을 위한 성향(predisposition)을 가지고 태어나서, 그리고 사회구성원이 되는데, 이 과정의 출발점이 바로 내면화이다(Berger and Luckmann, 1966: 129). 내면화를 통하여 나는 이 세계를 의미있고 사회적인 실재로 이해하게 된다. 이 세계는 본래 인간의 창조물이지만, 나에게 주어진 것처럼 객관성을 띠고 다가온다. 그리고 이 객관성은 나에게 주관적 의식이 된다. 이것은 객관적 실재와 주관적 실재 사이에 대칭관계가 수립된다는 것을 의미한다.

이 내면화의 과정이 없다면 나는 사회구성원으로서 살아갈 수가 없다. 무엇보다 내면화되지 않는다면 한 사회 안에 함께 살면서 교섭하는 타인을 이해할 수 없다. 내가 타인들을 이해할 수 있게 되는 것은 타인들이 이미 살고 있는 세계를 나 역시 물려받아서 그 안에서 살기 때문이다. 달리 표현하자면, 내가 타인을 이해할 수 있는 것은 내면화를 통해 타인과 공동의 세계, 곧 상호주관적 세계에 살게 되기 때문이다. 이 물려받음이 바로 내면화이다.

버거와 루크만은 외재화, 객관화, 내면화로 이루어지는 실재의 사회적 구성이라는 테제를 제시하면서, 서로 모순되어 보이는 두 가지 명제가 사실상 보이는 것처럼 모순되지 않으며, 오히려 실재의 사회적 구성이라는 변증법적 과정에서 필수적으로 중요한 두 가지 계기라고 주장한다. 그 두 명제 가운데 하나는 '사회는 객관적 사실성을 가지고 있다'라는 것이고, 다른 하나는 '사회는 주관적 의미를 표현하는 활동에 의해서 확립된다'는 것이다. 이들은 이를 '객관적 실재로서의 사회'와 '주관적 실재로서의 사회'라고 표현한다. 이 두 가지 명제는 서로 모순되는 것이 아니라, 객관적 사실성과 주관적 의미라는 사회의 이중적 성격을 보여주는 것이다.

4. 글을 맺으며

사회학은 무엇을 연구하는 학문인가? 그 연구대상은 무엇인가? 사회학은 끊임없이 이러한 질문을 던지며 진행되어 왔다. 여기서 소개된 해석적 패러다임과 현상학적 사회학은 모두 인간사회는 자연처럼 취급될 수 없다는 데 동의하고 있다. 해석적 패러다임에서는 인간을 본질적으로 의미를 가지고 행위하는 존재로 보며, 따라서 사회현상은 본질적으로 의미 있는 현상이다. 인간행위를 이해하기 위해서는 바로 이 '의미'가 필수적인 범주이기에 사회과학의 목적은 의미의 이해여야 하고, 그 방법은 해석이어야 한다.

현상학적 사회학은 우리가 서로 이해하며 살아갈 수 있는 조건에 대한 철학적 분석을 더해 준다. 그 조건은 바로 우리가 서로 공유하는 상호주관적인 생활세계에서 살고 있다는 것이다. 현상학적 사회학은 바로 이 생활세계에 대한 묘사를 통하여 우리가 어떻게 서로 이해하며 삶을 영위할 수 있는지 보여주고자 한다.

이러한 사회학은 '인간'과 '인간의 삶의 조건'에 대한 관심을 그 중심에 둔다. 버거와 루크만에 따르면 사회학의 연구대상은 "역사적 과정에서 인간에 의해 만들어지고, 인간이 살고 있으며, 또한 인간을 만드는 인간세계의 부분으로서의 사회이다"(Berger and Luckmann, 1966: 189). 이들은 우리가 객관적 실재로서 마주하게 되는 사회가 바로 인간의 산물임을 강조함으로써 사회이론의 중심에 인간행위자를 위치시키고 있다. 그러기에 사회는 선험적으로 존재하는 무언가를 상정함으로써, 또는 결정론적 방식으로써 연구되어서는 안 된다. 사회학은 경험적이나 과학적이지는 않은 방식으로 이루어져야 한다.

제 6 장

공리주의 패러다임

| 강정한(연세대) |

우리는 2장에서 기능주의 패러다임을 살펴보았다. 이 장에서 살펴볼 공리주의 패러다임은 기능주의를 뒤집어 놓은 것과 같다. 즉, 기능주의와 기본적인 논리구조를 공유하면서도 서로 반발과 대조를 통해 발전해 왔다. 이 장에서는 공리주의 패러다임을 기능주의와의 대비를 통해 정리, 진단하려 한다.

1. 공리주의 이론의 전개과정

이 절에서는 우선 공리주의의 전개과정을 가능하면 시간순으로, 주요 학자별로 소개하려 한다. 그 이후 절에서는 공리주의의 주요 쟁점을 짚어보고 마지막 절에서 간단히 공리주의의 발전방향을 짚어보려 한다.

1) 영국의 공리주의 전통 : 홉스, 스미스, 벤덤

공리주의의 전통을 거슬러 올라간다면 홉스(Thomas Hobbes, 1588~1679)에 이른다. 초기에는 아리스토텔레스 철학의 지지자였던 홉스는 기하학과 갈릴레이의 물리학에 영향을 받으면서 아리스토텔레스적인 전통에 도전하게 된다. 즉, 물리학의 영향은 자연의 본질을 근원적 물질(substance)의 정적인 상태(rest)가 아닌 원자 혹은 사람 간의 운동(motion)의 합으로 보게 했으며, 이러한 원자론적 시각에 기하학의 연역적 논증방법이 결합하면서 원자수준의 근본적 원리로부터 사회원리를 환원론적으로 도출하는 사상을 발전시켰다(Levine, 1995: 121~123).

물론 홉스가 사회과학적 공리주의의 핵심원리를 성립했다고 보기는 힘든데, 홉스는 원자 즉 개별 인간 수준의 근본원리를 이기적이며 감정적인 충동(emotional impulse)으로 보았지 합리적 이익추구로 보지 않았기 때문이다. 이러한 충동은 만인의 만인에 대한 투쟁을 부르며 이러한 전쟁의 상태는 인간에 내재하는 또다른 원리인 안전에 대한 욕구에 근거한 절대국가에의 복종에 의해 해결된다. 이러한 관점은 개인의 이익추구가 사회적 안정과 질서형성에까지 이른다는 공리주의적 관점과는 대립된다.

홉스에 대한 비판과 수정, 변주에 의해 비로소 확립된 공리주의는 스미스와 벤덤에 이르러서다. 스미스(Adam Smith, 1723~1790)는 인간의 이기적 근본성향에 교환이라는 차원을 더했다. 즉, 사람들은 교환을 통해 각자의 이기적 욕구를 충족시킬 수 있다고 보았으며, 이제 개인의 자연적 성향을 추구하는 행위가 억제되지 않고 장려되었을 때도 사회의 질서가 유지될 수 있는 기반이 마련된 셈이다. 이처럼 이익추구를 위해 교환하는 인간의 자연적 성향이 시장을 통해 사회수준의 안정을 가져다주는 과정은 그의 유명한 '보이지 않는 손(invisible hand)' 이라는 용어로 요약되곤 하는데, 사실 스미스가 은유적으로 언급한 보이지 않는 손은 신고전주의학파 경제학에 의해 과장된 측면이 있으며(스미스, 2007: 961), 스미스는 국가의 개입과 역할에 대해 적극적인 관점을 가졌다.

보이지 않는 손의 적극적 역할을 좀 더 직접적으로 강조한 학자는 벤덤(Jeremy Bentham, 1748~1832)이다. 벤덤은 스미스가 포착한 '교환을 통한 상호이익 향상' 이라는 원리를 수리적으로 정교한 이론으로 발전시키는 한편, 추구하는 이익의 범위를 물질적 부, 소비, 쾌락 등을 포괄할 수 있는 일반적인 것으로 개념화했는데, 이러한 정교화와 이론화가 바로 효용(utility)이라는 개념을 통해 이루어졌다. 효용은 부, 소비, 쾌락의 양 등과 긍정적으로 연관되어 있지만 정확히 정비례하는 것은 아닌데, 자연적 인간이 추구하는 것은 절대적 부나 소비의 양이 아니라 바로 효용이다. 사회과학적 공리주의(utilitarianism)는 이렇게 벤덤에 의해 확립되었다고 볼 수 있다.

공리주의는 사람 사이의 교환(exchange)의 원인과 결과를 탐구한다. 교환은 상품과 화폐, 돌봄과 효도, 희생과 존경, 선물과 감사 등 다양한 것들 사이에 일어나지만, 이처럼 다양한 교환이 가능한 것은 교환을 하는 당사자들의 효용(utility)이 교환을 하기 이전보다 높아지기 때문이다. 이처럼 발생한 교환이 안정적으로 지속되면 시장, 가족, 종교, 이웃 등 사회제도로 관찰된다. 교환을 통해 한 사람이 다른 사람보다 높은 효용을 실현할 수는 있지만, 원칙적으로 효용이 낮아지는 사람은 없다. 그런 사람은 (적어도 자유로운 교환관계에서는) 교환에 참여하지 않을 것이기 때문이다. 이처럼 제도화된 교환은 참여자 모두의 효용을 높인다는 점에서 공공의 이익에 기여한다.[1] 즉, 공리주의에 따르면 개인의 이익추구 행위는 사회적 차원에서도 기능적인 결과를 낳으며 그렇기 때문에 경제학의 영역을 넘어 사회학적 이론으로 발전해 올 수 있었다.

2) 비공리주의적 교환이론 : 말리노프스키, 모스, 바타이유

사실 사회학은 경제학이 풀지 못하는 문제에서 출발했다고 할 수 있다. 사회학의 고전 이론가들은 위에서 소개한 스미스나 벤덤보다 후대에 활동했으며, 이들은 경제학과는 다른 의미의 보이지 않는 손을 강조했다. 뒤르켐이 말하는 계약의 비계약적 요소처럼, 교환에 대한 사회학적 접근들은 교환의 비공리주의적 원리 즉 호혜성의 원리를 탐구하는 데서 출발하였다. 벤덤의 공리주의가 사회학에서 구체화된 20세기 중반 이전까지의 사회학의 중심에는 교환의 호혜성을 탐구하는 비공리주의적 교환이론과 파슨스의 구조기능주의가 있었다.

1) 교환 참여자 중 한쪽의 손해를 감수하지 않고는 다른 쪽의 이익을 더 이상 늘릴 수 없는 교환상태를 파레토 최적화(Pareto optimum) 상태라고 한다. 그런데 파레토 최적화는 복수로 혹은 무한대로 많이 존재하여(Lave and March, [1975] 1993: 208) 양자가 50 : 50의 효용을 얻는 방식이나 20 : 80의 효용을 얻는 방식 모두 파레토 최적화 상태일 수 있다. 이 둘 중 전자의 방식이 균형상태로 정착하는 사회는 후자가 균형상태로 정착하는 사회보다 평등한 사회라고 할 수 있다. 둘 중 어떤 상태가 현실의 균형상태로 나타나는가는 경제학적 패러다임 내에서 답해 줄 수 없는 경우가 많기 때문에 사회학적 설명이 기여할 여지를 남겨둔다.

여기서 말하는 비공리주의적 교환이론은 말리노프스키(Bronislaw Malinowski, 1884~1942)의 사회인류학, 모스(Marcel Mauss, 1872~1950)의 선물경제론, 바타이유(Georges Bataille, 1897~1962)의 일반경제론 등을 포괄한다. 말리노프스키에 의해 소개된 트로브리안드 섬의 쿨라라는 복잡한 교환관계는 비공리주의적이지만 공동체 간 관계유지를 위한 합리성을 갖고 있다(말리노프스키, [1922] 2013). 쿨라를 포함한 모스의 사례연구들에서는 재화에 대한 개인의 완벽한 소유란 없으며(이 책의 2장 기능주의 참조), 따라서 상호이익이 아닌 일방적으로 가치가 전달되는 증여가 가능할 뿐 아니라 사회의 연대를 위해 필수적이다. 모스의 사상은 바타이유에 의해 더욱 발전되었는데, 그는 경제적 교환과는 대비되는 일반적 교환을 잉여의 흐름으로 보며, 인간사회를 이해하기 위해 생산보다는 비생산적 잉여의 소비에 주목해야 한다는 관점을 취한다(바타이유, 2000).

정리하자면, 공리주의가 교환의 근본원리를 이익추구에 있는 것으로 보는 반면, 비공리주의적 교환이론은 교환의 근본원리를 호혜성(reciprocity)에서 찾는다. 전자에서 상호이익 추구는 개인의 효용을 증가시켜 행위자 간 교환을 지속시키지만, 후자에서 호혜성은 연대(solidarity)를 통해 사회를 유지시킨다. 공리주의가 사회적 관계를 경제적 교환으로 환원시키는 반면 비공리주의적 교환이론은 경제적 교환에 숨어 있는 사회적 가치를 찾는다. 이러한 대조는 흥미로운 방법론적 패러다임의 대조로도 이어지는데, 전자가 행위자의 효용에 초점을 맞추는 방법론적 개인주의라는 미시수준으로의 환원론적 접근을 취하는 반면, 후자는 교환의 사회 연대적 본질에 초점을 맞추는 기능주의라는 거시수준의 총체적 접근을 취하게 된다.

이러한 두 패러다임 간 대조나 긴장은 일견 당연해 보이기도 하지만, 공리주의나 기능주의의 논리적 기반이 사실상 모두 효율성(efficiency)에 있다는 점을 생각하면 다소 역설적이다. 즉 전자는 효용을 극대화하는 교환을 효율적이라 규정하고 후자는 체계에 기능적인 것을 효율적이라 규정하는 차이는 있으나, 양자 모두 사회에서 지속되는 조직, 제도, 문화, 규범 등은 효율적이기 때문에 존재한다는 기본관점을 공유하고 있다. 이처럼 기능주의와 동전의 양면을 이루고 있는 공리주의는 호만스의 교환이론으로 사회학에서 그 구체적 모습을 드러내게 된다.

3) 공리주의적 교환이론 : 호만스, 블라우, 에머슨

공리주의 패러다임이 스미스와 벤덤에게 뿌리를 두고 있는 반면 사회학에서 본격적인 공리주의가 꽃피기 시작한 것은 사실 1960년대 중반 호만스의 교환이론에 이르러서다. 즉, 사회학에서 공리주의의 흐름에는 벤덤과 호만스 사이에 긴 단절이 있었는데, 이 시기는 공리주의의 이면이라 표현한 구조기능주의가 파슨스에 의해 꽃피던 시기였다. 호만스는 그의 하버드 대학 동료교수인 파슨스의 기능주의를 본격적으로 비판하면서 교환이론을 발전시켰다. 기능주의는 사회적 사실을 진정으로 설명(explain)하지 못하고 개념화를 통해 기술(describe)할 뿐이라고 비판하면서, 행위자 간 관계의 기본적 규칙에서 출발하는 연역적 명제의 도출, 즉 개념 간 연관관계를 도출하는 설명을 통해 사회학이론에서 '인간의 복귀(Bringing Men Back In)'를 주장하였다.[2] 이처럼 교환이론은 행위자가 사라진 기능주의에 대한 비판과 연역논리적 이론 구성의 열망이 결합하여 발전했는데, 그 결과로 사회학에 복귀한 인간형은 이익(interest) 혹은 보상(reward)을 추구하는 심리학적 인간이었다.

공리주의의 계보에서 보자면 호만스는 긴 단절을 두고 애덤 스미스나 벤덤과 같은 정치경제학의 전통에 있으나, 호만스에게 좀 더 직접적인 영향력을 준 것은 행동주의 심리학, 특히 하버드 동료인 스키너(B.F. Skinner)

---

2) 호만스는 1964년 미국사회학회 회장 연설에서 이러한 인간의 복귀를 주창하였다.

였다. 호만스에게 공리주의적 효용은 심리학적 보상과 비용의 차이였으며, 이러한 심리학적 관점은 효용의 범위를 경제적인 것을 넘어 가치(value)를 포함하게 함으로써 행위자 간의 일상적 상호작용도 이익의 극대화를 위한 교환이라는 측면에서 설명할 수 있도록 하였다. 호만스가 『사회적 행동의 기초적 형태』(Homans, 1974)에 대해 도출한 명제는 주로 '*Y*라는 교환행동에 따르는 *X*라는 심리적 상태가 클수록/잦을수록 *Y*라는 행동을 더/덜 한다' 라는 형태의 변수 간 관계이다. 이 관계에서 *X*의 자리에 보상, 비용, 실현될 확률 등뿐 아니라 '가치' 를 궁극적으로 위치시킴으로써(Homans, 1974: 25), 호만스는 1950년대 말부터 신공리주의(neo-utilitarianism)의 시대를 사회학에서 열었다(Joas and Knöbl, 2009).

호만스는 효용에 가치를 포함하면서 사회학에서 본격적으로 공리주의적 패러다임을 실현시켰지만, 그 대가로 그가 신랄하게 비판했던 기능주의와 같은 한계에 빠지기도 했다. 행위자의 주관적 가치함수가 이타성을 포함할 수 있을 만큼 일반화되면서 이타적 문화를 이타적 가치에 의해 설명하게 된 것이다. 즉, 순환론적 오류에 빠지면서 아무것도 설명하지 못하는 위험을 안게 되었다. 교환이론이 진정한 설명이 되기 위해서는 행위자의 행동 이전에 행위자의 가치 혹은 주관적 효용이 파악되고 이에 따른 행위를 예측할 수 있어야 하는데, 대부분의 행위자는 본인의 가치함수를 인지하지 못하며 교환이론은 결국 행위의 관찰을 통해 주관적 효용을 역으로 추론하기 때문이다(Joas and Knöbl, 2009: 104).

이러한 가치의 역추는 서로 다른 제도나 문화만큼 다양한 행위자의 가치를 용인하는 문제를 일으키며, 호만스의 이론을 결국 심리학적 환원론에 빠지게 한다. 호만스는 사회적 실재의 창발적 속성(emergent properties)을 부정하지 않았으며, 흔히 비판받듯이 진정한 환원론자도 아니었다(리처, [2004] 2006: 581-583). 문제는 그의 기획과는 달리 호만스의 교환이론은 사회적 행동의 기초적 형태들로부터 사회의 창발적 속성을 설명하지 못했고, 사회적 실재로부터 심리적 가치를 역추하는 환원론에 머물렀다는 것이다. 이러한 호만스의 환원론적 한계를 극복하려는 시도는 블라우(Peter M. Blau, 1918~2002)에 의해 발전되었다.

블라우는 심리학적 환원론과는 거리를 두고 미시-거시 통합을 시도하였는데, 교환을 통해 권력(power)이 분화, 유지, 변화되는 과정에 관심을 두었다. 특히 거시적 사회구조의 설명에 미시적 교환관계만으로는 부족하다고 보고 개인과 집단과의 매개된 교환을 위해 규범(norms)과 가치 합의(value consensus)의 독자적 중요성을 강조한 점(Blau, [1964] 1986: 255-272)에서 호만스의 교환이론과 다르다. 그러나 블라우의 이론은 공리주의적 패러다임의 심화라기보다는 거시적 이론과의 절충주의에 가까우며 사회구조의 창발적 속성을 설명하려는 기획(Blau, [1964] 1986: 3)은 성공적이지 못했다.

블라우의 교환이론이 호만스에게 영향을 받았다면, 블라우와 동시대에 역시 권력의 문제를 다룬 교환이론을 발전시킨 에머슨(Emerson, 1972a, 1972b)은 티보와 켈리(Thibaut and Kelley, 1959)의 사회심리학에서 영향을 받았다. 이 이론적 흐름은 대인관계에서 발생하는 권력의 심리학적 속성에서 출발하는데, 에머슨은 미시-거시를 연결시키기 위해 블라우처럼 규범의 문제로 도약하기보다는 교환관계의 복잡한 총체, 즉 연결망에 대한 이론적 규명의 필요성을 포착한다. 대표적 교환이론은 흔히 호만스와 블라우로 이어지는 계보로 알려져 있지만, 사회연결망 이론에 영향을 주며 교환이론의 이론적 유산을 더욱 지속적으로 남긴 계보는 에머슨과 후학들(Cook *et al.*, 1983)이라 할 수 있다.

4) 합리적 선택이론 : 베커, 콜만, 부동

교환이론이 심리학적 환원주의로 흐르면서 사회학이론으로서의 한계를 노출한 반면, 그 한계를 극복하는 대안으로 발전한 합리적 선택이론이 1960년대 중반부터 떠올랐다. 교환이론이 사회적 제도, 문화, 관계 등의 사회적 실재가 실은 개인의 효용추구 성향의 결과임을 드러내려 했다면, 합리적 선택이론은 그러한 사회적 실재가 개인의 효용추구 성향과 대립되면서도 어떻게 합리적 개인들에 의해 집합적으로 구축될 수 있는가를 보여주려 했다. 이러한 관심은 집합행동의 딜레마나 의도하지 않은 결과로서의 사회구조에 대한 연구로 이어진다. 이러한 연구는 사회구조의 독자성을 주장하는 사회학 일반의 성향과 좀 더 친밀했으며 심리학적 환원론보다 더욱 사회학적으로 설득력 있는 설명을 제공함으로써, 미시에 기반해 미시-거시를 통합하려는 기획에 좀 더 성공적이었다.

교환이론이 심리학적 패러다임에 기반하고 있다면 합리적 선택이론은 경제학적 패러다임에 기반하고 있다. 전자가 스키너라는 심리학자에게 큰 영향을 받았다면, 후자는 베커(Gary Becker)라는 경제학자에게 더욱 큰 영향을 받았다. 베커는 교육을 인적 자본이론으로 풀어내고(1975) 결혼을 배우자 간 합리적 분업으로 이론화함으로써([1981] 1993) 경제학적 패러다임을 본격적으로 시장영역 밖으로 확장시켰다. 결혼한 남편이 아내에 비해 돈벌이 활동에 약간의 비교우위만 있어도 아내는 전업주부를 하는 것이 합리적이라는 베커의 메시지는 사회학에서 많은 반발을 일으키기 충분하였다. 그러나 경제학적 패러다임의 영향력은 반발을 넘어서는 것이었으며, 베커와 같이 시카고 대학에 있었던 콜만(James Coleman, 1926~1995)은 사회학 내에 합리적 선택이론을 제도적으로 정착시켰다. 합리적 선택이론에 특화된 사회학 학술지인 *Rationality and Society*를 창간하기도 한 그는 합리적 선택이론에 기반하여 미시-거시를 통합하려 하였다(Coleman, 1990).

베커-콜만의 미국 시카고 전통과는 독립적으로 유럽에서는 부동(Raymond Boudon)이 합리적 선택이론을 확립하였다. '행위의 의도하지 않은 결과' 나 '방법론적 개인주의' 등 합리적 선택이론의 핵심적 특성을 소개하면서 사회학적으로 설득력 있는 통찰을 제공하였는데, 이러한 개념들에 대해서는 공리주의의 주요 쟁점을 다루는 다음 절에서 자세히 알아볼 것이며, 여기에서는 합리적 선택이론이 집합행동의 딜레마를 어떻게 발견하고 다루는지를 간략히 살펴보려 한다.

사회운동이나 혁명과 같은 집합행동은 오래전부터 사회학의 주요 영역이었으며, 이해관계를 공유하는 행위자 간 집합행동은 일견 당연시되어 왔다. 반면 경제학은 이러한 집합행동을 낯설게 보며 소위 무임승차(free-ride)의 딜레마를 발견하였다. 경제학자 올슨(Mancur Olson, 1932~1998)이 지적했듯이 집합행동의 결실은 공공재(public good)이기 때문에, 합리적 행위자는 기여를 최소화하고 결실은 취하려는 무임승차의 동기를 갖는다(Olson, 1965). 이러한 통찰은 무임승차를 극복하고 집합행동을 성공적으로 이끌 수 있는 메커니즘에 대한 탐구를 주요 연구영역으로 끌어올렸는데, 이 질문에 대한 합리적 선택이론의 합의된 해답이 존재한다고 보기는 힘들다. 올슨 본인은 차별적 보상지급이나 강제적 세금부과 등과 같은 제도적 해결책을 제시했으며, 사회운동연구에서 합리적 선택의 접근을 수용한 자원동원론(Tilly, 1978)이나 사회연결망 이론의 결정적 다수(critical mass)의 형성과정에 대한 연구 등이 해답을 탐구해 왔다(Macy, 1990).[3] 한편, 집합행동의 딜레마는 좀 더 미시적인 대인관계에서 소위 '죄수의 딜레마(prisoner's dilemma)' 라는 형태로 게임이론에서 탐구되어 왔다.[4] 이 관점에서의 게임이론은 '이기적 동기를 가진 개인 간 협동은 어떻게 발생할 수 있는가?' 라는 주제를 탐구하는데, 게임이론적 접근과 최근의 사회과학적 성과에 대한 소개는 단편적으로나마 생물학적 전환을 다루는 10장에서 하려 한다.

---

3) 자원동원론에 대해서는 사회학회 총서 시리즈의 『사회운동론』 편에 소개되어 있다.

4) 죄수의 딜레마에 대한 소개는 김용학(2003: 151-155)을 참조하길 바란다.

그렇다면 합리적 선택이론은 교환이론이 벗어나지 못한 환원론적 경향을 성공적으로 극복하였는가? 다음 절에서 살펴보겠지만 좀 더 정교화된 형태의 방법론적 개인주의는 분명 그러한 성과를 이루었다. 그러나 이론을 넘어 관점(perspective)으로 발전해 버린 합리적 선택이론은 교환이론과 마찬가지로 동어반복적 오류를 벗어나지 못했다는 평가(Smelser, 1992)도 존재하며 이에 대해서도 다음 절의 '효용 대 선호'의 문제에서 다룰 것이다. 또한 행위자의 효용함수 혹은 가치함수에 대한 가정에서 출발하는 합리적 선택이론은 현실의 행위자들이 그러한 가치함수를 실재로 내재하고 있는지, 그러한 가치함수가 행위로 발현되는 메커니즘이 무엇인지 등에 대한 대답은 추구하지 않는다(리처, [2004] 2006; Joas and Knöbl, 2009: 96). 즉, 합리성 혹은 근원적인 이기성의 규범이 우리 안에 코드화되고 작동하는 원인에 대한 답을 주지는 못하는데, 이에 대한 하나의 대답을 현대 사회학이 맞이한 생물학적 전환을 통해 10장에서 모색해 볼 것이다.

5) 사회연결망이론

사회연결망이론을 공리주의 패러다임에 포함시키는 것은 적절하지 않다. 연결망이론은 사회학 밖에서의 지적 뿌리를 수학적인 그래프이론(graph theory)(김규원 · 표상수, 2009)과 심리학의 균형이론(Heider, 1946) 등에 두고 있는데, 그 어느 것도 공리주의와 관계가 없다. 또한 연결망이론은 사회학적인 조직연구나 경제사회학에서 활발히 생산되었는데, 그 이유는 시장에서 조직 간 혹은 행위자 간 거래관계가 소위 사회적으로 배태되어(socially embedded) 있음을 보이는 데 연결망적 접근이 효과적이기 때문이다(Uzzi, 1997; Baker, 1984). 이처럼 연결망이론은 경제적 행위가 어떻게 비경제적 사회관계에 의해 영향받는지를 보여준다는 점에서 오히려 반공리주의적이며 인류학적 교환이론과 맥을 같이한다고 볼 수 있다. 그럼에도 불구하고 연결망이론은 공리주의 패러다임에 속하는 교환이론이나 합리적 선택이론과 친화성을 가지고 있으며, 공리주의적 사회이론이 교환이론과 합리적 선택이론을 넘어 다음 영역을 개척한다면 이 영역은 사회연결망이론이 될 수 있다고 전망한다.

교환이론은 앞에서 살펴보았듯이 점점 더 환원론과 거리를 두고 거시적 구조를 포용하는 방식으로 발전해 왔다. 이러한 흐름 속에서 교환을 통해 '행위자'가 얻는 효용에 초점을 맞추기보다는 '교환'의 총체적 모양과 변화에 초점을 맞추면서 교환이론은 연결망이론과 만난다(Mizruchi, 1994). 한편, 연결망이 어떤 주요한 사회적 결과를 낳는가라는 문제에서 연결망은 어떻게 형성되는가라는 문제로 관심이 옮겨갈 때, 즉 독립변수로서의 연결망에서 종속변수로서의 연결망으로 연구의 초점이 옮겨갈 때, 교환에 참여하는 행위자의 합리성을 궁극적인 독립변수로 설정하면서 연결망이론은 합리적 선택이론과 만난다.

이처럼 연결망이론이 교환이론 및 합리적 선택이론과 만난 최근의 예로는 굴드(2002)가 있다. 굴드의 모형에서 집단 내 행위자는 능력 있는 타인과 연결을 통해 이익을 추구하는 한편, 응답 없는 연결형성 노력은 억제하는 호혜성의 원리를 효용함수에 내재하고 있다. 또한 타인의 능력을 판단하는 방식은 매우 사회적이어서 다른 구성원들이 그 타인에게 얼마나 연결을 시도하는지를 관찰한다. 굴드는 이러한 조건하에서 행위자 개개인의 합리적 선택에 의해 집합적인 균형상태로서 떠오르는 구성원 간 연결망을 도출해 낸다. 이처럼 사회학의 연결망이론이 공리주의적 관점을 수용하여 진행되는 한편, 경제학도 사회연결망이나 인터넷 커뮤니케이션망의 형성과 효율성에 대한 연구가 활발해지고 있다(Jackson and Rogers, 2007).

2. 공리주의 패러다임의 주요 쟁점

1) 방법론적 개인주의 : 통계적 방법론 및 개인주의적 환원론에 대한 대안

공리주의 패러다임은 미시-거시의 통합은 미시에서, 구조-행위의 통합은 행위자에서 출발하는 방법론적 개인주의를 취한다. 그렇다면 이러한 방법론적 개인주의가 가지는 특징은 무엇인가? 그 특징을 방법론적 개인주의와 혼동되기 쉬운 통계적 방법론이나 개인주의적 환원론과 비교하여 설명해 보도록 하자. 방법론적 개인주의의 첫 번째 특징은 다변량 회귀분석의 방법론과는 달리 인과관계에 대한 메커니즘에 기반한 이론을 추구한다는 점이며, 두 번째로 이러한 추구는 행위의 의도하지 않은 결과에 주목함으로써 (모순적으로 들릴 수 있겠지만) 개인으로 귀결되는 심리학적 혹은 경제학적 환원주의를 배격할 수 있다는 점이다.

우선 방법론적 개인주의는 통계학에 힘입은 다변량적 계량분석에 대한 비판적 대안이라 볼 수 있다. 다변량 통계분석은 외형적으로 하나의 종속변수와 다수의 설명변수를 설정함으로써 인과관계적 분석의 형태를 띠지만, 사실 종속변수와 개별 독립변수 간의 통계적 연관성(association)은 독립변수에서 종속변수에 이르는 인과성(causality)을 보장하지 못한다. 인과성은 궁극적으로 독립변수로부터 종속변수에 이르는 메커니즘에 관한 이론에 의해 보장되어야 하며, 이처럼 메커니즘에 기반한(mechanism-based) 이론은 변수에 기반한(variable-based) 통계분석과 대비된다(Hedström and Swedberg, 1998: 2). 그리고 방법론적 개인주의가 추구하는 메커니즘은 행위의 규칙으로부터 추상적 논리를 생성적(generative)으로 구현한 모델이어야 한다(Boudon, 1976).

그렇다면 이러한 방법론적 개인주의는 어떻게 개인주의적 환원론을 극복할 수 있는가? 그 힌트는 경제학의 내쉬 균형(Nash equilibrium)에 있다. 내쉬 균형이란 다른 행위자들의 선택이 변하지 않는 한 나의 선택도 변하지 않는 것이 내 효용을 극대화하기 때문에 머물러 있는 균형상태인데, 대표적인 경우가 상호배신에 머물러 있는 죄수의 딜레마 상황이다(김용학, 2003: 151-155). 이러한 균형상태는 분명 사회적 수준에서 비합리적인데 합리적 규범을 따르는 개인은 이러한 균형을 벗어나지 못한다. 즉, 체계수준의 비합리성은 개인수준의 비합리성으로 환원시킬 수 없는 창발적(emergent) 속성이다.

개인의 행위동기와는 독립적인 체계가 행위로부터 생성 혹은 창발하는 과정의 유명한 예는 쉘링(Schelling, 1978)의 인종격리 실험이다. 경제학자 쉘링은 두 인종을 격자판에 무작위로 흩뿌린 후 소박한 행위의 규칙에 의해, 즉 최소 절반의 동일한 인종의 이웃을 두려는 동기에 의해 흩뿌린 행위자들을 이주시켰다. 그 결과는 격자판 내 완벽한 인종적 격리였으며, 결국 거시수준의 인종격리는 행위자의 인종격리주의로 환원시킬 수 없다. 이처럼 사회구조는 종종 행위의 의도하지 않은 결과(unintended consequence)로 설명할 수 있는데(Boudon, 1982), 방법론적 개인주의는 이처럼 의도하지 않은 결과에 주목함으로써 공리주의가 빠질 수 있는 개인주의적 환원론을 벗어나 사회구조의 독자성을 포용한다.

2) 효용 대 선호 : 공리주의 대 신공리주의

공리주의(utilitarianism)라는 용어에서 드러나듯이 공리주의의 핵심 개념은 효용(utility)이다. 그리고 이 개념은 아래 그림의 위로 볼록한 곡선과 같이 매우 구체적이고 잘 정의된 수리적 함수의 형태를 띠고 있어서 강력한 설명력을 가진다.

[그림 1] 한계효용 체감의 법칙

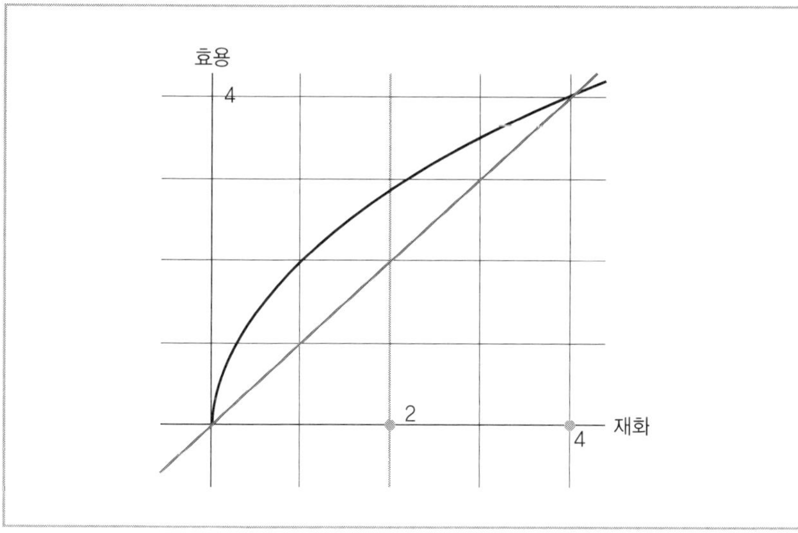

이 곡선이 표현하는 것은 다름 아닌 '한계효용 체감의 법칙'으로서, 소유 혹은 소비한 재화의 증가량에 따른 효용의 증가분은 점점 줄어든다. 심리학적으로 매우 그럴듯한 이 법칙(law)은 이론으로 설명해야 할 대상이 아니라, 이론을 쌓아가기 위한 기초가정으로서 역할을 수행한다. 예를 들자면 위 그림에서 보듯이 효용함수는 위로 볼록한 모양이기 때문에, 재화의 양이 2일 때 효용이 재화의 양이 0일 때와 4일 때 효용의 평균값[=(0+4)/2=2]보다 크다. 즉, 위로 볼록한 효용함수로부터 사람들은 1/2의 확률로 4라는 재화를 추구하기보다는 그 절반인 2만큼의 확실한 재화를 추구할 것이라는 위험회피(risk-aversion) 성향을 도출할 수 있다. 이처럼 효용함수는 설명력 높은 이론을 연역적으로 구축하는 초석이 된다.

그러나 다양한 사회현상들은 이러한 효용함수를 적용하기에는 너무 다양하고, 불연속적이고, 측정도 쉽지 않다. 공리주의가 1950년대 이후 사회학에서 이론으로 발현하며 본격적 영향력을 끼친 것은 효용함수가 비물질적 가치까지 포용하면서, 즉 일반적 선호(preference)로 대체되면서였다. 교환이론은 이미 개인의 주관적 효용이 타인의 효용에 의해 긍정적 혹은 부정적으로 영향을 받을 수 있도록 확장시켰는데, 이는 공리주의적 접근이 이타성이나 상대적 박탈감도 다룰 수 있도록 만들었다. 합리적 선택이론은 선호의 개념을 심리적인 경계를 넘어 사회구조적 맥락까지 포함할 수 있도록 확장했는데, 이는 콜만의 미시-거시 통합모형(Coleman, 1990: 5-23)에서 거시구조가 미시적 행위자의 선호 혹은 가치에 영향을 미치는 단계에 해당한다. 공리주의적 사회이론은 더 이상 한계효용의 법칙을 따르는 특정 효용함수에 묶여 있을 필요가 없으며, 개인 간 심리적 다양성과 사회 간 제도문화적 다양성을 반영하는 행위선택지 간의 순서, 즉 선호도에서 출발한다.

그렇다면 이처럼 확장된 선호의 개념은 과연 공리주의의 사회학적 이론화를 얼마나 성공적으로 이끌었는가? 효용이 선호로 대체되면서 이론의 적용범위는 분명 넓어졌으나 [그림 1]과 같은 명확한 효용함수가 와해되면서 이론의 확고한 기초는 사라지고, 사회마다 다양한 선호함수가 존재하게 되었다. 헤드스트롬과 스웨드버그(Hedström and Swedberg, 1998: 21-22)는 거시가 미시에 미치는 영향, 즉 사회적 실재가 행위자의 선호도 형성에 미치는 과정을 상황적 메커니즘(situational mechanism)으로 다룰 것을 촉구하는데, 방법론적 개인주의에서도 드러나듯이 공리주의가 미시에서 거시로 연결되는 메커니즘의 규명에는 활발한 반면 이러한 상황적 메커니즘에는 소홀하거나 능하지 않은 것으로 보인다. 특정 선호함수를 가정하면 어떠한 흥미로운 사회적 실재가 떠오를지 탐험하는 합리적 선택이론의 접근은 유용한 지적 실험이자 이론의 구성방식이지만, 단일한 이론을 정립하기에는 너무나 많은 것을 설명의 대상으로 확장한 관점(perspective)이 된 듯하다. 이러한 합리적 선택이론의 한계는 실재로서가 아닌 규범으로서의 공리주의의 특성과 관련된다.

3) 실재 대 규범 : 행동심리학 대 신고전학파 경제학

공리주의는 영국에서 철학적 사상으로서 태동하던 시기부터 실재로서의 공리주의와 규범으로서의 공리주의가 혼합되어 있었다. 당시 공리주의적 사상가들은 의도적으로 규범과 실재의 통합을 시도했다. 쾌락이나 행복의 추구라는 인간의 자연적 본성, 즉 실재에 근거한 도덕성(morality)의 탐구, 즉 규범은 매우 중요한 철학적 과제였으며, 홉스, 스미스, 벤덤 등이 모두 원자론적 인간본성에 근거한 세속적 윤리(secular ethic)의 확립을 추구하였다(Levine, 1995: 150). 물론 유리적 해결책은 사상가마다 달라서, 홉스는 개인의 쾌락적 충동(impulse)을 제어할 절대주권(sovereignty)에 대한 복종(Hobbes, [1658] 1972)을, 스미스는 인간의 공감(sympathy) 본성에 기반한 공리의 추구(스미스, [1759] 2009)를, 벤덤은 교환에 의거한 상호이익의 극대화를 위한 시장규범의 확립(Bentham, [1789] 1948)을 강조하였다. 그러나 어떤 해결책에 이르건 실재와 규범은 매우 당연히 통합되어야 할 두 속성이었다. 그러나 근대 사회과학이 확립되어 가면서 사회과학으로서의 공리주의에서는 도덕철학의 측면이 소거되었고, 공리주의의 규범은 '도덕적' 규범이 아닌 '합리적' 규범으로 축소되면서 실재와 규범의 관계는 오히려 미묘한 긴장이나 대립 관계를 드러낸다.

경제학이 수요–공급의 법칙에 따라 어떤 재화의 균형가격(equilibrium price)을 산출할 때, 이 가격은 시장에 실재하는 그 재화의 가격을 의미한다. 그런데 이렇게 산출된 균형가격이 공정가격(fair price)으로 기능하는 순간, 그 가격은 규범적 가격이 된다. 즉, 공정가격보다 현실가격이 낮으면 사고 높으면 팔라는 규범을 제시한다. 시장의 행위자들이 이러한 규범을 따를 때 현실가격은 공정가격에 수렴한다. 이처럼 실재와 규범이 잘 일치하는 상황이라면 실재 대 규범은 중요한 논쟁의 대상이 아닐 것이다. 하지만 20세기 중반 이후 공리주의 사회학이론들의 흐름은 실재로서의 이론과 규범으로서의 이론 간 간극을 확인하면서 발전해 왔다.

기능주의에 반발하며 탄생한 교환이론은 실재로서의 공리주의 이론이다. 즉, 사회적 거래에 관여하는 인간의 주관적 효용함수의 실체에 대해 탐구하고 그로 인해 사회적 관계와 구조가 어떻게 형성되는지를 이론화한다. 이처럼 실재하는 효용함수에 대한 관심은 교환이론이 행동주의 심리학으로부터 큰 영향을 받은 것과 관련이 있으며, 종종 심리학적 환원주의라고 비판받는 원인이 된다.

경제학으로부터 좀 더 직접적으로 영향을 받은 합리적 선택이론은 규범으로서의 이론의 성격이 강하다. 주어진 상황과 정보 내에서 합리적 행위자라면 어떤 선택을 할 것인지를 제시하고(Lave and March, [1975] 1993), 그러한 제시대로 행위자들이 움직인다면 과연 어떠한 거시수준의 사회적 현상이 창발(emerge)하는지를 이론화한다. 사회적 행위자들이 과연 실제로 그렇게 행동하는지는 직접적으로 검증된다기보다는 창발된 사회현상이 얼마나 현실에 적합한지를 통해 간접적으로 평가된다.

그러나 현실세계의 행위자들의 선택이 합리적 규범을 잘 따르지 않는다는 것은 다음과 같은 간단한 이득(gain)상황 실험의 예에서 드러난다.

[이득상황] 선택 A : 0.1의 확률로 100만 원의 상금을 얻는다.
선택 B : 0.9의 확률로 11만 원의 상금을 얻는다.

합리적 행위자라면 기대이득이 높은 A(=0.1×100만 원=10만 원)를 B(0.9×11만 원=9만9천 원)보다 선호해야 하지만 실제실험을 해보면 더 많은 사람들이 B를 선택한다. 이러한 사람들의 실제성향은 앞서 살펴본 위험회피성향으로 설명할 수 있다. 그러나 다음과 같은 손실(loss) 상황의 예는 좀 더 설명하기 힘든 사람들의 성향을 드러낸다.

[손실상황]　선택 A : 0.1의 확률로 100만 원의 벌금을 낸다.
　　　　　　선택 B : 0.9의 확률로 11만 원의 벌금을 낸다.

A의 기대손실은 10만 원이고 B의 기대손실은 9만9천 원이다. 기댓값에 따른 합리적 선택이라면 A보다는 B를 선택할 것이라고 추론할 수 있다. 그런데 실제실험을 해보면 더 많은 사람들이 B보다는 A를 선택한다. 이러한 손실상황에서의 위험추구(risk-seeking) 성향은 이득상황에서의 위험회피 성향과 모순되지는 않는가?

이처럼 사람들에게 실재하는 효용함수는 합리적 규범을 따르지 않는 것으로 보이는데, 이 질문에 대한 대답은 카너만과 트버스키(Kahneman and Tversky, 1979)의 전망이론(prospect theory)에서 확립되었다. 전망이론은 일련의 실험을 거쳐 효용뿐 아니라 반효용(disutility)도 체감법칙을 따른다는 것을 밝혔다. 달리 말하면 우리의 (반)효용함수는 불확실한 결과보다 확실한 결과에 더 가중치를 두는 성향이 있다는 것이다. 따라서 이득전망하에서는 확실한 이득을 불확실한 이득보다 더 선호하게 되고(즉, 위험회피 성향), 손실전망하에서는 확실한 손실을 불확실한 손실보다 더 싫어하게 된다(즉, 위험추구 성향).

전망이론으로 잘 알려진 행동경제학(behavioral economics)은 그 이름에서 드러나듯이 행동주의 심리학과 경제학의 결합, 혹은 실재로서의 공리주의와 규범으로서의 공리주의의 결합이라 할 수 있다. 이득이나 손실이 주어지는 일련의 실험을 통해 규범적 해답과 현실적 선택 사이의 차이에 주목하고 이를 설명할 수 있는 인간의 주관적 효용함수의 성질을 밝혀 나간다.

이처럼 규범적 이론을 실재하는 효용함수를 탐구하는 가이드로 삼는 전략은 매우 유용해 보이는데, 이러한 행동경제학적 접근방식은 사회학적 공리주의 패러다임에도 기여하고 있는가? 아직은 그러한 기여는 불확실해 보인다. 잘 정의된 연속변수인 금전적 보상이 주어지는 정세하지 실험과는 달리, 다양한 사회적 상황에서의 보상과 손실은 정의하기 모호하거나 범주적인 순서에 머물러 정의하기도 한다. 이러한 상황은 효용함수의 모양을 결정하는 모수(parameter)를 추정하기에는 정보가 부족한 경우가 되며, 경제학적 효용을 사회학적 선호의 문제로 확장하면서 행동경제학적 접근의 분석력은 희석된다.

지금까지 공리주의적 패러다임이 실재로서의 이론과 규범으로서의 이론으로 구분할 수 있음을 설명하였고, 때로 그 경계를 넘으려 할 때 이론의 한계가 드러남을 간략히 설명하였다. 이 책의 결론에서 좀 더 상술하고 있듯이 이론은 수행(perform)한다. 수행성이론에 따르면 경제학의 예측이 현실에서 맞아 들어가는 이유는 경제학이 현실을 잘 포착했기 때문이라기보다는 경제학이론이 시장에서 수행하기 때문이고(Callon, 1998), 이론이 반수행(counter-performitivity)의 단계에 들어서면 규범과 실재 간 괴리가 일어난다(MacKenzie, 2006). 우리 사회에서 경제학적 패러다임이 영향력을 발휘하고 이에 따라 경제학이 수행/반수행하는 이상, 아마도 공리주의적 패러다임의 규범과 실재 사이의 섭동은 지속될 것으로 보인다.

3. 공리주의의 한계와 전망

이 장에서는 공리주의 패러다임과 기능주의가 궁극적으로 효율성이라는 설명의 원리를 공유하고 있으며 한계도 공유하고 있음을 설명했다. 바로 순환논법 혹은 반증 불가능한 의사(pseudo)설명의 위험을 안고 있다는 점이다. 기능주의의 맹목적 적용에 따르면 병원의 존재 이유를 환자치료에서 찾을 수 있는 만큼 환자의 존재이유를 병원의 생존에서 찾을 수 있듯이, 의사공리주의는 이기적 행동을 효용 극대화의 결과로 설명하는 동시에 이타적 행동도 주관적 효용성의 한 형태, 즉 타인의 행복이 고려된 효용함수의 형태로 합리화할 수 있다. 물론 기능주의와 공리주의는 이러한 위험에 빠지지 않기 위한 이론적 요소를 갖추어 나갔다. 기능주의가 사회에 안정적으로 존재하는 모든 것은 기능적이라는 순환론적 설명을 피하기 위해 피드백 개념과 역기능(dysfunction) 개념을 도입하여 발전했다면(이 책의 2장 참조), 공리주의는 균형적인 것은 모두 행위자 효용의 총합을 극대화시킨다는 순환론적 설명을 피하기 위해 내쉬 균형과 행위의 의도하지 않은 결과에 대한 이론을 발전시키면서 사회학에서 발전을 계속하였다. 공리주의는 또한 연결망이론 등과의 결합을 통해 발전 · 변화하고 있는데, 이러한 변화가 사회학에서 새로운 공리주의적 지평을 열어 갈지는 좀 더 두고봐야 할 것이다.

이 장은 그러나 공리주의 패러다임의 근간을 이루는 개념인 효율성과 합리성에 대해 이론적으로 파고들지는 못했다. 효율성이란 무엇인가? 최소의 비용으로 목적을 달성하는 것을 뜻한다. 그런데 언뜻 분명해 보이는 이 정의는 목적을 무엇으로 놓고 비용을 무엇으로 계산하느냐에 따라 달라진다. 이익 극대화를 목적으로 보는 공리주의는 효용을 높이는 행위가 효율적임을, 체계유지를 목적으로 보는 기능주의는 사회에 기능적인 것이 효율적임을 암시한다. 또한 10장에서 살펴보겠지만, 생존을 목적으로 보는 진화론적 패러다임은 재생산성(reproductivity)으로 치환되는 환경에 대한 적합성(fitness)이 높은 것을 효율적인 것으로 본다. 본 저서는 이처럼 효용성, 기능성, 재생산성 등 각 패러다임 고유의 효율성 개념에 머무르며, 그러한 개념들 간 어떤 관계를 이루는지의 문제는 본 저서의 범위를 벗어나는 과제로 남겨둔다.

합리성이란 무엇인가? 베버와 같은 사회학자는 합리성을 근대화과정과 연관시켜 광범위하게 탐구하였다.[5] 현실세계의 행위자들이 합리성의 규범

5) 베버의 합리성 유형에 대해서는 캘버그(Kalberg, 1980)를 참조 바란다.

을 따르는가는 공리주의 패러다임 내에서도 연구되는데, 일군의 행동경제학적 실험은 경제학 교육을 받은 학생들(만)이 이해(interest) 추구의 규범을 잘 따른다는 것을 보여주기도 한다(Frank *et al*., 1993; Marwell and Ames, 1981). 심지어 기업의 의사결정권자도 이러한 규범을 제대로 못 따르는데 그 이유를 합리적 선택론의 입장에서 들자면, 합리적 선택을 내리기에는 정보가 부족하기 때문이라 할 수 있다. 그런데 싸이어트와 마치는 현실세계에서는 정보가 항상 부족하므로 현실적 행위자는 제한적으로 합리적(bounded rationality)일 수밖에 없다고 말한다(Cyert and March, 1963).

그렇다면 제한적 합리성이란 여전히 인간이 합리적으로 선택한다고 말하는 것인가? 마치와 사이먼은 제한적으로 합리적인 행위자는 만족할 만한(satisficing) 선택을 하는 것이지 효용을 극대화(optimizing)하는 것이 아니라고 강조한다(March and Simon, 1970: 93-102). 하지만 열렬한 합리적 선택론자라면 환경의 높은 불확실성하에서는 최적화된 선택을 위해 필요한 정보를 모으는 비용보다 만족할 만한 선택을 할 때 잃게 되는 기회비용이 더 적기 때문에 만족하는 수준의 선택이 합리적 선택이라 주장할 수도 있다. 이처럼 합리성의 의미와 효용함수의 적용 가능한 범위에까지 이르는 이론적 논의는 공리주의 사회학이론의 흐름을 개괄하는 이 장의 범위를 벗어나는 것으로 본다. 효용 대 선호의 문제에서 이러한 논쟁의 일부를 제한된 범위 내에서 짚어보았을 뿐이나, 합리성에 대한 사회학적 통찰과 논의는 매우 방대하다.[6] 이 책이 그러한 방대함을 모두 담을 수는 없지만, 후기 근대적 전환이나 포스트모던 전환을 다루는 7~8장을 통해 근대적 합리성에 대한 독자의 이해를 조금은 도울 수 있을 것이다.

6) 합리성에 대한 현대의 광범위한 논쟁의 예로는 홀리스와 루크(Hollis and Lukes, 1982)를 참조할 수 있다.

제 2 부

새로운 이론적 지평

제 7 장

후기근대적 전환

| 김홍중(서울대) |

1. 비판적 진단

1970년대 후반부터 1980년대까지 서구의 사회이론은 이른바 '포스트모더니즘'에 대한 강렬한 관심을 표명한 바 있다. 이런 새로운 경향은 1979년에 출판된 료타르의 『포스트모던적 조건』이라는 저서에 의해 상징적으로 대표된다. 료타르에 의하면 '포스트모던적'이라는 형용사는 근본적으로 '메타 이야기' 혹은 '거대 서사(grand récit)'에 대한 불신에 기초한다(료타르, 1992: 14). 근대성의 제도적 기초를 구성했던 국민-국가, 시민사회, 정당, 직업체계(professions), 제도들, 역사적 전통과 기억, 사회적 연대, 규범적 합의, 이데올로기 등은 20세기 후반에 이르러 더 이상 사회를 통일시키는 원리로 기능하지 못한다는 진단이다(Lyotard, 1986).

사실 포스트모더니즘은 사회이론에서 시작된 사조가 아니라 건축, 문학, 영화, 예술, 비평, 철학의 영역에서 시작된, 근대성에 대한 다각적 반성의 흐름들을 총칭하는 것이다(제임슨, 1989; 페더스톤, 1999: 15-30; 하비, 1994: 397 이하). 철학의 영역에서 포스트모더니즘 경향은 프랑스의 푸코, 들뢰즈, 데리다 등의 후기구조주의 사상가들의 저작들을 통해 대표되었으며, 이에 대한 다양한 논쟁들을 양산했다. 사회이론의 영역에서 역시 포스트모던 경향을 주도했던 것은 프랑스의 이론가들이다. 보드리야르는 1978년에 『침묵하는 다수의 그늘에서』라는 저서에서, 테러리즘 앞에서 침묵하는 대중들이 근대적 의미의 시민이나 공중(public)과는 다른 종류의, 말하자면 포스트모던한 주체라는 사실을 지적하면서, 사회적인 것(the social)의 종언을 선포한다(Baudrillard, 2007). 이는 사회학의 포기선언인 동시에 근대성에 대한 종언의 선포이다. 마페졸리는 좀 더 적극적으로 포스트모더니티의 현실성을 강조하는 이론적 전환을 시도했다. 특히 1988년의 저작 『부족의 시대』에서 그는 20세기 초반의 사회적 현실과 매우 다른 새로운 흐름과 경향이 사회성의 영역에서 출현했다는 사실을 강조하면서, 공동체나 국가 혹은 주권적 개인 대신에 그가 '부족(tribu)'이라 부르는 새로운 관계의 형식들이 형성되고 있다고 주장한다. 그는 일상성, 신화, 욕망, 감정, 패션, 노마디즘 등 다양한 문화적 현상들 속에서 나타나는, 삶과 문명의 포스트모던화(postmodernization)를 분석하고 있다(Maffesoli, 1988).

20세기 후반 현대사회를 진단하는 데 있어서 가장 중요한 흐름을 형성한 이 트렌드는 역사의 전개과정에 매우 급진적인 단절을 설정하고 있다. 이에 의하면 근대성의 기초적 원리들은 20세기 후반에 이르면 더 이상의 지속이 불가능한 한계지점에 봉착해 있다. 주지하듯, 서구 근대는 이성, 남성, 유럽, 제도, 역사, 해방, 민족 등의 주인기표들을 중심으로 구축된 것이며, 그런 가치가 대상화시켜 억압하는 타자의 형상들을 부정적인 방식으로 실체화하면서 배제한다. 포스트모던적 사유는 이와 같은 근대성의 간판기표들에 대한 단호한 비판과 반성을 촉구하는 에토스와 파토스에 의해 특징지어진다. 더 나아가 포스트모던적 사유는 새롭게 펼쳐지는 현실을 비교적 긍정적인 관점에서 조망하면서, 이를 바탕으로 새로운 사회이론을 구성하려는 의지를 보여준다. 1980년대 이후 사회이론에서 이 경향은 가장 중요한 패러다임 중의 하나로서 등장했으며, 다양한 쟁점들과 논쟁들을 야기했다(Crook, Pakulski, and Waters, 1992; Owen, 1997; Choi, 2004; 베스트 · 켈너, 1995).

그러나 포스트모더니즘의 유행은 그에 대한 강력한 이론적 도전을 또한 동반했다. 가장 대표적인 비판은 하버마스에 의해 제기된 '프로젝트로서의 모더니티' 개념이다. 1980년 9월 '아도르노상' 수상 연설인 "모더니티 — 미완성의 계획"은 근대성과의 단절을 환영하는 포스트모던적 입장에 대한 이론적 반박의 의미를 갖는다. 이 글에서 하버마스는 서구 근대의 계몽기획은 결코 실패하지 않았으며, 단지 아직 미완의 단계에 머물고 있을 뿐이라고 주장한다(하버마스, 1989). 그가 미완의 근대성 속에서 구제하고

자 하는 가능성은 바로 '의사소통적 합리성'이라는 개념에 집중되어 있다. 하버마스는 생활세계(Lebenswelt)에 잠재되어 있는 소통적 합리성을 복원시킴으로써 근대의 지배적 합리성 유형인 도구적 합리성, 혹은 목적 합리성을 넘어설 수 있는 가능성을 발견해 내고 있다. 그는 이성 개념을 폐기시키지 않은 채로, 이성 개념을 확장시킴으로써 근대성을 연장시킨다(하버마스, 2006). 이런 관점에서 보면, 근대는 완전하지는 않지만 그렇다고 일거에 폐기되어야 하는 과거의 유습으로만 치부될 수 없다. 근대성은 20세기 후반에도 여전히 유효한 가능성을 풍부히 내포하고 있으며, 따라서 근대성의 부정적 차원을 부각시키며 이를 포스트모던이라는 성급한 개념으로 극복하고자 하는 지적 시도는 현실 속에서는 도리어 '보수적' 효과를 낳는다고 본다.

하버마스가 대표하는 사회이론적 경향과 포스트모던적 사유 사이에는 이처럼 근본적 차이가 존재한다. 그것은 근대성의 전개과정에 단절을 설정할 것이냐, 아니면 연속성을 설정할 것이냐는 사회변동론적 기본 테제와 연관되어 있다. 전자에 의하면, 서구 근대성의 이념은 그 한계에도 불구하고 여전히 생산적인 잠재력을 간직하고 있다. 그러나 후자에 의하면, 사회이론은 새로운 시대, 새로운 현실을 새로운 언어, 관점, 가치, 방법을 통해서 규명해야 한다(래시, 1993). 두 관점은 20세기 후반의 사회이론의 저변을 구성하는 가장 기초적 차이점을 중심으로 대치하고 있었다. 그런데 1990년대 이후 연속론과 단절론 양자 모두를 비판적으로 지양하며 등장한, 일련의 이론적 흐름이 주목을 받게 된다. 이들은 포스트모던적 전환에 의문을 품고, 다시 근대성의 테마로 회귀하는 양상을 보이지만(Alexander, 1995: 86), 그렇다고 해서 근대의 가능성을 긍정하지도 않는다. 이 흐름은 근대성에 대한 낙관을 비관적으로 해체하는 동시에, 포스트모던으로의 문명적 초월의 선언을 구체적 사회현실과 대질시키며 비판한다. 사회이론의 영역에서 이 새로운 흐름은 21세기 사회변동의 실재를 가장 근접한 거리에서 포착하는 것으로 그 영향력을 갈수록 확장시키고 있다. 우리는 이를 '후기근대적 전환(late modern turn)' 이라고 부르기로 하며, 다음과 같은 순서로 그 이론적 함의를 논의하고자 한다. 첫째, 후기근대적 전환을 이룬 사회이론가들의 등장 맥락과 그 공통의 이론적 지향점을 소개한다. 둘째, 후기근대적 전환의 주요 개념들을 소개한다. 이 과정에서 우리는 울리히 벡의 '위험사회' 개념, 안토니 기든스의 '탈전통사회' 개념, 지그문트 바우만의 '액체 근대성' 의 개념을 개략적으로 소개한다. 마지막으로 우리는 후기근대적 전환의 이론적 약점과 그에 대한 비판을 고찰할 것이다.

2. 전개과정

후기근대적 전환의 이론적 흐름을 주창한 이론가들로서 우리가 주로 살펴보고자 하는 학자들은 울리히 벡(1944년생), 안토니 기든스(1938년생), 지그문트 바우만(1925년생)이다. 세대, 국적, 분야, 주요 관심영역, 이론적 스타일 등의 여러 측면에서 깊은 차이를 보여주는 이들을 '후기근대적 전환' 이라는 비교적 광범위한 범주에 집결시킬 수 있는 것은, 이들이 공통적으로 20세기 후반의 사회적 현실의 변동상황에 대해 갖고 있는 이론적 시각의 유사성 때문이라 할 수 있다.

후기근대적 전환을 지지하는 이론가들은 포스트모던 사회이론의 주창자들과 흡사하게 20세기 후반의 세계가 20세기 초반 혹은 19세기 후반의 세계와 실석으로 매우 상이한 새로운 사회구성의 원리를 보여주고 있다는 사실에 동의한다. 사실 후기근대적 전환은 1980년대 이후 서구사회에 발생한 일련의 구조적 변동에 대한 사회이론적 성찰의 결과로 등장한 것이다. 복지국가의 와해, 금융자본주의의 등장, 환경문제, 정치적 열정의 쇠퇴, 사생활과 친밀성 영역에서 발생한 새로운 문제들, 양극화와 신빈곤의 등장, 냉전의 해체와 자유주의의 잠정적 승리, 이데올로기적 동원력의 약화, 개인화의 심화와 노동시장의 유연화 등이 그것이다. 이런 문제들은 분명히 산업사회를 규정하던 중심적인 문제들과는 매우 상이한 것이며, 이런 관점에서 당연하게도, 고전사회학이 해결하고자 노력을 경주했던 사회문제들과는 질적인 차이를 노정하고 있다. 그럼에도 불구하고, 후기근대성을 논하는 이론가들은 이 새로운 시대를 '포스트모던'이라는 형용사로 수식하는 것에 동의하지 않는다. 환언하면, 근대와 포스트모던 시대 사이에 결정적인 역사적 단절을 설정하여, 마치 근대가 극복/지양된 전대미문의 시기를 우리가 살아가고 있는 것으로 파악하는 것에 동의하지 않는 것이다. 그 까닭은 무엇인가? 이들이 보기에, 20세기 후반 선진사회들이 대면하고 있는 심각한 문제들의 뿌리에는 바로 근대적 삶, 사고, 조직, 역사의 구조가 존재하기 때문이다. 이들은 19세기적 근대성과 20세기 후반의 시대적 특성 사이에 모종의 연속성 혹은 최소한의 재귀성을 발견한다. 후기근대를 말하는 이론가들은 변화와 상대성을 긍정하는 포스트모더니즘과 달리 동시대에 대해서 훨씬 더 비관적이고 냉정한 입장을 취하고 있다. 이런 점에서 이들은 하버마스적 낙관주의와 거리를 두고 있다. 이들의 견해에 의하면, 20세기 후반에 펼쳐지는 다양한 사회변화의 문제적 현상들은 과거의 '근대성'에 내재된 합리성의 구제를 통해서 극복될 수 있는 성격의 것이 아니다. 왜냐하면, 20세기 후반의 사회현실은 사실 근대성에 고유한 이성과 합리성의 만개가 가져온 부정적 상황들에 의해 특징지어지기 때문이다. 이런 관점에서 이들은 근대성을 해결책이 아닌 문제점으로 바로 본다.

다소 도식적이긴 하지만, 후기근대 논의의 핵심 테제들을 간추리자면 다음과 같이 정리될 수 있다. ① 후기 근대는 초기 근대성이 '단절'되고 등장한 완전히 다른 시대가 아니라, 초기근대가 성숙하고 발전하고 심화되어 나타난 초기근대의 재귀적(再歸的) 형태이다. ② 초기근대와 달리 후기근대는, 초기근대성이 자명한 것으로 여기던 수많은 가치, 이념, 제도, 이상들의 붕괴와 파산의 위기적 상황에 주목한다. ③ 후기근대론적 사회이론은 포스트모던적 사회이론과 달리 20세기 후반의 사회상황을 순수하게 긍정적인 새로움으로 보는 대신, 해결해야 하는 문제들의 집합으로 파악한다.

벡과 기든스는 이런 흐름을 대표하는 이론가들이다. 이들은 20세기 후반의 당대 사회를 '후기 근대(late modern)', '재귀적 근대(reflexive modern)[1]', '2차근대(second modern)', '고도근대(high modern)'로 명명하면서, 근대성을 개념적으로 이원화하고, 이를 통해 19세기 후반의 근대성과 20세기 후반의 근대성을 상이한 시대로 파악하는 데 성공한다. 더 나아가서 이들은 근대성과 탈근대성 사이에 재귀적(reflexive) 회귀의 과정을 설정함으로써 연속성을 확보한다. 이런 탄력적 관점을 유지함으로써, 벡과 기든스는 20세기 후반의 현대사회의 문제들을 '위험사회(risk society)' 개념과 '탈전통사회(post-traditional society)' 개념으로 포착하고 근대/포스트모던이라는 양자택일의 이론적 궁지에 갇히는 대신, 시대적 과제를 새로운 각도에서 조망하는 데 성공하고 있다. 바우만은 포스트모던 사상과 많은 내용을 공유한다. 그는 특히 홀로코스트의 분석을 통해서 진보와 해방 그리고 이성의 거대서사의 암울한 이면을 직시한 바 있다. 그러나 그가 소위 '액체적(liquid)'이라는 형용사를 사용하면서 포착한 20세기 후반의 당대 사회의 모습들에 대한 이론적 소묘들은, 변화를 긍정적으로 파악하는 포스트모더니스트들과 달리, 현대사회의 액체성과 가치의 휘발이 가져온 혼돈과 고통을 비판적으로 응시하고 있다. 이런 점에서 그의 '액체 근대성(liquid modernity)' 개념 역시, 근대성과 탈근대성 중, 어느 하나를 선택하는 것이 아니라, 양자 모두에 거리를 두면서 새로운 이론적 입장을 확보하고 있다는 점에서 벡, 기든스와 유사한 입장으로 묶인다 할 수 있다.

1) 이 글에서는 reflexive라는 용어를 경우에 따라서는 '재귀적'으로, 다른 경우에는 '성찰적'으로 번역하고자 한다. '재귀적'이라는 용어는 주로 근대성의 발전경로와 같은 거시적 차원에서 초기근대의 성과가 문제로서 회귀하는 사기복귀 과정을 가리킬 때 사용한다. '성찰적'이라는 용어는 개인 행위자가 자신 행위의 근거를 되돌아보는 과정을 가리킬 때 사용한다.

3. 기초 개념들

1) 위험사회

울리히 벡은 역사적 시간의 흐름을 직선이 아닌 재귀적 원환운동으로 파악한다(벡, 1998a: 35). 근대성은 자동적으로 탈근대로 이월되는 대신, 자기 자신에게 되돌아온다. 근대성은 두 번 반복된다. 그 첫 번째를 그는 산업사회라 부르고, 그 두 번째를 그는 위험사회라 부른다. 산업사회로부터 위험사회로 진행하는 과정을 그는 '재귀적 근대화(reflexive modernization)' 라는 개념으로 포착한다. 재귀적 근대화는 근대성의 결과가 근대성의 전개 그 자체에 하나의 문제로서 급진화되어 나타나는 과정을 가리킨다. 그것은 이를 테면, 호르크하이머와 아도르노가 불길한 어조로 이야기한 바 있는 '계몽의 변증법' 의 과정이다(호르크하이머 · 아도르노, 1995; 벡, 1998b: 89-90). 이들이 지적한 것처럼, 20세기는 19세기의 꿈이 악몽처럼 실현되는 역사의 아이러니를 보여준다. 세계대전과 홀로코스트는 엄밀히 말하면 순수한 광기나 비합리성의 발현이 아니었다. 그것은 오히려 근대적 이성이 자신 논리의 극점으로 치닫게 되면서 발생한, 죽음과 살상의 '합리적' 대량생산에 다름 아니다. 근대적 이성의 간판인 과학의 진보가 결국 핵무기의 개발을 통한 집단절멸로 귀결되었고, 합리성의 조직적 형식인 관료제는 수용소라는 최첨단 관리시스템으로 변질된다. 계몽은 진보가 아니라 재귀적 운동 속에서 신화적 암흑으로 회귀한다(바우만, 2013).

울리히 벡이 20세기 후반에 발견하는 문제적 사회현상들의 핵심에는 이와 같은 근대성의 변증법이 있다. 근대성의 전진은 근대성이 이룩한 모든 것들에 대한 아이러니한 위협으로 다시 재귀한다. 그것이 바로 '위험사회' 의 개념에 담긴 의미이다. 1986년에 벡은 『위험사회』를 출판하여, 당대성을 '리스크(risk)'라는 날카로운 동시에 호소력 있는 개념으로 관통하면서, 수많은 사회현상들을 이해하고 설명할 수 있는 이론적 프레임워크를 제공한 바 있다. 위험사회 개념이 보여주는 설명력의 기초에는 서구사회가 1980년대 중반 이후 체험하게 되는 거대 재난에 기인하는 집합적 불안감이 존재한다. 그것은 핵겨울(nuclear winter), 쓰리마일 섬(Three Mile Island)의 원전사고(1979년), 체르노빌 원전사고(1986년), 가슴 임플랜트를 비롯한 다양한 재생산 테크놀로지와 바이오테크놀로지의 확산, 오존층 구멍의 발견(1985년), 온실 여름, 에볼라 바이러스와 광우병(BSE), 에이즈의 확산, 챌린저 호 사고, 라인강의 오염 등 국민국가의 차원을 벗어나는 지구적 환경재앙에 대한 불안에 뿌리를 내리고 있었다(Ungar, 2001: 272-273).

그에 의하면, 리스크 개념은 초기근대와 후기근대를 가르는 가장 중요한 지표를 제공한다. 초기근대 즉 산업적 생산이 가장 중요했던 19세기 후반의 근대성에서는, 재화(goods)의 생산과 분배, 그리고 이를 사회적 수준에서 결정하는 계급위치가 가장 중요한 사안이었다. 그러나 20세기 후반의 후기근대 즉 위험사회에서 이보다 더 중요한 것으로 간주되는 것은 바로 리스크의 생산과 분배이다. 리스크는 계급이나 인종, 국경 혹은 문화 등의 초기근대적 차별화의 범주들을 벗어나 말 그대로 세계적 수준에서 유통된다. 위험사회로 접어든 후기근대성의 특징은 더 많은 재화(goods)에 대한 욕망이라기보다는 더 적은 재난(bads)에 대한 갈망이다. 계급사회의 희망이 "모든 사람이 파이를 나누어 먹고 싶어하며 또 그래야 한다는 것"이라면 위험사회이 꿈은 "모든 사람이 중독되지 않고 살아야 한다는 것"으로 요약된다(벡, 1997: 97). 벡은 이렇게 쓴다. "계급사회의 동력은 다음과 같은 표현으로 요약될 수 있다. 나는 배고프다! 다른 한편 위험사회에서 작동하는 운동은 이런 식으로 표현될 수 있다. 나는 불안하다(Ich habe Angst)! 불안의 공동성(Gemeinsamkeit der Angst)이 필요의 공동성의 자리를 차지한다"(벡, 1997: 98).

벡이 말하는 리스크는 물리적으로 손상을 입히는 사건인 위해(danger)와 달리, "근대화 자체가 유발하고 도입한 위난(hazards)과 불안정(insecurity)을 다루는 체계적인 방식"으로 이해된다(벡, 1997: 56). 이런 점에서 벡의 위험 개념은, 언제나 인간의 안전을 위협해 왔던 실재적인 재난을 가리키는 것이 아니라, 하나의 의미론적 구성물, 즉 사회적 행위자가 현실을 파악할 때 활용하는 인지적 틀에 더 가깝다.[2] 『글로벌 위험사회』에서 벡은, 바로 이런 의미에서 리스크를 "한 사회를 작동시키는 동력학의 관습적인 인지방식과 사고방식"으로 정의하고 있다(벡, 2010: 22).[3] 후기근대 사회가 위험사회라는 것은, 20세기 후반의 사회가 과거의 사회보다 더 위험하다는 것을 의미하지 않는다. 위험사회는 '위험한 사회'가 아니라, 삶의 다양한 문제들이 합리적으로 계산되고 통제될 수 있다는 믿음과 사고방식이 지배하는 사회를 가리킨다. 따라서 위험사회는 '무엇이 위험한가'라는 질문에 대한 권위 있는 해답을 놓고 과학, 시민사회, 여론 등이 경합을 벌이면서, 리스크/안전의 사회적 합의를 찾아나가는 사회이다. 핵발전소나 오존층의 파괴 가능성도 리스크로 인지되지만, 후기근대는 삶의 거의 모든 측면들을 리스크로 전환시킨다.

그 핵심에 '개인화(individualization)' 현상이 존재한다(Beck and Beck-Gernsheim, 2002). 개인화는 후기근대의 개인들이 초기근대의 강력하던 제도적 장치들로부터 해방되면서, "개인으로서 그 또는 그녀 자신이 생활세

---

2) 벡의 위험개념이 구성주의적이라기보다는 실재론적 함의가 강하다는 지적에 관해서는 다음을 참조할 것(Dean, 1999: 136; Scott, 2000: 38).

3) 사회학에서 위험개념의 다양성에 대해서는 다음을 볼 것(Renn, 1992: 67 이하). 위험에 대한 구성론적 관점으로는 특히 니클라스 루만(Niklas Luhmann)이 대표적이다. 그는 1991년에 출판된 『위험의 사회학(*Sociologie des Risikos*)』에서 이렇게 쓴다. "어떤 손상이 결정의 결과로 보인다면, 즉 결정에 책임이 귀속된다면, 우리는 그것을 위험(Risiko)이라고, 결정에 의한 위험이라고 부른다. 그렇지 않고 어떤 손상이 외부에서 유발된 것으로 보인다면, 즉 환경에 책임이 귀속된다면, 우리는 그것을 위해(Gefahr)라고 부른다"(Luhmann, 1991: 30).

계에서 사회적인 것의 재생산 단위가 되는" 현상을 가리킨다(벡, 1997: 214). 개인화의 경향은 나의 존재의 근원을 직장과 가족으로부터 분리시킨다. 즉 내가 나인 것은, 내가 특정 직업(계급)에 속한 자이거나, 내가 누구의 아들(아버지)이어서가 아니다. 나는 그저 나이다. 가족의 해체와 노동시장의 안정성이 와해된 후기근대적 상황에서 개인화의 현상은 한 인간이 사회적 삶을 살아나가는 모든 공적 · 사적 생애의 국면들을 리스크로 재구성한다. 나의 탄생, 교육, 성장, 건강, 사랑, 결혼, 가족, 임신, 양육은 이제 '리스크'의 문법으로 포착된다. 말하자면, 그것은 삶을 사는 자연스런 과정이 아니라, 합리적으로 통제, 계산, 예측되어야 하는 프로젝트가 된다. 후기근대는 이처럼 리스크로 충만한, 모든 것이 리스크의 문법에 포섭된 시대로 나타나며, 이 과정에서 초기 근대적 범주들은 대부분 그 효력을 상실한다. 그렇다면 새로운 변화와 대응의 가능성은 어디에서 발견되는가? 벡은 과거의 이데올로기적 정치에 대한 이해로는 이 새로운 문제들에 대한 응전이 불가능하다고 본다. 그가 신뢰하는 것은 위험에 노출된 모든 사람들이 자신들의 불안을 극복하기 위해 연대하여 행동하는 소위 새로운 정치성의 가능성이다.

2) 탈전통사회와 성찰성

고전 사회이론에 대한 충실한 연구에 기초하여, 구조화이론(theory of structuration)을 창안함으로써 거시-미시로 분열된 사회학이론을 통합할 수 있는 가능성을 실험했던 이론가이자, 토니 블레어 총리의 고문 역할을 맡으면서 소위 '제 3의 길'이라는 현실정치의 방향성을 제시해 준 사상가이기도 한 앤서니 기든스는, 20세기 후반의 사회변동에 대해서 역시 매우 중요한 이론적 통찰을 보여준 바 있다(기든스, 1981, 1998a, 1998b). 『포스트모더니티』에서 기든스는 소위 20세기 후반의 사회를 '포스트모더니티'

의 개념으로 이해하려는 일련의 시도를 비판하면서, '급진화된(radicalized) 근대성' 개념을 제안한다(기든스, 1991: 156). 급진화된 근대성은 포스트모더니티에 내포되어 있는 허무주의와 극단적 상대주의, 그리고 역사적 지평의 종언 등에 대한 이론적 비판을 함축한다. 기든스가 '후기근대' 혹은 '고도근대'라 흔히 부르는 이 급진화된 근대의 핵심에는 전통이 겪는 역사적 운명이라는 문제의식이 자리 잡고 있다. 기든스는 '전통'을 이론적 사유의 핵심으로 끌고 옴으로써, 벡이 리스크 개념을 도입하여 효과적으로 묘파한 후기근대의 삶의 양태를 긴밀하게 추적해 내는 데 성공한다. 그렇다면 어떤 의미에서 후기근대성과 전통은 연관될 수 있는가?

고전 사회학은 전통 즉 전근대적인 것과 근대성 사이에 논리적 대립의 관계를 설정한 바 있다. 말하자면 근대는 전통을 살해하고서 비로소 가능한 무엇이다. 그런데 사실 기든스가 홉스봄을 원용하면서 정확하게 지적하고 있듯이, 근대는 단지 전통을 살해한 것이 아니라, 새로운 전통들을 창출하기도 했다(기든스, 1994: 142; 홉스봄, 2004). 근대성과 전통의 이런 제휴의 관계를 사고함으로써 기든스는 19세기 후반에서 20세기 초반에 근대적 인간의 심성구조에 대한 사회학적 접근(막스 베버)과 정신분석학적 접근(프로이트)을 하나의 논리로 이해할 수 있는 근거를 확보한다. 그것이 바로 강박충동(compulsion)으로서의 근대성이라는 테마이다.

잘 알려진 것처럼, 베버는 자신의 『프로테스탄티즘 윤리와 자본주의정신』에서 근대 자본주의의 정신적 생활양식으로서의 '현세적 금욕주의'가 어떻게 일상적 노동의 삶으로부터 의미를 이끌어 내는 인간형을 생산했으며, 바로 이런 인간형이 합리성에 기초한 서구근대 자본주의를 가동시킨 주체였다는 사실을 설득력 있게 보여준 바 있다(베버, 2010). 베버가 묘사하는 근대적 노동윤리의 인간은, 쾌락이나 재화를 획득하기 위해 노동하는 배금주의자가 아니라, 노동 그 자체를 위해 노동하는, 강박충동(compulsion)에 사로잡힌 인간이다. 그는 끊임없이 노동을 반복하며, 그것으로부터 자신의 존재이유를 발견한다. 베버의 시선에 비친 이 금욕적 강박증자로서의 근대인은 병리적인 무언가를 내포하고 있다. 기든스는 이와 유사한 현상을 프로이트가 분석하는 근대적 인간의 심리상태 속에서도 발견할 수 있다고 말한다. 그에 의하면, 프로이트의 정신분석학의 핵심 통찰은 "현재의 활동 속에서 우리들은 지속적으로 (대개 무의식적인 방식으로) 과거를 반복 재현한다"는 것이다(기든스, 1994: 105). 프로이트의 환자들은 자신들의 유년기의 상처를 하나의 운명처럼 반복하여 살고 있다. 1차 세계대전에서 돌아온 외상성 신경증 환자들 역시 꿈속에서 자신들의 상처를 반복한다. 베버와 프로이트가 본 근대성의 핵심에 존재하는 이 강박적 반복의 의미는 무엇인가?

전통사회에서 모든 것은 반복이었다. 그리고 그 반복은 의미에 충만한 것이었다. 그런데 베버의 강박증자의 반복적 노동행위는 근대성에 고유한 의미상실과 깊은 연관을 갖는다. 이는 프로이트의 경우에 더욱 두드러진다. 반복행위는 그에게는 하나의 의학적 '징후(symptom)'로 나타난다. 전통은 근대성 속으로 접어들면서 의미를 잃고 증상으로 전환된다. 그러나 양자 모두에게서, 전통의 반복성이 완전히 무의미로 변질된 것은 물론 아니다. 왜냐하면, 베버의 경우에 그 강박적 노동윤리는 '합리성'이라는 최소한의 의미구성 요건에 포섭되어 있으며, 프로이트에게 역시 증상의 의미는 정신분석의 '합리적 과정'을 통해 그 의미를 드러낼 것이기 때문이다. 전통세계의 의미 있는 반복은 초기근대의 무의미한 반복으로 대체된다. 그리고 근대성의 심화는 이 무의미한 반복을 결국 중독(addiction)이라는 새로운 개념으로 해체시켜 버린다. 중독이란 무엇인가? 그것은 의미 없는 반복이 극단화됨으로써, 여하한 의미의 구출 가능성도 차단된 형태를 가리킨다. 중독된 행위자는 자신이 그렇게 행동하지 않겠다고 아무리 애를 써도, 다시 중독의 대상에 반복적으로 빠져든다. 기든스에 의하면, "오늘날 우리들이 무엇인가—삶의 양식 중 어떤 측면이 되었건—에 중독될 수 있다는 가능성"이 보여주는 것은 "전통이 광범위하게 소멸되고 있다는 것"이다(기든스, 1994: 112, 1995: 127). 약물, 알코올, 커피, 일, 운동, 스포츠, 섹스, 컴퓨터, 인터넷 등, 후기근대적 일상을 둘러싼 거의 모든 것들은 인간을 중독자로 만들 수 있는 가능성을 갖고 있다. 후기근대의 인간은 '중독'과의 일상적 싸움을 벌이고 있다. 그 근저에는 인간의 삶을 반복 속에서 의미 있는 것으로 만들어 주던, 존재론적 안전감(ontological security)의 보호고치 역할을 해 주던 전통이 소멸한다는 사회변동이 존재하는 것이다.

이것이 바로 후기근대성의 논의 속에서 성찰성(reflexivity)의 테마가 그토록 중심적인 위치를 차지하는 이유이다. 전통이 거의 소멸되어 버린 후기근대적 상황 속에서, 자아는 자신의 삶의 궤도를 구성하는 다양한 상황들 속에서 일종의 주권적 판단을 내려야 한다. 스스로가 자신의 삶을 성실하게 성찰적으로 관리하고, 기획하고, 통제하지 못한다면 그는 쉽게 중독에 빠지게 된다. 바로 이런 맥락에서 기든스는 다음과 같이 쓰고 있다. "그러므로 중독은 후기근대에 와서 자아의 성찰적 기획이 무대의 중앙에 등장하게 되는 정도를 보여주는 부정적 지표(negative index)이다. 중독은 자아의 성찰적 기획에 침입해 들어와 아마도 많은 결과를 불러일으키지만 그러나 그 기획에 얽매이기를 거부하는 그런 행동양식들이다. … 중독은 미래를 식민화하지 못하는 무능력이며, 바로 그렇기 때문에 오늘날 개인들이 성찰적으로 대처해야 할 주요 관심사들 중의 하나를 위반하는 것이 된다" (기든스, 1995: 129).

기든스가 말하는 성찰성은 후기근대의 자아, 순수한 관계, 사랑과 섹슈얼리티, 그리고 민주주의로서의 친밀성 등의 영역에서 핵심적 키워드로 작용하고 있다. 후기근대는 전통이 발휘하던 타율적 조정 가능성과 의미 부여 기능이 현저히 감소한 시대이다. 바로 여기에 후기근대성의 위험이 존재한다. 기든스의 비유에 의하면, 근대성은 '크리슈나의 수레(juggernaut)'처럼 맹목적으로 진화해 가고 있다. 문제는 그 방향과 속도를 통제할 수 없다는 것이다. 기든스는 이 문제를 해결할 수 있는 가능성을 후기근대가 가져온 위험의 핵심에서 역설적으로 찾아낸다. 즉, 후기근대는 탈전통사회를 심화시킴으로써 개인의 성찰성을 강조하는데, 바로 이 과정에서 개인의 삶 전체의 사소하고 사적인 차원들이 하나의 생활정치(life-politics)로 재구성되는 변용이 발생하는 것이다. 그것은 인간의 실존과 정치의 새로운 만남이다. 후기근대는 과연 생활정치의 깨어남을 통해서 그 광폭한 속도와 맹목성을 제어할 수 있는 가능성을 우리에게 제공할 것인가? 기든스는 이 질문을 오랫동안 고민하고 있다.

3) 액체근대

폴란드 출신의 유대인 사회학자인 지그문트 바우만은 1989년에 『모더니티와 홀로코스트』를 펴냄으로써 나치의 인종학살이 근대성과 맺고 있는 근원적 관계를 탐구한 바 있었다(Bauman, 1989). 1990년대에 접어들면서 바우만은 『포스트모던적 윤리』, 『포스트모더니티의 위협』 등의 저서를 통해서 소위 포스트모더니즘에 대한 다양한 성찰을 시도한다(Bauman, 1992, 1993). 이런 점에서 스미스(Dennis Smith)는 바우만을 '포스트모더니티의 예언가'라 부르기도 한다(Smith, 2000). 그러나 바우만은 2000년에 『액체근대』를 저술하여, 근대성에 대한 과거와는 상이한 접근법을 보여주고 있다. '액체적(liquid)'이라는 것은 바우만 이론의 고유한 하나의 메타포이다. 그것은 마르크스와 엥겔스의 저 고전적 언명인 "견고한 모든 것이 대기 중으로 사라신나(all that is solid melts into the air)"로부터 영감을 얻어 나온 것이다(마르크스 · 엥겔스, 1992: 402-403; 바우만, 2005: 9-10).

액체적인 것의 대척에는, 비유적 의미에서 고체적인 것이 있다. 바우만은 벡이나 기든스가 초기근대라 부르는 시기를 바로 '고체근대'라 표현한다. 고체근대란 무엇보다도 사회적인 것에 기초한 계급연대와 제도적 장치들을 구비하면서, 근대성이 그 근원적인 혼란에도 불구하고 개인들의 삶을 예측 가능하고 견고한 제도적 틀에 포섭하는 데 성공한 바로 그런 근대를 가리킨다. 이에 대비하여 사용되는 액체근대에서 세계는 포스트모던 사회 이론이 이야기하는 바로 그런 해체적 성격을 보여준다. 모든 것은 불안정하고, 휘발적이며, 가볍고, 덧없다. 바우만은 이 액체성의 확산이 단순히 문화와 예술, 혹은 기호의 영역이 아니라 삶과 사회 전체에 걸쳐 진행 중인 하나의 사회변동이라는 사실을 강조한다. 바우만이 말하는 액체근대성은 다음과 같은 특징들을 갖는다. 첫째, 견고한 사회적 형식들이 소멸되었다. 따라서 사람들은 장기적 삶의 전략을 세우기가 어려워졌다. 둘째, 국민국가의 기능과 권력이 약화되었다. 국가기관의 기능들이 아웃소싱되고 있다. 셋째, 공동체가 액화되어 해체되었다. 그래서 사회적 관계가 구조에서 네트워크로 전환되고 있다. 넷째, 장기적 시간 속에서 행위되던 것들이 불가능해지면서, 사회적이고 개인적인 삶이 무수한 프로젝트나 에피소드로 분할된다. 다섯째, 개인이 이 모든 불확실의 책임을 지게 된다(바우만, 2010: 7-12).

액체근대의 시대란 기본적으로 삶 자체의 유동성과 불안으로 특징지어지는 시대, 즉 액화된 삶(liquid life)의 시대이다(Bauman, 2005). 액체근대 속에서 시간도 흘러 파괴되고, 분할되어 소멸한다. '액화된 시간(liquid time)' 이 지배한다(바우만, 2010). 모든 견고한 삶의 근거가 녹아 흘러내린다는 것이 외견상 자유의 확장처럼 보이지만, 바우만에 의하면 그것은 실상 공포의 유동성, 액화된 공포의 확산에 다름 아니다. 바우만은 이를 '유동하는 공포(liquid fear)' 라고 부른다(바우만, 2006). 액체근대의 시대에 사랑 또한 액화된다. 친밀성의 모든 관계들, 사랑, 우정, 연대, 그리고 함께함(togetherness) 그 자체가 불확실해진다. 즉 '액체사랑(liquid love)' 이다(Bauman, 2005). 그러나 무엇보다도 가장 중요한 액체성의 영역이 있으니, 그것이 바로 노동의 영역이다. 노동의 영역이 고체성에서 액체성으로 변환된다는 것은, 대다수 인간의 삶이 후기근대에, 근원적 불안에 휩싸이기 시작했다는 것을 의미한다. 바우만은 쓴다. "기실 고체근대는 무거운 자본주의 시대, 상호의존성으로 강화된 자본/노동이 결합된 시대이기도 했다. 노동자들은 생계 때문에 고용된 상태에 의존하고, 자본은 재생산과 성장 때문에 노동자들을 고용하는 데 의존했다. 그들이 결합하는 장소는 하나의 고정된 주소였다. 둘 중 어느 누구도 쉽게 다른 곳으로 옮겨갈 수 없었다. 육중한 공장의 담장들이 감옥 속 두 파트너를 감금하고 묶어두었다. 자본과 노동자들은 경제적 형편이 좋든 나쁘든, 병이 들든 건강하든 간에, 죽음이 그들을 갈라놓을 때까지 결속되어 있었다. 공장이 그들의 서식지인 동시에 참호전을 벌이는 전투장이고 꿈과 희망을 키우는 자연의 집이기도 했다"(바우만, 2005: 233-234).

액체근대의 시대에 붕괴하는 것은, 이처럼 한편으로는 갈등의 장소이지만 다른 한편으로는 상호의존의 장소이자, 평생직장으로서 삶의 안정된 서사를 가능하게 하는 소위 견고한 근대성의 제도적 장치들이다. 이로부터 해방된 개인들은 액화된 시간을 유동하는 자본의 흐름이 이루는 단기적 직업의 명멸하는 체계 속을 부유하게 된다. 이런 분석을 통해서 바우만은 후기근대성을, 포스트모던 사회이론과 달리, 매우 비판적으로 바라보는 시선을 명확하게 하고 있다. 리(Raymond L. Lee)가 정확하게 지적하고 있듯이, 바우만의 액체근대성 개념은 첫째, "포스트모더니즘의 한계를 극복하고," 둘째 "제도적 안정성이라는 근대적 문제를 다시 궤도에 올려놓으려는" 목적을 분명하게 보여주고 있다(Lee, 2006: 357). 이런 점에서 액체근대성은 후기근대적 전환의 중요한 부분을 구성한다. 액체근대는 문제적이다. 그것은 새로운 고통과 위기와 문제의 시대이다. 프랑스인들이 불안정성(précarité)이라 부르고, 독일인들이 불안정성(Unsicherheit)이라 부르며, 이태리인들이 불안(incertezza)이라 부르고, 또한 영국인들에 의해 불안정성(insecurity)이라 불리는 사회적 삶의 취약성, 이것이 액체근대성의 핵심인 것이다(바우만, 2005: 255-256). 진정한 문제는 이 문제들에 대한 해답이 쉽게 발견되지 않는다는 것이다.

바우만은 쉽게 답을 제시하기보다는 사회에 대한 근본적 질문을 지속적으로 던지는 편에 선다. 그는 부르디외를 인용하면서, 삶의 고통의 원리를 이해한다고 해서 그 원리를 무력화시키는 것은 아니라는 점을 명확히 한다. 그는 이렇게 쓴다. "사회학을 하고 사회학에 관한 글을 쓰는 것은 다른 방식으로 함께 살되, 덜 불행하게 혹은 전혀 불행하지 않게 살 가능성, 나날이 억제되고 간과되고 믿지 않게 된 이 가능성을 발견하는 데 그 목적이 있다"(바우만, 2005: 343-344). 바우만에게 사회학은 액체근대의 문제들과 드잡이하는 이론적이고 실천적인 삶의 형식에 다름 아니다.

4. 결 론

이론이란 그리스어 어원을 살펴 말하자면, 하나의 관조(contemplation)이다. 이론은 실천이 아니라 바라봄이며, 개입이 아니라 이탈이다. 이론은 정신의 눈(眼)을 통한 세계와의 최소접촉이고, 그 배후에서 만상의 원리를 사변하고 궁구하려는 상징의 삶이다. 그리스인들이 '테오리아(theoria)' 라 부른 것은 바로 이와 같은 사유의 정관적 차원을 가리킨 것이다. 근대에 형성된 사회이론은 이런 점에서 보면 다음과 같은 두 가지 점에서 자기 배반적인 성격 혹은 반(反)이론적 성격을 갖는다.

첫째, 사회이론은 자신의 본령인 사회적 현실을 단지 관조하는 데 그치지 않고, 그것과의 적극적인 실천적 관계를 구성하고자 하는 규범적 태도를 보여준다. 마르크스의 표명대로 문제가 세계를 "해석하는 것"이 아니라 세계를 "변화시키는 것"(마르크스, 1992: 189)이라는 암묵적 에토스는 주요한 사회학이론들의 저변을 일종의 복류처럼 흐르고 있다. 생시몽과 콩트가 꿈꾼 진보된 사회에의 희망에 기초한 사회발전론, 마르크스의 역사적 유물론과 해방된 사회에의 열망, 뒤르켐의 '직업집단론'에 내포된 자유와 평등이 공존하는 공화국에의 지향, 하버마스의 의사소통행위이론이 암시하는 소통적 합리성과 생활세계의 회복에의 지향이 그것들이다. 실천(praxis)의 지평을 이론 외적 관심으로 제거하는 대신, 그것을 이론적 사유의 핵심에 다시 불러오는 이런 급진적 태도는 왜 뛰어난 사회이론들이 소위 당대 현실에 대한 가장 날카롭고 뛰어난 시대진단으로서 기능해 왔는지를 역설적으로 증거한다(쉬만크 외, 2011).

둘째, 사회이론의 반이론적 성격은, 그것이 시간 속에서 특정 사회가 변화해 가는 양상에 매우 민감한 감수성을 보여 왔다는 점에서 찾아질 수 있다. 사회이론은 19세기 서유럽의 역사적 지각변동의 중심, 환언하면 정치 · 경제 · 사회 · 문화의 총체적 혁명상황의 한복판에서 발생했다. 만일 이론이 순수한 관조라면, 관조는 운동 속의 부동성(不動性)을 지성적으로 추출하는 과정이다. 관조 속에서 드러나는 것은 어떤 본질, 이념, 원형이기 때문이다. 환언하면 이론이란 '변화 속에서도 변화하지 않는 사태의 진상(眞相)'을 찾는 것이다. 그러나 "모든 견고한 것이 대기 중으로 증발되는" 근대성 고유의 역동을 이론적으로 해명하는 것을 자신의 과제로 설정한 이상, 이론 고유의 정적 침잠은 사회이론에게는 오직 제한적으로만 허용될 수 있게 된다. 19세기 이후 현재까지 약 200년 동안 전개된 삶의 전반적 '근대화'는 공적 영역과 사적 영역 모두에서 발본적인 변화를 야기하였다. 사회학이론은 이 변화의 기원/원인과 구조 그리고 미래를 다양한 방식으로 규정, 탐구한다. 사회학은 근대사회의 가장 중요한 자기관찰의 형식이다(베르크하우스, 2012: 63-66).

이런 점에서 후기근대적 전환의 이론가들은 사실 일반이론으로서의 사회학이론의 야심과는 다소 거리가 있다. 파슨스의 웅장한 이론체계나 루만의 거대이론(Supertheorie)과 이들의 이론은 큰 차이를 보인다. 이들에게는 이론의 구축이 가장 중요한 관심사가 아니라, 이론을 통해서 현실의 변화를 포착하고, 설명하고, 예측하는 것이 더 중요한 일로 보인다. 그런 점에서 후기근대적 전환은 사회이론에게 부과되는 가장 중요한 사회적 과제의 한 차원과 가장 긴밀한 수준에서 연결되어 있다고 할 수 있다.

제 8 장

포스트모던 전환

| 김문조(고려대) |

1. 논의 배경 및 구성

근자에 문화예술 영역은 물론이요 언어학, 철학, 정치학, 사회학 등 인문사회 연구 전반에서는 지난 수세기간 인류 정신사를 지배하여 온 서구 근대성이 그 종말을 예고하는 포스트모더니즘의 도전에 직면해 사상적 혼돈이 초래되고 있다. 포스트모더니즘은 1960년대 초 미국의 대학가와 예술계에 등장한 '예술 포스트모더니즘' 및 1970년대 중반 이후 프랑스를 중심으로 한 유럽학계에서 풍미하기 시작한 '학술 포스트모더니즘'으로 나누어진다(Berman, 1992). "경계를 가르고 간극을 좁힌다(Cross the border, close the gap)"는 명제로 대변되는 예술 포스트모더니즘은 전통적 양식에 집착하던 과거의 진지한 예술과는 달리, 산업사회의 새로운 소재·구성·제재·기법 등을 작품에 구사해 예술을 대중의 광장으로 끌어내려는 일련의 표현양식을 의미한다(강내희·정정호, 1989). 반면 학술 포스트모더니즘은 근대적 가치의 시효만료를 고하는 담대한 선언을 표방한 새로운 지적 조류로서, 지난 2, 30년간 우리의 사회문화적 환경이 근대적 인식 패러다임으로는 이해되기 어려운 새로운 국면으로 전환되었다는 위기감의 산물이라고 할 수 있다(김성기, 1991).

오늘날의 시대상황에 관해서는 과거와의 질적 단절이나 불연속을 강조하기보다 계몽적 과업을 보다 철저하게 수행해야 한다는 포스트모더니즘론 외에, 미진한 근대적 과업이 보다 철저히 완수되어야 한다는 모더니즘론(Habermas, 1981)이나 보다 적극적인 진보 방안을 주장하는 급진모더니즘론 등 다양한 입장들이 병존한다(기든스, 1991). 그러나 변화된 사회질서에는 새로운 의식이 도출되어야 함을 역설하는 포스트모더니즘론은 기존 관점들을 당면한 사회적 위기나 모순을 통찰할 수 없는 낡은 견해라고 공박하면서, 후기산업사회 혹은 후기자본주의사회 등으로 표현되는 새로운 사회현실에 상응한 새로운 인식론 및 방법론을 제안한다(김욱동,1990). 사회 이론의 포스트모던적 전환을 집중적으로 검토해 보고자 하는 이 장에서는 학술포스트모더니즘의 인식론적 기초를 제공한 자크 데리다와 사상적 개척자 미셸 푸코, 본격 이론가인 장 푸랑수아 료타르 및 이론적 완결자로 불리는 장 보드리야르의 이론들을 중점적으로 소개한 후, 포스트모던 사회 이론의 함의와 한계점을 논의해 보고자 한다.

2. 자크 데리다

보편적 진리나 가치를 추구해 온 플라톤 이후의 철학적 전통인 이성 중심적 사고를 결연히 해체할 것을 주장하는 자크 데리다(Jacque Derrida)는 서양철학사의 주류를 벗어난 이단적 존재로, 포스트모더니즘의 인식론적 기반을 확립한 인물로 꼽힌다. 물론 다양성, 복합성 및 불확정성 등이 오늘날의 시대적 특징인 만큼, 지적 전통에 도전하는 해체론적 발상을 데리다 개인에게 전가시킴은 부당하다고 본다. 해체주의적 사고는 계몽적 가치의 몰락을 예기한 니체는 물론이요 하이데거, 짐멜, 베버 및 아도르노의 저작에서도 널리 간파할 수 있기 때문이다(Smart, 1993). 하지만 데리다는 '텍스트' 개념에 기초해 사회구조나 심리구조의 차원을 넘어선 사유체계의 양가성(ambivalence) 논쟁에 의거, 다원적 사고를 기본으로 하는 포스트모더니즘 인식틀을 축조하는 데 결정적으로 기여한 학자로 평가되고 있다(김형효, 1993).

데리다는 정치적 · 사회적 · 철학적 담론으로서 정의되는 텍스트를 해체의 실천장으로 규정한다. 텍스트의 해체를 통해 현실세계의 양가성, 요컨대 사물의 중층적 결합이나 내부적 모순들이 드러난다는 것이다. 통상적으로 텍스트는 언어가 의사소통의 수단이라는 전제에 기초해 있다. 이 같은 전제하에서는 머릿속 생각에 본질적 가치가 부여되는 반면, 언어는 의사소통의 도구로 폄하된다. 이러한 사고방식을 데리다는 '로고스중심주의(logocentrism)' 라고 칭한다. 개인의 체험이 로고스라는 형이상학적 구성(정신, 이성, 관념 등)의 주변에 위치하기 때문이다(Derrida, 1978).

로고스란 "자연질서의 내재적 이법"을 지칭하는 말이나(Harland, 1987: 146), 요즈음은 인류의 손길이 미치지 못하는 미지의 세계를 통어하는 합리적 작동원리를 뜻하는 용어로 널리 사용되고 있다. 따라서 로고스중심주의는 텍스트의 자의적 편력을 제어하는 기능을 수행한다. 즉, 로고스중심주의는 지식의 안정성, 정당성을 담보하는 형이상학의 요체로 텍스트 구성에 구심적 역할을 담당해 왔다(Derrida, 1978).

일찍이 로고스중심주의가 사회과학계에 널리 풍미해 왔음을 간파한 엘리아스는 자기 통제의 강화로 이해될 수 있는 문명화가 장기간 진행되어 온 결과 지식에 관한 이론은 지식의 주체(subject of knowledge)보다 지식의 객체(object of knowledge)에 더 큰 관심을 갖게 되었다고 주장한 바 있다(Elias, 1978). 데리다 역시 문명화의 결과 인문사회적 개념에 정형화된 인식틀이 덧씌워져 비판적 사유의 역량이 나날이 약화되어 왔다고 말한다. 따라서 해체를 통해 데리다가 목표했던 것은 로고스중심주의라는 형이상학적 덫의 탈피라고 할 수 있는데, 수행 가능한 해체의 절차로 그는 통념이나 논리의 틀에서 벗어난 텍스트의 비판적 독해를 주장하며, 그 구체적 방안으로 반전(overturning)과 혼유(metaphorization)의 이중적 전략을 제안한다(Derrida, 1981).

해체의 첫 단계는 그 같은 획일적 차등성을 반전시켜 보는 일이다. 반전이란 문장배열이나 영상기법 같은 경우에는 물론이요 정권교체, 학설번복, 역전승 등 우리 생활 주변에서 널리 찾아볼 수 있는 현상이다. 이렇듯 이항체계의 상위요소는 하위요소에 의해 반전될 수 있을 뿐 아니라 재반전될 가능성을 안고 있는 것이므로, 일련의 반전에 의해 기존 텍스트는 비판적으로 해독될 수 있다고 데리다는 주장한다.

하지만 이러한 자리바꿈은 변별대립의 원형 자체를 해체하는 수준에 이르지 못하는 것이기에 데리다는 혼유라는 또 하나의 해체전략을 추가한다. 그는 긍정적 현상은 항시 부정적 현상과의 대비를 통해 규정될 수 있다고 천명함으로써 대당적 요소들 간의 교호성을 강조한다. 예컨대 문명이라는 개념은 야만이라는 개념과의 관계성하에서 성격이 드러나는바, 이는 곧 특정 현상은 혼유적 인식을 가능케 하는 비판정성(undecidability)을 본질로 하고 있다는 결론으로 이어진다(Norris, 1987).

유아론 대 유물론, 혹은 명목론 대 실재론 등을 주제로 한 종전의 인문사회과학 논쟁은 인간세계의 공간적 구분을 작위적으로 강조함으로써 '주체로서의 자아' 대 '객체로서의 사회'라는 부절적 사고를 강화시켜 왔다. 하지만 인간심리에 미치는 물질세계의 효과나 현실구성에 대한 자유의지의 영향 등을 감안할 때 주체와 객체, 나와 남, 안과 밖과 같은 이항대립은 동질성보다 이질성을 지나치게 과장한 독단적이고도 비현실적 사고임에 분명하다. 따라서 반전과 혼유라는 새로운 텍스트 분석전략을 통해 사물의 비판정적 속성을 있는 그대로 식별할 수 있는 인식틀을 확보, 그를 통해 복잡성을 더해 가는 오늘날의 현실을 올바로 통찰하자는 것이 데리다 해체이론의 기본 목표이자 전략이다.

텍스트의 해체성을 논할 때 데리다가 제시하는 것이 차이(difference)와 차연(differance)의 구분이다. 반전과 혼유를 설명하는 과정에서 드러나고 있듯, "같거나 다름"에 대한 데리다의 시각은 극히 섬세하고 특이하다. 사물의 특성을 비교할 때 '차이'가 있다고 이야기함은 곧 위계적 이항대립이 전제된 로고스중심주의적 인식틀하에 화해불가한 질적 차이를 식별할 수 있음을 뜻한다. 그러나 차연(차이의 연기)이라는 용어를 통해 데리다는 텍스트상의 의미는 이항대립체계와 같은 단일척도로 구분될 성질의 것이 아니라 한쪽 요소의 의미가 유보된 상황에서 스스로 드러나는 것이라고 말한다(Derrida, 1973).

차연이라는 개념의 이면에는 동일성(sameness) 의미가 전제되어 있다. *A*와 *B* 간의 차연적 비교는, 따라서 *A*냐 *B*냐를 가리는 것이 아니라 *A* 대 non-*A*, 또는 non-*B* 대 *B*라는 상동적 속성들의 존재와 부존재로써 판별된다는 것이다. 우리에게 친숙한 남녀의 구분을 사례로 생각해 보자. 로고스 중심주의적 입장에 따르자면, 성은 남자는 남자요 여자는 오직 여자일 뿐이라는 상호배척적 범주로 인식된다. 하지만 반(反)로고스주의적 시각에서는 남녀 각자 남성성 및 여성성을 공유하는 존재로 인식하는 양성적 시각(androgynous perspective)으로 이해될 수 있다는 것이다.

무존재의 판단이 유보된 조건에서 개념적 차이를 논하는 차연의 논리는 새로운 증거가 출현함에 따라 텍스트가 얼마든지 변경될 수 있다는 개방성 · 과정성을 내포한다. 숨겨진 과거사가 밝혀짐으로써 사랑이 증오로 변하고, 복용방식에 따라 극약이 명약이 되는 이치는 바로 그러한 차연적 효과를 실증하는 일상적 사례라고 할 수 있다. 모든 텍스트가 개별성과 통합성이라는 모순적 성격을 함유한다는 데리다의 관점은 다음과 같은 그의 진술에서 명료히 드러난다.

> "두 개의 텍스트, 두 개의 손, 두 가지 관점, 두 가지 논리. 이들은 동시에 섞이며 나누어진다"(Derrida, 1972: 75).

3. 미셸 푸코

미셸 푸코(Michel Foucault)는 초기 저작에서 인간심리, 신체 및 지식의 문제가 서구사회에서 정신분석학, 의학 및 인문학으로 체계화된 과정을 집중적으로 탐구했다. 박사학위 논문에 근거한 초기 저작 『광기와 문명』에서 푸코는 서구 사상계에서 광기에 대한 관념이 "이성의 시대"를 전후해 어떻게 변모해 왔는가를 분석한다. 17세기 중엽 범법자들은 당시 새로 지어진 수용소에 유폐되어 살아가야 하는 사회적 단절을 감수해야 했다. 그러나 18세기 말 사회적 이단자들을 다루는 새로운 방법의 하나로 정신분석학적 지식이 발전되면서 두뇌가 인간의 여타 신체기관과는 구별되는 특수영역으로 취급되어 광기를 학문적 탐구대상으로 삼는 전문가집단이 출현하게 되었다(Foucault, 1977).

이 같은 정신병치료의 발전사를 집약적으로 다룬 푸코의 저술이 『병원의 탄생』이다. 그것은 정신학 전문가임을 자처하는 사람들이 자기들 고유의 담론에 근거해 권위를 획득해 나아가는 내용을 주제로 한다(Foucault, 1977). 이러한 초기 저술에서 행사된 접근법을 푸코는 '고고학(archeology)'이라 칭하면서 『사물의 질서』에서 그것을 방법론적으로 더욱 진전시키고자 했다.

푸코는 분산된 담론체계에 내재한 일련의 진술이나 규제를 발견하는 것이 고고학의 임무라고 말한다. 즉 그의 고고학적 방법은 담론의 불연속성을 전제하되, 분산된 담론의 조각들을 주워 모아 재구성함을 목표로 한다. 인류의 지식은 계몽적 진보관이 지시하듯 단일행로를 따라 이행하는 것이 아니라 상이한 시대로 흩어져 파편적으로 존재하기 때문에 복원(archive)이라는 인식절차가 요청된다는 것이다(Foucault, 1977). 그런데 이 같은 복원과정에서는 담론내용만이 문제될 뿐, 누가 이야기했느냐는 담론의 주체는 문제시되지 않는다. 이렇듯 "주체의 상실"을 예고한다는 점에서 푸코는 구조주의자로 분류되곤 한다. 푸코는 자신이 구조주의자로 간주됨을 달갑게 여기지 않았으나, 이론화과정에서 주체가 주변화되고 있음을 감안하면, 초기 푸코는 구조주의자로 구분되어 마땅하다고 본다.

1960년대 후반에 들어서면서부터 푸코는 담론의 복원에 대한 문제 대신 담론체계의 외각에서 담론에 영향을 끼치는 권력문제에 관심을 기울이게 된다(오생근, 1985). 권력에 대한 푸코의 관심은 1970년 콜레주 드 프랑스에서 행한 교수취임 강연으로 소급할 수 있다. 당시 그는 "사회에서 지식이 형성되는 방식, 다시 말해 지식이 평가되고 할당되는 방식에 미치는 권력의 영향"을 역설하면서 추후의 연구는 지식과 권력 간의 관계를 논하는 계보학(geneology)이 될 것임을 예고했다.

푸코가 고고학 연구를 보완하기 위해 계보학에 전념함으로써, 그의 후기 저작에서 고고학은 계보학적 분석에 포섭당하게 된다(Dreyfus and Rabinow, 1982). 계보학이란 권력과 지식의 상호작용, 보다 정확히는 지식의 제 형태가 권력에 지배당하는 과정을 분석하려는 것으로, 고고학의 경우와는 달리 계보학적 접근에서는 이론보다 실천의 중요성이 부각되며, 실천은 외부적 관찰이 아닌 내재적 시각에서 분석된다.

계보학은 고고학과 마찬가지로 현상의 파편성을 강조한다. 하지만 심층을 파들어가려는 고고학적 탐사와는 달리 계보학은 표출적 · 가시적 현상을 상대적으로 중요시한다. 이는 현실이 반드시 본질을 품안에 숨겨놓는 것이 아니라는 이유에서 그러하다. 그러나 푸코는 현실에 관한 우리 지식은 경험적으로 포착될 수 있는 것일지언정 기존의 권력관계에 의해 크게 왜곡되어 있다고 말한다. 지배집단의 압력에 의해 지식체계는 기존 권력관계에 따라 구조화하게 된다는 것이다(Foucault, 1977).

『감시와 처벌』에서 푸코는 과거 서구역사에 나타난 두 가지 대표적 형태의 지배양식—전통적 지배양식과 규율적 지배양식(traditional and disciplinary modes of dominaton)—을 대비한다. 전통적 지배양식의 구체적 사례로 그는 1757년 3월 다미앙에서 진행된 국왕살해범 처형기록을 제시한다. "살점을 태우고 사지를 가르는" 처참하기 이를 데 없는 당시의 처벌은 은밀하기보다 공개적이었고, 정신적이기보다 육체적이었으며, 문명화된 것이라기보다 야만적이었다. 그러나 18세기 전환기에 이르러 고통 위주의 육체적 처벌에 관한 사람들의 관심이 적어지기 시작하면서 전통적 지배양식은 규율적 지배양식으로 대체되어 정신 위주의 처벌이 성행하게 되었다는 것이다. 따라서 푸코는 오늘날 사회질서는 경찰과 같은 가시적 통제기구가 아닌 수용소 내의 은밀한 교도기술에 의해 유지되고 있다고 주장한다(Foucault, 1977).

한편, 『성의 역사』에서 푸코는 권력이 성을 어떻게 타락시켰는지를 규명한다. 성은 17세기까지는 거의 은폐되지 않았다고 한다. 성관련 행위들이 비밀스럽지 않았고, 외설, 풍기문란, 음란 등을 다스리는 규범도 그리 엄격하지 않았으며, 육체를 드러내는 일도 많았다. 그러나 빅토리아시대 이후 부르주아들이 성을 부부의 침실로 한정해 성에 대한 이야기나 생각을 금지하면서 성이 통제받기 시작했다는 것이다. 예컨대 어린 아이들의 성은 자위행위를 금하는 도덕적 · 교정적 규율들에 의해 순화되어 갔고, 도착증이 문서로 기록되었으며, 감옥 · 병원 · 학교 · 가정 등에서도 모든 연령층 사람들에 대한 성적 쾌락의 경계가 설정되었다. 성에 대한 권력의 지배가 이런 방식으로 강화되어 갔다(푸코, 1992).

이러한 분석들을 통해 푸코는 권력에 대한 기존 이론들은 원천적 한계를 지니고 있다고 비판한다. 왜냐하면 권력이 국가에서 기원하여 학교, 병원, 교회 등의 하위체계들로 하달되는 것으로 인식했기 때문이다. 이러한 사고를 "사법적 의식(juridic consciousness)"이라 칭한 푸코는 권력의 소재를 오히려 사회기층을 형성하는 미시적 삶의 공간에서 탐색하고자 한다.

미시적 생활공간에서의 권력은 액면 그대로 잘게 분산된 형태로 끊임없는 긴장과 역동성을 드러내는 바, 모세권력(capillary power)이라고 불리는 그 같은 미시적 권력에 기초해 지배의 총체적 결합이 달성된다는 것이다. 하지만 총체적 권력의 바탕이 되는 미시권력의 규율적 속성으로 인해, 마치 정권이 바뀌어도 국가의 지배체제가 불변인 것처럼 상부권력구조의 일부가 교체되더라도 지배의 기본형태는 크게 바뀌지 않을 것으로 푸코는 전망한다(Walzer, 1986).

요컨대 성윤리에서 그 전형을 엿볼 수 있듯, 규율적 지배양식하에 통제당하고 있는 사람들 대부분은 사실상 그들이 구속받고 있음을 간파할 능력조차 지니지 못한 채 자유롭게 살아가고 있다고 착각한다. 이러한 규율사회의 허위의식에 대한 원천이 권력에 의한 감시, 처벌, 교화에 있음을 지난날의 역사적 체험에서 비판적으로 검색해 보고자 한 것이 바로 푸코 계보학의 핵심인 것이다.

『광기와 문명』으로부터 『성의 역사』에 이르는 푸코의 작업들은 지난날 당연시 여겨 온 관념적 경계들(예컨대, 광기/이성, 진실/허위, 구속/자유 등)을 해체시키는 데 크게 기여한 것으로 평가되고 있다. 더구나 기존 관념의 맹목적 수용이나 각인을 극복하자는 위반(transgression)이나 반기억(counter-memory)과 같은 그의 독창적 개념들은 고정적 · 절대적 사유체계를 거부하려는 포스트모던 의식의 구체적 증거에 해당하는 것으로(Denzin, 1986), 이는 곧 지금까지 다양한 담론전략에 의해 왜곡되어 온 권력유착적 지식의 굴절을 넘어 열린사회를 지향하려는 푸코의 학문적 의지를 반영하는 것이라고 할 수 있다.

4. 장 푸랑수아 료타르

형이상학적 일원론을 철저히 배격하며 인식의 복수성과 상대성을 주장하는 장 푸랑수아 료타르(Jean Francois Lyotard)는 『포스트모던 조건(*The Postmodern Condition*, 1984)』이라는 저작이나 하버마스와의 “모더니티-포스트모더니티논쟁” 등을 통해 포스트모더니즘이라는 용어를 학계 안팎으로 각인시킨 본격 포스트모더니즘론의 대표자로 꼽힌다. 데리다와 마찬가지로 주로 인식론적 문제를 집중적으로 탐구한 료타르는 일의적 궁극성(univocal finality)이 지배하던 지난날의 메타서사(meta-narrative)가 다양한 소서사들로 대체되어야 함을 역설한다. 또한 그는 서사 개념에 근거해 근대철학의 인식론적 정당성을 비판하고, 보편적 판단규칙의 부재상태에서 논전(differend)이라는 새로운 화용론을 대안으로 제시한다.

초기 저작 『담론, 형상』에서 료타르는 담론과 형상의 구별로부터 논의를 시작한다. 이는 곧 데리다의 말과 글의 차이에 상응한 것으로, 이때 담론은 동일성의 원리하에 "차이를 대립으로 환원시킴"을 목표로 하는 것인 반면 형상은 종전의 담론적 규제에서 벗어나 차이와 개방성을 지향하는 사유과정으로 정의된다. 포스트모던 인식을 통해 사유의 명예를 되찾고자 하는 료타르의 목표는 자유로운 발현을 가로막는 담론의 규제로부터 형상의 재현을 개방화시키자는 주장으로 대변된다(Lyotard, 1971).

형상의 우발적 재현을 이벤트라고 말한다. 이벤트는 고정된 현상이 아니라 반복될 수 없는 일시적 사건을 뜻하는 개념으로, 료타르 초기 이론의 핵심어의 하나이다. 이벤트는 자신의 개별성을 포기하지 않고는 역사로 재편입될 수 없다. 이 같은 논거를 바탕으로 료타르는 이벤트를 "일어나는" 사건으로 재규정하여 이미 "일어난" 사건과 구분하고자 한다. 그럼으로써 이벤트는 시간 개념을 초월한 개별성을 획득한다. 즉 이벤트를 과거-현재-미래라는 선험적 시간틀에서 구출함으로써 형상은 보편사(universal history)의 구속에서 벗어나 역동성을 발휘하게 된다(Lyotard, 1971).

따라서 만일 포스트모더니즘에 역사가 있다면 그것은 종전의 시간 개념으로 환원될 수 없는 "이벤트의 시간"에 준거한 사건의 진술인데, 실제로 료타르는 그러한 시간의 변형을 "시간적 현기증(vertigo of time)"이라는 용어로 표현한다. 이는 일종의 시대착오를 뜻하는 것으로, 시대착오적 역사란 곧 시대적 선후성을 떠나 어느 때이건 출현할 수 있는 이벤트의 돌출성을 함의한다. 료타르는 이를 "재현의 알리아스(alias)"라고 표현하는데, 알리아스란 현장부재를 뜻하는 알리바이(alibi)에 대비되는 용어로 또 다른 시간대에 사건이 발현할 수 있음을 인정하는 것이다(김성기, 1991).

알리아스적 상황에서는 과거 미래와 같은 비현재적 상태를 현실화시킬 수 있을 뿐 아니라 과거 현재 미래를 서로 뒤바꾸는 〈Back to the Future〉와 같은 시간여행도 가능하다. 이 같은 이벤트적 시간맥락하에서의 재현이란 과거의 사건이 훗날 다시 일어난다는 후발(post occurrance)이 아니라 지연된 사건이 모습을 드러내는 후존재(post existence)로 모습을 드러낸다. 이후(post)와 이전(modo)이라는 대립적 어의가 혼합된 포스트모던이라는 모순어법도 일종의 알리아스적 표현의 일환으로 간주할 수 있다.

향후 료타르는 『포스트모던의 조건』에서 합리주의, 도구주의에 근거한 서구모더니즘에 대응되는 포스트모던 인식논쟁에 적극 가담하는데, 이때 지식의 정당화 문제가 핵심적 쟁점으로 대두한다. 지식의 정당화란 하나의 진술이 사람들에게 타당한 것으로서 받아들여지는 과정을 뜻한다. 근대 이후 최근에 이르기까지 지식의 정당성은 과학이 주도하여 왔음은 널리 알려진 사실이다. 그러나 과학적 정당화에 회의가 가해지기 시작하면서 근대적 거대서사(grand narratives)가 와해국면에 처하게 된 대신 다양한 국지적 · 이질적 · 역설적 · 모순적 소서사들이 할거하게 되었다는 것이 지금 시대에 관한 료타르의 진단이다(Lyotard, 1984).

대서사의 쇠퇴는 주로 다음과 같은 세 가지 요인 — ① 과학기술의 발전으로 지식이 그 본연의 목표인 인간중심주의로부터 체계의 효율을 중시하는 방향으로 전환되었다는 점, ② 자본주의 생산양식의 발전과 함께 상품물신성을 초래하는 물재 및 서비스의 사적 전유가 지속적으로 강화되어 왔다는 점, ③ 최근의 기술혁신, 특히 정보기술의 비약적 성장이 과학 내부의 위계를 전복시켜 사변 위주의 고전적 과학기능이 날로 위축되어 왔다는 점 — 에 의해 촉진되고 있다는 것이다(Lyotard, 1984).

의심할 바 없는 과학의 전성시대임에도 불구하고 오늘날 과학적 대서사가 도전받고 있다는 사실은 보편적 이성이라는 것이 진리라는 인식적 가치와 수행이라는 실천적 가치를 목표로 하는 인식적 이성과 실천적 이성으로 양분되어 과학적 정당화의 경로가 분할되고 있다는 점에서 지각할 수 있다. 특히, 앞서 언급한 세 가지 측면의 사회환경적 변화는 '앎을 위한 지식(know-what)' 대신 '삶을 위한 지식(know-how)'을 우대함으로써 고전적 유형과는 판이한 새로운 과학적 정당화의 길이 신설되는데, 바로 이 같은 정당화 경로의 분할을 통해 거대 메타서사의 시효가 만료를 고하게 된다는 것이다.

더구나 과학지식의 탈(脫)정당화는 다음과 같은 일련의 변모, 즉 학과구분의 약화, 새로운 연구영역의 등장 및 대학기능의 다변화 등으로 인해 촉진되는데, 이른바 과학주도시대라고 하는 오늘날 과학적 대서사의 모습이 이 지경이니 문학, 예술, 종교, 철학 등 과학 외적 영역에서의 대서사 몰락은 이론의 여지가 없을 정도로 명백해 보인다. 지식과 가치의 다원성을 특징으로 하는 포스트모던 조건이란 바로 이러한 현실을 두고 이르는 것이다. 그렇다면 근대적 메타서사에 대한 회의나 불신이 고조되는 현 단계에서 지식은 어떤 식으로 정당화될 수 있겠는가? 이 문제를 료타르는 언어철학자 비트겐슈타인이 제기한 '언어게임'이라는 개념을 통해 접근한다.

언어게임이란 단순한 놀이나 운동경기의 경우와 마찬가지로 대화당사자들이 지키기로 약정한 규칙하에서 마치 장기를 두듯 상대방의 응수에 한 수 한 수 대처하는 발화행위를 뜻한다. 가급적 최소의 경기규칙을 지향하는 언어게임은 그것을 임의로 주도하거나 종결하려는 어떠한 메타서사도 배격한다는 것이 포스트모더니즘시대의 특징적 사고이다. 더구나 전략적 차원이 강조되는 언어게임은 경기의 속성상 자유로운 진행을 가로막는 메타 서사적 논리와 쉽사리 화합할 수 없다. 따라서 포스트모더니즘시대의 지식은 어떠한 기존의 지식체루의 귀속을 기피하면서 새루운 정당화모형인 '배리(paralogy)'의 소서사로 스스로를 정당화시키려 한다. 그러므로 포스트모더니즘의 지식세계에서는 어떠한 진리도 보편적 진리로 인정받을 수 없어 진리에 이르는 길이 무척 다양하다(Lyotard, 1985).

언어게임이 기본적으로 과학적 지식의 정당화와 결부된 것이라면, '논전(論戰)' 은 과학적 지식체계를 넘어선 사회세계의 정당화과정을 설명코자 할 때 동원되는 개념으로, 그것은 언어의 의미문제를 둘러싼 다툼을 지칭한다(Lyotard, 1988). 즉 지식세계 일반의 서사를 분석하는 과정에서 료타르는 언어규칙의 측면에 보다 집착하여 배리 대신 '어구(phrase)' 라는 개념을 분석단위로 사용한다. 어구란 언어게임 구성요소의 극히 원자화된 형태로서(지금, 너, 여기 등), 어구와 어구 간의 연결방식은 언어게임의 그것보다 훨씬 다양하고 비가측적이다. 따라서 논전은 보편적 판단규칙을 더더욱 기피한다. 이렇듯 논전은 합의(consent)가 아닌 이의(dissent)를 통해 정당화를 시도한다는 점에서 모종의 언어적 격돌을 함축하는데, 논전에 입각한 사회적 실천전략으로 료타르는 이질성이나 창의성을 중시하는 미시정치(micro-politics)를 제안한다.

미시정치는 다수의 복지나 여론의 이름으로 억눌리고 배제되어 온 소수의 소리에 귀를 기울여 강요된 합의에 피폭된 의사소통 공동체를 되살리자는 것으로, 이 같은 료타르의 실천적 입장은 "의사소통 합리성(communicative rationality)에 준거한 합의도출을 강조하는 위르겐 하버마스의 실천전략을 비판하는 다음과 같은 진술에서 극명히 드러난다.

> "대화는 합의를 지향한다. … 그러나 합의란 토의과정의 예외적 양태일 뿐 목표 자체는 아니다. 대화의 목표는 오히려 배리에 있다. 동의 아닌 배리를 추구한다는 점으로 인해 하버마스의 사상 저변을 관류하는 합의의 신화는 함몰된다"(Lyotard, 1984: 65-66).

5. 장 보드리야르

데리다나 료타르가 포스트모던 인식론 정립에 주력한 학자라고 한다면, 장 보드리야르(Jean Baudrillard)는 푸코와 더불어 사회이론으로의 포스트모더니즘을 발전시킨 이론가로 간주할 수 있다. 그런데 사회이론가로서의 푸코와 보드리야르를 상호 비교해 본다면, 전자는 구조주의적 사상을 기점으로 하여 탈근대적 인식에 도달한 원시 포스트모더니즘론자(proto-postmodernist)라면(실제로 푸코의 저작에는 '포스트모던'이라는 용어가 등장하지 않고 있음), 후자는 시초부터 오늘날 상황이 포스트모던적임을 천명하고 그 실체나 양상을 분석하는 작업에 몰두해 온 본격 이론가의 대표자라고 말할 수 있다.

『사물의 체계』로부터 『생산의 거울』에 이르는 보드리야르의 초기 저작에서는 소비가 사회활동의 주요 측면으로 떠오르면서 차츰 소비대상으로서의 가치를 확장해 온 기호에 대한 논의가 핵심을 이룬다. 즉, 오늘날과 같은 대량소비사회에서 실제적 소비의 대상은 생산물이 아니라 상표나 광고와 같은 것들이며, 그에 따라 상품의 교환가치가 '기호가치(sign value)'로 이행하고 있다는 것이다. 더구나 기호는 궁극적으로 상품 자체와 분리되어 부유하기에 이르러, 사회관계 역시 기호를 통해 맺어질 경우가 많아진다는 것이다(Baudrillard, 1968, 1970). 특히 후속저작인 『기호의 정치경제학 비판』에서 보드리야르는 마르크스가 "인간의 자연적 욕구를 충족시키는 사물의 효율성"으로 규정한 사용가치 개념의 허구성을 지적하면서, 현대자본주의 사회에서는 사람과 사물 사이의 효율성 관계가 자본주의적 이데올로기로 왜곡되어 있다고 말한다.

이러한 인식에 근거해 보드리야르는 마르크시즘의 근본적 재고에 돌입하게 된다. 재고의 출발점은 마르크스가 『철학의 빈곤』에서 제시한 교환가치체계의 진화에 관한 명제인데, 그것은 다음 세 단계로 요약된다(Baudrillard, 1981). 첫째는 사회의 방대한 분야가 상품교환의 영역에 소속되지 않고 오직 특정 형태의 잉여물만이 교환의 대상이 되는 전(前)자본주의 단계이며, 둘째는 산업생산물의 거의 전부가 교환의 장에 편입되는 자본주의 단계이다. 셋째는 지난날에 교환의 대상으로 생각되지 않던 것들

(심덕, 윤리, 교양, 애정 등)을 포함한 모든 것들이 교환가치의 영역으로 편입되는 후기자본주의 단계인데, 마르크스는 무엇이든 거래를 통한 돈벌이 대상이 되어가는 이런 상황을 "보편적 매수의 시대"라고 지칭한 바 있다.

보드리야르는 이 중에서 둘째 단계에서 셋째 단계로의 질적 전환을 각별히 강조하다. 마르크스주의자들은 세 번째 단계를 두 번째의 외연, 즉 자본주의 경쟁체계의 심화라는 입장으로 파악하고자 한다. 따라서 도덕, 문화, 예술, 지식 등과 같은 비물질적 가치차원에 대한 마르크스주의적 비판은 하부구조의 결정력에 의거한 경제적 착취논리나 정치적 지배논리로 일관되어 왔다. 이에 반해 보드리야르는 후기자본주의 상황에서는 상품교환이 여전히 경제활동의 중심이 되고 있는 것이 사실이되, 교환대상으로서의 상품형태는 점차 기호형태로 전환되어 상품교환이 기호가치의 원리하에 전개된다고 주장한다. 이는 마르크스주의자들이 미처 간파하지 못한 일종의 조용한 변혁으로, 그러한 전환은 유형무형의 모든 상품들이 궁극적으로 기호로 가치화되어 교환된다는 점을 시사한다.

뿐만 아니라 기호라는 상징적 요소가 지배하는 후기자본주의 사회에서는 자본주의시대의 상품물신화에 상응하는 기호물신화가 촉진되어 상징적 조작을 통해 재현된 '모사물(simulacra)'과 실제 사물과의 경계가 와해되며, 나아가 정밀한 모사가 오히려 진실을 압도하는 상황, 즉 재현과 실제의 관계가 역전되는 경우가 발생한다. "여기도 짜가 저기도 짜가"라는 해묵은 유행가 가사도 바로 이러한 모사시대의 세태를 반증하는 대중적 정서의 일환이라고 여겨진다.

모사란 사물이나 사건의 복제를 뜻하는 말로서, 보드리야르는 그 역사적 전개과정을 다음과 같이 진술한다(Baudrillard, 1983a). 모사의 첫 번째 출현은 사실주의 문예운동이나 정치적 민주화 등 인본적 가치체계가 중세의 위계질서를 와해시킨 르네상스시대로 소급된다. 하지만 당시에는 예술에서 정치 분야에 이르는 일련의 복제과정에서 자연성이나 자연권 등을 중시하는 "자연적 가치법칙(natural law of values)"이 지배적이었다. 제2단계의 모사는 공업생산의 형태로서 무한정의 재생 가능성이 실현되는 산업혁명기에 출현한다. 공정기계화는 대량생산체제를 구축해 조립라인에서 만들어진 외양과 질이 동일한 상품들을 대대적으로 방출하였다. 그 결과 사물 각자의 고유성이 더 이상 거론되지 않은 채, 산업적 가치법칙(industrial law of values)에 의한 생산의 질서가 사회를 지배하게 된다. 한편, 모사의 제3단계에 해당하는 오늘날에 이르러서는 코드(가치/효능/필요성 등의 사물의 위계적 구조를 조직하는 규칙)라는 구조적 가치법칙(structural law of values)에 준거한 복제가 성행, 궁극적으로 일련의 지속적 생산을 보장하는 복제모형(simulation models)이 사물에 우선하게 된다. 제품의 모형이 사물자체보다 중요시되는 이 같은 새로운 모사질서의 태동을 더글러스 켈너(Douglas Kellner)는 다음과 같이 서술한다.

> "모형이나 코드는 일상생활을 구조화하며, 코드의 변형은 모사사회에서 차이 및 관계의 체계를 재편한다. 예컨대 도시계획가는 도시공간 및 건축에 관한 코드에 의거해 도시구조를 개편하고, 방송연출자 역시 자체적 코드를 이용해 프로그램을 생산한다. 코드는 기호의 산출과정에서 지속적으로 여론탐지에 주력하면서 고객들을 모사적 질서에 동화시킨다. 선전, 유행, 물품구매, 선거, 운동시합 등에 대한 대중적 반응은 찬성이나 반대 혹은 좋거나 나쁘다는 이항논리로써 재단되며, 이러한 과정에 의해 개인은 양분법적 교호체계에 복속된다"(Kellner, 1988: 245).

이 같은 모사적 상황하에서는 마치 액체의 형태가 용기모양에 의해 결정되듯 정보내용이 매체형식에 의해 결정되며, 따라서 모사적 현실과 실제 현실과의 경계가 무화된다. 이렇듯 현실과 비현실의 구분이 소멸된 상태에서 출현하는 것이 '초과현실(hyperreality)'이다. 현실보다 더욱 현실적인 상태의 재현을 뜻하는 초과현실은 사실성이 인위적으로 강화된 복제물로서, 마르크스는 그 대표적 사례의 하나로서 가공적 현실이며 현실 이상이 호소력을 발휘하는 디즈니랜드를 든다. 행복과 즐거움의 상징인 꿈의 동산 디즈니랜드가 곧 행복과 즐거움의 현실 자체가 되어버렸다는 것이다(Baudrillard, 1983a).

하지만 모사적 현실의 가장 일반적 전형은 영화나 TV를 통해 표출되는 영상세계라고 할 수 있다. 영상으로 재현된 현실에서는 현상/본질, 외양/내면, 재생/원본, 가짜/진짜 등의 이항대립이 내파(implosion: 본질적으로 상이한 것, 동등하지 않은 것들이 돌발적으로 동일차원으로 함몰되는 것)된다. 내파가 허용되는 영상 속 현실에는 원천적으로 무한한 해방적 잠재력이 숨어 있다. 하지만 보들리야르는 영상이미지에 경도된 대중은 사물본연의 의미나 역사성을 간과한 채 모사적 장관(spectacle)에 몰두하는 무기력한 존재로 전락할 위험성이 크다고 우려한다. 그러나 『조용한 다수의 그늘에서』라는 저서에서 보드리야르는 여전히 계급투쟁을 고수하는 좌파이론에 대신한 대중적 저항의 논리를 제시한다. 결말을 이야기하자면, 진보와 해방 등 그럴싸한 대의명분을 앞세운 지난날의 사회주의 변혁론은 대중의 주체적 역량을 지나치게 과신함으로써 소유/비소유, 지배/예속의 구분이 내파된 사회현실에 대한 적실성을 상실하였다는 것이다.

대중이 인위적 장관에 압도되어 그것이 제공하는 일련의 메시지, 기호, 형식에 탐닉하는 오늘날의 상황을 '과잉동조의 시대(the era of hyper-conformity)' 로서 규정하는 보드리야르는, 지금 시대의 대중을 모든 정보나 메시지를 빨아들이는 사회적 블랙홀로 비유한다. 하지만 보드리야르는 오늘날의 대중을 수동적이고 허위의식에 사로잡힌 무력한 존재로서가 아니라 지배적 이미지의 횡포에 침묵으로 저항할 수 있는 역량을 지닌 존재로 간주함으로써 변혁을 향한 새로운 대중적 실천전략을 탐색한다. 어떠한 항거주의적 대안도 거부하는 초논리적(hyper-logic) 견지에서 침묵하는 다수는 그들 주위에 포진한 미디어의 외압에 필적해 감춰진 희망을 실현시킬 수 있는 저항을 예비할 수 있다는 것이다(Baudrillard, 1983b).

특히 보드리야르는 오늘날 대중의 사회적 존재양태를 객체도 주체도 아닌 양가적 상태로 묘사한다. 즉 대중은 자본과 노동 한쪽으로 귀속시킬 수 없는 이중적 구속의 상황에 처해 있다는 것인데, 바로 이 때문에 외부로부터의 신비화 압박에 처해 대중은 이중적 구속의 분리를 역이용한 이중전략(double strategy)으로 맞설 수 있다는 것이다. 요컨대 객체화의 요구에 대해서는 주체성을 주장하고 주체화의 요구에 대해서는 객체임을 주장함으로써 대중은 궁극적으로 모사적 질서가 강요하는 순응주의 · 고립주의를 효과적으로 초극할 수 있으리라 전망한다(Baudrillard, 1984).

6. 맺음말 : 포스트모더니즘론의 의의와 한계

포스트모더니즘론은 계몽적 발전관에 기초한 부르주아 근대사상이나 또 다른 형태의 역사발전을 내세우는 마르크스주의 모두를 배격한다. 이는 결국 전일적 관념을 강요해 온 로고스중심주의와의 메별(袂別)을 뜻하는 것으로, 포스트모더니즘의 사유세계에는 궁극적으로 어떠한 절대적 진리나 가치도 독점적 지위를 향유할 수 없다. 다양한 국지적 담론들이 각축하는 오늘날의 사상적 난립상은 소서사를 강조하는 그 같은 탈근대적 징후의 반영이라 할 수 있는데, 이는 곧 인식과 실천의 개방화를 촉진함으로써 현실을 분석하고 삶의 의미를 탐색하는 시야를 확장시키는 데 긍정적으로 작용할 수 있다. 더욱이 진리의 궁극적 토대를 의심하는 포스트모더니즘론 생래의 반(反)근원주의(anti-foundationalism)는 인간존재의 형식과 내용이 보편사의 정형으로 구획되는 것이 아니라 무한히 구성되고 재구성될 수 있음을 함축하는 관념으로, 그것은 기실 열린사회를 향한 논리를 진전시키는 데 암묵적으로 기여해 온 바가 적지 않다. 그런 중에도 포스트모더니즘론이 "무엇이든 좋다(anything goes)"라는 식의 조야한 상대주의로 전락하고 있지 않음은 그것이 차연, 재현, 복원, 모사 등과 같은 독특한 분석개념들을 활용해 오늘날의 복합적 위기국면을 비교적 적절히 진단해 주었기 때문이라고 본다.

이렇듯 근대성의 신화를 탈신비화시킬 수 있는 역량을 상당량 축적해 온 것이 포스트모더니즘론인데, 그것은 다음과 같은 일련의 '종언명제'로 규정할 수 있는 한계점을 내포하고 있음을 간과해서는 안 되리라 생각한다.

① **이론의 종언(End of Theory)** : 진위의 궁극적 판단근거를 부인하는 반근원주의적 관점에서는 현상에 대한 보편적 진술을 목표로 하는 이론화(theorizing)가 원천적으로 불가능하리라는 점. 이러한 보편이론의 정립불가능성은 현실에 대한 객관적 법칙이나 원리를 탐구하려는 과학의 종언(end of science)으로 외연될 개연성이 높음.

② **주체의 종언(End of Subject)** : 탈분화(de-differentiation)현상이 전개되는 내파적 상황에서는 궁극적으로 주체와 객체의 구분마저 불명확해져 인식주체로서의 개인의 정체성이 소멸되리라는 한계. 이같이 주체가 고갈된 상태에서는 개인과 개인 간의 간주관성도 약화되어 의사교환 및 합의를 통한 실천적 연대로서의 유의미한 집단이 조직화되지 못하리라는 사회의 종언(end of the social)이 수반될 예상임.

③ **역사의 종언(End of History)** : 끝도 시작도 없는 무한한 차연의 운동으로 표현되는 오늘날 세계에서는 시간의 선차성이 부정되며, 따라서 어떠한 편년질서도 인정될 수 없다는 몰(沒)역사성의 한계. 단절적 역사관은 곧 각양각색의 주장을 표방하는 무수한 사회세력들의 할거를 용인하는바, 이런 상황에서 제기될 "최소정치를 통한 최대저항"을 목표로 하는 미시정치는 오늘날 막강한 영향력을 틀어쥐고 있는 국가권력이나 자본의 횡포에 결코 효과적으로 대응할 수 없으리라는 정치의 종언(end of politics)으로 귀결될 전망임.

이러한 한계들은 포스트모더니즘론이 애초에 자신이 제기한 해체논리에 의해 스스로 분해되어 함몰되어 버리는 상황, 즉 "해체의 이론"이 "이론의 해체"라는 수렁으로 전락할 수 있음을 시사한다. 계몽의 불빛이 차단된 어두움이 세상의 마지막 밤이 될 것인가 또 다른 아침을 밝힐 것인가는 현존 포스트모더니즘이 비관주의 · 허무주의로 과적된 절망의 이론으로 전락하지 않고 현실창조적 논리를 갖춰나가는 데 달렸다고 본다.

그러나 이상과 같은 여러 한계에도 불구하고 포스트모더니즘론은 근대적 위기의 강도에 비례해 학문적 호소력을 제고시켜 왔다. 따라서 오늘날 사회사상가나 사회이론가들은 포스트모더니즘이라는 새로운 지적 도전에 직면해 본인의 학문적 입장을 성찰하고 재정리해야 할 시점에 놓여 있다고 본다. 물론 서구지역과 역사적 체험이나 정서를 달리하는 한국사회는 근대적 사유를 거부하는 포스트모더니즘론을 제기하는 데 큰 역할을 하지 못했음이 사실이나, 포스트모더니즘적 문제틀로서 포착할 수 있는 탈근대적 사태들이 우리 사회에서도 자주 목도되고 있는 만큼 사회이론으로서의 포스트모더니즘론은 현황분석과 미래전망을 위한 지적 자원으로 적극 수용하고 논의할 필요성이 있다고 본다.

---

* 이 글은 김문조, "포스트모더니즘의 사상적 개관," 『한국학연구』 5, 1993: 187-213 내용을 수정 · 보완한 것임.

제 9 장

실천적 전환

| 하홍규(연세대학교 BK21 플러스 사업단) |

20세기 후반 현대 사회이론에서 다양한 형태의 '실천이론(practice theory)'이 등장하였으며, 연구주제로서 또는 사회조사연구의 출발점으로서 '실천(practice)'에 대한 관심이 촉발되었다. 이는 단지 사회학뿐만 아니라 인류학, 언어학, 역사학, 문학연구(literary studies) 등에서도 관찰되는 현상이다. 1980년대 중반에 이러한 이론의 흐름을 감지해 낸 오트너(Sherry Ortner)에 따르면 "지난 몇 년 동안 일단의 서로 관련된 용어들, 곧 실천, 실행, 행위, 상호교섭, 활동, 경험, 연행(performance)을 중심으로 하는 분석에 대한 관심이 증가해 왔다"(1984: 144). '일상(everyday)'과 '생활 세계(lifeworld)'에 대한 관심의 증가와 함께, 실천 개념은 사회현상에 대한 적절한 이해는 실제 살아서 행위하는 인간, 그리고 행위자들의 실제 삶의 과정을 출발점으로 삼아야 가능하다는 전제 위에서, 사회생활을 이해하는 근본적인 열쇠로 등장했던 것이다. 문화, 의례, 상징, 언어 등 그 자체로서 논의되던 개념들이 이제는 문화적 실천(cultural practice), 의례적 실천(ritual practice), 상징적 실천(symbolic practice), 언어적 실천(linguistic practice)으로 마치 유행처럼 사용되고 있다. '실천' 개념의 사용이 광범위하게 늘어남에 따라 실천이론은 다양한 사회문화연구에 있어서 주요한 흐름으로 자리 잡게 되었다(Ortner, 1984; Bell, 1992; Schatzki, 2001).

실천이론은 실천을 사회생활을 이해하는 가장 근본적인 범주로 다루거나 사회현상을 설명하는 출발점으로 삼는다. 행위와 생각들(thoughts)에 대한 묘사들이 분석되는 기반으로서, 또한 사회생활이 조직되고, 재생산되며 변형하게 되는 매개로서 실천에 대한 관심은 구조와 행위, 문화와 종교, 사회질서 등 다양한 현대 사회이론의 쟁점들을 이해하는 데 결정적인 기여를 하는 것으로 기대되었다.

이 장에서는 먼저 왜 사회이론에서 '실천'으로의 관심전환이 요청되었는지에 대한 논의를 할 터인데, 특히 막스 베버 이래로 사용되어 오던 '행위'의 개념 대신 실천 개념이 필요하게 된 이유를 살펴볼 것이다. 다음으로는 사회이론에서 실천으로의 전환을 대표적으로 이끈 두 학자, 곧 기든스(Anthony Giddens)와 부르디외(Pierre Bourdieu)의 이론을 소개하고, 마지막으로 실천적 전환(practice turn)에 대하여 간단히 평가하도록 하겠다.

1. 왜 실천인가?

먼저 '실천(practice)' 이란 무엇인가? 실천 개념은 간단히 말해서 '사람들이 행하는 것(what people do)' 을 뜻한다. 그렇다면 왜 실천이론가들은 이미 오래전부터 사용해 왔던 '행위' 개념 대신에 '실천' 개념을 사용하는가? 첫째로 실천으로의 전환은 주관적인 정신 안에서 의미 있는 행위를 동기화하는 요소들을 찾기 어렵다는 회의, 곧 주관주의(subjectivism)에 대한 회의에서 비롯되었다. 특정 행위자들의 정신이나 머릿속에서 관찰 가능한 형태의 동기화 요소와 기제를 찾아내기 어렵다는 인식이 늘어나면서, 의미의 장소로서의 정신의 위치와 의미를 제공함으로써 행위를 생성해 내는 정신의 역할에 대해 회의하게 된 것이다. 막스 베버가 사회적 행위(social action)를 행동의 주관적 의미, 곧 행동(behavior)에 덧붙여진 주관적 의미에 의해 개념화한 이래로 많은 사회이론가들은 행위자들의 정신 또는 머리에 담겨 있는 생각 또는 가치가 그들의 행위를 방향지운다는 가정을 나누어 가지고 있다(Rubinstein, 1977).[1] 따라서 전통적인 사회행위이론들은 행위자의 주관적 또는 정신적 상태, 곧 행위자의 믿음, 욕구, 감정, 목적 등에

1) 그러나 막스 베버는 행위의 동기에 대한 논의에서 사실상 '실천으로의 전환' 을 예견하고 있다. 이는 베버의 행위에 대한 이해에 비일관성이 있음을 보여준다. 그에 따르면 "'의미상 적합하다' 는 것은, 어느 행동의 구성 요소들 사이의 관계가 우리의 평균적인 사유습관과 감정습관에 의해 유형적인(이를 우리는 흔히 '올바르다' 고 말한다) 의미연관으로 긍정되는 정도로 연관성 있게 경과하는 행동을 뜻한다고 하겠다"(베버, 1997: 128). (강조는 글쓴이의 것임)

의해서 행위의 유의미성을 규정지어 왔다. 그러나 실천이론가들은 사실상 우리의 매일의 삶은 일상적으로 이루어진다는 인식 위에서 행위자들이 의식적으로 행위를 통제한다는 합리적인 행위모델을 비판하면서, 대신 행위의 기본적인 바탕으로서 습관, 노하우(know-how), 암묵적 이해, 성향 등과 같은 실천적 또는 체화된(embodied) 행위능력을 강조한다. 그래서 실천으로의 전환이란 바로 일상에서 반복되는 행위들(routine activities)로의 관심의 전환을 의미한다. 실천이란 단 한 번 이루어지는 행위가 아니라 규칙적으로 일어나는 행위이다.

둘째로 실천으로의 전환은 사회학의 해묵은 이론적 난제인 주체와 객체의 이원론, 구조와 행위의 이원론 등을 넘어서야 하는 필요성에 의해 비롯되었다. 실천이론은 주관적 의미나 객관적 실재에 호소하지 않으면서, 실천적 이해와 함께 사회행위자들의 체화된 능력을 강조함으로써 사회학의 문제적 이원론들을 극복할 이론적 대안으로 제시되었다. 곧, 고전 사회학자들이 물려준 문제적 유산인 개인과 사회, 주체와 객체, 인지와 경험, 행위와 구조, 관념과 물질, 신념과 욕구, 표상(representation)과 표상되는 것(represented), 규칙과 규칙의 적용, 미시와 거시, 개인과 총체성 등의 이원론들을 극복하는 가장 그럴듯한 대안으로서 제시되었던 것이다(Rubinstein, 1981; Ortner, 1984; Bell, 1992; Schatzki, 1996, 2001; Stern, 2003; Berard, 2005, Rouse, 2007). 그러면 이제 실천이론의 형성에 가장 큰 영향을 끼쳐 온 기든스의 구조화이론과 부르디외의 실천을 살펴보도록 하자.

2. 기든스의 구조화이론

기든스는 그의 주저 『사회구성론(*The Constitution of Society*)』에서 자신이 구조화이론(structuration theory)을 발전시키는 의도를 다음과 같이 밝히고 있다.

> 논란이 되는 것은 행위, 의미, 주관성 개념이 어떻게 구체화되어야 하는가, 그리고 이것이 구조와 제약이라는 개념과는 어떻게 관련되는가 하는 것이다. 해석적 사회학이 이른바 주체의 제국주의에 기반한 것이라면, 기능주의와 구조주의는 사회적 객체의 제국주의를 부르짖는다. 구조화이론을 정식화시키면서 내가 품고 있는 주된 야망 가운데 하나는 이 각각의 제국건설 노력을 중단시키는 일이다(기든스, 1998: 44).

기든스는 각기 주체의 제국과 객체의 제국을 건설하려는 노력을 중단시키고 이들을 화해시키기 위해 개별 행위자의 경험도 아니요 사회적 총체성도 아닌, 시공간을 가로질러 반복되는 사회적 실천을 사회과학연구의 기본적인 영역으로 삼는다. 이는 "개인을 구속하는 제약의 성격과 개인이 지닌 능력의 사용 및 그들이 보여주는 앎의 형태"(기든스, 1998: 307)가 역사적으로 가변적이기 때문에 구조가 행위를 결정한다든지 또는 행위가 구조를 결정한다고 말할 수 없기 때문이다. 오히려 행위는 끊임없는 흐름 가운데서 파악되어야 한다.

> 인간의 행위는 인지(cognition)처럼 행동의 연속적 흐름, 곧 지속(durée)으로 나타난다. 목적추구적 행위는 일련의 분절된 의도, 이유, 동기들로 혹은 이들의 총합으로 이루어져 있지 않다. … 내가 행위하는 자아(acting self)의 층화모델(stratification model)이라고 부르는 것에는, 일련의 과정 속에 깊이 뿌리를 두고 있는 것으로서의 행위의 성찰적 모니터링, 합리화, 동기가 포함된다(기든스, 1998: 45-46)

기든스는 '의식(consciousness)' 또는 주체성(subjectivity)에 대한 불신을 표명하면서, 자신의 이론이 행위를 행위자들이 역사적 사건이나 문화적 항목들에 부여한 의미로 인식하는 해석학적 · 자원론적 전통들로부터 떠나 있음을 밝히고 있다. 곧, 그는 주관주의의 오류를 인식하면서 '주체의 탈중심화(decentering of the subject)' 를 그의 이론의 기본적인 출발점으로 삼는다. 여기서 '주체의 탈중심화'는 사회생활의 본질을 설명하는 중심요소로서 개인에 대한 초점을 제거하는 것을 의미하는데, 이는 행위자 자체에 대한 관심의 제거를 의미하는 것이 아니라, 주관주의에 빠지지 않으면서 행위주체를 회복하려는 시도를 의미한다. 이는 곧, 행위로부터 의도를 분리하는 작업이라 할 수 있다. 이를 위해 기든스는 행위로부터 시간과 공간을 가로질러 조직되는 사회적 실천으로 관심을 옮긴다. 사회적 실천에 대한 설명에서 기든스가 가장 강조하는 것은 사회행위는 기본적으로 되풀이해서 반복된다(recursive)는 점이다. 매일의 일상에서 반복되는 일상적 행위는 사회질서의 기본요소이다.

내가 어떠한 의도를 갖고 행위하는 순간, 그 행위의 의도성은 단지 일회적인 것이 아니다. "과정으로서의 '의도성'을 지칭하는 행위의 합리화"는 당연하다고 여겨지는 방식으로 수행되는 인간행동의 관례적 특성이다. 기든스가 행위자 또는 행위주체에 관심을 둘 때 이는 인간행위자의 성찰적 능력, 곧 행위자가 행위하는 동안 자신이 무엇을 하고 있는지 이해하는 능력이 "사회활동의 맥락에서 매일 일어나는 행동의 흐름과 계속 관련을" 맺을 때에 한해서이다(기든스, 1998: 27). 기든스는 이렇듯 행위자의 활동흐름 가운데서 파악되는 목적적이거나 의도적인 인간행동의 특성을 행위의 성찰적 모니터링(reflexive monitoring)이라고 부른다. 곧, 행위란 의도를 포함하는 분절된 단위행위들의 연속이 아니라, 끊임없는 과정이라는 것이다.

> 행위는 지속적 과정 또는 흐름이며, 거기에서는 개개인이 견지하는 성찰적 모니터링이 행위자들이 매일 생활을 통해 통상적으로 유지하고 있는 신체의 통제에 기본적이다. 나는 내가 의도하지 않고 바라지도 않았지만 그래도 많은 일들을 행하는 주인공(author)이다(기든스, 1998: 53).

나는 내가 의도하지 않은 일들을 행하는 주인공이라는 주장을 이해하기 위해서는 앞서 따온 글에서 제시된 행위하는 자아의 층화모델을 살펴볼 필요가 있다. 기든스에 따르면 행위자의 의식은 세 가지 층위로 이루어져 있다. 첫 번째는 '담화적 의식(discursive consciousness)' 으로, 이는 "행위자가 언설적으로 표현할 수 있는 회상의 형태들과 관련된다"(기든스, 1998: 102). 곧, 행위자가 행위할 때 자신의 행위의 사회적 조건들과 그 조건들 안에서 행위하는 방식에 대한 지식을 말로 표현할 수 있는 능력을 의미한다. 두 번째는 '실천적 의식(practical consciousness)' 으로서, 이는 " '아는' 것을 표현할 능력이 없이도 행위자가 행동을 지속할 수 있는 회상과 관련된다"(기든스, 1998: 102). 곧, 행위자가 말로 표현할 수는 없지만, 실제 삶에서 어떻게 행해야 하는지 아는 지식, 곧 당연하게 여겨지는 실천적 유형의 지식을 가지고 행위할 수 있는 능력을 의미한다. 마지막으로 '무의식(the unconscious)' 은 "행위의 성찰적 모니터링 및 특히 담화적 의식 속에서 무의식이 아무런 매개 없이 결합하여 나타나는 것을 금하는 일종의 부정적 '장벽' 탓에 행위자가 직접 접근하지 못하는 회상유형을 가리킨다"(기든스, 1998: 102). 이는 일상적 반복에 대한 예측 가능성과 그에 대한 합리화를 신뢰할 수 있게 하는 능력에 의존하기에 '존재론적 안전(ontological security)' 에 중요한 역할을 한다.

기든스의 구조화이론에서 가장 중요한 것은 바로 실천적 의식이다. 일상의 삶 가운데서 행위자들은 그들 자신의 행위의 조건들과 사회생활의 구체적 맥락 가운데서 매 순간 어떻게 행해야 하는지 말로 표현할 수는 없지만 암묵적으로 알고 있다. 곧, 실천적 의식의 수준에서 작동하는 성찰적 능력은 일상적 행위를 행위자의 정신 안에서 의도된 의미와 구별지으면서 사회행위를 일상의 시간과 공간 안에 위치지운다. 기든스는 인간행위가 주로 실천적 의식의 수준에서 이루어짐을 강조하면서, 행위자이 주관적 상태에 부여되었던 행위의 이유와 의도들을 일상적으로 그리고 지속적으로 일상의 삶 가운데서 예시된 것으로 재개념화하고 있는 것이다. 그러기에 우리는 의도하지 않은 많은 일들을 행하는 주인공이다.

[그림 1] 의식의 구분[2)]

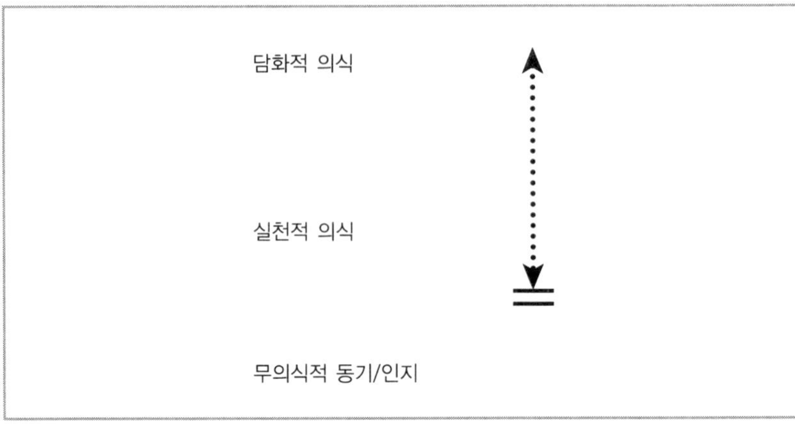

기든스는 행위에 대한 강조와 함께 행위가 가지는 힘을 강조한다. 달리 행동할 수 있다고 하는 것은 이 세계에 개입할 수 있다는 것이며, 곧 사건 과정이나 사태에 영향을 미칠 수 있음을 의미한다. 그러나 행위자는 항상 구조적 맥락 안에 놓여 있다. 행위자가 가지는 힘이란 자신이 선호하는 결정을 내리고 그대로 행하는 능력이지만, 이 힘은 특정한 환경의 범위 안에 제한되어 있다. 행위자는 어떠한 목적적 행위를 할 때, 항상 구조적 맥락에 대한 지식에 의존하면서 행위한다. 이때의 지식이란 반드시 말로 표현할 수 있는 담화적 지식만이 아니라 당연하게 받아들여지는 암묵적 지식도 포함한다. 행위의 능력이란 바로 이러한 지식과 밀접한 관계를 가지고 있다.

이 지식은 곧 행위자 안에 존재하는 구조로서, 행위를 인도하고 가능하게 한다. 구조는 강제하는 조건으로서 행위자의 외부에 존재하는 것이 아니라, 인간의 지식의 유기적 토대인 기억심상(memory traces) 안에 행위로 구체화될(instantiated) 때에만 존재한다. 기억심상 안에 존재하므로 행위자

2) 기든스는 에고(ego), 수퍼 에고(super ego), 이드(id)라는 전통적인 정신분석학 개념을 대신하여 이 모델을 제시한다. 실천적 의식은 프로이트의 정신분석학에 이론적 근거를 두고 있지 않지만, 전의식(pre-consciousness)과 유사한 개념이다.

가 반드시 그 지식을 말로 표현할 수 없을지라도 그는 구조에 대한 지식을 알고 행동할 수 있다. 행위자가 반복적인 일상의 실천을 할 수 있는 것은 외부의 구조적 조건에 의해 기계적으로 이루어지는 것이 아니라, 기억심상 안에 저장된 구조로 인해 가능한 것이다.

사회생활의 반복적 성격은 행위의 조건임과 동시에 의도하지 않게 그 조건들을 재생산한다. 이것은 기든스가 구조화이론을 발전시키면서 염두에 두고 있던 또 하나의 중요한 명제이다. 그는 사회생활의 반복적 성격에 기반한 '실천' 의 개념을 구조와 행위라고 하는 전통적인 이원론의 두 축을 매개하는 주요한 순간으로 보며, 이 사회적 실천들 안에서 구조와 행위의 대립은 화해하게 된다. 구조화이론에서 구조는 더 이상 고전적 이원론들이 가정하는 바와 같이 개인 행위자들의 외부에 독립적으로 존재하는 것이 아니라, 사회행위가 실천의 재생산의 매개와 결과로서 시간과 공간 가운데 지속적으로 재생산되는 한에서 존재한다. 구조는 실천하고 있는 행위자가 의도하건 의도하지 않건 그 행위들의 결과인 것이다. 사회생활의 반복적 성격은 행위의 조건임과 동시에 의도하지 않게 그 조건들을 재생산하기 때문이다. 이렇듯 제한하기도 하고 가능하게도 하는 그의 구조에 대한 이해는 행위자와 구조를 독립된 두 개의 현상으로 다루는 것이 아니라 긴밀하게 연결된 이중성(duality)으로 재개념화한다. 기든스가 구조의 이중성이라는 개념으로 의미하고자 하는 바는, 바로 "사회적 실천 안에서 구성되는 사회적 삶의 근본적인 반복성"이며, "구조는 실천의 재생산의 매개이자 결과이다"(Giddens, 1979: 5). 구조는 이원론으로 존재하는 것이 아니라, 이중성으로 존재하며, 이것이 그가 '구조화' 라는 개념으로 의도했던 바이다. 실천을 가능하게 하는 조건이자 실천의 결과로서 구조는 행위에 앞서는 우선성을 가질 수 없으며, 행위 역시도 실천에 의해 조건지워지는바 구조에 앞서는 우선성을 가질 수 없다. 행위자와 구조는 지속적인 사회생활을 위하여 서로를 필요로 할 수밖에 없다.

3. 부르디외의 실천이론

부르디외의 실천이론(theory of practice)[3] 역시 주관주의와 객관주의를 넘어서고자 하는 시도에서 출발한다. 먼저 행위자의 경험, 전략 그리고 즉흥성에 주요한 역할을 부여하는 주관주의[4]는 사회생활을 오로지 개인들에 의해 창조되는 것으로만 파악하여, 그 개인 안에 내면화된 사회적 제약을 인정하지 않고 있다. 이에 반해 객관주의[5]는 행위자들의 지식이나 전략에 독립적으로 존재하는 이면의 구조를 찾아서 행위를 설명하고자 하는데, 이는 인간행위에 대한 기계적 모델을 채택함으로써 사회생활이 개인들의 실천적 성취임을 보지 못하고 있다. 곧, 객관주의는 복잡한 실천의 과정을 단일한 결정의 논리로 환원시키는 오류를 범하고 있다. 부르디외는 구조와 행위 사이의 변증법적 관계의 산물로서 '실천'에 초점을 둠으로써 이원론의 딜레마를 극복하고자 한다. 사회적 세계의 창조자로서의 행위자를 사회적 공간 안에 위치시킴으로써 인간 실천을 결정하는 사회적 조건들을 밝히고자 하는 시도라 할 수 있다. 이를 부르디외 자신의 말로 표현하자면,

> 사실 나의 모든 과학적 시도는 하나의 신념에서 비롯된다. 이 신념은 우리가 역사적으로 위치가 설정되고, 시기가 정해진 하나의 경험적 현실의 특수성 속에 푹 빠진다는 조건이 충족될 때에만 사회적 체계의 가장 심층적인 논리를 포착할 수 있다는 것이다. 그러나 이는 이 경험적 현실을 가스통 바슐라르(Bachelard)의 말을 빌리면, "가능성의 특수한 경우"로, 다시 말해 가능한 지형들의 유한한 세계 속에서 하나의 전형적 사례로 구축하기

---

3) 부르디외는 자신의 이론을 '사회적 실천의 이론', '실천의 정치 경제학' 또는 '인간 실천의 경제과학' 등으로 부른다.

4) 부르디외는 주관주의에 싸르트르의 자원주의(voluntarism), 알프레드 슈츠의 현상학, 허버트 블루머의 상징적 교섭론, 해롤드 가핑켈의 민간방법론(ethnomethodology)을 포함시키고 있다.

5) 부르디외는 객관주의에 뒤르켐의 사회적 사실의 연구, 소쉬르와 레비스트로스의 구조주의, 구조주의 마르크시즘 등을 포함시키고 있다.

위한 것이다 (부르디외, 2005: 15).

부르디외는 '전략' 이라는 용어를 채택하여 엄격한 구조주의와 거리를 두면서, 동시에 행위자를 구조적 틀 안에 놓음으로써 전략을 선호하는 합리적 선택이론과도 명백한 거리를 둔다. 인류학자들에게는 매우 친숙한 사례인 선물교환의 경우, 선물을 주고받는 행위는 선물이 자동적으로 보답을 요청하는 형식화된 호혜의 원칙에 의해 지배되는 것이 아니다.[6] 받은 선물에 대하여 보답을 할 때 이것이 단순히 받은 선물에 대한 보답이 아니라고 느끼게 하기 위해서는 적절한 시간적 간격이 필요하다. 곧 선물을 주고받는 행위에는 선물을 주는 템포(tempo)를 조절해야 하는 문제가 있다. 그래서 보답으로서의 선물은 받았던 선물과 달라야 할 뿐만 아니라 시간적으로도 시체되어야 한다. 구조주의는 선물교환의 '시간적 구조(temporal structure)' 를 무시하고 있기 때문에 행위자들이 호혜의 원칙, 곧 주어야 하는 의무와 받은 것에 대하여 돌려주어야 하는 의무, 그리고 받아야 하는 의무로 규정되는 무의식적 원칙에 순응함으로써 선물교환에 참여하고 있는 것이 아니라, 시간을 통하여 반응하고 있는 전략가로서 참여하고 있다는 사실을 보지 못하는 것이다(Bourdieu, 1977: 5; Swartz, 1997: 99). 그러나 이때 행위자들이 가지는 전략은 심사숙고한 생각이나 계산적 동기를 일컫는 것이 아니다. 이들의 전략은 의식적이고 합리적인 계산에 근거한 것이 아니라, 선물을 주고받는 복잡한 과정을 인도하는 '명예감각(sense of honor)' 에 근

6) 부르디외는 선물교환이 단순히 호혜의 원칙을 따르는 행위가 아니라는 사실을 다음의 흥미로운 이야기를 통하여 들려준다.

> 나는 카빌리아 지방에서 많은 격언들을 수집했는데, 이것들이 대략적으로 말하는 것은 선물이 불행이라는 사실이다. 왜냐하면 결국 그것에 보답을 해야 하기 때문이다. … 모든 경우에 있어서 최초의 행위는 받는 사람의 자유에 대한 침해이다. 그것은 위협을 잉태하고 있다. 그것은 되돌려주지 않을 수 없게, 그것도 더 많이 되돌려주지 않을 수 없게 만든다. 뿐만 아니라 그것은 의무들을 만들어 낸다. 그것은 채무자들을 만들어 냄으로써 장악하는 하나의 방식이 된다(부르디외, 2005: 202-203).

거하고 있다. 이 명예감각은 단번에 생겨나는 것이 아니라, 행위자를 도전하고, 제약하고 또는 기회를 제공하기도 하는 다양한 상황 가운데서 적절하거나 가능한 행동이 무엇인지를 실천적인 형태로 내면화한 성향(disposition)에서 비롯된다. 행위자는 단순히 외재적 규칙을 따르는 것이 아니라, 어린 시절부터 배우고 지속적으로 강화되는 성향에 의해서 행동한다. 한 사회 안에서 행위자들은 이러한 감각을 내면화하여 교환의 순간 반드시 의식적으로 계산하여 결정하지 않더라도, 성공적으로 교환을 해낼 수 있는 기술을 갖춘 전략가들이 되는 것이다. 그래서 전략은 의식적이라기보다는 당연하게 여겨지는 독사(doxa)[7]로 구성된 세계 안에서 작동하는 '실천적 성향' 이다.

> 내가 (아비투스 개념을 통해) 제안하는 행위이론은 대부분의 인간행위가 의도와는 전혀 다른 것, 다시 말해 후천적으로 획득된 성향들을 원리로 하고 있다는 것을 말한다. 이 성향들은 행동이 이런저런 목표를 향한 것처럼 해석될 수 있고, 또 그렇게 해석되지 않을 수 없게 만든다. 그렇지만 이 목표가 의식적인 기획(design)이라고 주장할 수는 없다(부르디외, 2005: 207-208).

행위자들이 실천적 성향을 갖춘 전략가라는 아이디어와 이 실천적 성향을 조건지워 주는 사회구조와 연결시켜 주는 개념은 바로 '아비투스(habitus)' 이다. 부르디외의 정의에 따르면, 아비투스는 "지속적이고, 변환가능한 성향들의 체계로서, 구조화하는 구조로서 기능하는 경향을 가진 구조화된 구조이다. 곧, 실천과 재현을 생성하고 조직하는 원칙이다" (Bourdieu, 1990: 53). 아비투스는 먼저 사람들이 사회세계를 인지하고, 이해하고, 판단하고, 평가하는 내면화된 정신적 구조 또는 신체적 구조이다.

---

7) Doxa란 논의되지 않고 담론화되지 않는 자명하거나 당연하게 여겨지는 것을 의미한다. 독사로 인해 사람들은 사회세계를 자연스러운 세계로서 자명한 것으로 경험하게 된다 (Bourdieu, 1977: 164).

이는 우리가 의식적으로 획득한 것이 아니라, 사회세계의 어떠한 위치에 오랜 기간 동안 있음으로써 얻게 된 성향이다.

아비투스는 개인이 가지고 있는 것이나 개인의 의식적 기획에 의해 생겨난 것이 아니라, 집단적 기획에 참여함으로써 갖게 된 것이라 할 수 있다. 동일한 사회적 지위에 위치해 있는 개인들은 비슷한 아비투스를 갖는 것이 가능하다. 곧, 아비투스는 공통된 물질적 조건에 상응하여 개인들의 실천을 규제하는 존재조건에서 비롯된 집단적 현상인 것이다. 그러므로 개인의 실천은 항상 집단실천의 구조적 변형인 것이다. "아비투스의 개념이 지닌 기능들 가운데 하나는 한 개별적 행위자 또는 행위자계급의 실천들과 재산들을 결합하는 스타일의 통일성을 설명하는 것이다"(부르디외, 2005: 22-23). 동일한 사회적 지위에 위치한 개인들이 유사한 아비투스를 갖는 것이 가능하다면, 각기 다른 사회적 지위에 있는 개인들은 서로 다른 아비투스를 갖게 될 것이다. 아비투스는 구분되고 구별하게 만드는 행위들을 생성하는 원리이기도 한 것이다. 그래서 아비투스는 나이, 젠더, 계급과 같은 객관적 구조 내의 차이를 반영한다. "노동자가 먹는 것과 특히 그것을 먹는 방식, 그가 하는 스포츠와 그것을 실행하는 방식, 그의 정치적 견해와 이 견해를 표현하는 방식은 이것들에 대응하는 기업경영자의 소비들, 활동들과 일관성 있게"(부르디외, 2005: 23) 다를 수밖에 없는 것이다.

사람들은 때로 의식적으로 무언가 선택해야 하는 순간을 맞이한다. 아비투스는 이때 사람들이 무엇을 생각하고 무엇을 선택해야 하는지 제안한다. 아비투스는 생각과 행위의 선택에 제한을 가하는 내면화된 구조이지만, 반드시 그 선택을 결정하는 것은 아니다. 부르디외의 표현대로, "사람들은 바보가 아니다, 그러나 완전히 합리적인 것도 아니다." 결정적인 것은 아니지만, 부르디외의 아비투스 개념은 자유로운 구조에 의해서 제한되지 않는 개인의 주관적 경험이라는 것은 환상에 불과하며, 개인의 의식적인 의도와 실천의 진정한 원인은 '객관적 의도(objective intention)' 에 있음을 강조하기 위한 것이다.

아비투스는 체화된(embodied) 성향이기에 의식과 언어의 수준 아래에서, 그리고 성찰적 노력과 의지의 통제의 범위를 넘어서서 기능한다. 그러기에 우리는 우리가 가지고 있는 아비투스를 의식하거나 말로 표현하지 않고서도 다양한 실천적 활동(practical activities)에 참여할 수 있는 것이다. 행위자들이 자신의 실천을 설명하기 위해 제공할 수 있는 이유, 의도 또는 동기는 사실상 행위자들의 실천적 능력, 실천적 지식의 진정한 본질을 보여주지 못한다. 왜냐하면, 실천은 대부분 암묵적이고, 성향적이며 전(前)성찰적 수준에서 일어나기 때문이다(Swartz, 1996: 75).

앞서 논의한 기든스의 용어를 빌려 말하자면, 아비투스는 주관적 진리와 객관적 실재라고 하는 이중성(duality)을 지닌 '실천'이다. 아비투스는 한 편으로는 행위에 구조적 제한을 가하는 구조화된 구조(structured structure)이며, 다른 한 편으로는 인지와 열망과 실천을 생성해 내는 구조화하는 구조(structuring structure)이다(Swartz, 1997: 103). 부르디외는 실천의 생성에 있어서 주관적 의도와 의식적인 프로젝트를 초월하는 객관적이고 체계적인 의미를 강조함으로써, 이른바 주관적 의도가 없는 객관적 의미의 역설에 대한 해결책으로서 아비투스를 제시하는 것이다(Bourdieu 1990, 62). 그러기에 그의 실천이론은 주체-객체의 이원론을 초월하고자 하는, 외재성의 내재화 그리고 내재성의 외재화의 변증적 관계를 설명하는 실천생성의 이론이다. 왜냐하면 "아비투스는 생각, 인식, 표현, 행위와 같은 산물들을 생성해 내는 무한한 능력이기 때문이다." 그러나 이 무한한 능력은 "역사적으로 그리고 사회적으로 위치지워진 생산의 조건들에 의해 제한되며, 그것이 제공하는 조건지워진 그리고 조건지우는 자유는 애초의 조건의 단순한 기계적 재생산뿐 아니라 예측할 수 없는 새로움의 창조와도 거리가 멀다"(Bourdieu, 1990: 55).

4. 결론 : 실천으로의 전환에 대한 평가

사회이론에서 실천으로의 전환은 사회학적 관심의 수준이 의식적인 의도와 동기로부터 행위의 반복적인 면, 습관적인 면으로 옮겨갔음을 뜻한다(cf. Swidler, 2001: 75). 위에서 살펴본 기든스와 부르디외는 모두 사회생활은 본질적으로 되풀이되는(recursive) 것이라는 데 동의한다. 이를 보여주기 위해 그들은 베버의 주관적 의미 또는 파슨스의 동기부여 가치지향이 오래도록 차지하고 있던 자리에 '실천' 개념을 집어넣고 있다. 곧 행위자들의 정신 또는 두뇌 안에서 무슨 일이 벌어지는가에 관심을 두기보다 일상적으로 반복되는 활동인 실천에 관심을 강조하는 것이다. 이 실천을 통하여 행위와 구조는 서로 회해를 이루게 된다. 기든스가 부르디외의 저서 *Outline of a Theory of Practice*로부터 중요한 구절을 인용하여 자신의 구조의 이중성을 설명하는 것은 결코 우연이 아니다. 그들이 이론적으로 동일한 목적에 봉사하고 있음을 보여주고 있는 것이다. "객관적 구조들 자체가 역사적 실천들의 산물이며 역사적 실천들에 의해 끊임없이 재생산되고 변형된다. 이 생산의 원칙 자체가 결과적으로 재생산하고자 하는 구조들의 산물이다"(Giddens, 1979: 217; Bourdieu, 1977: 83). 기든스와 부르디외는 실천 개념을 통하여 개인과 사회, 행위와 구조를 연결하는 다리를 만들었다.

이렇듯 실천 개념은 사회이론의 해묵은 문제들, 곧 구조와 행위, 주체와 객체, 개인과 사회의 관계에 대한 지난한 논쟁들을 해소하고 사회생활을 균형 있게 이론화하는 새로운 조직 개념(organizing concept)으로서 등장했다. 곧, 사회구조가 행위를 어떻게 제약하는지, 그리고 행위가 사회구조의 형성에 어떤 기여를 하는지를 총체적으로 파악하고자 했던 사회 이론의 오랜 과제를 해결하는 열쇠로 제시되었던 것이다. 그러나 다른 한 편에서는 실천 개념에 부여되어 온 인과적 설명력 또는 설명적 역할에 대한 회의적인 목소리도 있었다(Bell, 1992; Turner, 1994; Lynch, 1997; Berard, 2005). 실천 개념의 역할에 대해 의심스러운 목소리를 내는 이들에 의하면, 실천 개념이 요청되었던 주된 이유가 문제적인 이원론들을 뛰어넘는 것이었으나 과연 실천 개념이 전통적인 설명 개념들을 만족스럽게 대치할 수 있는지에 대해서는 회의적이라는 것이다. 회의적인 목소리의 한 보기를 들자면, 사회적 실천이론을 깊이 있게 논의했던 터너(Stephen Turner)는 오히려 실천 개념의 모호성을 지적하면서 다음과 같이 말한다.

> (실천은) 총체적인 사회이론 또는 역사이론의 일반성의 수준으로 끌어올려질 때, 보편적 적용 가능성을 주장한다. 그러나 실천이 원래 안출된 영역 밖에 적용될 때 지금까지의 (순수하게 형식적인 이론적인 구성물 이외의) 모든 총체적인 사회이론들은 실패했다. … '실천'의 아이디어와 실천과 유사한 종류의 개념들은 이상한 종류의 효용성을 약속하고 있다. 그것들은 보다 정교한 무엇이 될 수 있다고 약속한다. 그러나 그 약속을 실현시키고자 할 때 그 개념의 가치가 오히려 떨어지게 된다(1994: 116).

터너는 실천의 문제를 19세기 사회이론의 유산으로 보는데, 실천 개념의 모호성은 대상으로서의 실천의 지위, 실천의 인과적 속성과 집합적 성격 등과 같은 문제들을 해결하지 않은 채 실천 개념을 사용함으로써 생겨난다고 주장한다.

이렇듯 실천 개념의 설명적 역할에 대한 회의적 목소리들이 있음에도 불구하고, 실천에 초점을 두는 접근들은 일상생활과 생활세계에 대한 점증하는 관심과 함께 많은 경험적 연구들을 산출하였다. 많은 사회연구자들이 실천 개념을 사용함으로써 특정한 사회적 무대에서 벌어지는 인간활동에 대한 연구를 하고 있는 것이다. 실제로 종교와 문화에 대한 많은 경험적 조사연구들이 기든스와 부르디외의 실천에 대한 통찰에 이론적으로 기대고 있다는 사실은 그들 이론이 가지는 영향력을 잘 보여준다고 하겠다.

제 10 장

생물학적 전환

| 강정한(연세대) |

1. 비판적 진단

사회학은 그 태동부터 생물학과 유비적(analogical) 친화성을 보였다. 사회학의 창시자라 불리는 콩트(Comte)는 생물학이 생물체 내 기관(organ)이 전체 생물체계의 유지에 어떻게 기능적으로 작동하는지를 밝히듯이, 사회학은 한 사회체계 내에서 제도나 조직, 사회적 행위자들이 어떻게 사회체계의 유지에 기능적으로 연결되어 있는지를 밝혀야 한다고 생각했다. 이러한 생물학과의 체계수준의 친화성은 생물학적 진화론이 발전함에 따라 사회학에서 통시적 친화성으로까지 확장된다. 다윈주의(Darwinism)로 대변되는 적자생존의 생물학적 진화과정은, 곧 살펴보겠지만 사회체계의 진보, 즉 더욱 우월한 사회로의 발전을 주장하는 사회적 다윈주의(Spencer, 1862, 1873)로 변모하여 영향력을 행사하기도 하였다.

이처럼 사회학이론들은 초창기부터 생물학적 관점들을 차용하였고 영향력을 행사하였으나, 이러한 유기체적 및 진화론적 유비에 기반한 사회학적 이론들은 현대사회에서 그 타당성을 잃고 더 이상 이론의 지위를 누리지 못하고 있다. 한편 다윈주의 진화론은 20세기 중반 이후 유전학과 결합하여 소위 '근대적 종합(modern synthesis)' (Mayr, 1942)으로 위상을 강화하면서 사회사상(Rabinow, 1996), 젠더, 집합행동, 사회적 인간의 본성에 대한 연구 등(Nielsen, 1994) 다양한 사회학의 분야에 다시 영향을 미치고 있다. 그렇다면 생물학적 관점이 사회학에서 새로울 것도 없고 더 이상 타당하지도 못할진대, 현대 사회학이론은 어떤 맥락에서 다시 생물학적 전환을 맞이하게 되었을까?

현대사회에 들어오면서 육체에 대한 정신의 우위, 자연에 대한 사회의 우위에 기반한 이원론에 대한 회의가 다양한 학문분야에서 일어났다. 우선 철학적으로는 데카르트적인 정신/육체 이원론에 대한 비판이 여러 현대 철학자들의 몸에 대한 관심을 통해 제기되었다(슈스터만, 2010). 사회학 내부에서도 뒤르켐적인 사회/자연 이원론에 대한 비판이 일어났는데, 인간뿐 아니라 비인간 사물까지 행위자(actant)로 끌어들인 행위자-네트워크 이론(Latour, 2005)과 여기서 파생된 정치생태학(Latour, 2004), 생의학적 모형의 한계를 인지하며 떠오른 의료사회학의 경향(Illich, 1975) 등은 그러한 문제의식이 발현된 현대 사회학 흐름들이다. 한편, 심리학에서 진화심리학과 뇌과학의 발달은 우리의 마음이 몸으로부터 분리될 수 없음을 보여왔는데, 뇌의 문제는 향후 이원론을 극복할 중요한 연결고리로 판단하여 이 장의 결론부분에서 다시 다루려 한다.

그렇다면 생물학에서는 어떠한 발전이 현대 사회학의 생물학적 전환에 영향을 미쳤는가? 근대적 종합의 기반이 된 유전학의 발달을 꼽을 수 있다. 분자생물학에 기초한 유전학의 발달은 거시수준의 진화론을 뒷받침하는 환원론적 메커니즘, 즉 DNA 수준에서의 복제, 교차(crossing over), 변이가 유전되는 과정에 대한 설명을 제공하게 된다. 이러한 발달은 인간과 사회의 특성에 대해 진화론적으로 설명하려는 시도를 한 단계 심화시켰다. 한편, 분자생물학의 발달은 생명공학의 발달로 이어져 인간 의지에 따라 생명과 몸의 조작을 가능하게 만들었고, 생물학적 사회계층화에 대한 우려(Duster, 1990)나 "기술과 융합되어 끊임없이 수정, 개조, 변형, 설정, 증강, 창조"되는 몸을 지닌 포스트 휴먼(post human)에 대한 관심을 불러일으켰다(김남옥, 2012). 인간의 몸은 더 이상 자연의 영역에 머물러 있지 않으며 사회학적으로 중요한 대상이 되었다. 정리하자면, 유전학의 발달에 따른 사회의 자연화와 생명공학의 발달에 힘입은 자연의 사회화는 서로 다른 각도에서 이원론을 극복하려는 노력을 촉발하였다.

현대 생물학의 발전은 사회생물학이라는 이름(Wilson, 1975)으로 생물학이 사회학의 영역에 공격적으로 침범하는 현상을 불러일으켰는데, 사회생물학은 인간사회의 특성을 우리 몸과 의식에 생물학적으로 각인된 프로그램의 결과로 설명하려는 환원론 및 결정론으로 받아들여지면서 사회학으로부터 적지 않은 반발을 불러일으켰다. 사회생물학은 현재 사회학에서 독립된 주류 이론으로서 자리매김하고 있지는 않지만, 그 관점은 사회학의 영역에 간접적으로 녹아들어가 영향을 미치고 있다고 할 수 있다.

다음 절에서는 현대 사회학이 맞이한 생물학전 전환의 전개과정을 살펴보면서, 그러한 전환의 현 위치와 향후 방향을 가늠해 보려 한다. 그 다음으로는 이러한 생물학적 전환이 생산해 낸 주요 사회과학적 이론의 요소를 소개하고 맺음말을 통해 발전적 사회이론의 방향을 모색하려 한다.

2. 전개과정

1) 생물학적 진화론(Darwin) : 진화의 무작위성과 다양성

진화론은 사회학의 생물학적 전환의 핵심에 있는 이론이기 때문에 다음 절에서 자세히 알아볼 것이다. 여기서는 진화론의 등장이 당시 서구학계에 끼친 충격의 의미와 사회과학적 수용과정에 대해 간략히 알아보려 한다.

자연과학적 진화론은 다윈 이전에 라마르크(Lamarck, 1744~1829)의 용불용설이나 라이엘의 지질학(Charles Lyell, 1830) 등에 의해 이미 초석이 다져졌다. 그러나 다윈의 진화론은 당시 사회와 지성계에 유독 큰 충격을 던져 주었는데, 그 원인은 무엇인가? 과학사학자 쿤(Kuhn, 1969)에 따르면, 다윈의 진화론이 충격적이었던 이유는 인간이 원숭이와 조상을 공유한다는 사실이 아니라 인간의 진화가 무작위적이라는 사실이었다. 라마르크의 진화론도 인간이 원숭이와 비슷한 조상에서 나왔다는 함의를 갖고 있었다. 그러나 라마르크의 진화론은 생물의 의식적인 노력이 축적된 결과로서 인간이 출현했으며, 인간이 다른 생물체보다 우월한 혹은 진보한 종이라는 생각을 갖게 하는 데 문제가 없었다.

다윈의 진화론은 의도하지는 않았으나 이러한 진보의 개념을 진화론에서 사실상 삭제했다. 생명체의 노력에 의한 결과, 즉 획득형질은 유전되어 다음 세대에 보전될 수 없으며, 결국 종의 분화나 진화에 영향을 미칠 수 없다. 종의 출현은 무작위적인 돌연변이의 결과로 나타나는 다양한 표현형들 중 환경에 대한 적응에 더 유리한 개체들이 살아남고 더 성공적으로 번식한 결과일 뿐이며, 사후적으로 진보한 것처럼 보일 뿐이다. 인간은 더 이상 다른 종들에 비해 신에 가까운 존재가 아니며, 지구상에 공존하는 다른 동물들에 비해 우월하다고 볼 수 있는 근거를 박탈당했다. 그러나 이러한 진화의 비진보성을 근간으로 하는 다윈의 패러다임적 전환은 사회과학적 진화론으로 변모하는 과정에서 극단적 진보성을 함축하는 방향으로 후퇴하게 된다.

2) 사회 진화론(Spencer) : 진화의 진보성과 선형성

사회학이 태동한 서구가 다른 사회를 접하고 알아나가는 과정은 서구 민족국가들이 다른 사회를 지배해 나가는 과정이었고, 그러한 과정은 민족주의와 결합하여 지배민족이 피지배민족보다 우월하다는 생각을 부추기기 쉬웠다. 이러한 사회적 맥락 속에서 자연과학적으로 큰 파장을 불러일으킨 다윈의 진화론은 서로 다른 인종(races)이나 종족(ethnics)을 서로 다른 종(species)으로 여기고 진화의 계보에 순서대로 배열할 수 있는 사회과학적 이론으로 변모하였다. 흔히 사회적 다윈주의로 불리는 스펜서(Herbert Spencer, 1820~1903)의 사회 진화론이다.

제국주의에 기반한 인종주의의 짐을 스펜서에게 지우는 것은 부당하다. 그러나 스펜서는 적자생존(survival of the fittest)에 기반하여 게으르고 열등한 인간은 도태되고 더 훌륭한 사람들로 사회가 채워져 나가야 한다고 보았다(리처, 2006: 51).[1] 스펜서에 의하면 자연이건 사회건 진화는 단순한 형태에서 점점 부분 간 상호의존적인 체계로 발전해 나가는데(Spencer, 1862: 276), 이러한 복잡한 체계는 다양한 기능의 분화를 통해 더욱 질서 있고 조화로운 상태로의 발전을 뜻했다. 이러한 스펜서의 사회 진화론이 명시적으로 함의하는 점은 사회의 진화과정은 진보의 과정이며, 한 시대에 공존하는 여러 사회 중 덜 진보한 사회는 훗날 진화에 의해 더 진보한 사회처럼 될 것이라는 관점이다. 스펜서의 사회 진화론은 선형적이라는 점에서도 다윈주의와 배치된다. 종의 분화에 의해 생물의 계보가 가지치기를 해 나가는 것과 달리 사회체계의 발전은 진보의 정도에 따라 일렬로 진행하는 모습을 보인다.

그러나 이러한 관점은 생물학적 다윈주의와는 대립되는 것으로서, 다윈의 진화론은 인간과 원숭이가 조상을 공유함을 말했지 원숭이가 인간보다 덜 진보했다거나 훗날 인간처럼 진화할 것이라고 말하지 않는다. 이처럼 사회 진화론은 다윈의 생물학적 진화론이 삭제한 목적론적 진보의 개념을 복원했다는 점에서 사실상 사회적 라마키즘(Larmarkism)이라 불리는 것이 더 적절할 것이다(램프레히트, 1992: 573-578). 라마키즘적인 스펜서의 사상은 그의 도덕철학에서 잘 나타난다. 사회가 발전함에 따라 인간은 이기심을 누르는 도덕관념을 익히고 이렇게 학습된 관념은 다음 세대로 계승되어 인간의 심성은 더욱 이타적으로 진화할 것이라고 믿었다(Spencer, 1873: 198). 이러한 그의 주장은 주장 자체의 타당성은 잃었으나, 생물학적 사회이론의 가장 큰 과제, 즉 개체의 이기성과 이타적 사회규범 사이의 통합이라는 문제를 이미 건드리고 있었다.

사회 진화론은 향후 '이론' 보다는 정치적 '주의' 의 성격으로 변모하였으며, 다윈과 스펜서 모두는 다소 부당한 비난의 대상이 되면서 현대사회

1) '적자생존' 이라는 용어는 다윈보다도 스펜서에 의해 처음 사용되었다(리처, 2006: 47).

에서는 학술적 이론으로나 정치적 주의로나 영향력을 상실하였다. 이처럼 사회 진화론이 급격히 쇠락한 원인은 단순히 그 함의가 정치적으로 더 이상 옳지 않은 주의로 여겨지기 때문이라기보다는, 다윈이 과학적 진화론을 구축하면서 성립된 진화의 무작위성과 다양성이 진보성과 선형성이라는 비과학적 적용으로 탈바꿈하면서 과학적 이론으로서의 생명력이 짧았기 때문이라고 볼 수 있다. 그리고 사회 진화론의 이러한 과학이론으로서의 한계는 이데올로기적으로 스펜서의 반대에 있던 마르크스의 역사적 유물론에도 해당한다. 마르크스의 역사적 유물론도 인류역사의 발전을 진보성과 선형성에 근거한 진화론적 시각으로 파악했으며 공산주의에 의해 그 진보의 완성이 이루어질 것으로 보았다. 자본주의에 대한 그의 통찰은 현시대에도 유효하지만 이러한 그의 역사관은 이미 타당성을 잃었다.

저자는 서두에서 왜 사회학의 생물학적 전환이 다시 대두했는지 질문했지만, 그 질문을 뒤집으면 왜 생물학적 사회이론은 계속 발전하지 못하고 20세기 후반에 다시 시작해야 했는가를 물어야 한다. 스펜서와 마르크스의 사회 진화론은 생물학적 진화론이 받아들일 수 없는 관점이었으며, 현대 사회학의 생물학적 전환은 스펜서나 마르크스의 유산에 기대지 못하고 다윈주의적인 근대적 종합에서 다시 출발해야 했다. 인간과 원숭이가 조상을 공유하지만 다른 종이듯이, 19세기 사회 진화론과 현대의 생물학적 사회이론들은 다윈을 공유하지만 서로 다른 이론의 종이다.

3) 사회생물학(Wilson and Hamilton) : 사회적 행동의 유전적 결정론

다윈의 진화론이 함의하는 진화의 몰진보성이 당시 사회과학에 큰 충격이었다면, 유전학과 결합한 근대적 종합이 가져다준 충격은 환원론적 특성에 있다. 다윈의 진화론이 스펜서의 사회 진화론으로 변형되어 사회학에 영향을 미쳤을 때, 사회 진화론은 거시적 관점에서 인간사회의 진화방향을 설명하고 예측하려 했다. 이러한 점에서 사회 진화론은 역사적이다. 반면 사회생물학은 역사적 단계에 상관없는 인간사회의 보편적 특성을 유전자 수준의 규칙에 의해 설명하려 한다. 이러한 시도는 사회나 행위자 수준보다 더 미시적 수준으로 내려간 환원론으로서 몰역사적이고 결정론적이다. 복잡한 현대사회의 근본적 원리를 파악하기 위해 인류학이 원시부족에 대한 연구에 주목한다면, 사회생물학은 인간사회를 넘어 사회성 동물, 예컨대 개미나 벌의 사회를 연구한다.

사회생물학에서 사회학적으로 가장 흥미로운 주제는 이타성을 어떻게 설명하는가이다. 이 주제는 진화에서 자연선택의 단위를 어디에 두느냐와 밀접히 연관된다. 우선 사회생물학 논쟁의 중심에 있는 윌슨의 경우는 선택의 단위를 가족에 두는 '혈연선택(kin selection)'을 주장하였다(Wilson, 1975). 자연선택의 단위가 혈연인 경우 가족 내 이타성이나 친족을 바탕으로 하는 종족 내 이타성 등을 설명하기는 상대적으로 쉽다. 그러나 선택의 단위가 개체나 유전자 단위로 내려오면 이타성을 포함한 사회성의 진화를 설명하기는 더욱 어려워진다. 이러한 점에서 유전자 단위의 선택이 어떻게 혈연선택을 불러오는지 설명한 해밀턴(William D. Hamilton, 1936~2000)의 '유전자 근친도' 개념은 매우 중요한데, 이는 아래 절에서 좀 더 자세히 알아볼 것이다.

사회생물학이 독립된 이론으로서 사회학에 자리 잡지 못하는 것은 아마도 인간문화의 진화는 생물학적 진화의 속도를 폭발적으로 추월했고 두 진화는 서로 갈등한다는 점(Campbell, 1975) 때문일 것이다. 문화의 발생과 진화를 유전자나 집단의 유지본능으로 환원시킬 수 없다면 사회이론으로서 사회생물학의 영향력은 제한적일 수밖에 없다. ESS라는 추상적 개념을 도입한 진화이론은 문화의 독립성에 대해 훨씬 유연한 입장을 취하며 사회생물학의 한계를 극복하려 하는 시도라고 볼 수 있다.

4) 게임이론과 진화론(ESS 진화론) : 유전과 문화의 연결

진화론의 환원론적 관점은 게임이론(game theory)적 방법과 결합하면서 사회학에 그 영향력을 행사하고 있다. 이러한 결합은 "진화적으로 안정적 전략", 즉 ESS(evolutionarily stable strategy)라는 개념(Maynard Smith, 1989)으로 요약할 수 있는데, 근본적으로 문화의 발생과 변화를 유전적으로 설명하고자 하는 목표를 갖고 있다. 그리고 문화 중에서도 이타성이나 협동의 가치나 믿음이 어떻게 진화적 이점을 가질 수 있는지 설명하려 한다.

이러한 진화론에서의 환원론은 더 이상 생물학적 환원론이 아니다. ESS 진화론은 결국 이타성을 이기성으로 설명하려는 노력이며 6장에서 살펴본 합리적 선택이론과 궤를 같이한다. 진화적으로 안정적 전략을 판별하기 위해 가정하는 '이타성'의 유전자, '눈에는 눈, 이에는 이' 전략 등은 진화론적인 사고실험이나 게임의 진행을 위해 자유롭게 가정되는 이론적 구성물이지, 분자생물학적으로 발생의 가능성을 규명해야 할 염기배열이 아니다. 이러한 규명보다는 그러한 가상의 전략을 소유한 개체(agent)[2]가 게임의 과정에서 효용, 즉 번식력 점수를 얼마나 높일 수 있는지에 초점을 맞춰 연구한다. 가상실험에 의해 얻은 점수가 실제 번식능력으로 이어지는 과정은 생물학적으로 규명되어야 할 연구문제라기보다는 이론의 전개를 위해 가정되는 메커니즘이다.

이러한 ESS 진화론은 다윈의 진화론이나 사회생물학의 약점으로 지적되어 온 문화의 발생을 설명하려 한다는 점에서, 또한 집단이나 생물개체가 아닌 유전자수준에서 설명하려 한다는 점에서 진화론적 환원론이 더욱

2) 이러한 접근을 취하는 진화론의 모형은 보통 행위자기반모형(ABM: agent-based model)을 통해 컴퓨터상에서 구현된다. 즉 ABM에서는 agent를 '행위자'라고 흔히 번역하여 부른다. 그러나 본 글에서는 사회학에서 지칭하는 '행위자(actor)', 즉 자의식적인 동기를 갖고 행위하는 주체와의 혼동을 피하기 위해, 유전적 프로그램에 따라 행동(behave)하는 생물학적 '개체'로 번역하였다.

극단화된 접근방식이라 할 수 있다. 그러나 이러한 극단적 환원론에도 불구하고 ESS 진화론은 사회생물학에 비하면 사회과학자 공동체가 더욱 적극적으로 수용하고 있는 것으로 보이는데, 그 이유는 아마도 첫째, 위에서 설명한 것과 같은 이유에서 덜 생물학적이기 때문이고, 둘째 좀 더 중요하게는 사회수준의 윤리나 규범의 발생을 개체수준의 이기성으로 설명하려는 관심이 사회학의 공리주의적 패러다임과 친화력이 있기 때문으로 보인다. ESS 진화론의 핵심 논리와 주요 성과는 메이나드 스미스(Maynard Smith)와 악셀로드(Robert Axelrod)를 중심으로 아래에서 다시 다룰 것이다.

5) 시스템 생물학 : 행동의 복잡성

지금까지 살펴본 바와 같이 사회학의 생물학적 전환의 전개과정은 생물학적 환원론의 심화와 궤를 같이하였고, 그러한 심화는 분자생물학의 발전에 따라 거시적 진화와 미시적 유전자가 통합되었기 때문에 가능하였다. 그렇다면 이러한 환원론의 심화는 앞으로 계속될 것인가? 생물학의 변화과정에서 그 실마리를 한번 찾아보자. 진화론과 유전학의 분자생물학적 환원의 심화는 인간 유전자 지도 그리기, 즉 인간 지놈(genome) 프로젝트로 정점을 이루었다. 미국 정부의 지원하에 1980년대 중반에 시작하여 국제적 협업으로 발전하여 2000년대 중반 사실상 완성된 것으로 보이는 이 프로젝트는 인간의 DNA 시퀀스를 모두 해독하는 방대한 작업으로서, 인간에게 25,000개 이상의 유전자(genes)가 존재하는 것을 밝혔다. 그런데 이 숫자는 예상보다 훨씬 적은 수였으며, 이 적은 수의 유전자가 어떻게 인간의 복잡성을 만드는지에 대해 알기 위해 갈 길이 멀다는 것을 깨닫게 했다(Pennisi, 2005).

지놈 프로젝트에 의해 인간과 침팬지 유전자 배열의 거의 99%가 동일하다는 것이 밝혀졌고(Clark *et al*., 2003), 결국 인간만의 특성은 유전자수준이 아니라 유전자 간의 상호작용 혹은 유전자 전체의 시스템수준에서 밝혀야 할 필요성이 떠올랐다. 이러한 문제의식은 2000년대 중반 하버드 의과대학에 시스템 생물학(systems biology)이라는 분과의 확립으로 이어졌으며, 이 분과는 생물학 밖의 자연과학과 사회과학의 지혜를 통합하는 학제적 방식으로 구성되었다. 이러한 관심의 전환은 사회학이 사회체계는 개별 행위자의 단순 합이 아니라 그들 간 관계에 의해 형성되는 독자성을 갖는 것으로 보는 시각과 매우 유사하다. 과장해서 표현하자면 생물학은 진화론과 분자생물학을 거쳐 최근에 사회학적 전환을 맞이한 셈인데, 이러한 생물학의 전환이 어떤 성과를 낼 것이며 사회학에 어떤 영향을 미칠지는 좀 더 지켜봐야 할 것이다.

3. 기본사상

1) 진화론 : 이타성의 환원론적 기원

여기서 논하려는 진화론은 다윈주의로 대표되는 자연선택에 의한 결정론과 유전학에 기반한 유전자수준으로의 환원론을 모두 포함한다. 자연에 의해 선택되는 생물학의 단위가 종인지, 개체군(population)인지, 혈연인지, 개체인지, 유전자인지 등에 관해서는 서로 다른 이론이 있지만, 이 책에서는 사회학에 가장 큰 영향을 준 유전자수준의 환원론을 살펴볼 것이다. 우선 유전자(gene)라는 것은 흔히 생각하는 것보다 추상적이고 이론적인 개념이다. 유전학에서는 시스트론(cistron)이라는 단백질 사슬의 한 단위를 유전자의 한 단위로 정의하기도 하지만, 시스트론 단위는 길이도 일정하지 않으며 양성교배에서 유전자의 교차가 일어나는 단위, 돌연변이가 일어나는 단위, 자연선택되는 단위 등과 일치하지도 않는다(도킨스, [1989]1993:

56-57; Blute, 2010: 115-120). 이론적 진화론에서 자연선택에 의해 진화하는 '이기적' 유전자, '검은 눈'의 유전자, '보복형' 유전자 등이 논의될 때 그 유전자는 공생하는 일군의 시스트론 조합일 수도 있고 절단된 시스트론이 포함되어 있을 수도 있다. 유전자란 단백질의 조합에 의해 구성된, 유전학적으로 일일이 규명되지 않는 어떤 프로그램의 단위이다.

이처럼 유전자의 개념이 모호함에도 불구하고 유용한 이유는 무엇인가? 우선은 생물의 사회성 혹은 이타성을 설명하는 매우 간결한 환원론을 제공한다는 점이며, 다음으로 유전자 개념의 추상적 · 이론적 성격은 문화인자(meme) 개념으로 확장해서 사회과학에 적용되기 용이한 측면이 있기 때문이다. 문화인자에 대해서는 다음 절에서 알아볼 것이며 여기서는 이타성의 유전자적 근원을 간략히 소개하려 한다.

생명체의 행동을 유전자의 이기적 복제성향으로 설명하는 데 핵심적인 개념은 유전적 '근친도'이다(Hamilton, 1964a, 1964b). 양성생식의 경우 한 개체의 특정 유전자가 자식에게도 있을 확률, 즉 근친도는 1/2이고 형제자매와의 근친도도 1/2이다.[3] 결국 유전자의 이기적 보전목적에 따라 조정되는 생명체라면 근친도의 입장에서 자식과 형제자매를 위해 행동할 동기는 똑같다. 그러나 생식력이 더 왕성한 어린 자식이 형제자매보다는 자신의 유전자를 재생산할 확률이 더 높고 결국 투자할 가치가 더 있기 때문에 우리는 모성애나 부성애를 발휘한다. 그런데 꿀벌과 같은 사회성 동물의 경우, 한 집단 내의 암벌은 양육상태에 따라 선택된 여왕벌 한 마리를 제외하고는 모두 불임이 되어 여왕벌의 생식을 위해 봉사하는 일벌이 된다. 어떻게 이러한 행동이 진화할 수 있는가?

언뜻 유전자 선택론을 기각하고 집단 선택론을 지지하는 이 사례는, 수

3) 부모의 염색체 $2n$개 중 n개가 자식에게 전달되기 때문에 자식과의 근친도는 1/2이 된다. 형제자매의 경우는 우선 어머니를 통해 유전자를 공유할 확률이 $(1/2) \times (1/2) = 1/4$이고 아버지를 통해 공유할 확률도 1/4이어서 총 1/2이 된다.

벌의 염색체는 $2n$개가 아니라 n개라는 사실에 의해 풀린다. 암벌은 여왕벌의 생식과정에서 갈라진 n개의 염색체가 수벌의 n개와 만나 $2n$개로 만들어지지만, 수벌은 양성생식 없이 여왕벌의 n개의 염색체를 그대로 받아 만들어진다. 이 경우 암컷 일벌의 암컷 자매와의 근친도는 3/4이 되는 반면 수컷 형제와의 근친도는 1/4밖에 안 된다.[4] 결국 수컷만 무성생식으로 재생산되는 꿀벌의 경우, 암컷은 근친도가 1/2밖에 안 되는 자식을 낳는 것보다 근친도가 3/4이 되는 자매를 많이 번식하도록 여왕벌을 이용하는 것이 유전자 입장에서 '합리적' 이다. 이러한 관점에서 보자면 일벌이 여왕벌을 위해 이타적으로 봉사하는 것이 아니라 하나의 여왕벌이 수많은 일벌을 위해 봉사하는 것이며, 궁극적으로 생명개체는 유전자의 복제가 유리한 방식으로 프로그램화되어 왔다. 좀 더 정확히는 유전자의 복제에 불리한 행동전략을 프로그램화한 개체는 도태되어 사라져 왔다.

우리는 종종 사회구조, 제도, 가치에 구속당하고 끌려 다니며 그러한 구속을 재생산하는 데 봉사한다. 그렇기 때문에 사회학은 이러한 요인들이 사회적으로 실재한다고 보기도 한다. 이처럼 행위자가 사회적 실재에 구속되는 상황에서 개별 행위자는 종종 해체되며 경합하는 가치나 제도의 역학관계가 부상한다. 이는 마치 개별 생명체의 경계가 해체되고 경합하는 유전자의 거대한 풀(pool)이 부상하는 생물학적 진화론과 유사하다. 현대 사회학의 생물학적 전환은 이러한 유사성에 주목하여 유전자만큼이나 구속력이 강한 사회적 실재를 문화인자(meme)로 개념화하는 시도를 한다.

---

4) 암컷 일벌의 자매와의 근친도를 계산하려면 우선 엄마 여왕벌을 통해 동일 유전자를 공유할 확률이 (1/2)×(1/2)=1/4이고, 수컷 아버지를 통한 확률은 (1/2)×1=1/2이어서 총 (1/4)+(1/2)=3/4이 된다. 아버지의 염색체는 n개라서 자매 사이에 갈리지 않기 때문이다. 암컷 일벌의 수컷 형제와의 근친도는 (1/2)×(1/2)=1/4 부분밖에 없다. 수컷 형제는 아버지가 없이 엄마 여왕벌로부터만 왔기 때문이다.

2) ESS 진화론 : 진화대상으로서의 문화와 가치

ESS라는 개념이 대중적으로 알려지게 된 데에는 도킨스의『이기적 유전자』라는 저서(도킨스, [1989]1993)의 역할이 크다. 도킨스는 유전적으로 다르게 프로그램된 개체들이 서로 생존을 위해 경쟁하는 게임에서, 어떤 유전적 프로그램이 더 많은 복제를 하고 성공적으로 환경에 의해 선택되는가를 널리 소개하였다. 이러한 게임에서 유전자는 사실상 특정 행동 '전략(strategy)' 과 동일하며, 이러한 전략이 실제로 유전자에 어떻게 존재하는지를 규명하는 것은 주요 관심사가 아니다. 진화적으로 안정적 전략(ESS) 개념에 따르면 하나의 유전자의 표현형(phenotype)이라 볼 수 있는 특정 전략이 진화적으로 안정적이기 위해서는, 그 전략이 한 개체군 내에서 일정수준 이상의 비율을 차지하게 되면 다른 유전자전략의 침입에 쉽게 착취당하지 않고 안정적으로 인구수를 유지해야 한다.

ESS의 개념이 사회학적으로 흥미로운 이유는 한 전략의 진화적 안정성은 독자적으로 판단될 수 없으며 다른 전략과의 상호의존에 의해 결정되기도 한다는 점인데, 이 장에서는 도킨스가 소개하고 있는 한 예(도킨스, [1989]1993: 114-118)를 통해 알아보려 한다. 한 개체군에서 두 개체가 한정된 자원을 두고 대결할 때 대응전략이 적극적으로 싸우는 매전략과 싸움을 회피하는 비둘기전략 두 가지라고 가정하고 각 전략 간의 대결에서 자

〈표 1〉 매전략과 비둘기전략의 대결게임 점수[5]

승자 \ 패자	매전략 개체	비둘기전략 개체
매전략 개체	승자 : 50점 패자 : −100점	승자(매) : 50점 패자(비둘기) : 0점
비둘기전략 개체	불가능	승자 : 40점 패자 : −10점

원을 차지하면서 얻거나 패해서 잃는 번식력 점수가 다음과 같다고 가정하자.

이러한 가정하에서 한 개체가 매전략만으로 이루어지거나 비둘기전략만으로 이루어질 경우 그 전략은 ESS가 아니다. 다른 전략이 침투했을 때 침투한 전략이 더 높은 번식력 점수를 보이기 때문이다.[6] 그렇다면 침투한 전략은 어느 수준까지 번식할 것인가? 매전략과 비둘기전략의 개체가 7 : 5의 비율을 이룰 때 두 전략의 번식력은 6.25(=75/12)점으로 동일해져서 균형을 이룬다.[7] 이 비율이 바로 두 전략 모두가 ESS가 되는 상태이며, 이 상태에서 비둘기전략의 번식력 6.25점은 비둘기전략만으로 개체군이 구성되었을 때의 번식력 15점보다 훨씬 낫다. 즉, ESS의 추론은 비둘기전략이 집단선택을 했을 경우와 다른 결과를 예측하는데, 이는 6장에서 알아본 내쉬 균형으로서 ESS의 특성을 보여준다. 모두가 비둘기전략을 사용한다면 사회 차원에서 효용을 더 높일 수 있으나 이기적 유전자나 합리적 개인은 그러한 통찰력이 없다.

이처럼 진화론이 게임이론적으로 발전하면서 합리적 선택이론과의 친화성이 매우 강해지며, 미시적 유전자 프로그램의 규칙으로부터 거시적 협동규범이 생성되는 기제를 설명하려는 시도로 발전한다. 이타성의 진화론적 우월성을 사회과학에서 확인한 가장 영향력 있는 연구는 흥미롭게도 정

---

5) 대결에서 승자는 자원을 차지해 50점을 획득한다. 매전략 개체 간의 대결에서 패자는 큰 부상을 당하는 것으로 가정해서 −100점을 부여했고, 매전략 개체와 대결하는 비둘기전략 개체는 즉시 싸움을 회피하므로 0점을 부여하였다. 비둘기전략 개체 간의 대결에서는 승자건 패자건 긴 탐색의 시간에 따른 감점 −10점을 고려하였다.

6) 개체군 대다수가 매전략일 경우, 이 개체는 대결상대가 대부분 같은 매전략이기 때문에 기대번식력은 (1/2)×50+(1/2)×(−100)=−25점이다. 반면 이 개체군에 침투한 비둘기전략 개체는 거의 항상 매전략과 대결해서 패하므로 기대번식력 거의 0점으로 매전략의 그것보다 높다. 만일 개체군 대다수가 비둘기전략일 경우, 이 개체의 기대번식력은 (1/2)×40+(1/2)×(−10)=15점이고 침투한 매전략은 50점이므로 비둘기전략에 비해 개체수를 늘려갈 것이다.

7) 이 상태에서 매전략의 기대번식력은 매전략을 만난 경우와 비둘기전략을 만날 경우의 합 (7/12)×(−25)+(5/12)×50=75/12이다. 비둘기전략도 (7/12)×0+(5/12)×15=75/12로 같다.

치학자 악셀로드(Axelrod, 1984)에 의해 이루어졌다. 악셀로드는 진화론적 협동/배신 게임에 참여할 전략들을 신청받았고, 응모된 전략들 간에 실제로 반복게임을 수행한 결과로 ESS를 판별하였는데, 그 전략은 놀랍게도 단순한 전략이었다. 바로 '눈에는 눈, 이에는 이(tit-for-tat)' 전략이었다. 이 전략을 가진 개체는 다른 개체와 최초의 대면상태에서는 협동으로 임하지만, 다음 대면부터는 상대의 이전 전략을 그대로 따라한다. 한 개체군이 일단 이 전략을 가진 개체들에 의해 지배된다면, 이 개체들 간에는 협동만이 지속적으로 나타나고 배신 중심의 전략에 비해 높은 평균 번식력을 유지하기 때문에 ESS가 되고, ESS라 함은 그 사회에서 협동의 가치가 정착되는 것으로 여길 수 있다.

'눈에는 눈, 이에는 이' 전략의 단점 중의 하나는 개체가 상대의 직전 대면관계에서 사용한 전략에 대한 기억을 갖고 있어야 한다는 가정이다. 사회의 규모가 커질수록 이러한 전략의 현실성은 낮아질텐데, 그렇다면 어떤 대안적인 이타성이 ESS로서 정착할 수 있는가? 악셀로드 팀(Riolo, Cohen, Axelrod, 2001)은 태그에 기반한 이타성(tag-based altruism) 전략을 제안한다.[8] 이 연구는 사실상은 무작위적인 태그가 유사한 개체끼리 만났을 경우에 협동하고 유사하지 않으면 배신하는 전략이 ESS가 될 수 있음을 보여준다. 과거에 대한 기억은 필요없다. 이 전략이 사회학적으로 흥미로운 점은 우선 제한된 이타성이다. 태그가 다른 개체끼리는 배타적으로 행동하며 결국 태그가 유사한 개체 간 단결과 다른 개체군 간 대립을 가져온다. 다음으로 흥미로운 점은 태그가 임의적(arbitrary)이라는 점이다. 태그는 유전적으로 두 개체가 서로 유사함을 나타내는 징표가 아니더라도 협동을 촉진시키고 개체의 번식력을 높인다. 즉 생물학적이 아닌 문화적 징표에 의해, 그 징표가 관찰이 쉽기만 하다면 소속집단에 대한 맹목적 헌신

8) 태그(tag)는 개체의 속성 중 타 개체에 의해 별 수고 없이 쉽게 관찰할 수 있는 것을 뜻한다. 피부색, 성별, 키와 같은 속성뿐 아니라 학력, 주거지역 등도 이러한 태그가 될 수 있다.

과 타 집단에 대한 부당한 차별이 진화론적으로 정착될 수 있음을 보였다. 더욱 최근 최정규와 바울스(Choi and Bowles, 2007)는 영토(territory)기반 이타성 전략이 ESS로 정착하는 과정을 약 7천 년 전 이전까지의 집단 내 인구수와 집단 간 이주율 등에 대한 추정치를 기반으로 시뮬레이션하고, 그 결과를 당시 실제 전쟁 사망률과 비교함으로써 모형의 경험적 정합성도 높였다. 정리하자면, 사회의 규모가 커짐에 따라 임의적 태그나 영토에 기반한 제한된 이타성 혹은 타 집단에 대한 차별적 규범을 진화시킨다는 것을 보여줌으로써, 사회가 발전함에 따른 규범의 기원과 변화를 진화론적으로 설명하고 있다.

이러한 ESS 진화론은 유전자를 매우 추상화된 정보의 단위로 보며, 이러한 시각은 정보로서의 문화의 단위, 즉 도킨스가 유전자(gene)에 유비적으로 빗대어 부른 밈(meme)이라는 단위의 복제, 변이, 선택에 따른 진화를 향후 학술적으로 연구할 수 있는 단초가 되었다.[9] 문화인자에 대한 연구는 사회학을 비롯한 여러 분야에서 최근 이루어지고 있는데, 사회학에서는 비교역사적 연구(Runciman, 2009)나 언어의 사회적 진화연구(Blute, 2010) 등에서 성과를 거두고 있다. 블루터(Blute, 2010)는 유전자 체계와 언어체계의 공통점을 10가지로 정리하고 있는데(2010: 121-126), 여기서 무엇보다 중요한 점은 앞에서도 지적했듯이 유전자라는 개념은 모호하고 문제적(problematic)이며, 문화인자가 유전자보다 더 모호하거나 문제적이지는 않다는 것이다. 문화인자 연구는 이미 인터넷 신조어의 발달(Pocklington and Best, 1997), 영어의 변화(Ritt, 2004), 음악의 진화(Jan, 2007) 등에서 성과를 거두고 있는데(Blute, 2010: 126-128에서 재인용), 문화인자에 대한 연구가

9) 문화인자 혹은 밈(meme)이라는 용어는 학술적, 대중적 모두의 의미에서 혼용되어 쓰인다. 학술적으로 문화인자의 진화를 다루는 학제적 연구를 문화인자학(memetics)이라고도 부르는데, 학술적인 문화인자의 규명은 당연히 유전자 진화의 핵심 메커니즘들을 따라야 한다. 문화인자에 대한 학술적 연구적 예로는 리처드슨과 보이드(Richardson and Boyd, 2005)가 있다.

과학적 분야로 자리를 잡을지 아니면 비유적 수준에서 남용되어 진화론적 본질이 희석되어 버릴지는 좀 더 시간이 지나야 판단할 수 있을 것으로 보인다.

3) 복잡계이론 : 총체성에 대한 인과론적 접근

본 절에서는 위에서 언급한 시스템 생물학의 중요한 이론적 구성요소로서 복잡계이론의 특성을 간단히 정리하려 한다. 시스템 생물학(Kitano, 2002)은 생물학적 시스템을 구성하는 요소 간 상호작용에서 발생하는 복잡성을 본격적으로 연구하는 학문으로서, 그러한 시스템은 "분자일 수도, 세포일 수도, 유기체일 수도, 심지어 전체 종의 체계일 수도" 있다(하버드대학 시스템 생물학 홈페이지). 결국 시스템 생물학은 더 이상 미시적인 수준의 환원론으로 나아가지 않고 모든 수준에서 공통적으로 나타나는 생물학적 체계의 동학(dynamics)에 대해 본격적으로 복잡계이론의 관점에서 연구하는 학문이라 할 수 있다.

복잡계(complex system)이론의 역사는 시스템 생물학보다 훨씬 길며, 생물학에 국한되는 이론도 아니다. 흔히 카오스이론이라고 알려지기도 한 복잡계이론은 기상학, 생물학, 수학, 물리학 등 자연과학의 여러 분야에 걸쳐 개별적으로 발전되어 왔으며, 1980년대 중반 산타페 연구소(Santa Fe Institute)의 설립과 함께 사회과학까지 아우르는 학제적 연구로 본격화되었다. 그렇다면 복잡계이론이 관심을 갖는 복잡성(complexity)이란 어떤 성격을 말하는가? 복잡성은 무엇보다도 예측 불가능성(unpredictability)을 함의하며 이러한 예측 불가능성은 한 체계의 동학이 초기조건에 민감하기(sensitive to initial conditions) 때문에 일어난다. 이는 유명한 나비효과(butterfly effect)라는 말로 축약될 수 있는데(글리크, [1987]1993), 결국 복잡계란 그 복잡계를 생성하는 원리가 복잡한 것이 아니라 단순한 원리가 체계수준의 성질로 창발(emerge)하는 과정이 복잡하다고 할 수 있다.

시스템 생물학은 추론방식을 분자수준의 유전자 정보를 해독하는 귀납적 방법에서 이론적 모델에서 출발하는 연역적 방법으로 전환하였으며, 그 모델에 기반한 시뮬레이션 실험을 통해 산출된 데이터를 경험적 데이터와 비교해 모델의 정합성을 판단한다(Leclerc, 2008). 모델이란 근본적으로 단순할 수밖에 없는데, 이처럼 단순한 모델에 기반한 연역적 방법으로의 전환은 복잡계를 만들어 내는 단순한 원리를 가정해 보고 그러한 모델들 중 현실정합성이 높은 것을 찾아나간다는 점에서는 일견 귀납적이라 할 만하다.

이처럼 연역적 모델의 현실정합성을 귀납적으로 탐색하는 전략으로서 시스템에 대한 연구는 사회학에 얼마나 긍정적으로 기여할 수 있을 것인가? 한 가지 분명한 사실은 그간 미시적 환원론으로 흘러온 사회생물학적 접근보다는 사회학 이론이나 방법론과 친화성이 있어 보인다는 점이다. 그 이유는 앞에서 상술한 바와 같이 이론적으로는 체계의 총체성에 대한 관심을 사회학과 공유하기 때문이며, 방법론적으로는 복잡계가 구성요소 간 네트워크로 관찰된다는 점에서 사회학에서 오랜 전통을 유지해 온 연결망이론과 융합할 가능성이 높다는 데 있다.

지놈 프로젝트를 통해 더 잘 이해하게 된 점 중 하나는 조절 유전자(regulatory gene)의 역할이다. 이러한 유전자는 직접적으로 특정 형질의 발현에 관여하기보다는 다른 유전자의 발현을 조절한다. 즉, 타 형질 발현을 위한 스위치를 켜거나 끄는 역할을 하여 생명체의 특성이 구성요소보다는 요소 간 상호작용, 그리고 유전자 간 네트워크가 중요하다는 함의를 전달한다(Davidson, 2006). 또한 그러한 스위치이 작동에 환경과 문명의 개입여지를 더욱 넓혀 몸과 사회의 상호작용을 탐구할 가능성을 확장한다. 인간은 극소수의 유전자만이 원숭이와 다를 뿐이지만, 그러한 극소수의 유전자만으로도 유전자 간 연결망구조는 인간과 원숭이 간에 급격히 달라질 수 있고, 그러한 네트워크적 다양성이 인간 개인 간의 다양성, 인간 사회의 다양성, 더 넓게는 생물 종의 다양한 분화를 설명하는 데 중요할 수 있다.

4. 생물학적 전환의 잠재적 가치와 함의

이 장에서는 사회학의 생물학적 전환을 사회 진화론에 대한 비판, 다윈의 복귀, 유전학과 게임이론의 기여, 최근의 복잡계적 접근의 흐름에 따라 간략히 살펴보았다. 이러한 흐름에서 윌슨의 사회생물학은 다소 축소시켜 다루었는데, 이는 사회생물학의 이론으로서의 독자적 가치가 떨어져서라기보다는 사회학의 주요 관심사에 대한 지금까지의 기여도와 향후 발전 가능성이 상대적으로 낮다고 판단했기 때문이다. 이 장에서 제대로 다루지 못한 또 하나의 영역은 몸의 사회학인데, 몸의 사회학은 우리의 몸이 어떻게 사회적으로 구성되고 심지어 통제되는지 연구한다(Featherstone *et al*., 1991; Shilling, 2003). 이러한 자연의 사회화(socialization of nature)의 대표적인 예로는 근대성 문화의 확산에 따른 식사장애나 거식증의 지구적 확산(Lee, 2001) 등을 들 수 있는데, 이러한 몸의 사회학은 자연과 사회 사이의 인과관계 측면에서 생물학적 접근을 뒤집어 놓은 것과 같다. 그러나 향후 몸의 사회학은 생물학적 전환과 접점을 찾을 것으로 기대하며 그 접점은 인간의 '뇌'에서 이루어질 수 있을 것으로 전망한다.

3장에서 살펴보았듯이 사회학은 사회체계를 갈등론적으로 바라보는 패러다임을 발전시켜 왔는데, 이러한 패러다임은 뇌를 이해하는 데 유용하다. 유기체에 대한 초창기 사회학적 관점은 기능과 조화의 체계였지만, 본 장을 통해 드러났듯이 생명체는 다양한 유전자의 협동뿐 아니라 경쟁과 갈등의 체계이다. 우리 몸속의 서로 다른 유전자는 변화하는 환경 속에서 자신들의 운명을 놓고 개체에게 대립되는 행동을 요구할 수 있는데, 고등생물로 진화할수록 개체 내부의 갈등의 여지는 커지며 개체 내 유전자들은 뇌를 발달시켜 개체행동의 결정권을 이양시켜 왔다고 볼 수 있다. 그러나 일단 의사결정기관으로서 독자성이 증가한 뇌는 문명의 발전에 따라 재생산 즉 출산을 억제하고 거식증으로 생명을 위협할 만큼 유전자의 지배에 대항할 수 있다(도킨스, [1989]1993: 99).

진화의 속도를 추월해 용량을 키워 오고 언어와 문명을 폭발적으로 진화시켜 온 뇌는 생물학적인 만큼 사회적이다. 혹은 생물학적인 것과 사회적인 것이 교차하는 그 무엇이다. 사회학의 생물학적 전환이 몸의 사회학과 만나는 영역이 확립된다면 아마도 뇌의 사회학이라 부를 수 있지 않을까 전망한다. 뇌는 매우 가소적(plastic)이어서 평생을 통해 환경에 적응한다(Pascual-Leone *et al*., 2005). 택시운전사의 뇌는 공간적 작업을 하는 해마 뒤쪽이 일반인보다 더 넓게 발달하며(Maguire *et al*., 2000), 우리는 인종적 편견에 반하는 사례를 접할 때와 사회적 규범을 위반하는 사례를 접할 때 동일한 뇌의 활성화 패턴을 보이면서 위협을 인지한다(Schreiber and Iacoboni, 2012). 사회적 요인이 어떻게 뇌의 가소성을 통해 우리 몸에 영향을 미치는지 연구하는 것은 사회학이 심리학의 통로를 거쳐 생물학에 기여할 수도 있다. 뇌는 또한 정교하고 놀랍도록 정보처리가 빠른 복잡계 네트워크이다. 인간의 의식과 언어에 대한 네트워크모형(Bechtel and Abrahamsen, 2002)은 실제 신경망의 작동방식에 가깝지만 컴퓨터로 구현하기에는 너무 오랜 시간이 걸릴 만큼 빠른 속도를 요구한다. 최근에 활발히 진행되는 복잡계 연구와 시스템 생물학은 복잡계로서 뇌에 대한 연구와 만나 언어나 문화의 진화에 대한 통찰을 심화시켜 줄 수 있을 것이다.

지금까지 10장에서는 현대 사회학이론의 생물학적 전환의 과정과 주요 이론적 요소, 앞으로의 전망 등을 살펴보았다. 다윈에서 출발한 진화론은 분자생물학에 기반한 현대유전학을 토대로 미시수준의 환원론으로 발전했으나, 사회를 설명하면서 게임이론적 추상이론으로 발전했고 최근에는 복잡계를 기반으로 하는 총체성에 대한 연구가 부상하고 있다. 이러한 흐름은 도식적으로 생각하는 생물학적, 분자수준적 환원론과는 거리가 먼 것이며 뇌의 사회학에 대한 전망을 가능하게 하는 이론적 방향으로 보았다.[10] 마지막으로 진화론의 발견이라는 인간 뇌의 쾌거에 대해 진화론적 논리에 의거해 질문해 보면서 이 장을 마무리하려 한다. 유전자의 복제원리를 밝혀낸 인간정신의 작동은 어떻게 유전자에 의해 허락되었는가? 인간의 지성을 발달시켜 유전자의 지배원리를 밝히도록 우리가 프로그램화된 것이 유전자수준에서 어떤 이익이라도 가져다주는가? 이러한 질문에 대한 설득력 있는 진화론적 설명이 철학적 혹은 과학적 수준에서 등장하기 전까지는 인간과 사회가 유전자의 지배논리를 벗어났다는 가설을 포기할 필요는 없어 보인다. 그리고 이러한 가설을 유지하는 것이 과거 정신과 육체, 사회와 자연의 이원론으로 회귀하는 것일 필요도 없을 것이다. 사회학의 생물학적 전환의 앞날에는 정신과 육체를 잇는 뇌가 얼마나 사회적인가를 밝히는 방식으로 자연과 사회의 일원론을 구현할 수 있을 것이다. 또한 온라인 공간의 급격한 발달에 따른 자기조직화(self-organizing) 네트워크에 대한 연구(Barabási, 2003)나 마투라나와 바렐라의 생명에 대한 자동생산(autopoisis) 체계적 관점(14장 체계론적 전환 참조) 등이 시스템 생물학을 풍성하게 하여 사회이론이 생물학에 더욱 기여하는 미래도 상상해 본다.

---

10) 사회과학과 생물학적 진화론의 만남에 뇌연구가 통합되는 측면에서는 정치학이 사회학보다 앞서 있는 것으로 보인다. 이러한 정치학의 예로서는 하터미와 맥더모트(Hatemi and McDermott, 2011)의 소개가 있다. 또한 진화심리학과 신경과학은 이미 뇌 연구를 통해 인간을 이해하는 데 많은 성과를 거두고 있는데(Gazzaniga, 2008), 이러한 성과를 검토하고 뇌의 사회학에 대한 전망과 연결시키지 못한 점은 이 장의 한계이다.

* 이 글은 2013년 "현대 사회이론의 생물학적 전환," 『사회와이론』 23집에 게재된 내용을 일부 수정 · 보완한 것임.

제 11 장

감정적 전환

| 김홍중(서울대) |

1. 문제제기

20세기 후반에 사회학에 등장한 다양한 새로운 경향들 중에서 가장 주목을 요하는 것 중의 하나가 바로 '감정(emotion)'에 대한 새로운 시각이다.[1] 사회적 현상에 대한 과학적 탐구를 목표로 하는 근대적 경험과학으로서의 사회학이 감정현상에 대해서 취할 수 있는 입장은 사실상 애초부터 제한되어 있던 것이 사실이다. 근대세계의 주인공들은 감정적 열정(passion)으로 행동하는 중세적 인간들이 아니다. 그들은 열정을 조절/통제하고, 설정된 목표나 이해관계(interest)를 합리적으로 추구할 줄 아는 행위자들이다. 이들의 행위와 그 결과로서 구성되는 제도, 질서, 구조 등을 해명하는 과정은 '감정'보다는 '합리성'에 대한 호소가 더욱 중요한 것으로 받아들여졌다(허쉬먼, 1994). 유럽의 고전사회학을 창조적으로 종합한 파슨스의 이론체계에서 이와 같은 경향은 하나의 원칙으로 굳어져, 사회학이론

1) 이 글에서는 'emotion'을 감정으로, 'affect'를 정동으로, 'feeling'을 느낌으로, 'passion'을 정념으로, 'sentiment'를 정서로 옮겨 사용한다. 감정에 대한 담론들이 항상 이런 개념들을 명확하게 정의하고 있지는 않다. 많은 경우, 이들 용어들은 혼용되는 것이 사실이며, 그들을 구별하는 구체적이고 객관적인 기준이 존재하지 않는다. 이런 맥락에서 토이츠(Thoits)의 다음과 같은 구별은 시사적이다. "감정(emotion)은 느낌(feeling), 정동(affect), 기분(mood), 그리고 감상(sentiment)과 구분될 수 있다. 우선 느낌과 정동은 구체적이고 특정적인 것이 아닌 반면 기분과 감상은 보다 특정적인 것이라 할 수 있다. 일반적인 용어로 쓰이는 느낌은 감정적 상태뿐 아니라 육체적인 본능상태(예컨대 배고픔, 고통, 피로)를 포괄한다. 정동은 어떠한 대상, 행동, 사상에 대한 긍정적 혹은 부정적 평가(좋다/싫다)를 말한다. … 이러한 느낌과 정동이 문화적 특성과 관련하여 고려될 때, 일반적으로 이를 감정이라 한다"(토이츠, 1995: 33). 대개 사회학과 심리학에서는 감정(emotion)이라는 개념에 중점을 둔다면 정신분석학, 문화연구, 이탈리아의 자율주의운동 계열의 문제틀을 공유하는 논의들에서는 정동(affect) 개념을 주로 사용한다. 후자의 경우 특히 스피노자와 들뢰즈, 가타리의 논의에 그 뿌리를 두고 있다. 이들에 의하면 정동은 감정보다 더 원초적이고 미분화된, 생성의 논리와 연결된 개념이다. 감정은 개인에 의해서 포획된 정동에 다름 아니다(들뢰즈, 2005; Massumi, 2002: 28). 감정이 아닌 정동 개념을 주로 사용하는 연구자와 이론가들도 사회적인 것을 '정동' 개념으로 재구성하려는 다양한 시도를 하고 있다(Clough (ed.), 2007; Gregg and Seigworth(eds), 2010). 이 글에서는 '정동' 개념을 중심으로 하는 이론적 논의를 따로 하지 않고, 감정에 대한 사회학적 이론에 논의를 국한한다.

과 감정 사이의 연관성이 거의 소멸되었다. 파슨스의 사회학이론이 지배하던 20세기 중반 동안 사실상 사회학은 감정이라는 문제를 망각하고 있었다. 감정은 설명의 대상으로도 원인으로도 평가받지 못한 채, 이론적 잔여 범주로 남아 있었던 것이다. 이런 이유로 메스트로빅은 "대부분의 사회학적 이론화가 결여하고 있는 것은 감정의 역할이다"라고 말하고 있다(Meštrović, 1997: xi).

하지만 사실 1970년대 중반 이후 이런 경향에는 커다란 변화가 일어났다. 사회학뿐 아니라 철학, 정치학, 인류학, 심지어 심리학에서도 감정은 다양한 학문적 관심의 대상으로 재구성되기 시작했다(바바렛, 2006: 47). 특히 사회학의 영역에서 감정 테마에 대한 논의의 급증은 이례적이기까지 하였다. 1970년대 중반부터 1980년대 중반까지 사회과정에서 감정을 다룬 서적과 논문들은 폭발적으로 증가했다. 대표적인 저서들을 거론하자면 콜린스의 『갈등사회학』(1975), 켐퍼의 『감정의 사회적 상호작용이론』(1978), 혹실드의 『관리되는 마음』(1983), 그리고 덴진의 『감정의 이해』(1984) 등을 들 수 있다(Collins, 1975; Kemper, 1978; 혹실드, 2003; Denzin, 1984). 이와 더불어 감정을 중심으로 미국, 영국, 호주에서 학회들이 설립되기 시작했다. 미국사회학회는 1986년에 감정사회학분과를 설치했고, 영국사회학회는 1989년에 감정사회학 연구모임을 결성했으며, 호주사회학회의 연례학술대회는 1992년 이후 계속해서 감정사회학 패널을 두고 있다(실링, 2009: 25). 이런 변화의 기저에는 무엇보다도 근대성의 핵심 원리인 '이성' 중심의 사회과학적 패러다임에 대한 전반적 반성과 1960년대 이후의 신좌파운동과 1970년대 이후의 신사회운동을 통해 부각된 수많은 정체성-정치의 활성화라는 사회적 요인들이 자리 잡고 있는 듯이 보인다(함인희, 2003: 15-16).

이러한 사회적 맥락을 배경으로 감정과 합리성의 전통적인 대립적 관계설정을 재고하게 하는 새로운 연구들이 등장하면서, 근대적 의미의 사회적 행위자에게 부여되었던 '합리성'의 문제를 심도 있게 성찰하는 계기가 발견되고 있다(다마지오, 1999). 또한 다채로운 정치사회학적 현상들을 감정사회학적 개념과 관점으로 접근하는 경향 역시 나타나고 있다(굿윈, 재스퍼, 폴레타 엮음, 2012; Clarke, Hoggette, and Thomson(eds.), 2006). 마지막으로 감정사회학은 20세기 자본주의를 새롭게 이해하게 하는 분석틀을 제공하기도 한다(일루즈, 2010; 혹실드, 2003; 하트, 2005). 이처럼 1970년대 후반 이후로 현재까지 다양한 방식으로 전개되고 있는, 감정에 대한 사회학적 연구와 이론의 새로운 평가와 접근을 우리는 '감정적 전회(emotional turn)'라 부르고자 한다(박형신 · 정수남, 2009). 먼저 우리는 고전 사회학의 이론 전통에서 '감정'의 문제가 어떻게 다루어졌는지를 살펴봄으로써 사회학이론의 감정적 전회의 전사(前史)를 탐구해 본다.

2. 고전 사회학이론에서 감정의 문제

데카르트 이래 근대적 사유가 이성(정신)과 감정(신체) 사이에 하나의 심연을 설정하고, 감정을 이성에 의해 지도되어야 하는 비합리적 충동의 영역에 위치시킴으로써, 근대적 사유는 이미 감정에 대한 선험적 판단으로부터 자유롭지 않게 된다. 그러나 근대적 삶의 전개과정에서 형성되어 온 소위 시민사회(civil society)를 분석하기 시작하는 초기의 사회과학적 논의들은, 시민사회의 행위자들을 있는 그대로 파악하려는 다양한 근대적 시도들 속에서(홉스, 스피노자, 루쏘, 비코 등) 소위 정념에 의해 움직이는 인간의 이미지에 깊은 관심을 기울인다(허쉬먼, 1994: 21-23). 인간은 공포, 동정심, 이기심, 욕망, 의지 등에 의해서 추동되는 존재이기도 하다는 것이다. 인간 행위로 구성된 사회에 대한 탐구에 있어서 이런 감정의 중요성에 대한 인식은 소위 계몽주의의 도덕철학(moral philosophy)적 접근(애덤 스미스의 『도덕감정론』)을 거쳐 콩트 사회학의 『실증정치체계』[2]에 이르는 감정사회학의 저류(低流)로 이어진다. 이들은 모두 근대적 인간행위의 결과로 구성되는 사회공간이 합리적인 이해관계의 추구에 의해 유지, 운영되는 것이 아니라, 그보다 더 깊은 수준에서 인간의 정념이 작용하고 있다는 사실을 발견하였다. 이 정념은 단순히 이성의 작용을 교란시키는 것이 아니라, 인간을 자신보다 더 큰 유기체적 전체인 '사회' 혹은 '인류'에 소속되고 그로 인해 차이들을 극복하고 하나로 결합할 수 있는 '도덕적' 원천을 제공하는 것으로 파악하였다.

이런 관점은 특히 뒤르켐의 이론에서 보다 극명하게 드러난다. 뒤르켐은 1895년에 자신의 『사회학적 방법의 규칙들』에서 사회학의 대상으로서 규정된 '사회적 사실(fait social)'을 다음과 같이 정의하고 있다. "여기에 따라서 매우 특별한 특성들을 제시하는 사실들이 존재한다. 그 사실들은 행위하고, 사고하고, 느끼는 방식들로 구성되어 있는데, 이 방식들은 개인에 외재하며, 강제력을 갖추고 있어서 그 힘으로 개인에게 부과된다" (Durkeim, 2005: 5). "느끼는 방식(manières de sentir)"이 사회학 사실에 포함되어 있다는 것은 뒤르켐에게 감정적 현상들이 이미 사회학의 주요 대상으로 설정되어 있다는 사실을 보여준다. 사실 뒤르켐이 규정한 사회적 사실에는 "기호체계, 화폐제도, 신용도구"와 같이 객관적 실재나 사회조직처럼 고정된 형태를 가진 것들뿐 아니라(Durkheim, 2005: 4), 다양한 '사회적 흐름들(currents sociaux)' 도 포함된다. 뒤르켐은 이렇게 쓴다. "그러므로 군중의 열정적 운농, 분노, 연민은 한 사람의 특정한 개인의식으로부터 유래하지 않는다"(Durkheim, 2005: 6). 군중의 운동과 열광의 형식들에 대한 이

2) 콩트 사회학에서 『실증철학강의』와 『실증정치체계』 사이에는 일반적으로 하나의 간극이 존재한다고 여겨진다. 전자가 엄격한 실증주의적 과학에 대한 강조로 특징지어진다면, 후자는 인류교와 사랑의 감정 등, 소위 유사종교적 열성을 보여주고 있기 때문이다. 전자는 감정에 대한 강조가 희박하다면, 후자는 감정사회학의 다양한 요소들을 내장하고 있다. 이에 관해서는 다음을 볼 것. 실링 · 멜러, 2013: 81-9.

런 강조는 뒤르켐 사회학의 실증적 연구들과 후기의 종교사회학적 탐구에서도 일관적으로 이어진다. 집합감정, 집합표상, 집합의식, 연대, 도덕 등은 모두가 감정적 기초를 갖고 있다『분업론』(가령 1권 5장)에서 기계적 연대와 유기적 연대의 징후로서 나타나는 법형식의 차이를 설명할 때에도, 『자살론』에서(특히 제2권 6장) 자살의 원인을 설명할 때에도, 더 나아가서 『종교적 생활의 원초적 형태들』(특히 제2권 7장)에서 의례를 통해 나타나는 집합열광이 성스러운 상징(토템)으로 고착되어 하나의 사회가 발생하는 과정을 탐구함에 있어서, 뒤르켐은 공히 감정(sentiment)을 그 중심원리로 설정하고 있다(실링, 2009: 38-42; Fisher and Chon, 1989; Fish, 2002, 2005).

뒤르켐과 달리 베버의 경우 감정에 대한 그의 관점은 다소 분열되어 있다고 볼 수 있다. 사회학의 대상을 유기적 총체로서의 전체 사회가 아니라, 행위(Handeln)로 재정립한 베버는 『경제와 사회』에서 사회적 행위의 유형론을 제시한다. 그에 의하면, 사회적 행위는 목적합리적(zweckrational) 행위, 가치합리적(wertrational) 행위, 감정적(affektuell oder emotional) 행위, 전통적(traditional) 행위로 나누어지는데, 감정적 행위는 전통적 행위와 마찬가지로 '의미 있게 지향된' 행위와 그렇지 않은 행위 '사이' 어딘가에 존재한다. 즉 하나의 숙고된 그리하여 주관적으로 생각된 의미에 의해 구성된 행위가 아니라 즉각적이고 성찰 없는 생리적 반응으로 파악되는 것이다(베버, 1997: 146-147).[3] 베버 사회학의 이론적 밑그림에서 이처럼 잔여범주로 설정된 감정의 문제는 그러나 사실 베버의 종교사회학에서 매우 중요한 고려대상으로 등장한다. 베버는 근대적 세계가 주지주의적 합리화의 경향을 심화시키는 방향으로 전개되어 나간다는 기본통찰을 유지하고 있지만, 흥미롭게도 그런 합리화의 기제가 생성되는 과정에서 소위 '비합리

3) 베버의 이런 관점은 "크니스와 비합리성의 문제"(1905)에서도 발견된다. 여기에서 감정은 "충동적이고 사고와 이성을 파괴하기 때문에 본질적으로 비합리적인 것"으로 간주된다(베버, 2003; 바바렛, 2006: 70-72).

적 감정'의 역할을 정확하게 포착하고 있다. 그 대표적 작업이 "프로테스탄티즘 윤리와 자본주의 정신"이다. 이 논문에서 베버는 세속적 금욕주의로 특징지어지는 근대자본주의 정신이 어떻게 개신교 윤리(캘빈주의)로부터 비롯되었는지를 설득력 있게 해명하고 있다. 베버에 의하면, 종교적 생활방식(Lebensführung)과 윤리의 경제적 태도로의 전환은, 캘빈주의의 예정설이 그 신도들에게 야기한 고도의 감정적 불안상태를 그 핵심으로 한다. 구원이 이미 결정되어 있고, 어느 누구도(목사도, 교회도, 심지어는 신마저도) 구원의 사실을 변경할 수 없다는 가혹한 교리는 "각자 개인이 직면하는 전대미문의 내적 고독감"을 불러일으켰다(베버, 2010: 182). 이 불안과 고독감 그리고 구원의 징표를 얻어야 한다는 열망과 같은 감정적 동력이, 베버에 의하면, 초기의 프로테스탄트들에게 세속적 삶에서의 성공과 강박적 치부와 노동의 삶의 형식을 선택하게 한다. 합리화의 핵심에 비합리적 감정이 분리할 수 없는 방식으로 놓여 있다는 베버의 이런 통찰은 그가 감정의 문제를, 앞서 말한 행위이론적 입장과 달리, 사회학적 설명과정에서 매우 중요한 요소로서 파악하고 있었음을 보여준다. 실제로 그의 카리스마 개념은 정치사회학의 주요 개념으로 사용되고 있다. 그는 정치 공동체가 감정적 토대로부터 그 정당성과 힘을 획득한다고 주장하기도 한다(Weber, 1978: 903). 『고대유대교』에서도 성직자의 직무와 역할을 다룸에 있어서 감정의 발생과 조정을 언급하고 있다(실링, 2009: 47-50; 바바렛, 2006: 69-75; Barbalet, 2000).

사실 베버와 뒤르켐 이외에도 감정범주의 설명적 가치는 주요한 고전사회학자들에게서 다수 발견된다. 투크빌은 『미국의 민주주의』 2권 2부에서 민주주의와 감정의 문제를 집중적으로 다루고 있다. 파레토는 행위에 영향을 주는 "인간의 감정", 특히 "비이론적 행위를 정당화시키고 합리화시켜 주는 이론이나 신념체계"에 대한 관심을 집중시킨 바 있다(코저, 1988: 570). 마르크스도 1844년의 『경제학, 철학 수고』에서 소외감에 대한 분석을 제시하고 있다(Marx, 1975). 이는 소렐(Georges Sorel), 구스타브 르봉(Gustave Le Bon), 퇴니스(F. Tönnies), 짐멜 등에게서도 공히 발견되는 현상이다(짐멜, 2005; Denzin, 1984: 32-38). 감정에 대한 이런 관심이 사회학이론의 지평에서 퇴조하게 되는 것은 파슨스에 의해 유럽의 초기 사회학 이론들이 종합된 한 결과이기도 하다. 잘 알려진 것처럼, 파슨스는 사회적 행위의 규범적 성격을 강조함으로써 행위자의 감정요소를 주변화시켰으며, 또한 제도의 작동에서 '감정중립성(affective neutrality)'의 중요성을 분석함으로써 감정을 1차적 제도인 사적 친밀성의 관계로 유폐시킨다(Parsons, 1951). 1930년대부터 1970년대까지 사회학에서 감정의 테마가 중심적이지 못했던 것은 바로 이와 같은 이론적 경향에 기인하고 있다고 말할 수 있다.

3. 주요 테마들

감정적 전회의 이론적 테마들은 매우 다양하고 방대하다. 이 글에서 우리는 감정적 전회를 특징짓는 세 가지 중요한 테마를 선정하여 이를 살펴본다. 첫째, 감정과 합리성의 전통적 대립에 대해 새로운 비판적 견해를 제시하는 논의들이다. 우리는 이를 행위의 미래성(futurity)에 초점을 두고 감정이 합리성을 보완할 뿐 아니라 사실 그것을 오히려 가능하게 하는 조건으로 기능한다는 통찰을 다마지오, 윌리엄 제임스, 그리고 케인즈의 논의들을 통해 살펴본다. 둘째, 감정이 사회적 상호작용의 중요한 규칙(rules)들로 구조화되어 있고, 또한 각종 의례들과 상징들의 생산에 깊은 연관을 맺고 있다는 통찰을, 혹실드의 감정규칙(feeling rules)과 콜린스의 감정에너지(emotional energy) 개념을 중심으로 살펴볼 것이다. 마지막으로 우리는 감정의 문제가 개인적 수준의 행위나 대면적 상호작용이라는 중범위의 차원을 넘어서, 20세기 자본주의 체제의 한 함수로 기능해 왔다는 통찰을, 에바 일루즈의 논의를 중심으로 살펴본다.

1) 감정과 합리성

부동에 의하면 합리성이라는 개념은 고전적 의미의 이성 개념을 대신하여 인간의 행위를 설명하기 위해 근대에 접어들면서 사용된 보다 좁은 개념이다(Boudon, 2009). 인간의 행위를 '합리적인 것'으로 이해한다는 것은 인간이 특정 목적을 달성하기 위한 최적의 수단을 사고와 추론을 통해서 찾아낼 수 있는 능력(목적합리성)을 갖고 있다고 이해하는 것이다. 이는 근대의 공적 삶을 살아가는 행위자들의 자기이해에 부합한다. 이들은 합리적으로 행위하는 존재이며, 따라서 감정이나 열정이나 신념을 기준으로 행위하지 않는다. 요컨대, 합리성은 의사결정(decision-making)의 유일한 원리로 이해되는 것이다.[4] 이때 감정/열정은 합리적 의사결정을 가로막는 저해요인으로 등장한다. 그러나 사회학이론의 '감정적 전환'는 양자의 전통적 이분법에 이의를 제기하면서 인간행위에 대한 새로운 이해 가능성을 제안하는 시도를 내포하고 있다.

다마지오는 자신의 저서 『데카르트의 오류』에서 코 뒤쪽에 있는 복내측 전전두 피질이 손상된 환자들이 보여준 특이한 증상을 이야기한다. 신경학자들에 의하면 이 부분이 파손된 사람들은 정신적 활동에 요구되는 다양한 능력들에 별나른 이상을 보이지 않지만, 이상하게도 의사결정과 판단을 하지 못하는 모습을 보인다. 그렇다고 해서 이들이 합리적으로 생각하지 못하는 것이 아니다. 오히려 이들의 계산능력은 뇌손상 이전과 다르지 않다. 문제는 놀랍게도 감정을 느끼는 능력의 감퇴에 있었다. 다마지오에

4) 감정은 근대적 사회공간에서 사적 영역으로 제한된다.

의하면 환자들은 사고하는 데 어려움을 겪은 것이 아니라 감정적 능력의 쇠퇴로 인한 무감정(disaffection) 상태에 빠졌고, 감정의 불능이 의사결정과 판단력의 손상으로 이어졌다. 이들은 알기는 하지만 느끼지는 않는(to know but not to feel) 상태에 빠져들었고, 그 상태에서 이들은 시간과 자아와 일정을 관리할 수 있는 능력의 붕괴를 체험했고, 더 나아가 "미래에 관해 계획할 수 있는 능력(ability to plan)"의 상실을 겪었다(다마지오, 1999: 49, 40-41, 25). 이들의 지능은 정상이었지만, 이들은 합리성의 핵심에 존재하는 의사결정능력을 잃어버린 것이다(다마지오, 1999: 155-156). 이 연구는 합리성이 비용–편익을 분석하는 계산능력으로 환원될 수 없다는 사실을 암시한다. 의사결정은 모든 가능성을 논리적으로 따지는 것이 아니다. 다마지오에 의하면 결정은 행위자가 소위 신체의 표지자(somatic marker), 즉 감정적으로 발원하는 육체적 감각에 의해서 도리어 이루어진다. 신체의 표지자는 하나의 성향처럼 작용하면서, 인지적 합리성의 업무의 준거점을 제공한다. 이런 관점에서 보면 감정은 합리성과 대립하는 것이 아니라 보완적인 관계를 맺고 있다. 다마지오에 의하면 "감정, 느낌 그리고 생물학적 조절기능 모두가 인간의 이성에 작용"하고 있다(다마지오, 1999: 3).

흥미로운 것은 위의 환자들이 공히 "미래에 대한 근시안(miopia for the future)"의 곤경에 빠져 있다고 관찰된 것이다(다마지오, 1999: 199). 이는 감정과 합리성의 긴밀한 연관, 상호부조, 기능적 공조 등이 특별히 미래를 지향하는 인간행위와 연관되어 있다는 것을 의미한다. 이는 행위의 시간성, 특히 미래성과 연관된 감정의 기능에 대한 성찰을 요구한다. 이런 점에서, 감정과 합리성을 연속적인 것으로 파악했던[5] 윌리엄 제임스의 다음과 같은 논의는 흥미롭다. "예컨대 내가 알프스를 등반하는 도중에 실수로 위험

5) 윌리엄 제임스에 의하면 이론적 합리성과 다른 실용적 합리성은 "현재 순간의 충분함, 그 절대성(설명하고 정당화할 필요가 전혀 없는)에 관한" 느낌, "편안함, 평화, 휴식의 강한 느낌들," 즉 "합리성의 정서"이다(제임스, 2008: 10-11; Cf. Bronckhart, 2008: 31-33).

스러운 건너뛰기가 유일한 탈출구인 위치에 가게 된 불운을 겪고 있다고 하자. 나는 그런 경험을 한 적이 없어서 건너뛰기를 성공적으로 할 수 있는지에 관한 내 능력을 알 수 없었다. 그렇지만 나 자신에 대한 희망과 신뢰(hope and confidence in myself)가 그렇게 할 수 있다고 확신을 갖게 하고, 내 다리로 하여금 그런 주관적 정서 없이는 아마도 불가능할 것을 하게끔 하는 용기를 북돋운다. … 이 경우(그리고 이것은 수많은 경우 중 하나) 지혜의 한 요소는 분명히 원하는 것을 믿는 것이다. 왜냐하면 신념은 그 대상의 실현에 관한 필수적인 예비조건들이기 때문이다"(제임스, 2008: 50). 행위자는 지금 건너뛰어야만 살아나갈 수 있는 어떤 상황에 놓여 있다. 그는 의사결정을 해야 한다. 그는 합리적으로 판단할 것이다. 계산도 할 것이다. 그러나 제임스에 의하면 행위는 그런 이론적 합리성에 의해 규정되는 것이 아니라, 그가 "합리성의 정서"라 부르는 어떤 감정에 의해 추동된다. 즉, 결과를 계산할 수 없는 미래의 일에 대해서 만일 행위자가 희망이나 신뢰를 갖고 움직인다면, 그것은 용기로 귀결되고, 용기는 성공으로 연결될 수 있다는 것이다. 여기에서 핵심은 미래라는 행위에 내재하는 미지의 영역이다. 미래는 계산될 수 없으며, 따라서 합리적 선택이나 판단을 위해 요청되는 정보의 부재를 가리킨다. 미래성을 내포한 행위는, 제임스에 의하면, 이처럼 합리성과 감정의 연속적 결합체의 운동을 요청하는 것이다.[6]

행위의 미래성이 요청하는 감정의 역할에 대해 케인즈는 매우 명료한 입장을 취하고 있다. 그에 의하면 인간의 행위는 "현존의 사태가 무기한으로 계속된다는" 일종의 관습(convention)에 기초하고 있다. 즉 행위자를 둘러싼 "일상생활에 상당한 정도의 연속성과 안정성이 있다는 사실"을 암묵적으로 요청하는 것이다(케인즈, 2007: 178-179). 이는 인간의 의사결정이 "장기기대의 상태(the state of long-term expectation)"에 놓여 있기 때문이다

6) 감정은 심지어 진리를 구성하는 요소이기도 하다. "진리들은 우리의 믿음이 그것들을 그렇게 만들 때까지 참이 될 수 없다"(제임스, 2008: 50).

(케인즈, 2007: 173-174). 따라서 이렇게 미래를 지향하는 행위는 순수하게 계산적 합리성으로는 지탱될 수가 없다. 거기에는 감정이 요청된다. 케인즈는 심지어 이렇게 쓰고 있다. "미래를 좌우하는 인간의 결정은, 그것이 개인적인 것이건 정치적인 것이건 또는 경제적인 것이건 간에, 엄밀한 수학적 기대치에 의존할 수 없다는 것 — 왜냐하면 그와 같은 계산을 할 기초가 없기 때문이다 — 그리고 일이 제대로 돌아가게 만드는 것은 인간이 타고난 행위에 대한 충동(urge)이며, 우리의 합리적인 자아는 가능한 경우에는 계산을 많이 하지만 많은 경우 우리의 동기를 기분(whim)이나 감정(sentiment) 또는 요행(chance)에 맡기면서 여러 가지 선택의 대상으로부터 최선의 것을 선택한다는 것, 이런 것들이다"(케인즈, 2007: 191). 다양한 행위들 중에서도 특히 가장 합리적 행위의 경향을 갖는 것으로 여겨지는 경제적 행위의 경우에도, 결국 행위의 순간과 그 결과가 나타나는 시간 사이의 간격이 존재하기 때문에, 이 간격 동안 발생할 수 있는 모든 가능성을 합리적으로 계산하는 것은 불가능하다는 것이다. 이때 중요한 것이 바로 기분, 감정, 요행과 같은 요소들, 그리고 자신 행위의 결과에 대한 믿음이다.

드 수사(Ronald de Sousa)가 주장하듯이 감정과 합리성 사이에 명백한 직접적 연관이 존재한다고 보기는 어렵다(de Sousa, 1987: 4). 즉 모든 감정이 합리성과 연관을 갖거나 합리적 행위로 직접 연결된다는 주장은 무리가 있다. 그러나 분명한 것은 감정과 합리성은, 지배적 행위이론이 생각하는 것보다 훨씬 더 구분하기가 어렵다는 사실이며, 특히 미래를 지향하는 행위의 시간성에 대한 고려 속에서 우리는 신뢰, 확신, 자신감 등의 감정이 행위를 구성함에 있어서 매우 중요한 요소임을 확인할 수 있다.

2) 감정규칙, 감정에너지

감정이 개별 행위자의 행위능력의 중요한 구성요소라는 사실은 혹실드의 감정작업(emotion work) 개념을 통해서 파악할 수 있다. 감정작업은 "감정 혹은 느낌에 있어 변화를 시도하는 행위"로 정의된다. 감정에 대해서 작업을 한다는 것은 감정을 관리하는(manage) 것, 혹은 내면연기(deep acting)를 한다는 것이다(Hochschild, 1979: 561). 그것은 감정의 '통제'나 '억압'이 아니다. 감정작업은 특정 감정을 느끼고 불러일으키려는 시도에 가깝다(Hochschild, 1979: 565). 이 점에서 혹실드가 파악하는 행위자는 고프먼이 바라보는 사회적 행위자보다 더 깊은 수준의 연출을 행하는 존재이다. 고프먼의 경우 행위자는 남들에게 드러나는 자신의 모습을 의미하는 인상을 관리하는 존재에 머물러 있다. 그러나 혹실드의 행위자는 내면적인 연기(deep acting)를 시도하고 그에 성공하는, 좀 더 근본적인 수준의 연극적 행위능력을 갖추고 있는 존재이다(Hochschild, 1983: 38 이하). 감정작용은 이때 자신이 느끼기를 원하는 감정을 불러일으키는 행동이지만, 그것은 언제나 사회적 규칙과 조화를 이루어야 한다. 정식화하자면 사회적 행위자는 특정한 방식으로 정의된 상황 속에서 공식적 프레임이 규정하는 적절한 감정을 준수해야 할 의무에 구속되어 있다. 혹실드는 이를 감정규칙(feeling rules)이라 부른다. 감정규칙은 "내가 느껴야만 하는 것"을 규정하는 사회적 지침들을 가리키는데, 이는 다양한 사회집단에 따라서 상이한 양태로 나타난다(Hochschild, 1979: 565). "전반적으로 볼 때, 나는 여성, 개신교, 중간계층의 사람들이 남성, 가톨릭, 하층인 사람들에 견줘 감정을 억누르는 습관이 많을 것이라고 예상하고 있다. 문화적으로 남성보다는 여성이 행위보다 감정에 중점을 두는 경우가 많고, 개신교는 중간적 구조로서 교회나 성사, 고해의 도움이 아니라 신과 나누는 내적 대화를 중시한다. 또한 문화 속에서 중간층 직업에 종사하는 사람들은 서비스 직종에서 감정을 관리해야 한다. … 사실 사람들이 감정규칙과 감정작업에 관해 갖는 관심의 정도는 이런 사회적 경계선(social lines)을 따라 나타나는 경향이 있다" (Hochshild, 1983: 57). 사회적 행위자들은 순수하게 자발적으로 감정작업을 하는 것이 아니다. 그들은 이미 감정적 아비투스(emotional habitus)라 부를 수 있는 성향의 체계 속에서, 사회적 공간을 가로지르는 경계면을 따라서 행위하는 것이다(칼훈, 2012: 87).

혹실드가 감정규칙의 개념을 통해서 행위를 가능하게 하는 사회적 규범의 존재와 작동을 이론화했다면, 랜들 콜린스는 감정적 에너지라는 개념을 중심으로 사회적인 것(the social)의 구성과 변동에 있어서 감정의 중심적 성격을 조망하였다. 그는 2004년의 저서 『사회적 삶의 에너지(*Interaction Rituals*)』에서 사회적 행위자들의 상호작용 의례를 통해 발산되는 감정적 에너지가 상징으로 전환하여 사회적 결속력을 신장시키는 일련의 과정을 이론화하고 있다. 그의 출발점은 뒤르켐이다. 콜린스는 뒤르켐의 『종교적 생활의 원초적 형태』에서 분석된 의례의 분석을 면밀히 검토하면서, 집합적 열광, 공유된 감정, 신성한 상징의 발생 등을 '상호작용 의례'의 개념으로 재구성한다. 이때 핵심적인 것은 감정적 에너지이다. 그는 행위자들 간의 상호작용이 근본적으로 감정적 토대를 갖고 있다고 주장한다. 즉 사회적인 것의 원초적 형성에는 감정이 존재한다는 것이다(콜린스, 1995: 214). 더구나 콜린스가 파악하는 사회적 행위자는 더 많은 편익을 제공하는 행위경로 대신에 더 많은 감정적 에너지 흐름을 제공하는 행위를 추구한다(콜린스, 2009: 91, 204-207; Collins, 1993). 그는 이렇게 쓴다. "상호작용 의례에서 감정적 조율이 성공적으로 이루어지면 그 결과로 연대감이 산출된다. 상호작용 의례의 성분이 되는 감정은 일시적이지만 그 산출물은 오래 지속되는 정서이며 그 자리를 함께한 집단에 대한 애착의 감정이다. 그래서 장례식의 단기적 감정은 슬픔이지만 장례식이 의례를 행한 결과는 집단유대의 생산(또는 회복)이다. 파티의 감정적 성분은 친밀감이나 유머겠지만 장기적 결과는 신분집단의 성원으로서 느끼는 소속감이다. 나는 이 장기적 산출물을 감정적 에너지라고 부른다. 감정적 에너지 수준이 높은 쪽에는 자신감, 열광, 긍정적 자아감이, 중간 수준에는 통상적인 덤덤한 느낌이, 낮은 쪽에는 침울함, 의욕 결핍, 부정적 자아감이 있다. 감정적 에너지는 욕망(drive)이라는 심리학적 개념과 비슷하지만 엄밀하게 말하면 사회적 지향성이다. 높은 감정적 에너지는 사회적 상호작용에 대한 자신감과 열광이다”(콜린스, 2009: 161). 감정적 에너지는 끊임없이 재생되어야 한다. 상호작용 의례는 그 재생산 기제이다. 콜린스는 이를 “감정변압기”로 표현하기도 한다(콜린스, 2009: 160). 이런 미시적 상호작용 의례들은 결국 거시적 구조의 토대를 구성한다(Collins, 1981). 흥미로운 것은 이런 감정적 에너지가 사회적 계층에 따라서 차별적으로 배분되어 있다는 사실이다. 콜린스는 감정적 에너지의 ‘자본’으로서의 속성을 인정한다. 감정적 에너지를 풍부하게 소유한 소위 ‘에너지 스타’들은 특정한 관계의 네트워크 속에서 높은 감성적 에너지의 발휘를 통해서 낮은 감정적 에너지의 소유자들을 압도하고 지휘한다(콜린스, 2009: 190). 상호작용 의례는 이런 점에서 거시와 미시를 연결하는 ‘시장’을 이룬다. 이 시장에서 감정적 에너지는 행위자의 “핵심 자원”이다(콜린스, 2009: 213). 콜린스의 이런 논의는 “거시사회학의 미시적 기초로서의 감정”의 중요성을 효과적으로 이론화한 사례를 이룬다(콜린스, 1995: 211).

감정은 행위자의 내면과 외면을 동시에 조율하는 규칙으로 작용하기도 하며, 상호작용 의례의 핵심적 동력으로 기능하면서 상징들을 발생시키는 사회성의 원초적 질료로 파악되기도 한다. 감정은 구조인 동시에 수행이다. 상징인 동시에 에너지이기도 하다. 감정을 통한 상호작용은 ‘시장’에 비유될 수 있는 행위의 장을 제공하는데, 그 장에 배분된 감정적 에너지는 차별적이다. 이런 관점은 행위자, 상호작용, 사회적 상황들이 어떤 점에서 감정적으로 구조화되어 있는지를 파악하는 데 중요한 이론적 통찰을 제공한다.

3) 감정자본주의

비판이론 전통에서 감정 사회학적 작업을 진행하고 있는 에바 일루즈의 『감정자본주의』는 20세기 미국사회의 공적 영역과 사적 영역 그리고 다양한 문화적 실천들 속에서 특수한 감정 패러다임이 어떻게 등장하여 진화했으며, 그 과정에서 소위 '감정자본주의'가 어떤 모습으로 나타났는지를 탐구하는 저서이다. 일루즈에 의하면 미국에서 감정문화는 프로이트의 정신분석학이 소개되면서 큰 변동을 겪게 된다. 주지하듯이 정신분석학은 욕망의 전문가가 환자의 언어를 청취하여, 그의 무의식적 충동을 해석하고 합리적 언어로 그 내용을 소통함으로써, 환자가 증상으로부터 해방되는 일련의 과정을 추구한다. 정신분석학은 자아와 자아의 관계 그리고 자아와 타자의 관계에 합리성과 투명성을 갖춘 언어적 소통과 치료의 절차를 구성한다. 이런 정신분석학의 도식들이 문화적으로 수용되면서 20세기 초반 미국에서는 "치료학적 감정양식(therapeutic emotional style)"이 자리잡게 된다(일루즈, 2010: 24).

치료학적 감정양식은 20세기 전반기를 거쳐 미국사회의 공적 영역과 사적 영역을 모두 침범하게 된다. 1924년부터 27년까지 행해진 엘튼 마요의 호손 실험은, 노사관계가 노동자의 감정을 신중히 배려하는 성격을 띨 때 고도의 생산성으로 이어진다는 결론을 내리게 된다. 감정이라는 키워드가 생산현장과 경영테크닉에 유입된 것이다. 엘튼 마요가 가져온 경영이론에서의 혁명은 첫째, 자아됨(selfhood)이라는 윤리의 언어를 심리학의 언어로 전환시켰고, 둘째, 합리성이라는 엔지니어적 수사를 감정을 포함하는 '인간관계'라는 어휘로 대체했다(일루즈, 2010: 32). 관리자들은 이제 유화된 성격을 가지고 노동자들을 이해하고 상담하는 존재로 나타나게 되었는데, 이때 관리자에게 가장 중요하게 요구된 감정양식의 실천적 형태가 바로 '소통'이다. 좋은 관리자는 소통에 능한 사람, 타인에게 자신을 감정이

입할 수 있는 감정적 능력을 가진 사람이 된다. 당대의 경영학 담론이 이를 입증한다고 일루즈는 말한다. 이런 현상의 결과는 무엇인가? 그것은 바로 경제적 영역이, 우리가 흔히 그렇게 생각하듯이, 감정이 결여된 순수한 합리성의 영역이 아니라, 사실은 정동(affect)으로 충만한 공간으로 구성된다는 사실이다(일루즈, 2010: 54-55). 공적 영역이 이렇게 감정을 중심으로 재구성되는 것과 동시에 사적 영역인 근대 가족 또한 치료학적 감정양식에 영향을 받았다. 일루즈는 심리학이 어떻게 제도화되어 미국 대중문화의 중요한 측면으로 자리 잡게 되었는지를 보여주면서, 페미니즘과 치료학의 결합이 생산한 새로운 친밀성의 이념형을 분석하고 있다. "친밀성의 문화 모델에는 20세기에 여성적 자아를 구성한 두 가지(곧 심리학과 자유주의 페미니즘이라는 문화설득 담론)의 핵심 동기들과 상징들이 포함되어 있다. 곧 근대적 친밀성의 이상은 평등, 공정, 중립적 절차, 감정소통, 섹슈얼리티, 감춰진 감정의 극복과 표현, 언어적 자기표현의 중시 등을 핵심으로 하고 있다"(일루즈, 2010: 65). 이는 요컨대 "친밀한 관계의 합리화과정"(일루즈, 2010: 70)으로 요약될 수 있다. 부부관계와 부모-자식관계는 치료학적 감정양식, 소통의 모델, 그리고 감정의 합리적 분석 등의 기본적 절차들에 의해 조율되게 되었다. 이는 20세기 미국의 공적 영역이 감정화되는 경향과 대립된다. 즉 감정으로 충만한 것으로 여겨진 사생활 영역은 도리어 합리화되고 있었던 것이다. 경제의 감정화와 사생활의 합리화라는 이중방향의 운동이 감정자본주의를 지탱하는 두 축이었다.

이러한 변화는 자아실현(self-realization)의 네러티브와 결합하면서 20세기 후반의 미국 대중문화의 지배적 패러다임을 형성한다. 그것은 개인을 고통스런 과거를 갖고 있는 환자로 파악하며, 그 환자와의 대담(소통)을 통해서 그의 감정적 문제들을 해소하는 전문가가 등장하는 특정한 세팅에 기초하고 있다. "격려집단, 토크쇼, 상담, 재활프로그램, 사설 유료강습회, 치유 세션, 인터넷" 등이 그런 세팅이 현실화되는 사회적 거점들이며, 특히

TV 토크쇼는 심리적 고통에 대한 치료 네러티브를 중심으로 엮어진다.[7] 수많은 TV 토크쇼에는 자신들의 고통을 호소하는 희생자들이 등장하며, 이들의 고통스런 감정을 이해하고 소통하는 전문가들과의 소통문화, 치료학적 네러티브들이 가동된다. 수많은 시청자들이 이를 지켜본다. 이러한 감정적 장(emotional field)은 감정능력을 갖춘 주체성을 요구한다. 사회가 감정의 관리, 성찰, 표현, 이해, 처리를 중시하는 문화적 패턴을 일반화시켰기 때문에, 사회적 행위자는 그런 감정능력을 소유하고 있는 존재로 기대되며, 그런 능력은 사회적 편익(benefits)으로 전환되는 것이다. 이러한 감정자본은 더구나 신체에 육화되어 있으며, 가장 덜 성찰적인 부분을 동원하기 때문에 피상적 연기능력이 아니라 그야말로 깊은 수준의 연기(deep acting)를 요청하는 것이기도 하다(일루즈, 2010: 125-127). 감정자본은 특히 '네트워크 자본주의'에서 중요한 의미를 지닌다(Boltansk and Chiapello, 1999: 176). 왜냐하면 감정자본이야말로 네트워크를 마련하고 이를 통해 사회적 자본을 축적하는 기술의 핵심을 이루기 때문이다. 치료학적 감정양식의 확장은 후기 근대의 자아정체성과 인간관계 그리고 자본주의의 운영과 문화적 현상들에 모두 큰 영향력을 드리우면서, 우리의 삶의 형식을 규정하였다. 일루즈의 이런 통찰은 감정사회학이 자본주의와 근대성의 진화의 가장 중요한 설명적 차원으로서의 감정현상을 얼마나 깊이 있게 다룰 수 있는지, 그 가능성을 보여주고 있다고 할 수 있다.

4. 마치며

이상에서 우리는 사회학이론의 감정적 전회의 의미, 역사, 테마들을 부

7) 일루즈에 의하면 그 대표적 형태가 오프라 윈프리의 토크쇼(매일 3천 300백만 명이 시청한다고 함)이다(일루즈, 2006).

분적으로 살펴보았다. 이외에도 사실상 중요한 함의를 갖는 감정사회학의 풍부한 내용들이 존재한다. 지면의 한계로 모든 논의를 살펴보지 못한 것이 아쉬울 뿐이다. 감정사회학은 비교적 짧은 시기에 폭발적으로 성장했지만, 앞서 살펴본 것처럼 그 이론적 문제의식의 뿌리는 상당히 깊다. 그것은 결국 인간에 대한 이해의 상이한 두 양식에 기초한다. 감정과 합리성의 문제는 근대적 행위자의 특성을 어떻게 규정하느냐의 문제와 긴밀히 연관되어 있다. 또한 이는 사회적인 것의 구성의 핵심을 어떻게 이해하는가라는 질문과도 연관되어 있다. 감정을 중시하는 논자들의 경우에 사회는 결국 행위자들의 감정적 결합, 유대, 소통이 없으면 창발할 수 없는 무엇이다. 우리에게 특별히 중요한 화두로서 제기되는 것은 한국사회 혹은 동아시아 사회의 맥락에서의 감정의 중요성이다. 유교, 불교, 도교, 그리고 무교(巫敎)와 같은 문화적 자원들을 갖고 있는 한국/동아시아의 경우에 감정의 의미는 서구의 그것과는 사뭇 다르다. 감정은 이성과 대비되는 것이 아니다. 인간은 본성적으로 감정적 존재로 인지되고 있으며, 감정의 표현이나 소통을 통해서 사회와 공동체를 구성하고 유지하려는 경향이 역사적으로 문화적으로 매우 강한 것이 사실이다. 이런 점에서 이제 사회학이론의 감정적 전회는 한국의 사회학이론의 맥락에서 더 깊고 풍요로운 새로운 전환을 요청하고 있다고 볼 수 있다.

* 이 글은 2013년 "사회적인 것의 합정성(合情性)을 찾아서: 사회 이론의 감정적 전회," 『사회와이론』 23집에 게재된 내용을 일부 수정 · 보완한 것임.

제 12 장

공간적 전환

| 유승호(강원대) |

1. 후기근대와 공간으로의 전환

19세기는 공간에 대한 시간의 우위시대였다. 역사적 맥락의 과잉발전과 공간적 상상력의 과소발전은 의식을 탈공간화한다. 니체와 하이데거의 계보학적 접근과 헤겔과 마르크스의 진화적 접근이라는 두 개의 거대한 사상적 프레임이 19세기 이후 지성사에 압도적 영향력을 발휘하며 역사주의적 렌즈가 세상을 지배한 것이다. 계보학적 접근이 장기지속의 시간을 통해 권력의 속성을 드러내려 공간을 그 배후의 배경 정도로 삼았다면, 진화주의자들은 시간을 단선화시키면서 공간을 주변화, 사물화시켰다. 진화주의자들에게 발전은 단계이며, 이 단계를 거쳐 역사는 유토피아로 진보할 뿐, 공간적 의미는 사라졌다. 그것은 지식의 존재구속성을 전제로 했을 때 당연한 귀결이기도 했다. 역사는 야만에서 문명으로, 단순함에서 복잡함으로, 원시성에서 근대성으로, 어둠에서 밝음으로 진보하고 있었다. 거대한 변화의 물결이 어디로 흘러갈 것인가에 대한 인간의 의문은 당시의 혼란함을 벗어나려는 인간의식의 자연스런 프레임이다. 내 주변, 내가 사는 마을과 공동체에 대한 공간적 관심은 스펜서 같은 사회적 다윈주의자들의 적자생존 법칙의 주장 아래 위축될 수밖에 없었다. 적자생존은 자연만이 아니라 사회에도 그대로 적용될 '법칙(law)' 이며, 근대는 그것이 '법칙' 이기 때문에 적용될 수밖에 없다는 현실과 당위의 불행한 결합이 받아들여졌던 시대였다(Warf and Arias, 2008).

공간이 주변에서 중심으로 자리 잡기 시작한 것은 역설적으로 '시간의 반역사성' 을 본 계보학적 접근에서 움텄다. 푸코는 과거의 위협성을 적시하며 전통적 역사주의의 입장을 부정했다. 그는 현재로부터 과거를 단절시켜 과거의 낯설음을 보여주는 동시에 현재의 합법성을 상대화시켰다. 판옵티콘과 대도시의 분석에서 보듯, 공간의 조직화가 자본주의의 구조에 중요한 기능적 역할을 하고 있음을 보인 것이다(Foucault, 1977, 1980). 푸코가 다루는 탈근대적 공간은 단순히 비어 있는 물리적 터전이 아니라 다양한 권력의 관계들이 상호교차하고 중첩되면서 생산, 강화되는 사회적이며 관계적인 공간이다. 르페브르의 경우도 공간은 구체적이고 물질화된 사물만이 아니라 이데올로기적이고 생동하는 주체적인 것으로 이해되어야 한다고 주장했다. 소자는 푸코와 르페브르의 공간분석의 부상을 두고 1960년대 이후 사회이론에서 '공간적 전환' 의 시대가 도래했다고 쓰고 있다(Soja, 1989). 이와 같은 시간에서 공간으로의 전환은 근대에서 후기근대(late Modernity)로의 전이를 극적으로 반영하는 것이다. 진화라는 시간적 프레임에 시배받던 인간에게 무의미했던 공간의 부상은 이제 일상생활 속의 인간주체와 함께 부상된다. 일상생활이 일상화(routinization of everyday life)되고 그것이 사회적 세계를 재생산하고 변형시킬 수 있는 가능성이 높아지면서(Giddens, 1984), 일상행위가 펼쳐지는 공간은 단지 시간적 연속성이 펼쳐지는 장소 그 이상의 의미를 획득한다. 그것은 국제도시화, 국제무역이라는 20세기 세계화 흐름과도 연결된다. 도시는 카스텔이 언급했듯이 에너지 같은 자원의 접근에서 정보의 접근으로 그 성격이 바뀌고 흐름의 공간(space of flows)으로 변모한다. 도시가 '정보도시화' 한다는 것은 후기근대의 권력이 근대의 권력과 결별하며 새로운 공간의 정치로 변모한다는 것을 의미한다. 후기근대는 정보인프라를 기반으로 장소의 연결이 가능해졌기 때문이다. 권력은 이제 내가 사는 장소(places)가 아닌, 장소와 장소의 링크(linkages among places)에서 유래한다. 사람들은 특정한 장소에서 살지만 권력은 장소와 장소의 사이에 존재한다. 이것은 기업체 임원이 정보인프라를 기반으로 국제도시를 왕래하며 도시와 도시의 네트워크 위에서 그 권력적 속성을 드러낼 때 적절하게 의인화된다. 이제 장소는 권력의 속성을 드러내며 권력을 소비하는 곳이면서, 동시에 권력이 생산되고 발현되는 곳이다.

2. 권력의 장으로서의 공간 : 푸코와 르페브르

권력의 장으로서의 공간적 접근은 푸코와 르페브르로부터 시작된다. 전통적 역사의 틀 속에서 역사를 바라보지 않는 것이 바로 푸코의 계보학적 역사관이다. 푸코는 정신병이나 범죄행위와 같은 문제를 구성적 대상으로 환원하지 않고 역사적 틀 속에서 이 문제들이 어떻게 해결되는가를 관찰한다. 주체를 역사화시키거나, 역사의 흐름에 따라 전개되는 주체를 설정하는 방법이 아닌, 아예 구성적 주체라는 개념 없이, 주체라는 개념 자체를 없애버림으로써 역사 속에서 주체가 어떻게 형성되는가를 설명할 수 있는 새로운 분석틀을 계보학으로 설정하고 계보학적 방법을 자신의 독자적 방법으로 삼는다(Foucault, 1977). 푸코는 이러한 계보학으로 권력의 주체성을 확보하고 권력이 가지고 있는 사회병리와 그 속에서 이루어지는 권력 행사의 계보학을 그리게 된다.

푸코는 성적 욕망의 억압가설에 도전하면서 19세기 이래 성에 대한 담론은 금지된 것이 아니라 오히려 과도하게 증가했다고 지적한다. 푸코에게 성적 욕망에 대한 억압의 중심 테제는 언제나 부르주아 가정을 중심으로 작동한다. 그는 죄에 대한 인식과 구원의 문제에 있어서 개인의 참회를 강조했던 경향이 어떻게 고해라는 새로운 권력관계로 이행되었는가를 보여주면서, 신부와 고해자를 둘러싸고 벌어지는 공간의 배치야말로 '규칙의 물질적 결정화' 라고 주장했다. 신부와 고해자 사이에는 커튼이 처진 상태에서 경청할 수 있도록 배려된 내밀한 공간이 존재하지만 그 내밀한 공간은 오해의 가능성을 차단할 수 있는 역할만 수행할 뿐이며, 신도들과 완전히 분리되지 않은 세밀한 공간으로 신부와 고해자 사이를 위치시킨다(도승연 외, 2011: 31). 그 위치와 장소에서 권력은 생성되고 소비된다.

공간의 배치와 권력의 관계는 푸코가 1978~79년 콜레주 드 프랑스에서 〈생명관리정치(biopolitiqe)의 탄생〉이란 강의에서 주창한 '통치성' 개념에서 다시 잘 나타난다. 푸코는 정치적 주권행사를 연구할 때 마치 실체처럼 간주된 '국가', '사회', '시장' 등의 개념을 마치 존재하지 않는다고 보면서 그 개념들이 역사적 실천들 속에서 어떻게 구체화되었는지, 그 과정에서 어떤 통치성들이 출현하게 되었는지 고찰한다. '통치성'이란 삶의 전 부문에 걸친 구체적인 지도이자 인도이다. 국가도, 사회도, 시장도 그러한 통치의 형식이라는 것이다. 국가, 시민사회, 시장이란 원래부터 자연적으로 존재하는 실체라기보다는 삶의 지도형식이다.

17세기 이후 유럽 국가들의 국경이 상대적으로 안정되면서 전쟁이라는 외부로 향한 물리적 힘보다는 내부의 인구들로부터 국부를 생산해 내는 새로운 통치방식이 고안되었고, 이는 내부적 힘의 극대화를 낳았다. 전쟁을 위한 군대의 힘은 '항구적인 쿠데타'를 상대하는 경찰의 힘이 대신했고, 국가의 종합적 부를 창조하는 '인구들의 욕망'을 조장하는 것, 그들의 경제활동을 자유롭게 방임하는 것이 중요해졌다. 이러한 자유주의 통치성을 창출한 17~18세기의 경제사회의 핵심으로 푸코는 '도시문제'를 언급한다(임동근, 2009; Foucault, 1977). 도시는 물건과 사람이 순환하며 개인의 경제행위가 집약되는 곳이고, 이를 방해하는 기존의 물리적 공간들을 파괴하거나 대체하며 새로운 '치안장치'를 발명한 곳이기도 하다. 푸코는 이를 설명하며 통치행위가 발생한 세 유형의 도시를 예로 든다. 첫 번째는 우주적 질서의 도시다. 이때 푸코의 관심은 군주의 중심성과 우주를 대변하는 군주의 의지(때론 자본)가 공간을 통합하는 방식들이다. 국토 차원에서 수도가 갖는 중요성, 수도 내부에서 왕궁이 갖는 상징성 등 공간의 질서는 복종해야 하는 정치질서를 대변한다. 둘째로 기능적인 계획도시이다. 로마의 병영도시는 격자의 형태를 띠는데, 이 유형에서 중요하게 지적되는 것은 기능에 따른 차별화이다. 도시가 기능하기 위해 규정되어야 하는 도로폭, 단지크기, 네트워크 형상 등 기능에 따라 도시의 각 요소들이 배치되는 규범들이 존재한다. 마지막으로 상황에 따른 도시이다. 이는 18세기 낭트에서 그 전형적 예를 발견한다. 18세기 이후 낭트가 발전하면서 강 양안으로 확장하게 되는데 이때의 계획안은 질서를 부여하는 것도 아니고, 배치의 규범을 만드는 것도 아닌, 발전을 '방임' 하는 것이다. 기존 공간의 한계들(성벽과 강)을 규범에 따라 재배치할 때 등장하는 통치비용의 과잉지출을 막으며, 각 경제주체들은 '알아서' 기존 환경에 따라 경제행위를 발전시킨다. 이때 통치성은 발전의 상황에 맞추어 '적절히' 다리를 놓고 도로를 놓는 것 등에 개입하며, 더 나아가 이러한 개입은 개별자들의 욕망을 추동하는 형태로 진전된다(Foucault, 1977: 79).

자본의 형성을 보는 '자본의 계보학' 을 위해서는 이질적이고 서로 상이하다 판단되는 것들이 서로 얽혀서 '자본을 창출한다' 는 단일한 목표에 따라 작동되는 하나의 기계, 즉 '장치' 를 상정할 수 있다. 대도시 속의 통치실천들을 분석할 때 그 출발 이전에 각 실천들의 영역을 초월하는 관점을 가지는 것이 계보학적 관점이다. 자본의 탄생을 보는 것은 '자본' 의 외부를 보는 것이며, 도시의 탄생을 보는 것 또한 마찬가지이다. 도시의 탄생이란 곧 시장의 탄생이며 이러한 시장의 탄생 외부를 보는 것이 바로 도시 공간의 성격을 파악하는 데 가장 중요하다. 그는 통치술의 변화에 따라 '시장' 의 의미도 바뀐다는 것을 지적하고 있다. 16세기에 시장은 '정의' 의 공간으로, 거기서 실현되어야 할 것은 분배정의이며 시장의 가격이란 '공정가격' 이다. 18세기의 시장은 '자연적 진실' 의 공간이다. 거기서 드러나는 것은 정의나 공정함이 아니라, 자연적 진실이다. 상품에 내재한 본연적 가치가 실현되는 공간인 것이다. 그래서 '분배정의' 의 이름으로 시장에 개입하지 말아야 한다는 논리가 나오고, '방임' 이라는 자유주의의 모토가 통치의 기본형식이 된다. 내버려둠으로써 자연적 진실이 구현된다. 개입이란 그 개인의 목표와 전력이 자연적 진실의 구현에 있을 때만 정당성을 갖는다. 18세기의 시장은 이성(이해관계의 계산능력)에 부합하는 자연적 진실이 실현되는 공간이지만 현대 신자유주의에서 시장은 생물학적 진실, 즉 진화론적 무한경쟁이 이뤄지는 공간이다. 그러므로 자신의 이해관계를 계산할 줄 아는 사람들의 상호작용에 의해 상품의 가치가 실현된다는 자유주의적 생각과는 전혀 다른 시장, 선택과 도태의 원리 속에서 살아남는 자가 강자가 되는 생물학적 경쟁의 시장이 출현한 것이다. 보드리야르는 이를 하나의 에피소드로 희화화했다. 경영자와 똑같은 벤츠를 산 어느 세일즈맨이 해고되었다. 소송을 건 결과 그는 보상은 받았으나 복직은 되지 못했다. 사용가치로서의 사물 앞에 모든 사람은 평등하지만, 등급이 매겨진 기호 및 차이의 시대가 부여한 사물의 가치 앞에서는 전혀 평등하지 않은 것이다(보드리야르, 2001: 120). 각 시대는 그 시대가 요구하는 통치술을 갖고, 사람들의 삶의 방식을 지도한다. 그것은 사람들이 모여 서로 교환하고 시장을 형성하며 사는 도시라는 공간 속에서 가장 잘 작동한다. 전체 도시공간은 통치술의 장치인 것이다.

푸코가 통치 개념을 통해 도시공간 자체를 통치술의 장치로 보며 자본과 시장 바깥에서 도시의 권력생성 동인을 분석했다면, 르페브르는 도시공간을 권력투쟁의 장으로 보고 그 내부에서의 지배 · 피지배계급의 구분을 명확히 했다. 르페브르는 『공간과 정치』에서 '공간은 정치적이다'라고 선언하며 프랑스의 불균등한 발전, 즉 파리와 그 주변지역 간의 대립을 강조한다. "수도는 인구와 고급 두뇌, 부 등 모든 것을 끌어들인다. 수도는 결정을 내리는 곳이며 여론을 주도하는 중심이다. 파리 주변으로는 파리에 복종하는 서열화된 공간들이 퍼져나간다. 파리의 지배를 받는 노동자들은 다시 파리에 의해서 착취당한다. 프랑스 제국주의는 해외 식민지는 잃었으니, 자신의 내부에 신식민주의를 정착시켰다. 현재의 프랑스는 과도하게 발전되고 과도하게 산업화되었으며, 과도하게 도시화된 지역을 지니고 있다. 그런가 하면 저개발이 심화되는 지역도 너무나 많다." 오늘날 지배계급은 공간을 수단으로 이용한다. 이는 자본주의적 생산관계를 유지하면서 공간을 권력에 복종시키고 사회 전체를 기술적으로 지배하는 것을 뜻한다(르페브르, 2011: 155).

르페브르에게 공간의 개념은 정신적인 것과 문화적인 것, 사회적인 것, 역사적인 것을 연결한다. 구체적으로는 발견(알려지지 않은 새로운 공간, 대륙, 우주 등의 발견), 생산(각각의 사회에 고유한 공간적 조직), 창조(풍경, 기념물성과 장식을 겸비한 도시 등의 작품)로 이어지는 매우 복잡한 과정을 재구성함으로써 연결된다. 이는 진화의 과정이며, 유전(발생기원)적인 과정이다. 모든 공간적 배치는 지능 내부의 병렬, 동시성을 생산하는 요소들 간의 결합에 토대를 두고 있다(*ibid*., 2011: 29). 이탈리아 토스카나 지방에서 13세기와 14세기에 원근법이 발명된 것도 이러한 동시성을 생산하는 요소들의 결합 때문이다(*ibid*., 2011: 30). 원근법은 회화(시에나 화파)에만 국한된 것이 아니라 우선 일상생활에서, 생산에서 발명되었다. 도시를 지배하는 소수집단(상인, 부르주아)은 상속이나 매입을 통해 자신들이 가진 영주소유의 땅(라티푼디움)을 변형시켰다(*ibid*., 2011: 142). 농촌은 변화했다. 농노 대신 소작농이 등장하여 봉건농지는 소작제로 바뀌었다. 도시의 부르주아계급은 도시시민들을 먹여 살리는 동시에 농업에도 투자하며, 도시와 농촌 전체를 아우르는 영역에 근거를 두면서 곡물과 모직, 피혁 등의 시장을 자신들의 손아귀 안에 쥐기를 원했다. 그래서 이들은 미리 구상된 설계에 따라 땅덩어리와 풍경을 바꾸어갔다. 우선 소작인들이 거주하는 주택은 대저택 주변에 포진하게 했는데, 대저택은 이따금씩 토지소유주들이 와서 머물고 평소에는 관리인들이 상주하는 곳이다. 소유권, 불멸성을 상징하는 사이프러스 나무들이 늘어선 가로수 길은 소작지에서 지주의 저택을 이어주었다. 사이프러스 나무는 풍경에 깊이와 의미를 부여했다. 풍경 속의 원근은 방향을 알려준다. 원근은 도심광장을 에워싸는 건축물들 사이에서 사라진다. 도시와 농촌 그리고 이 둘 사이의 관계가 하나의 공간을 만들어 냈으며, 화가들이 이 공간을 오롯하게 떼어내어 형태화시켰다. 새로이 생산된 공간은 도시적이지도 농촌적이지도 않았으며 이 두 가지가 동시적으로 존재하며 결합하여 맺은 관계의 산물이었다.

르페브르에게 역사의 산물로서 공간은 물질과 돈, 시간-공간의 계획이 서로 만나는 곳이다. 도시적 시간은 발터 벤야민의 파사주론의 '역사철학적 도시분석'에서 거시적(macro) 관점으로, 그리고 앙리 르페브르 최후의 저작 『리듬 분석의 원리』에서는 미시적(micro) 관점으로 제기되고 있다. 르페브르는 도시적 일상생활에서의 시공간적 복합체를 파악하기 위해 '리듬'이라는 개념을 쓴다. 사회적 리듬을 인간의 자연적 감정을 실어 나르는 일종의 집합적이며 상징적 언어로 본 모스(박정호, 2009)의 리듬 개념과 달리, 르페브르는 공간의 시간화, 즉 장소와 공간의 물질성을 시간과 연계시켜 이해하는 것을 리듬분석의 핵심 전제로 보았다. 현대 일상을 구성하는 핵심 요소의 하나인 이동성(mobility)은 이동과 정지의 반복으로 구성되고 그 과정에서 리듬을 생성한다는 것이다. 르페브르는 '리듬분석'을 통해 "집이나 거리, 그리고 마을의 목소리를 들을 수 있다"고 말한다. 그 과정에서 안내역을 맡은 것이 우리의 '신체'다. 그것은 도시를 구성하는 생물적 · 심리적 · 사회적 리듬이 교차하는 중계점인 동시에 리듬분석의 측정기(metronome)이기도 했다. 우리의 '신체'는 도시를 경험하는 주체이며, 동시에 그 경험을 측정하는 기구이기도 하다(르페브르, 2013: 356-357). 이 연장선상에서 멜로디, 하모니, 리듬이라는 '음=개념'을 도입하고, 계산과 측정을 통해 주로 수적으로 고찰되던 시간인식을 가능한 한 비균등화시키려 했다. 그리하여 '리듬 간의 평등(sorhythmia)', '다양한 리듬의 합성(polyrhythmia)', '서로 다른 리듬 간의 항쟁(arrhythmia)', '다양한 리듬이 연합(eurhythmia)' 등 리듬양태를 몇 개의 범주로 나눔으로써, 서로 다른 시간성으로 나타나는 도시의 '사회적 과정'은 리듬으로 환원되었다. 즉, 시간과 공간을 구획짓고, 일상과 몸을 소외시키는 자본주의와는 다른 무언가로 향해 가기 위해서 리듬분석가는 도시에 개입해야 하는 것이다.

르페브르는 『지중해 도시들에 대한 리듬분석 시도』에서 파리의 아파트 베란다를 통해 건축물, 도로, 차량, 군중들의 리듬들을 읽는다. 리듬을 읽는다는 것은 보이는 것의 표면(현재)을 넘어 존재의 심연(현전)으로 시선을 가져가는 것이다. 뉴욕은 관광객들로 넘쳐난다. 그러나 그곳에 사는 뉴요커들도 있다. 뉴요커와 관광객을 구분하는 가장 좋은 방법은 그들의 리듬을 분석하는 것이다. 뉴요커는 걸음이 빠르고, 관광객은 걸음이 느리다. 또한, 바라바시의 『버스트』에 의하면 우울한 사람은 행동반경이 좁고, 행복한 사람은 행동반경이 넓다. 행복한 사람과 불행한 사람, 여행하는 사람과 일에 쫓기는 사람, 그들의 일상적 공간 속 통치술이 그들의 리듬을 지배하고 있는 것이다.

3. 도시공간의 정치경제학 : 하비와 카스텔

하비는 사회학적 상상력과 지리학적 상상력을 결합하여 잉여의 축적과 지대, 그리고 자본의 순환이라는 측면에서 도시공간을 분석하고 있다. 그의 궁극적 목표는 도시공간의 자원분배에 따른 계급갈등과 사회정의의 실현에 있었다. 하비는 추출된 잉여가치가 어느 한 공간상에 집중됨으로써 도시화가 발생한다고 주장한다. 즉 도시는 잉여가치가 상설적으로 집결되고 유통되는 시장을 바탕으로 형성되는 것이다. 따라서 자본주의의 도시는 잉여가치를 위해 유통비용을 절감하고 처분하는 측면에서 분석되는 것이다(Harvey, 1995; 김왕배, 2000). 자본가들은 자본순환을 가속화하기 위해 끊임없이 공간적 장벽을 소멸시켜 왔다. 이른바 마르크스의 '시간에 의한 공간의 소멸(the annihilation of space by time)', '거리 마찰의 감소(diminution in the friction of distance)'가 도시에 적극 도입된 것이다(Harvey, 1983: 37, 2001: 24). 그리고 이러한 시공간 압축, 즉 공간적 확장은 결국 초국적 자본의 확대로 귀결된다. 하비에게 포스트모던 문화는 일반적으로 초국적 자본의 인과적 효과로 환원된다. 지구화는 초국적 기업의 활동을 중심으로 이해해야만 의미가 있다(김윤태, 2006).

공간적 픽스와 이중도시론

하비는 2001년 발표한 에세이 "국제화와 공간적 픽스(Globalization and Spatial Fix)"에서 자신의 공간적 픽스(spatial fix) 개념이 자기 이론의 핵심임을 천명했다. 그러나 이 픽스란 말은 사실상 중의적 표현이다. 우리말로 공간적 조정, 공간적 수정 등의 말로 혼재하여 번역되고 있으나, 하비는 픽스란 빈 곳에 고정시키는 것과 정상으로 돌아가는 것, 두 가지의 의미를 모두 적용하는 중의적 표현으로 쓰고 있다. 자본이 잉여가치를 위해 도시를 확장해 갈 때 수송과 통신기술 등의 인프라와 건조환경이 필요해지며, 이러한 건조환경은 분명 고정적 자본인 것이지만, 자본은 스스로 지속적으로 확장하기 위해 수송과 통신기술의 혁신이 필요하다. 또한 고정된 건조환경은 시간이 지날수록 지속적으로 잉여가치의 위기에 처하게 되는데 이 때문에 특정 공간에 고정적으로 존재하는 것에만 의존할 수 없다는 것이다. 그래서 고정적 자본으로서의 건조환경과 잉여가치 확대를 위한 공간적 확대는 늘 병행하여 발생된다(Harvey, 2001). 공간적 픽스는 이러한 과정 전체를 지칭하는 개념으로서, 자본의 특정 공간으로의 집적을 통해 유통의 속도를 높이는 고정자본화 경향과 잉여가치를 위해 토지와 인력을 찾아 끊임없이 확장하는 자본주의의 공간적 확대라는 공간적 조정 경향, 이 두 가지 측면을 동시에 포괄하여 현대자본주의의 도시공간을 규정하고 있는 것이다.

카스텔에게도 도시공간이란 잉여가치를 창출하는 집단이 지배하는 공간이며, 이러한 고부가가치 창출집단의 재생산에 의해 점점 부유해지는 공간과 점점 가난해지는 공간 사이의 이중화가 심화되는 특징을 지닌다. 카스텔은 LA나 뉴욕 같은 메가시티 분석을 통해 이들 대도시를 반숙련 노동자가 급격히 쇠퇴하면서 사업서비스나 첨단기술 분야의 산업이 성장하고 동시에 저임금 탈숙련 이민노동자가 메가시티로 유입되면서 고용구조가 양극화되는 이중도시(dual city)로 규정한다(Castell, 2009). 그리고 이 메가시티에서 고부가가치 창출집단은 정보네트워크를 통해 전 지구적 경제를 접합시키고 세계적 힘을 집중시킨다. 반면 이들 고부가가치 창출집단은—리처드 플로리다에 의하면 '창조계급' 집단으로도 지칭할 수 있는데—탈숙련 저임금 지역주민과 연결되지 않는다. 같은 도시에 살면서도 사회문제를 일으킬 수 있는 이민자, 빈곤층 지역과 단절되는 것이다. 메가시티의 특징은 물리적 · 사회적으로 전 세계와 네트워크로 연결되는 반면 내부적으로는 연결되지 않는 새로운 도시의 형태, 즉 이중도시인 것이다. 그리고 카스텔의 이중도시는 하비의 공간적 조정과 적절히 접합된다. 현대의 분절화된 이중도시의 구역은 자본의 건조환경의 구축과 유지를 위해, 그리고 그러한 건조환경의 공간적 확대의 경우에만 한정적으로 연결된다.

하비에게 유토피아적 공간은 모든 개개인의 신체를 자애롭게 품고, 건강하게 양육할 수 있는 어머니의 신체와 같다. 그러나 1848년 혁명의 패배 이후 파리라는 도시에 투사되었던 '혁명적 신체'는 힘을 잃었다. 도시는 개발업자, 투기꾼, 자금주, 시장의 특별한 이익과 목적에 맞추어 감정을 상실한 죽은 대상으로 변해 버렸다. 하비에 의하면 좋은 도시는 속도와 확장을 증대시키는 것이 아닌, 하나의 유기적 신체이며 그 비유는 여성의 당당한 신체다. 이러한 하비의 논의는 제인 제이콥스의 『미국 대도시의 죽음과 삶』으로 이어진다. 상인들은 오랫동안 거리를 사용하고, 거리의 사람들과 관계를 맺음으로써, '마주침'을 통해 그 일대를 지키는 일원으로 도시 속에서 자신의 역할을 수행하면서 신체의 일부 기능을 담당하지만, 건조환경(built environment)적인 사고만으로 기획되고 구성된 도시의 경우 거리의 깔끔함을 추구하느라 재개발을 시작하면 먼저 위험하고 청결하지 않다는 이유로 상인을 내몬다. 그러나 오히려 깔끔하게 구성된 거리는 밤시간에 공동화됨으로써 위험에 노출되기 쉽다. 그러므로 도시는 '유체도시'가 되어야 한다. 이와사부로 코소는 유토피아는 몽상적인 것과 연계가 되지만 그것으로 끝나는 것이 아니고 무서운 것, 강력한 것, 현실적 힘이 되어야 한다고 주장한다. 그렇지 않다면 죽음으로 향하는 도시가 된다. 제이콥스의 주장처럼, 거리에서 거리로 혈관처럼 이어지는 이상적인 근린의 건설은 불가능해진다. 도시는 어머니의 신체와 같은 곳으로 어머니의 신체가 요구하는 기능적 정명을 수행해야 하는 것이다.

4. '사회적 공간'으로서의 공간 : 짐멜, 부르디외, 바우만

1) 공간의 탈물리화, 사회적 공간으로의 전환

사회학에서 물리적 공간으로부터 사회적 공간을 핵심 쟁점으로 부상시킨 데는 뒤르켐의 공로가 크다. 뒤르켐은 근대적 발전이 좁은 근관계로부터의 해방, 즉 가까운 영역에 대한 무관심의 증대라고 간주했다. 역사가 흐르면서 영토적 끈은 느슨해지며, 영토적 집단화(마을, 도시, 구역, 지방 등)가 기초로 삼는 소식은 점점 사라지고 있다. 지리적 분할은 우리 마음속에 더 이상 어떤 깊은 감정을 일깨워주지 못한다. 지역주의는 지나갔고, 편협하고 보수적인 애국주의는 사람들이 원해도 다시 일깨울 수 없는 하나의 시대착오적 현상이 되어버렸다. 지역구의 사안들은 그것이 우리의 직업적 사안과 일치하는 정도에서 우리에게 감동을 준다. 우리의 활동은 좁은 이 집단을 넘어서고 이 공동체나 집단에서 발생하는 것의 많은 것들이 우리를 감동시키지 않는다(뒤르켐, 2012; 슈뢰르, 2010: 67). 더 잦은 여행, 적극적으로 주고받는 연락, 외부와의 사업은 자신을 둘러싼 곳으로부터 다른 곳으로 시각을 돌리게 만든다. 삶과 활동의 중심은 이제 더 이상 자신의 거주지가 아니다. 사람들은 갈수록 자기 이웃에 관심을 가지지 않는다. 이웃은 자신의 실존에서 갈수록 보잘것없는 부분을 차지하기 때문이다

그러나 우리는 공간을 무엇으로 보는가? 공간은 내 주위에서 내가 활동하는 주변의 공간이 중요한가? 아니면 움직이지 않는 고정된 공간이 중요한가? 전자로 보면 공간은 늘 변화된다. 물리적 공간은 분명하나 그것은 고정된 물리적 공간이 아니라 나의 움직임에 따라 변화하는 공간이다. 내가 사람들을 만나는 사회적 공간이다. 물리적 공간은 콘크리트다. 여기서 사회적 공간은 안도 다다오의 공간 개념과 유사하다. 빈 것이 공간이다. 채워진 것은 콘크리트일 뿐이다. 건축은 건축물의 모양에 집중할 수도 있지만 건축이 만들어 낸 빈 공간에 집중할 수도 있다. 무엇이 더 중요한가? 보는 시각에 따라 다르다. 사람을 중심에 놓느냐, 물질을 중심에 놓느냐이다. 사람은 물질이라는 건축의 콘크리트들이 만들어 준 빈 공간에서 활동하고 거주한다. 물리적 공간은 분명 인간에게 어떤 제약을 주지만, 물리적 공간 그 자체의 제약보다는 물리적 공간이 만든 빈 공간에서 일어나는 인간의 삶이 더욱 중요하다. 인간은 사회적 공간에 훨씬 더 많은 제약을 받는다.

2) 사회학적 상호작용과 거리

짐멜은 상호작용의 형식이나 패턴을 찾는 것을 사회학의 고유한 과제라고 보았다. 그래서 그의 사회학을 형식사회학이라 부른다. 시기와 장소에 따라 다양한 상호작용의 형식을 파악함으로써 보편적 속성을 찾을 수 있다는 것이다. 짐멜은 집단규모의 양적 규모에 따라 상호작용이 어떻게 영향을 받는지 분석했다. 집단이 커질수록 집단행동에 대한 개별 구성원의

책임감이 감소하고 개인의 집단에 대한 영향력도 감소하는 반면 개인적 자유는 증가한다. 이러한 집단규모의 영향력은 짐멜의 대도시 분석에 그대로 적용된다.

대도시는 그 규모 때문에 개인의 자율성에 대한 가능성을 높일 수 있다. 집단이 수적으로 또는 공간적으로 커지는 정도에 따라 집단의 직접적인 내적 통일은 느슨해지고 다른 집단에 대해 엄격히 설정되었던 원래의 경계는 완화된다. 이러한 점에서 대도시는 자유의 본거지다(서우석, 2005). 시골마을의 공동생활은 개인의 생활을 제한하지만, 대도시와 화폐경제는 마을 주민 및 이웃의 사회적 통제로부터 개인들을 해방시키는 것이다. 짐멜은 이를 익명화로 개탄하지 않고, 도시에서의 수많은 만남에 대해 과부하가 걸리는 것을 막기 위한 필연적인 조치라고 보고 있다. 도시에서의 만남은 아무리 가까워도 빈공간이 절대적 역할을 수행한다. 도시의 거리를 지날 때 우리는 그 공간의 절대적 소유를 인정하지 않는다. 아무의 소유도 아닌 것이다. 보호장치로 비워두며 중립적 지대로 놓아두면 영토 사이의 중립지대처럼 양측 사이에 존재하는 갈등도 드러나지 않고 갈등이 해결되지 않아도 서로 만나는 것이 가능해진다. 빈 공간조차도 사회학적 상호작용의 담지자이며 표현이다(Simmel, 1989; 슈뢰르, 2010: 86).

이렇듯 짐멜은 그의 『대도시와 정신적 삶』에서 공동체 유대와 개인적 자유에 대한 해묵은 딜레마를 표현하면서, 개인적 자율과 책임에 중심을 두고 공동체 네트워크와 사회통제를 재확립하기 위한 규범유지를 강화하는 방향을 취하고 있다. 그러나 럼바우트의 발견, 즉 가족적 유대가 높은 이민족 학생들의 교육적 성취도(학점, 테스트점수 등)는 유대감과 반비례한다는 주장에 빗대어 볼 때, 개인적 자유를 통제하는 규범유지의 기능성에는 분명 비판적 시각이 존재한다. 집단유대란 주류사회에서 벗어나 있을 때 오히려 더욱 강화되는 경향이 있으며 이때 개인적 성취는 집단응집력을 깨트려 규범을 저해하기도 한다. 개인적 성취가 사회적 통제를 약화시키는 결과를 초래하는 것이다(Rumbaut, 1997: 39; Portes, 1998: 17).

짐멜의 사상은 실제로 새로운 산업군사 열강이 된 독일의 수도, 베를린에서의 생활로부터 많은 영감을 받았다. 그는 아들에게 다음과 같이 말했다. “세기의 전환기쯤과 그 이후에 베를린이 일개 도시에서 메트로폴리스로 발전한 것은, 내 자신의 가장 강력하고 또 가장 광범위한 발전과 일치한다.” 데이비드 블랙번(David Blackbourn) 또한 그 당시 베를린을 “메트로폴리스, 세계도시 그리고 근대정신의 축소판”으로 묘사한다. 즉 베를린에서는 활기 있는 카페문화, 많은 극장, 잡지와 출판사들이 상인, 갤러리, 전위예술의 사적 후원자들과 함께하고 있었다(캘리니코스, 2008: 278).

짐멜은 돈은 인간이 자신의 목적을 달성하는 보편적인 수단, 즉 가장 순수한 형태의 도구라고 했다. 사회적 관계가 돈을 대가로 하여 재화와 용역의 구매와 판매에 의해 보편적으로 매개될 때 우리는 더 이상 타자들에게 개인적으로 의지하지 않는다. 도시거주자는 더 이상 그들 중 어느 누구를 특정한 개인으로 의지하는 것이 아니라, 다만 오직 화폐가치를 가진, 그러므로 어떤 교환할 수 있는 사람에 의해서 수행되는 그들의 객관적 서비스에 의지한다(Simmel, 2011: 210). 돈으로 인해 메트로폴리스의 문화는 ‘인격적 간섭’에서 ‘시민적 무관심’으로, 그리고 ‘시민적 무관심’에서 ‘예의 바른 무관심’으로 진화할 수 있다. 대도시의 카페, 극장, 갤러리 등에서 사람들은 돈을 지불하고 그 공간에 존재하지만, 그곳에 함께 있는 개개인의 구체적 속성에는 무관심한, ‘상호적 탈개인화’의 상태로 존재한다. 짐멜에게 대도시의 탈개인화란 일탈의 환경이 아닌, 타인으로부터 예의 바른 행동을 기대하는 것이며, 이로 인해 개인의 독립과 해방의 기반이 마련되는 것이다.

짐멜은 대도시 공간의 인간 상호작용 패턴을 분석해 사회와 인간의 본질을 파고들었다. 그는 시골마을의 공동생활이 개인의 사적 영역에 개입하는 영향력에 부정적으로 접근했다. 짐멜은 화폐경제가 형성되면서 대도시가 형성되고 그러면서 개인은 마을주민 및 이웃의 사회적 통제로부터 해방된다. 차별화된 대도시의 사회에서 공간적 격리는 감정을 식힐 수 있으면서 동시에 멀리 떨어져 사는 사람들끼리도 관계를 맺는 것이 가능하다. 현대의 '사회감염전문가' 크리스타키스는 가까이 있는 이웃보다 멀리서 사는 자신의 친구가 행복과 비만에 훨씬 더 큰 영향력을 발휘한다고 했다(Christakis, 2007). 근대 대도시에 와서야 사람들은 공간적으로 가까이 있는 사람들에 대해 무관심한 태도를 취하는 것이 가능해졌다. 어빙 고프만(Erving Goffman)의 시민적 무관심(civil inattention)은 현대도시에서 사람들 간에 서로 위협할 뜻이 없음을 알리는 에티켓이다. 길거리에서 남성이 지나가는 여성에게 시민적 무관심을 지키지 않으면 그 남자는 비정상적이다. 시민적 부관심은 익명적 도시생활의 기반이다. 리차드 세넷에 의하면 도시라는 것은 "이방인들이 서로 마주칠 만한 장소"를 뜻한다. 이는 제이콥스의 거리에서의 우연한 행운(serendipity)의 분위기와 직결된다. 등장과 사라짐은 갑작스럽게 이루어지고 과거와 미래를 남기지 않는다. 이방인들의 만남은 외모나 말투, 몸짓과 같은 가늘고 헐거운 연결망에 의해 지탱될 뿐이다. 도시에서의 삶은 특별하고 세련된 기술을 필요로 하는데, 세넷은 이를 '예의' 라는 범주에 넣고 있다. "상대를 보호해 주면서 상대와 즐길 수 있게끔 하는 활동, 가면을 쓰는 것이 예의의 본질이다. 각각의 가면들은 그 가면을 쓴 이들이 권력과 불쾌감, 개인적 감정과는 거리를 둔 순수한 사회적 친분을 가능케 한다. 예외적 목표는 남에게 폐가 되지 않도록 자신으로부터 타인을 보호하는 것이다"(Sennet, 1992: 264; Bauman, 2005: 156).

도시환경이 예의 바르다는 것은 무슨 의미일까? 공공의 가면을 함께 쓴다는 것이다. 이러한 대도시의 무의식적 기반을 알지 못하는 건축업자들은 엘리베이터 벽면에 거울을 붙이고, 시선 둘 곳을 찾지 못한 시민들은 서로 어색할 뿐 시민적 부관심을 지키지 못해 못내 불편하다.

3) 생활양식으로서의 도시성

짐멜과 뒤르켐의 영향을 받아 생태학적 요소와 문화적 요소를 결합하고자 했던 워스도 현대 도시사회학자로서 주목할 만하다. 그는 '생활양식으로서의 도시성(urbanism as a way of life)'을 주장했다(Wirth, 1938). 시카고학파의 도시사회학자인 그는 도시의 생활양식이 농촌의 생활양식과 어떻게 다른지를 보이려 했는데, 인구의 크기, 밀도, 이질성이 익명적이고 피상적이며, 다양하고 전문화된 사회관계 그리고 불안정한 관계들을 생성한다고 묘사하고 있다(김왕배, 2000: 54). 도시 규모와 밀도에서 인구집단의 규모가 커지면 개인의 자유가 증대되지만, 인간관계에서 개인의 중요성은 약해진다. 밀도의 측면에서 도시는 밀도가 증대됨에 따라 집단들의 도시공간 분화현상이 나타난다. 이질성은 집단을 분화시키고 사회관계를 해체시킨다. 인구의 요인에 의해 도시생활은 고립과 사회적 해체의 특징을 갖게 되는 것이다. 그리고 워스는 도시성을 도시의 독특한 생활양식을 구성하는 집합적 속성들로 보았다. 즉 도시에서는 동질적인 사회적 지위를 가진 사람들이 모여 살게 된다. 이에 각 지역은 특화된 기능을 가지게 되어 도시와 지역 간이 단절된 형태의 사회가 된다.

4) 부르디외의 사회적 공간 : '로빈슨 크루소'와 '방드르디'

인간이 특정 상황에 적응하면 그 상황에 맞는 습관을 획득한다. 이러한 무의식적 습관구조는 그 사회에 머무는 동안에는 의식될 가능성이 거의 없다. 내면에 각인된 습관적 구조와 전혀 어울리지 않는 낯선 환경에서 우리는 내면에 깃든 기존 관념들을 의식한다. 로빈슨 크루소와 방드르디는 모두 섬에 있다. 원주민이 살았음에도 타인이 될 수 없었던, 타인부재의 섬이었다. 고립된 섬이란 물리적 장소에서도 로빈슨과 방드르디에겐 사회적 공간이었다. 같은 물리적 공간의 섬에서도 그들의 아비투스는 달랐고 그래서 다른 방식으로 '사회적 공간' 이 구성된다. 그들에게 공간은 사회적으로 구성된 '객관적 힘 관계의 앙상블' 이다(Bourdieu, 1985). 로빈스 크루소와 방드르디의 섬에서, 즉 극단적인 물리적 공간에서 역설적으로 우리는 아비투스에 의해 지배받는 '힘 관계의 앙상블' 로서의 '사회적 공간' 을 확인한다. 아비투스에 의한 기억의 공간이 섬의 공간을 지배한 것이다.

파리도 섬이다. 부르디외는 "사람들은 그들의 고유한 경제적, 문화적, 사회적 자본에 따라서 파리(혹은 그 사람이 살고 있는 임의의 다른 도시)를 가진다"(Bourdieu, 1985: 18; 슈뢰르, 2010: 110)고 했다. 파리는 전 세계의 많은 이들이 방문하지만 오페라하우스와 박물관은 그것을 해석하고 이해할 수 있는 문화자본을 가진 사람들에게만 전유된다. 수천 킬로미터를 걸어갔다 하더라도 한 사람의 사회적 위치나 위상은 바뀌지 않는다. 물리적 공간이 사회적 공간의 거리와 일치하는 것은 찾기 어렵다. 그러나 문제는 현실이다. 현실에서는 물리적 공간과 사회적 공간은 서로 교차하며 상관한다. 현실에서 사회적 공간은 물리적 공간에서 대체적으로, 그리고 다소 정확하고 완전한 방식으로 자신을 실현시킨다(Watts and Bohle, 1993; 슈뢰르, 2010). 그리고 그 결과 부르디외는 도시사회학에서 가장 논쟁적인 주제를 내놓는다. "공간적으로 접촉은 하지만 사회적으로 멀리 떨어져 있는 사람들만큼 우리가 더 멀게, 또 더 참을 수 없다고 느끼는 사람은 없다"(Bourdieu, 1985; 슈뢰르, 2010: 107). 지하철의 홈리스들, 주택단지의 해외이주민들에 쉽게 접근할 수 있도록 사회적 접근통로를 확장해 사회통합을 진척시키려 하지만 거주지는 중상층과 빈곤지역으로 자연스럽게 나뉜다. 이른바 클럽효과가 생기는 것이다. 클럽효과란 대부분의 군중과 구별된다는 바로 그 점에서 서로 비슷한 사람과 사물이 동일공간 내에서 지속적으로 결집하는 것이다. 서로 다른 지위의 사람들끼리 섬을 만들어보려는 시도는 결국 물리적 공간만을 보고 사회적 공간을 보지 못하는, 로빈슨 크루소와 방드르디의 차이를 간과한 것이다. 결국 물리적 통합에 의한 사회적 통합이란 없다. 물리적 공간과 사회적 공간은 순치와 역치가 병존하는 것이다.

5) 액체근대와 액체공간 : 바우만

바우만은 근대 이후를 액체근대로 규정하면서 공간을 가장 적극적으로 사회적 관계 속에서 분석한 학자라고 볼 수 있다. 바우만은 근대를 '공간을 정복하는 무기'라고 규정했다. 시공간 사이에 벌어지는 근대의 투쟁에서 공간은 고체이고 둔감하고 고집이 세고 수동적인 것으로서, 시간의 탄력적 진보를 방해하는 존재인 탓에 그저 방어적인 참호전만을 벌일 수 있었다. 시간은 그 전투에서 능동적이고 역동적으로 늘 공격자의 입장을 취하는, 침략하고 정복하고 식민화하는 힘이었다. 이동속도와 더 빠른 이동수단의 획득은 근대에 접어들면서 시간의 지배를 권력과 지배의 가장 주요한 도구로 격상시켰다. 이제 근대가 획득한 유연성과 확장성 덕분에 근대는 무엇보다도 공간을 정복하는 무기가 된 것이다(Bauman, 2005: 18).

하지만 정착한 자들이 이동하는 자들을 지배하는 시대는 종말을 향해 가고 있다. 현재는 영토권과 정착의 원리에 가해지는 유목주의의 복수를 목격하고 있다. 유동적 근대 단계에서는 다수의 정착한 사람들이 유목적이고 탈영토적인 엘리트들에 의해 지배받고 있었다. 전 지구적 엘리트들은 지난날의 '부재지주' 유형을 따른다(*ibid*, 2005: 24). 더 빨리 움직이고 행동하는 사람들, 운동의 순간성에 가장 근접한 이들이 이제 세상의 지배자들이다. 부재지주란 이른바 정주적 노마드(Sedentary Nomad)들이다. 르페브르의 비유처럼 '사이프러스 나무에 둘러싸인 자신의 대저택'을 가끔씩 찾아오는 지주들이며, 카스텔의 비유처럼 도시에 머무르지만 '이 도시에서 저 도시로 비행하는' 정보네트워크의 소유자들인 것이다. 반면, 도시의 피지배자들은 자유자재로 떠나지 못하는 범주의 사람들이다. 지배는 도망

가고, 결속을 끊고, 다른 어딘가에 있을 능력과 이것들을 실행하는 속도를 결정할 권리에 있다. 묶이지 않은 그들의 손은 손이 묶인 사람들을 지배한다(*ibid*., 2005: 193). 공간정복과 영토점유의 도구로서 시간을 공간의 대립항으로 설정하는 것이 근대의 시작에 대한 가장 좋은 사고의 출발점이다. 데카르트의 코기토를 "나는 공간을 차지한다. 그러므로 존재한다"라고 바꾼다 해도 근대의 뜻은 손상되지 않을 것이다(*ibid*., 2005: 182-183).

그러나 바우만에게 액체의 공간, 도시는 변형되고 타락한다. 그 변형과 타락의 방식은 두 가지 전략으로 진행된다. 레비스트로스가 『슬픈열대』에서 지적한 것처럼, 그것은 '뱉어내는 전략'과 '먹어치우는 전략'이다(*ibid*., 2005: 163). 첫 번째 전략은 낯설고 이질적으로 간주되는 타자들을 '뱉고 토하는 것'이다. 즉, 신체접촉과 대화, 사회적 교류 및 모든 종류의 축제, 친교, 종족 간 혼인을 금지하는 것이다. 배출하는 전략의 극단적 양태는 감금과 추방과 살해이다. 그런 전략이 '다듬어진' 형태는 공간의 분리, 도시 안의 게토 형성, 그리고 각각의 공간에 들어갈 자와 그 공간들을 사용하지 못하게 금할 자를 선별하는 것이다. 두 번째 전략은 이질적 내용을 비이질화하는 것, 즉 외부인들의 몸과 정신을 섭취하고 먹어치우고 신진대사를 거쳐 그 섭취하는 몸과 별반 차이가 없는 동질의 것으로 만들기 위함이다. '편견'과 '미신'에 대한 문화적 십자군원정인 것이다. 첫 번째 것의 대표적 사례는 보통사람들이 들어가기 어려운 금지된 공간이 많은 '파리의 라데팡스'이며, 두 번째 대표적 사례는 모든 비이질적인 것을 먹어치우는 '소비공간의 아케이드'들이다(*ibid*., 2005: 165). 소비공간은 마크 오제(Mark Auge)의 비장소이며, 탈공간이다(Auge, 2009). 정수복은 『파리의 장소들』에서 마크오제의 비장소, 탈공간을 몰인간화로 규정했다. 마크 오제는 동일한 기능을 가진 특징 없는 공간들을 비(非)장소(non-lieu)라고 부르고 어느 도시 고유의 정체성을 담보하는 특별한 의미를 지닌 공간만을 장소(lieu)라고 불렀다. 마크 오제가 도시공간을 '장소'와 '비장소'로 구별한 이유는 단지 분류를 위한 분류가 아니라 대다수 인구가 매일매일 삶을 영위하는 공간이 된 도시 안에 '장소'의 비율을 높이고 '비장소'의 창궐을 막기 위한 경각심을 불러일으키는 데 있다. 명승고적만이 아니라 할아버지와 할머니, 아버지와 어머니, 나와 나의 형제자매들이 세대를 이어 살아가는 도시공간에 오랜 공동의 체험과 기억이 녹아들어 있는 공간들은 우리들에게 정서적 안정을 제공하고 공동체 의식을 높여주고 역사의 지속성을 느끼게 해 준다. 그러나 오로지 편리한 기능만 갖는 비장소들로 인해 우리들 내면의 삶은 각박하고 빈곤해지며 공간에 대한 책임의식도 약화된다. 장소라고 모두 다 '장소'가 아닌 것이다. 그러나 문제는 비장소화, 탈공간화가 이동가능성이 높아지면서 더욱 심화되고 있다는 것이다.

5. 생태학적 위험과 이동으로의 전환

이동의 자유는 근대를 특징짓는다. 자유사회에서 사람들은 드러내놓고 다른 곳으로 이주하거나, 암묵적으로 자신이 태어난 곳에 머무는 식으로 각자 살 곳을 정한다. 도시인구는 도시가 무엇을 제공하는지를 말해 준다. 미국 유타 주 주도인 솔트레이크시티는 모르몬교도가 되기에 적합한 장소이기 때문에 모르몬교도들로 가득하다. 런던은 돈을 운용하기에 좋은 장소이기 때문에 많은 은행원들이 그곳에서 활동한다. 리우데자네이루 같은 도시들은 가난하게 살기에 비교적 좋은 장소이기 때문에 가난한 사람들로 북적댄다. 돈 한 푼 없더라도 이파네마 해변을 즐기면서 살 수 있다(글레이저, 2011: 141). 어리(Urry, 2008)는 사회관계가 이동에 의해 완전히 바뀌었으며 거리의 마찰(frictions of distance)도 극복되었다고 주장했다. 거리(distance)를 정복하는 데 공간의 저항이란 이제 없다. 그래서 사회관계를 분석하는 사회과학도 여행, 수송 등 이동(mobility)과 결합된다. 그러나 이런 이동의 자유는 이제 공공적 위기와 생태학적 위험에 처한다.

공공적 위기란 사적인 가정의 친숙성(intimate sphere)과 옛 도시주거가 마련해 준 공공장(public sphere)이 교통의 흐름에 갇힌 도시 건조환경 속에 질식되어 가는 것이다. "전반적으로 도시의 의미 있는 질서는 절멸되었다. 교통의 기술적 흐름 때문에 거리와 광장의 기능이 변화되었다는 바로 그 이유 때문이다. 교통의 기술적 흐름은 공간적으로 보호되는 사적 영역을 위축시켰고, 개인들이 모여 공중(a public)을 구성할 수 있는 접촉과 의사소통의 자유공간도 빼앗았다"(Sheller and Urry, 2006). 세넷도 『공공인의 몰락(*The fall of public man*)』에서 자동차는 무제한적 움직임의 권리를 개인에게 부여하지만 동시에 도시거리의 공공적 영역을 무력화시킨다고 보았다(Sennet, 1992: 14).

생태학적 위험에 대한 커뮤니케이션의 증가를 루만은 현대의 생태학적 자기위협으로 간주한다. 위해(Gefahr, danger)와 달리 위험(Risiko, risk)에 관한 커뮤니케이션의 증가는 과거에 천재지변이라 불리던 일들까지 모두 인재로 간주함으로써(신종플루 등), 현대사회에 불안 커뮤니케이션을 증폭시킨다. 고도로 발전된 과학에 의해서도 해소될 수 없는, 오히려 그로 인해 커지는 불확실성은 생태학적 위험에 대한 과잉반향과 과소반향을 동시에 산출한다. 여러 가지 반문명적 대안이나 기능적 분화를 취소하는 전체주의적 대안이 끊임없이 제시되는 것은 현대사회의 생태학적 자기위협이 해소 불가능한 문제임을 입증한다(김홍중, 2012). 이러한 불안 커뮤니케이션이 장소와 거리를 다시 부각시킨다(정성훈, 2010). 핵발전소 폭발의 불안은 그것과의 거리를 부각시키며, 온난화는 해안저지대를 위험장소로 부각시킨다. 포함과 배제가 더욱 격화되는 양상으로 나타나는 것이다. '스모그는 민주적'이나 불안 커뮤니케이션은 그 스모그에 내가 가까이 있는지 멀리 있는지를 주관적으로 판단하게 만든다. 울리히 벡(Beck, 2000, 2004)은 근대에서의 국제화가 인간 삶에 미치는 지배적 규정성을 강조하며 코스모폴리탄적 시각(Cosmopolitan Perspective)이 사회과학의 지배적 패러다임이 되어야 함을 주창한다. 그는 사회과학이 '방법론적 민족주의(methodological nationalism)' 에서 '방법론적 코스모폴리타니즘(methodological cosmopolitanism)' 으로 전환해야 한다고 주장했으며, 그러한 방법론하에서만 국제적 위험의 동학, 초국적 관계, 신불평등이 어떻게 우리의 일상생활에 영향을 미치는지를 파악할 수 있다는 것이다. 사센(Sassen, 2002)은 이러한 방법론적 코스모폴리타니즘을 이어받아 신국제분업과 성별분업이 새롭게 재편되는 현상을 통찰한 학자였다. 그녀는 신국제분업이 생존회로(Survival Circuits)에 의해 재편되고 있으며 제1세계로의 이주민이 가사노동자 등으로 편입됨으로써 계급과 인종에 따른 신위계화를 가져왔으며, 이것이 글로벌 도시를 유지하는 동력임을 실증했다.

결국, 공간은 물리적이라기보다는 사회적이며 관계적이다. 사회이론은 공간적 전환을 통해 '관계의 공간' 을 끌어들인다. 관계를 맺는다면 그것은 물질적 결정화를 수반할 수 있다. 관계맺기를 통해 새로운 공간이 형성되는 것이다. 작은 기업들이 모인 소도시는 서로의 관계맺기를 통해 거대한 기업들이 모인 메가시티를, 작은 사람들이 모인 사이버스페이스와 소셜미디어는 서로의 관계맺기를 통해 초국적 기업의 건조환경을 상대할 수 있는 공간을 형성한다. 이중도시에서 빠져나올 수 없었던 초국적 자본의 지배로부터 저항이 가능한 '소통의 공간' (김문조, 2008)이 형성되는 것이다.

---

* 이 글은 2013년 "후기근대와 공간적 전환 : '사회적 공간' 으로서의 공간," 『사회와이론』 23집에 게재된 내용을 일부 수정 · 보완한 것임.

제 13 장

코스모폴리탄 전환

| 김문조(고려대) |

상품, 기술 및 인력과 같은 실물영역에서 시작해 정치적 · 문화적 차원으로 확장되어 온 세계화는 이제 거스를 수 없는 대세로 드러나고 있다. 세계화라는 용어는 사용 목적이나 맥락에 따라 다양한 의미를 행사한다. 일부 진영에서는 세계화를 서구적 질서로의 수렴을 뜻하는 서구화(Westernization)의 외연으로 단정하는가 하면, 다른 진영에서는 자본주의적 패권의식을 위장하기 위한 호도적(糊塗的) 표현으로 폄하하며, 또 다른 진영은 동질성의 강화나 혼성교배(hybridization)가 혼재된 다변화 추세 등으로 인식을 달리한다. 활동범역별로도 해석이 달라, 공공부문에서는 국제비교나 국가경쟁력 평가기준, 산업계에서는 이윤확장을 위한 기업전략, 일반 사회에서는 사회활동이나 생활양식의 초국적 확산의 증좌로 세계화를 간주해 왔다. 이 모든 차이에도 불구하고 한 가지 분명한 점은 세계질서의 동학을 거론한 유수한 학자들이 국민국가 중심의 근대적 상황과 구분되는 글로벌시대의 도래를 전망하고 있다는 사실이다(Held, 1995; Harvey, 1996; Scholte, 2000).

세계화가 정보화나 다양화와 마찬가지로 지구 차원의 거대동향(super-trend)으로 인식되어 감에 따라, 국가단위의 시각에서 사회체계를 분석하려는 국가주의적 접근(methodological nationalism)이 세계주의적 접근(methodological cosmopolitanism)으로 대체되어야 한다는 주장이 속출하고 있다(Beck, 2002, 2006; Beck and Sznaider, 2006; Held and Hale, 2011). 따라서 이 장에서는 초국적 개방성 및 소통성이 증가하는 오늘날 사회현실에서 경제적 세계화 → 정치적 세계화 → 문화적 세계화로의 진전을 암묵적으로 전제하는 기존 세계화론의 논의구조를 반전시켜 문화적 세계화 논리를 기축으로 한 새로운 세계화론을 제시하고, 그러한 논의에 근거해 새로운 이론적 조망으로서의 '코스모폴리탄 사회학(cosmopolitan sociology)'을 제안한 후, 코스모폴리탄 사회이론의 내재적 가치와 유용성을 탐지해 보고자 한다.

1. 세계화의 양면성

새로운 시공간 개념의 형성을 논하는 자리에서 마뉴엘 카스텔은 1970년대 이후 경제적 세계화는 자본축적이 세계 각처에서 산발적으로 전개되는 수준을 넘어 세계적 규모의 경제활동이 실시간에 연동되는 새로운 단계로 접어들고 있음을 지적하면서, 과거에 세계체제론자들이 거론한 세계경제(world economy)와 자신이 제시하는 지구경제(global economy)의 차이점을 다음과 같이 서술한다.

> (새로운 시대의) 경제는 지구적이다. '지구경제(global economy)'는 '세계경제(world economy)'와 질적으로 변별되어야 할 새로운 역사적 현실이다. 브로델이나 월러스틴이 16세기 이래 존속해 왔다고 주장하는 세계경제가 자본축적이 세계 각처에서 전개되는 양상을 뜻하는 것이라면, 지구경제란 세계적 규모의 경제활동이 실시간으로 진행되는 상황을 의미한다. 지속적 팽창을 거듭하여 온 자본주의적 생산양식은 시간적 · 공간적 질곡을 넘어서고자 부단히 노력해 왔으나, 20세기 후반 새로운 기술적 기반구조를 바탕으로 한 지구경제시대로 접어든 연후에야 비로소 시공간적 한계를 초월하게 되었다(Castells, 1996: 92-93).

이러한 경제적 세계화에 대해서는 오래전부터 낙관적 전망과 비관적 전망이 교차해 왔다. 낙관적 견해의 효시는 제국주의 초기 유럽인들의 북미대륙 발견과 동인도로의 항해를 "크나큰 역사적 의의를 지닌 새로운 세계시장의 창조과정"으로 규정한 애덤 스미스에게로 소급할 수 있다. 『국부론』(2007[1776])에서 그는 시민화과정의 권력 불평등에 의한 부정의(不正義)를 지적했음에도 불구하고 지구화가 지리적으로 동떨어진 국가들이 상호 교류하여 각국의 욕구를 충족시키고 소비확대를 통해 산업을 증진시킴으로써 궁극적으로 이로움을 줄 것으로 진단하면서, 세계시장의 탄생을 세계 전체가 혜택을 공유할 수 있는 근대사의 가장 획기적 사건으로 꼽았다.

반면 마르크스와 엥겔스는 같은 현상의 부정적 단면에 주시하였다. 『공산당 선언』(1989[1848])에서 그들은 세계시장의 형성이 노동력을 추상적 상태로 떨어뜨려 속박과 승리할 세계 외에는 아무 가진 것이 없는 국제 프롤레타리아라는 새로운 계급을 창출하고, 자본주의를 타도할 혁명계급으로 재조직하여 가난, 불평등, 착취, 소외된 노동이 폐절된 새로운 사회주의 체제를 호명할 것으로 예견했다. 요컨대 그들은 경제의 세계화를 지구상에 존재하는 모든 자본가 계급과 반대자들을 거대한 격전장으로 인도할 세계적 위기의 원천으로 간주하였다.

세계화를 둘러싼 이러한 공방은 오늘날까지 이어지고 있다. 국가를 단위로 하는 교호적 협력체제를 통한 국제적 공조로 지구 차원의 새로운 세계질서가 창발하고 있다는 긍정론이 있는가 하면, 개별 국가의 자율성이 약화되어 세계적 차원의 경쟁이나 위기가 초래되고 있다는 비관적 전망이 공존한다(코엔, 2007).

이런 와중에도 지난 한 세기 간 세계시장은 광범한 지역을 자체적 권역으로 끌어들여 지속적 상승세를 이어갔다. 물론 1차 세계대전을 전후해 서구진영이 전란에 휩싸였고, 벼락경기, 불황, 보호무역주의로 인한 민족주의가 확대되었으며 교역론자들의 정책적 실패가 가세해 세계시장의 팽창이 잠정적으로 지연되기도 했다. 또 2차 세계대전으로 세계 많은 지역이 다시금 전란을 겪게 되었지만, 종전 무렵부터 국제경제에 새로운 질서가 구축되어 1944년 브레튼우즈 회의에서 국제금융질서의 안정성을 기하기 위한 새로운 통화제도가 보증되었으며, 뒤이어 GATT나 NAFTA와 같은 후속적 제도의 초석이 된 세계은행과 IMF가 설립되었다. 이와 동시에 세계시장이 꾸준히 팽창해 국가 간 무역장벽이 약화되고 지역경제에 대한 세계경제 세력의 침투가 강화되어 유통 및 소비의 글로벌화가 촉진되고 있다(Korten, 1995; Murray, 2006).

그러나 세계시장의 팽창은 매우 불공정하게 진행되었다. 거대기업이나 선진제국은 불균등한 분배체계하에서 엄청난 수혜를 누려 부자와 빈자, 부국과 빈국 간의 격차가 누적적으로 확대되었다. 다양한 사회복지의 실험에도 불구하고 계급 간 빈부격차가 좀처럼 해소되지 않았고, 부유한 나라는 빈곤한 나라의 자원과 인력을 착취한 후 파괴된 환경만 남기고 발길을 돌렸다. 때문에 후진국들이 선진제국에 빚진 천문학적 액수의 누적채무가 1970년대 이후로 급등, 부익부 빈익빈을 가중시키는 초대형 금융위기를 간단없이 야기해 왔다(Stiglitz, 2002; Sirkin *et al*. 2008). 양지와 음지, 기대와 환멸의 이중적 모습을 지닌 채 우리 삶에 날로 위력을 더해가는 세계화의 도전을 어떻게 받아들이고 대처해 나아가야 할 것인가? 그에 대한 치열한 찬반논쟁이 지속되어 왔지만, 복합적 현상에 대한 일의적 진단은 자체적 한계만 드러낸 채 공전을 거듭해 왔다. 따라서 현실을 온전히 인식하기 위한 새로운 관점의 도입이 절실하다고 본다.

2. 비판적 세계화론의 요청

세계화는 경제사회적 개방성, 기술혁신, 다양한 생산물과 서비스, 정보와 문화의 풍요, 향상된 삶의 질 등 긍정적 측면을 내세우는 이들에 의해 하나의 지배 이데올로기로 고착되고 있다. 세계화주의의 대변자 진영에는 1980년대 대처 정권이나 레이건 정권의 경제정책 입안자, 실천자, 수혜자 범주에 속하는 시장경제 신봉자, 조지 길디나 빌 게이츠 등과 같은 IT 선노사 및 그에 동조해 온 정치 · 경제적 엘리트들이 포함된다. 그들은 세계화의 부작용들을 외면한 채 세계화가 본연의 궤도로 순항하고 있음을 강변하는 관변 지식인들의 지원을 받기도 한다(Palmer, 2002).

반면 대척적 입장에서 볼 때, 세계화는 지역적 생활기반이나 전통의 말살, 부국에 대한 빈국의 경제적 · 정치적 예속, 과도한 자연착취로 인한 환경파괴, 문화와 일상생활의 균질화 등을 유발하는 주범으로 간주된다. 세계화 거부자 진영에는 민족주권, 지역 정체성, 참여민주주의를 옹호하는 분권론자, 문화 다양성을 주장하는 다문화주의자, 생태계 파괴를 우려하는 환경론자, 또 세계화를 국가나 공동체의 신성성에 대한 도전으로 간주하는 교조적 보수주의자나 마르크스주의자들도 포함시킬 수 있다.

그러나 세계화란 다양한 추세나 효과들을 내포한 복합적 과정으로 경제 · 정치 · 문화 등 제반 영역에서 동시적으로 전개되는 다원적 변화인 까닭에, 절대적 수용이나 절대적 거부와 같은 일방적 시각을 벗어나 진전 경로나 요인들 간의 관계를 종합적으로 고려하는 포괄적 접근이 요구되는 현상에 속한다. 이때 종단적으로는 과거 · 현재 · 미래를 중첩적으로 파악하고 횡단적으로는 명시적 · 잠재적 결과들을 두루 섭렵하여 긍정적 효과의 이면에 내재한 부정적 요소들을 색출해 낼 수 있는 비판적 시각이 각별히 중시된다.

세계화에 대한 비판적 시각은 상품, 아이디어, 정보, 사람, 기술 등의 초국적 동향을 탐지할 수 있는 안목을 증진시켜 줄 뿐 아니라, 내적 연결성과 의존성에 대한 이해를 진작시킴으로써 구조적 탈구현상으로 인한 세계화의 문제점들에 대한 대처능력을 강화할 것으로 기대된다. 즉, 비판적 시각은 시장의 자유나 경제규모의 확장과 같은 세계화의 긍정적 성과에 은폐되기 쉬운 불균등, 억압, 환경파괴 등과 같은 위험성을 색출하는 데 유효하다고 본다.

세계화 찬양자들에게 세계화는 추악한 현실을 가리고 제거하는 정당화 이데올로기로서 기능한다. 하지만 세계화는 거부자들에게 또 다른 종류의 이데올로기를 강요한다. 비판적 세계화론은 바로 이 같은 세계화론의 교조화를 적절히 통어함으로써 오늘날 현실세계에서 제기되는 일련의 문제점들을 올바로 직시하고 성찰할 수 있게 한다. 세계화를 합리적 자유시장 질서의 확립이라든가 사악한 자본 헤게모니의 구축으로 일방적으로 매도한 후 정형적 틀에 꿰맞춰 생각하거나 대처하게 되면, 초국적 자본주의의 횡포를 제어할 수 있는 대안적 세계질서에 대한 가능성을 스스로 포기하게 된다. 반면, 이데올로기적 허상의 꼭두각시 역할을 경계하는 비판적 세계화론은 글로벌 경제, 정치, 문화의 힘이 세계시장, 정치조직 및 문화양식의 창조과정에 침투하는 방식을 체계적으로 분석함으로써 새로운 지구 차원의 협력체제나 리더십 형성에 기여할 수 있을 것으로 본다.

3. 문화의 세계화

기본적으로 실리적 욕구의 소산으로 간주할 수 있는 경제적 세계화나 정치적 세계화와는 달리 가치의 문제와 연관된 문화적 세계화는 오늘날 세계화론의 가장 민감하고도 논쟁적인 영역에 속한다. 글로벌 문화의 출현은 국경을 넘나드는 정보 콘텐츠, 상품과 서비스, 이미지와 디자인 등에서 명료하게 드러난다. 세계 각처에 사는 사람들이 걸프전 같은 정치적 스펙터클, 스포츠 경기, 오락 프로그램, 광고 등으로 실감하는 글로벌 문화는 무엇보다 디지털 기술을 이용한 표준화된 송출방식으로 시공간을 뛰어넘어 다양한 정보교환을 가능케 하는 뉴미디어에 힘입은 바 크다.

글로벌 문화는 집합적 생활양식이나 정체성의 일대변혁을 초래한다. 초국적 기업이 지역 시장에 침투해 글로벌 생산품을 팔고, 지역정서에 호소하는 광고개발에 몰두하며, 케이블이나 위성통신 시스템으로 소비문화를 세계 전역으로 확장시키는 데 큰 성과를 거두었기 때문이다. 그러나 "차이를 만들어 내는 놀라운 기계"로 알려진 문화는 사회나 집단에 변별력을 부여하는 특수성이나 지역성을 본원적 속성으로 한다. 그것은 주어진 공간에 소재한 사람들이 어떠한 생각과 말과 행위로 살아가는가를 식별할 수 있는 고유한 생활양식이나 지역적 정체성의 원천이 된다(바르니에,

2001). 따라서 동질화 · 혼성화를 지향하는 글로벌 문화가 세계 도처로 확산되면 지역문화와의 충돌이 초래되어 세계화시대의 문화지형은 복잡성을 더해 갈 전망이다. 세계화가 불가피하고 비가역적인 양태로 진전될 것이라고 예단한 자유주의 시장경제론자들이나 마르크스주의자들이 공통적으로 간과한 것은 인종의식이나 민족감정이 사회적 위계질서와 상호 교차하면서 인종적 · 지역적 불화를 격화시킨다는 점이다. 실제로 1980년대 후반부터 현재까지의 세계화과정의 이면에는 민족주의, 전통주의, 종교적 근본주의의 부활이 존속해 왔다. 아프리카대륙에서의 폭발적 부족갈등뿐만 아니라, 구소련 주변, 중동, 혹은 아시아 및 중남미 일각에서 지역적 · 종교적 갈등이 고조되고 있다는 사실은 문화적 세계화가 세계화 찬양론자나 거부론자들이 예상한 대로 일방적으로 전개되지 않았다는 점을 시사한다.

세계화와 동질화에 반대해 자체적 형태를 보존하고자 한 하위문화의 저항도 도처에서 목도할 수 있다. 멕시코의 농민운동, 페루의 게릴라운동, 프랑스의 노조, 구미권의 학생세력, 브라질 환경운동가들을 위시한 다양한 운동단체나 조직들이 자본주의의 세계화에 저항하면서 기존 지배세력의 권위나 이익을 공격해 왔으며, 일상적 삶의 측면에서 헤게모니를 행사하는 주류 문화에 저항하는 여성, 청소년, 게이, 레즈비언, 흑인과 소수민족 등의 대안적 하위문화도 세계 전역에서 발견할 수 있다. 따라서 1970년대 이후 비판적 문화연구가들은 주도적 · 획일적 주류 문화에 대항하는 하위문화운동의 연구에 관심을 기울여 왔다. 저항적 하위문화의 지형과 특성을 분석하는 데 있어 그들은 계급, 인종, 젠더, 민족성, 지역성 등에 초점을 맞추어 왔으나, 최근에는 초국적 세력이 문화현장에 개입하는 방식과 문화적 중재가 그러한 글로벌 지형의 영향을 굴절시키는 방식으로 눈길을 돌리고 있다(Kellner, 2001).

4. 외적 세계화와 내적 세계화

최근 다양한 계파의 문화연구가들은 현대적 삶이 차별화된 담론과 실천을 지향한다고 주장하면서 지역적인 것, 구체적인 것, 특수한 것, 이질적인 것, 그리고 일상생활의 미시적 단면에 초점을 맞춘 세계화론의 새로운 전환을 시도한다. 즉, 후기구조주의, 포스트모더니즘, 포스트식민주의, 페미니즘 및 다문화주의 계열의 문화론자들은 세계화의 거시적 측면을 넘어 미시적 차원에서 전개되는 차이, 타자성, 주변성, 특수성 및 구체성들에 큰 관심을 보인다.

세계 대(對) 지역이라는 이분법을 주조로 하는 거시적 세계화론에서는 한 부분을 강조하게 되면 다른 부분의 중요성을 간과하게 되는 제로섬적 딜레마를 탈피하기가 쉽지 않다. 이러한 인식적 한계에 주목한 미시론자들은 세계화라는 동인이 지역사회에 영향을 미치고 구조화하는 과정 자체를 중시함으로써 세계적인 것과 지역적인 것이 서로 접변하며 각각을 재현해 내는 방식, 혹은 양대 요소의 상호작용에 의해 새로운 혼성체가 만들어지는 방식을 규명하고자 노력한다.

미시적 접근에서는 경제나 정치 영역과 같은 제도영역의 세계화보다 생활세계를 중심으로 한 문화적 세계화가 초미의 관심사로 대두한다. 특정 문물이 국경을 넘어 초국경적으로 확산되는 현상 이전에, 한정된 장소에서 살아가는 사람들이 세계로 열린 마음을 견지할 수 있느냐라는 문제가 보다 중요시되는 쟁점인 까닭이다.

울리히 벡은 이러한 새로운 관심을 '세계시민주의(cosmopolitanism)'로서 규정한다. 코스모폴리타니즘은 국가 간 문물교류를 뜻하던 종전의 (외적) 세계화 개념과는 구별되는 '내적 세계화(internal globalization)'에 해당하는 것으로, 이 경우 세계(cosmos)와 지역(polis)이라는 양대 공간을 동시적으로 아우르는 이중적 사회의식의 발양이 핵심적 과제가 된다(Beck, 2002). 내적 세계화는 세계와 지역의 구분을 거부하고 세계 속의 지역, 지역 속의 세계를 상정하는 지구적 공동체주의(global communitarianism), 요컨대 "세계를 향한 개방적 의식"에 해당하는 '마음의 세계화'를 뜻한다.

5. 코스모폴리타니즘의 유형 및 현대적 정향

사실상 오랜 전통을 지닌 세계시민주의는 다양한 형태로 발현해 왔는데, 그것은 크게 도덕적 · 사회적 · 문화적 유형으로 구분할 수 있다(Delanty, 2006).

가장 고전적 형태인 도덕적 코스모폴리타니즘은 만인에 대한 보편적 도덕성을 뜻하는 것으로, 이는 도시국가 그리스가 세계국가로 전환된 알렉산더 대왕의 영토확장기로 소급할 수 있다. 하지만 보다 직접적 형태로서의 도덕적 코스모폴리타니즘은 18세기 말 극대화한 서구 제국주의의 팽창야욕에 반대하기 위해 협애한 근대국가의 인식틀을 넘어선 확장된 시각에서 공화제적 정치철학을 모색한 임마누엘 칸트의 『영구평화론』에서 기원을 찾아볼 수 있다(Kant, 1795).

영구평화론 제3장에서 칸트는 환대(hospitality)란 이방인에 대한 사교적 덕목이 아니라 모든 인류가 향유해야 할 기본적 권리임을 강조하면서, 진실로 공화주의적인 세계시민적 정치질서에서 만인은 인류라는 데 기초한 상호적인 도덕적 의무를 수행함으로써 인권이 보장되어야 한다고 주장한다. 이러한 도덕적 코스모폴리타니즘은 규범적 보편주의를 기초한 하버마스의 담론윤리학에 고스란히 재현되고 있다(벤하비브, 2008).

사회적 코스모폴리타니즘은 사회적 시민권과 직결된 것으로, 그것은 개인의 인권과 소수자의 민권 간의 타협적 산물로 규정할 수 있다. 베스트

팔리아 협약을 계기로 서구 근대국가의 기틀이 확립되고 사회적인 것과 정치적인 것의 분리가 후속됨으로써, 시민권 논쟁을 화두로 한 사회적 코스모폴리타니즘이 인권 개념에 기초한 도덕적 코스모폴리타니즘에서 갈라져 나오게 된다. 사회적 코스모폴리타니즘에서는 역사성과 지역성에 근거한 시민권이 핵심적 소재가 된다. 초국적 인구이동과 더불어 고조되는 인종 편견이나 갈등의 문제와 직결된 사회적 코스모폴리타니즘의 주된 이슈는 시민권을 논할 때 태생지라는 지역성을 어떻게 해소할 수 있을 것인가라는 문제로 귀결된다(Arendt, 1945).

그러나 현대사회에서 상기 두 가지 유형의 코스모폴리타니즘보다 더욱 주목을 요하는 것이 사회적 복수화(societal pluralization)라는 개념과 상통하는 문화적 코스모폴리타니즘이다. 문화적 세계화는 우리의 사회세계가 다양한 가치체계에 기초해 있다는 전제에서 다원적 생활양식을 존중한다. 즉, 문화적 코스모폴리타니즘은 사회를 단일한 실체로 간주하는 대신 지구적 개방성의 원리하에 자유로이 변신할 수 있는 문화적 매체(cultural medium)로 간주하는데, 이러한 문화적 코스모폴리타니즘의 이론형성에 기여한 주요 학자들로는 마뉴엘 카스텔, 존 어리 및 부르노 라투르 등이 꼽힌다(Delanty, 2006).

개방적 · 유연적 구조를 특성으로 하는 카스텔의 연결망사회(network society)이론은 사회가 물리적 공간 대신 네트워크라는 형태로 존속함을 강조한다는 점에서 문화적 코스모폴리타니즘으로의 길을 예시했다고 할 수 있다(Castells, 1996). 어리 역시 이동성(mobility)이 현대사회의 존재론적 요건임을 명시함으로써 문화적 코스모폴리타니즘과 논리적 궤적을 함께해 왔다(Urry, 2002). 연결망과 이동성의 접점에서 출현하는 개념이 혼종성(hybridity)인데, 라투르는 문화적 세계화과정에서 혼종적 상황에서 의미가 창출되는 경우가 많다는 점에 착안해 혼종적 결합이야말로 문화적 코스모폴리타니즘의 전형에 해당한다고 주장한다(Latour, 2005).

한편 애매성, 불확정성, 곤혹, 불안감 등이 점착된 현대적 삶의 모습을 '유동적 근대성(liquid modernity)' 으로 묘사한 사회이론가 지그문트 바우만은 상이한 근대성이 교차하는 오늘날 세계는 탈(脫)보편주의(post-universalism)를 지향하는 코스모폴리타니즘의 새로운 단계로 들어서고 있음을 역설한다(Bauman, 2000). 탈보편적 코스모폴리타니즘은 개인, 지역주민, 국민, 지구인들이 자유롭게 어울릴 수 있는 생활양식이나 생활전략을 용인한다는 점에서 각기 인권과 민권을 강조하는 도덕적 · 사회적 코스모폴리타니즘의 차원을 넘어선 문화적 코스모폴리타니즘에 귀속시킬 수 있다(애피아, 2008).

6. 소재, 자원, 패러다임으로서의 코스모폴리탄 사회학

세계화, 그중에도 특히 상호주관적 동류의식을 요하는 문화적 세계화에 대한 연구는 지금까지 다문화주의(multiculturalism) 연구가들에 의해 주도되어 왔는데, 국내에서는 국제결혼이나 외국인 근로자 문제를 대상으로 하는 연구물이 대부분이었다(설동훈, 1999; 장미경, 2005; 김이선 외, 2006; 오경석 외, 2007; 김혜순, 2008; 윤인진, 2008; 박경태, 2008; 김오남, 2008; 전경수 외, 2008). 따라서 문화적 담지자인 소수민족의 인권, 시민권 및 문화적 정체성 등에 대한 지금까지의 국내 코스모폴리탄 연구는 내국적 소수민을 대상으로 한 "소재 중심적 연구"였다고 말할 수 있을 것 같다.

그러나 소재 중심적 연구들의 일부는 소수민의 현황과 문제점을 고찰하는 과정에서 유용한 분석적 개념이나 이론들을 채택하거나 확산시킴으로써 소수민족을 넘어선 사회적 소수자들(social minorities)을 새로운 시각에서 통찰할 수 있는 가능성을 열어주었다. "타자성(otherness)", "젠더 정치학" 혹은 "소수자 인권론" 등이 그 전형에 속하는 것으로(이수자, 2004; 김현미, 2006; 박경태, 2007), 다문화 연구가들은 그러한 개념이나 논법에 준거해 바닥에서 자기존재를 잘 드러낼 수 없는 "인종적 저변층(ethnic subaltern)"의 목소리를 반영할 수 있는 새로운 연구공간을 창출해 지적 자원의 확장에 기여했다고 평가된다.

그런데 여기에 변천하는 세계질서에 상응한 새로운 사회학적 상상력을 보강함으로써 "대상 중심적 연구로서의 코스모폴리탄 사회학" 및 "지적 자원으로서의 코스모폴리탄 사회학"을 넘어선 "패러다임으로서의 코스모폴리탄 사회학"을 정초할 수 있으리라 생각한다. 효율성 위주의 체계통합(system integration)이 아닌 사람 중심의 사회통합(social integration)을 일국적 차원을 넘어선 지구적 수준으로 외연시킴을 목표로 하는 코스모폴리탄 패러다임의 구성에 필요한 사유적 요건으로는 다음과 같을 점들을 꼽을 수 있으리라 본다.

1) 문화적 혼융

세계화의 핵심은 '내파(implosion)'의 원리나 개방성의 논리로 압축된다. 마셜 맥루언의 지구촌(global village) 개념이 말해 주듯 세계화는 시간적 · 지리적 '경계 넘기'를 통해 이질적인 문화가 서로 연결되고 섞이는 융합과정으로 이해할 수 있다. 이는 폐쇄적이고 배타적인 민족주의 · 애국주의를 넘어서 감성적 · 문화적 공감대를 중심으로 하는 새로운 사회적 결속원리를 창출해 낼 수 있는 주요 기제라고 할 수 있다. 즉 다양한 문화적 혼융(cultural creolization)은 이질적인 문화, 다양한 언어를 가진 사람들이 상호평등성에 기초해 차이와 다양성이 공존하는 '다문화적 나사의 성지학'을 구성할 수 있는 원초적 요건이라 할 수 있다(Pieterse, 2004).

2) 대립과 갈등을 동반하는 역동적 코스모폴리타니즘 (Dynamic Cosmopolitanism)

다양한 문화적 혼융을 전제로 하는 코스모폴리타니즘의 발현은 순탄한 이행이나 대체가 아닌 역동적 과정임을 새로이 인식할 필요가 있다. 다양한 역사적 체험과 문화적 관습들이 상호 교차하며 문화적 혼융에 도달하기까지는 이질적인 요소들 간의 대립과 갈등의 과정이 불가피하다. 이러한 대결적 상황을 넘어서기 위해서는 상이한 가치와 '도덕적 불일치'를 수정해 나갈 수 있는 "열린 구조"를 형성하는 것이 중요한바(Benhabib, 2004), 그러한 통로를 거쳐 차이와 다양성을 허용하는 새로운 관행이 조성될 수 있다.

3) 상이한 근대성(Different Modernities)의 수용

콰메 애피아(Kqame A. Appiah)는 세계시민주의의 조건인 이질적 문화나 사회를 바라볼 때 상대주의적 오류에 빠져들지 말기를 각별히 요청한다. 문화인류학자들을 위시한 많은 사회과학자들이 견지해 온 상대주의적 시각에는 소정의 유용성이 내재해 있음이 분명하나, 그것은 때때로 사람들 간의 의사소통을 가로막는 "가치의 추방(exile of values)"을 야기할 위험성을 내포하고 있다고 한다. 즉, 상대주의는 상호소통의 가능성을 폐절함으로써 침묵과 회의주의에 빠뜨리게 할 수 있다는 것이다(Appiah, 2006).

4) 탈보편주의적 코스모폴리타니즘 (Post-Universal Cosmopolitanism)

보편주의는 자칫 하나의 진리에 대한 유일한 해석을 강조함으로써 관용을 불허하고 차이를 무시할 위험성을 내포한다. 다양한 가치가 구현되는 사회를 이상시하는 복수주의적 관점에서 바라볼 때, 보편주의는 지향해야 할 목표가 아니라 수정의 대상이 된다. 울리히 벡은 보편주의 논리가 차이들 간의 소통을 방해하는 장애요소인 폐쇄적 · 배타적 공동체의 논리와 상통한다고 본다(Beck, 2002). 파시즘의 원천인 배타적 국수주의나 폐쇄적 민족주의가 그 좋은 예에 해당한다. 따라서 일방향적 발화의 논리가 아닌 쌍방향적 대화의 논리를 선호하는 코스모폴리타니즘으로 단 하나의 생존방식이 존재한다고 생각하는 보편주의 관념을 넘어서야 한다.

5) 복수적 생활양식 및 생활전략의 교합

다양한 취향을 향유할 권리를 지닌 개인은 자신의 정신적 성장을 위해 다양한 조건들을 필요로 한다. 모든 식물들이 동일한 물리적 환경과 기후 조건에서 공생할 수 없듯, 개인들도 동일한 도덕적 환경에서 번성할 수 없다. 다양한 생활방식이 보장되지 않는다면 사람들은 정당한 몫의 행복을 누리지 못한 채, 도달 가능한 인식적 · 도덕적 · 심미적 수준에 이를 수 없다(밀, 2008). 코스모폴리타니즘은 '정체성을 통해서(through identity)' 결성되는 유대관계가 아니라 '차이에도 불구하고(despite difference)' 조성되는 유대관계를 요구한다. 개인, 지역, 국가 혹은 지구 차원에서의 복수적 생활양식 및 복수적 생활전략(plural lifestyle and plural life strategy)의 다채로운 교합이 적극적으로 모색되어야 함은 바로 이 때문이다.

7. 새로운 사회학적 비전의 요청

종합이론적 패러다임으로서의 코스모폴리니즘은 전술한 요건들을 충족시킬 수 있는 새로운 세계관을 필요로 한다. 그러나 시민공동체를 넘어선 학자공동체 성원으로서의 사회학자에게는 사회학적 탐구의 분석단위를 필두로 한 사회학 탐구 전반에 대해 단순한 각성수준을 넘어선 혁신적 발상에 해당하는 코스모폴리탄 비전(cosmopolitan outlook)이 요청된다.

사회학적 비전의 공간적 변천사를 회고해 볼 때, 고전사회학에서는 인류사회 일반이 지적 통찰의 대상이었으나, 1차 세계대전 이후에는 그것이 지역으로 응축되어 공동체 연구가 사회학의 새로운 관심사로 부상한 바 있다. 그러나 2차 세계대전을 거치면서 국경으로 나누어진 사회로서의 국가가 사회학연구의 핵심적 대상이 되어 오다가, 20세기 말부터 사회학적 비전의 범역이 지구 차원으로 확대되고 있다. 이러한 최근의 변화는 "특정 지역의 사건이 수만리 떨어진 곳에서 발생한 사건에 의해 틀지어지고 또 그 반대현상이 동시적으로 일어나는 방식으로 격리되어 있는 지역들을 서로 연계시키는 범세계적인 사회적 관계성의 확장"에 기인한 것으로 풀이할 수 있다(Giddens, 1991: 64).

근자에 들어 심심풀이 스낵으로부터 신발이나 의복과 같은 일용품, 나아가 오디오, 컴퓨터, 가구 및 자동차에 이르는 거의 모든 상품들이 한 나라에서 제조된 것이 아니라 세계 각처에 산재한 조립라인(assembly line)과 분해라인(dessembly line)의 합작품이 되어 가고 있다. 뿐만 아니라 국제질서의 불완전성을 보완하기 위해 지구상 여러 곳에서 초국적 비정부기구나 비영리기구들이 결성되어 인구, 빈곤, 평화, 환경 등에 대한 세계 차원의 의사소통을 강화하고 있으며, 문화적 갈등이나 편견을 극복하기 위한 문명간 대화가 세계 도처에서 진행되고 있다. 더구나 미국발 금융위기를 전후로 이런저런 펀드에 가입해 재산가치의 엄청난 변화를 체험한 많은 일반인들도 이 같은 국경파괴 현상을 체감함으로써, 50여 년 전에 밀즈(C. W. Mills)가 『사회학적 상상력』에서 논급한 "공적 이슈"가 일국적 경계를 넘어 지구적으로 확산되고 있다는 점에 공감할 것이라고 본다.

그러나 코스모폴리탄 비전은 단순히 사유범역의 지구적 확장에 그치는 것이 아니라, 내집단(inner group)과 외집단(outer group)의 관계도식 자체에 대한 발상적 대전환을 함유하고 있음에 유념할 필요가 있다. '내적 세계화(globalization within)'를 지향하는 코스모폴리타니즘은 다른 인종에 대한 우대의식(affirmative concern)을 넘어서서 피아(彼我)의 구분을 초월한 동등하를 궁극적 목표로 한다. 코스모폴리탄 비전이 구래의 지적 관심사나 대응논법을 넘어선 새로운 통찰을 지향한다고 말할 수 있는 것은 바로 이 때문이다.

8. 코스모폴리탄 패러다임의 효용성

내파적 성격을 함유한 코스모폴리탄 사회학은 자체적 속성상 복잡한 사회현실에 대한 명증한 설명이나 해석을 제공할 수 있는 분석전략이나 방법론을 갖추는 데 상당한 시일과 공력을 요할 것으로 본다. 그러나 코스모폴리탄 사회학은 사회학연구의 위상을 한 단계 높일 수 있는 잠재적 요소를 담지하고 있다는 점에서 실로 유망한 패러다임의 하나로 기대해 마땅하다고 본다.

에밀 뒤르켐이 사회적 연대유형이 기계적 결속에서 유기적 결속으로 변모하고 있다고 진단한 것은 지금으로부터 한 세기도 훨씬 전인 19세기 종반의 일이다(Durkheim, 1893). 향후 뒤르켐을 포함한 수많은 학자들이 기능적 상호의존에 준거한 유기적 결속을 내재할 수 있는 새로운 사회적 결속원리를 논구해 왔으나 아직은 한 마디로 표제화할 수 있는 새로운 사회적 결속형태가 도출되지 않고 있는 실정이다. 그런데 코스모폴리탄 사회학 패러다임은 유기적 결속에 후속할 수 있는 새로운 사회적 결속양식을 시사한다는 점에서 주시할 가치가 크다고 본다.

우리는 올림픽 경기와 같이 전 세계에 실시간으로 방영되는 지구적 이벤트(global event)가 엄청난 집합적 감동을 유발하는 현대적 삶에서 기능적 상호의존성에 의거한 유기적 연대 이면에서 정서적 교감을 바탕으로 한 정감적 연대(sentimental bond)가 태동함을 어렴풋이나마 감지할 수 있다. 여기에 에리히 프롬이 제시한 "소유의 시대"나 "존재의 시대"를 넘어 공감을 전제로 하는 "느낌의 시대"로 접어들고 있음이 오늘날의 시대적 대세임을 감안한다면, 정감적 유대라는 비공리적 결속이 새로운 사회통합의 원천으로 작동할 개연성이 커질 것으로 예견된다([그림 1] 참조). 이러한 가설은 "월드컵 길거리 응원", "각종 자선 콘서트", "태안반도 자원봉사", "미국산 쇠고기 수입 반대 촛불시위", 및 "김수환 추기경 추모행렬" 등에서 폭발적으로 발현해 온 우리 사회의 감성공동체를 통해 역력히 확인할 수 있다.

[그림 1] 현대사회의 메가트렌드

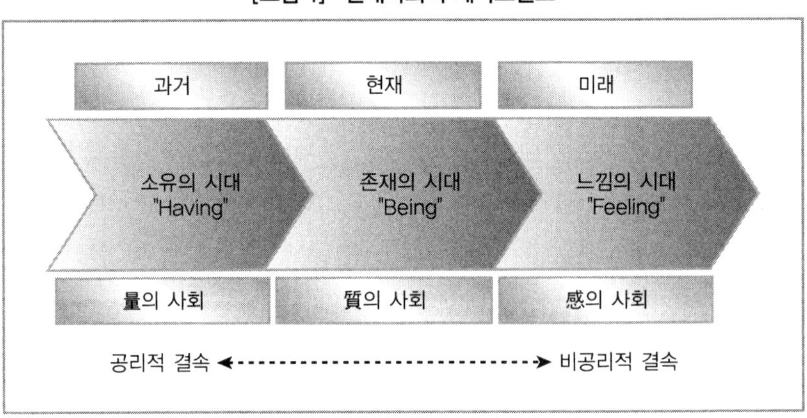

비공리적 결속에 관한 고전적 연구사례는 마르셀 모스의 증여론, 브로니슬라브 말리노프스키의 의례적 교환론, 조르주 바타이유의 일반경제론 등과 같은 '비공리적 교환론'에서 널리 찾아볼 수 있다(Mauss, 1925; Malinowski, 1928; Bataille, 1991). 이들 이론이 제시하는 사회적 연대에 부분적으로 함축되어 있는 정감적 연대의 효능은 그 적용영역이 협소한 공동체 수준을 넘어선 이민족 집단, 나아가 소수민이 아닌 동일한 국민이나 동족관계 등에까지 널리 활용될 수 있는 범용성을 갖추고 있다는 점에서 식별할 수 있다. 따라서 상호교감에 기초한 비공리적 결속을 통해 계급적·지역적·세대적·성적 사회갈등을 원만히 해소할 길을 탐지할 수 있을 뿐 아니라, 분단 70년에 근접하는 남북한 민족화합을 달성할 수 있는 방안까지 모색 가능하리라 생각된다.

9. 맺음말

사회적 위기국면에서 태동하여 발전한 사회학은 사회질서를 탐구하는 학문으로 출범하였으며, 그러한 지적 목표는 오늘날까지 유효하다고 본다. 외적 통제가 아닌 자생적 사회질서의 형성에 관한 논의는 크게 공리적 관점과 비공리적 관점으로 구분할 수 있는데, 전통적으로 사회학은 공통적 가치나 기능적 상호의존이라는 비공리적 형태의 보이지 않는 손에 의한 사회질서의 유지존속에 관한 설명과 실현을 본령으로 삼아 왔다.

비공리적 결속은 ① 인간을 인간 본연으로 바라보지 못하는 인간맹(人間盲) 사회의 극복이라는 사회윤리적 측면, ② 공공성이나 공익성에 대한 정당화를 촉구한다는 사회정의적 측면, ③ 집합적 감성을 통한 사회통합의 달성이라는 사회조직적 측면에서 존재가치를 확인할 수 있다. 그중에도 특히 정감적 연대를 통한 사회통합의 실현은 혈연 중심의 친족적 유대나 그 외연에 해당하는 학연이나 지연 등에 기초한 연고주의의 유풍이 더 이상 지속되기 힘든 오늘날 한국사회의 절박한 과제임이 분명하다.

거대한 "감동예비군(emotional reserved army)"이 도처에 산재한 상황에서 집단지성(collective intelligence) 이상으로 막강한 위력을 발휘할 것으로 예견되는 집단감성(collective sentiment)의 배출구는 이념형적으로 다음 두 가지 경로로 대별할 수 있으리라 본다. 하나는 사회적 분열이나 혼돈을 자초하는 난장(getaway)으로 전락하는 "소진적 경로(road to social burning)"요, 다른 하나는 새로운 사회질서로 가는 관문(gateway)을 지향하는 "결집적 경로(road to social building)"이다. 이해타산을 넘어선 공감적 결속을 생성하는 집단감성의 도관을 바른 방향으로 향도하여 상호 인정, 존중, 협력을 통한 상생적 사회를 구축함으로써 날로 심화되어가는 각축적 경쟁사회를 "살 만한 세상"으로 전환시킬 수 있는 예지, 요컨대 "참을 수 없는 존재의 각박함"을 극복할 수 있는 가능성은 코스모폴리탄 패러다임을 통해 모색할 수 있으리라 본다.

이처럼 타자성 극복을 통한 내집단–외집단 간의 소통을 강조하는 코스모폴리탄 패러다임이 정감적 결속력에 기초한 새로운 수평적 연대를 통해 이성적 힘과 감성적 힘을 동시적으로 활용한 대안적 사회질서의 구축 가능성을 담지한 것인 까닭에, 코스모폴리탄 비전에 입각한 코스모폴리탄 사회이론으로부터는 종전의 이성중심적 사회학(logo-centric sociology)을 넘어서 과학주의와 인문주의가 회통하는 "새로운 사회학(sociology 2.0)"의 태동도 기대할 수 있으리라 본다.

---

* 이 글은 김문조, "코스모폴리탄 사회학 : 세계화 시대의 사회학적 대응," 『한국사회학』 43-1, 2008: 1-22 내용을 수정 · 보완한 것임.

제 14 장

체계론적 전환

| 김종길(덕성여대) |

1. 비판적 진단

체계이론의 뿌리와 가지는 사회과학과 자연과학에 두루 걸쳐 있다. 사회학의 경우, 사회의 내부구조와 동학을 체계의 관점에서 파악하고 이에 대한 연구를 핵심 의제로 삼으려는 시도는 사회학의 탄생시기로 거슬러 올라간다. 일찍이 스펜서는 사회 전체를 하나의 살아 있는 유기체(living system)로, 그리고 유기체 내부의 기관들(organs)을 상호 의존하면서도 제각기 특수한 기능을 수행하는 부분으로 파악한 바 있다. 이러한 관점을 추수한 이론들은 당시 사회유기체설(social organism theory)로 불리며 사회학 일각의 끈질긴 유기체론적 전통의 시발점이 되었다. 이후 일련의 사회학자들은 살아 있는 체계로서의 사회 개념을 고수하면서도 사회유기체설의 한계와 맹점을 극복하기 위한 갖가지 이론적 노력을 기울였다.

오늘날 일반체계이론으로 불리는 보편적 체계에 대한 관심은 사회유기체설보다 훨씬 더 넓고 다양한 발원지와 전공 스펙트럼을 자랑한다. 일반체계이론의 초기 발전은 20세기 초반 캐논(Walter Bradford Cannon)의 호메오스타시스(homeostasis) 이론과 비너(Norbert Wiener)의 사이버네틱스(cybernetics) 이론 등에 의해 발화되었고, 이어서 생물학자 버틀랜피(Ludwig von Bertalanffy), 언어학자 배너씨(Béla H. Bánáthy), 프리초프 카프라(Fritjof Capra), 피터 생게(Peter Senge) 등을 중심으로 생물학, 신과학, 조직이론과 경영학, 인적자원개발 분야와 같은 학제적 연구, 교육학과 같은 응용 학문분야에서 재점화되었다. 이들은 모두 변화무쌍한 환경의 영향을 받으면서도 동시에 항상성을 유지하고 있다는 점을 체계의 본유적 특성으로 강조했다.

1960년대 들어 사회학계도 학계 외부의 이러한 흐름에 적극 편승했다. 예를 들면, 구조기능주의자 탈콧 파슨스(Talcott Parsons)는 사회, 문화, 퍼스낼리티, 유기체는 물론이요 물리-화학 체계와 같은 비생명 체계들도 살아 있는 체계의 속성을 공유하고 있음을 지적하고 이를 자신의 이론 구상 내에 적극적으로 수용했다. 이때 '기능(function)'과 '균형(equilibrium)' 개념은 모든 살아 있는 체계들의 이해를 위한 필수 요소로 활용되었다(Parsons, 1970: 29). 살아 있는 체계들은 한편으로는 환경 내에 존재하고 환경에 대해 반응하는 열린 체계이지만, 다른 한편으로는 환경과 명확히 분별되면서 나름의 안정적인 조직유형과 기능방식을 유지하는 것으로 가정되었다(Parsons, 1970: 30-32).

하지만 당시까지만 해도 체계이론은 체계적 작용의 결과로서 확립된 질서의 원리를 기술하는 수준에 머물렀을 뿐, 그것을 가능하게 하는 메커니즘이나 구조 또는 변화의 동학을 설명하는 데까지는 나아가지 못했다. 체계적 메커니즘의 내부구조와 동학을 해부하고 여기에 유의미한 설명을 부여하려는 시도가 본격화된 것은 1970년대 이후 일리야 프리고진(Ilya Prigogine)의 산일(散逸)구조론, 헤르만 하켄(Hermann Haken)의 시너제틱스, 만프레드 아이겐(Manfred Eigen)의 하이퍼 사이클 모델, 움베르토 마투라나(Humberto R. Maturana)의 자동생산이론(autopoisis theory) 등이 등장하면서부터였다. 이 이론들은 모두 체계의 자기조직적 또는 자기준거적 질서의 생산과 재생산 과정에 각별한 관심을 보였다. 이 같은 연구관심과 문제의식은 독일 사회학자 니클라스 루만(Niklas Luhmann)의 신체계이론을 통해 한층 더 급진화되고 정교화되었다.

새로운 시각과 방법론을 무기로 복잡계로서의 세계를 규명하려는 이론적 시도는 다학제적이고 융합적인 학문흐름의 늑세와 함께 오늘날 더욱 확산되고 있다. '신과학(New Science)'으로 통칭되는 이러한 흐름에는 실로 광범위한 분야의 다양한 이론이 포진해 있는바, 그중 우리에게 비교적 잘 알려져 있는 것이 복잡계이론, 자기조직화이론, 카오스이론, 퍼지이론 등이다(마키노 노보루, 1992; 카프라, 1998; Stacey, 1996; 방건웅, 1997). 이 이론들은 구체적인 연구 방법과 내용 면에서의 차이에도 불구하고 18세기 이래 학문세계를 지배해 온 인과론적 방법론과 이분법적 세계관을 거부하고 불확실성 · 복잡성 · 유연성 · 융합 현상에 주목한다는 점에서 기본인식을 공유하고 있다. 또한, 이러한 움직임들은 모두 근대적 합리성을 기반으로 견고한 위계구조를 형성하고 있던 학문세계에 충격을 주고 있고, 분과들의 경계를 뛰어넘어 통섭적이고 학제적인 연구를 지향한다는 점에서 공통적이다.

정리하면, 오늘날 초분과적이고 다분과적 연구의제로서 일반체계이론은 사회학, 정치학, 심리치료, 경제학은 물론이요 존재론, 과학철학, 물리학, 컴퓨터과학, 생물학, 공학의 원리와 개념들을 종합하고 일원화하는 방향으로 진화하고 있다. 닫힌 체계로부터 열린 체계를 거쳐 자동생산체계의 구상으로 나아가고 있는 현대 체계이론은 오늘의 세계를 특징짓는 고도 복잡성과 우연성에 조응하는 유력한 패러다임으로 주목받고 있으며, 체계과학 자체 영역 내는 물론이요 독립적인 학문분과들 간의 학제적 대화를 위한 가교의 역할을 수행하고 있다.

2. 전개과정

체계적 사유와 체계이론은 사회과학과 자연과학을 아우르는 폭넓은 지점에서 발원했고 최근에는 하나의 통합된 이론으로 발전하고 있다. 체계적 사유의 발전에 주목할 만한 기여를 한 초기 사회학자는 빌프레도 파레토(Vilfredo Pareto)였다. 그의 이론에서 특기할 것은 균형 상태에 있는 체계로서의 사회, 그리고 상호 의존적인 부분들로 구성된 전체 체계로서의 사회에 대한 개념이다. 여기서 균형은 궁극적으로 균형을 회복하고자 하는 힘들의 존재에 의해 규정된다. 즉, 이는 어떤 사회든지 그 사회가 획득한 형태 또는 도달한 국면을 유지하는 힘, 또는 균등하고 차단되지 않는 변동을 보장하는 힘, 즉 역동적 균형상태를 유지하는 힘이 있다는 것을 함축한다. 파레토가 구상한 균형상태에 있는 체계로서의 사회는 탈콧 파슨스의 구조기능주의적 체계이론의 구성을 위한 핵심 자원으로 채택되었으며, 나아가 기능주의적 체계독법의 기본모형으로 활용되었다.

'일반체계이론'을 최초로 개념화하고 이를 자신의 학문분과 영역을 넘어 다방면으로 확산시킨 학자는 생물학자 루드비히 폰 버틀랜피(Ludwig von Bertalanffy)였다. '조직화된 복잡성'의 이론으로 불리는 버틀랜피의 일반체계이론은 다양한 영역에서 목도되는 상이한 체계들의 동일성에 주목하고 이를 근간으로 체계에 대한 일반이론을 정립하고자 시도했다. 버틀랜피가 자신의 일반체계이론 구상을 다방면에 전파하면서 체계의 기본 이미지는 유기체(생물)로 굳어졌고, 그것이 한편으로는 기계로, 그리고 다른 한편으로는 심리체계나 사회체계로 확대 적용되었다.

탈콧 파슨스(Talcott Parsons) 역시 생물학, 경제학, 사회학, 프로이드 심리학의 경계를 넘나드는 지적 탐색을 통해 사회학적 체계이론의 확립에 적지 않은 기여를 했다. 파슨스의 통합적이고 절충주의적인 관심은 그가 일생을 거치면서 발전시킨 기능주의 일반체계이론 속에 잘 드러나 있다. 파슨스에게 있어 사회학이론은 독립적으로 존재하는 것이 아니라 행동과학, 경제학, 정치학, 생물학, 인류학, 심리학과 같은 인접 학문분과들과 밀접히 연관되어 있다. 파슨스는 자신의 학문여정의 후반기에 이러한 행동과학들을 단일이론으로 통합하고자 하는 야심찬 구상을 실행에 옮겼는데, 이 과정에서 그가 특히 주목한 것은 이 모든 학문분과들이 살아 있는 체계를 다루고 있다는 점이었다.

프리고진(Ilya Prigogine)은 사회이론의 체계적 전환에 한층 더 걸맞은 체계 개념을 발전시켰다. 그는 '출현적 속성(emergent properties)'을 살아 있는 체계들이 본질을 가장 잘 집약할 수 있는 용어로 보고 그것의 형태와 성격을 규명하는 데 큰 관심을 보였다(프리고진 · 스텐저스, 2011). 이러한 발상을 한층 더 발전시킨 이는 생물학자 마투라나(Humberto Maturana)였다. 마투라나가 체계 개념에 주목하게 된 직접적 계기는 그가 의과대학생 시절 폐결핵을 심하게 앓았을 시기의 개인적 체험이었다. 읽을거리도 별로 없이 요양소에 수용되어 있던 그는 자신의 처지와 생명의 본질에 대해 숙고하면서 대부분의 시간을 보냈다. 이때 그가 불현듯 깨우친 것은 살아 있는 체계들의 본질은 그것이 독립적이고 자율적인 실체라는 것이었다. 살아 있는 체계들은 스스로와의 관련 속에서 작동한다. 비유해서 말하자면 "개가 나를 물든 물지 않든 간에 그 개는 의심의 여지없이 자기 자신과 관련된 어떤 일을 하고 있는 것이다." 이 시기에 그를 각성시킨 체계의 자율성, 그의 표현을 빌리면, '자동생산성' 이란 개념은 이후 철학과 인지과학, 나아가 가족치료 영역에까지 확대된 그의 연구와 지적 작업의 근간을 이루었다.

이처럼 자연과학에서 발전한 자동생산 모델을 적극적으로 수용하고 이를 사회 전반의 구조와 동태를 설명하는 일반이론으로 승격함으로써 체계이론의 패러다임 전환을 이끈 이는 니클라스 루만(Niklas Luhmann)이었다. 그에게 있어 체계란 서로 관계하는 요소들의 집합이다. 즉, 체계는 요소들 간 상호제약의 관계를 통해 통일적인 전체를 구성하고 있다. 구체적으로 체계는 복잡성(요소 및 요소 간 관계 및 네트워크의 다양성) 축소라는 특유의 구성전략을 통해 그 환경과 차별화된다. 기능주의 전통에 선 체계이론가로서 루만은 이론적 측면에서는 구조기능론으로부터 기능구조론을 거쳐 종국에는 '자동생산체계' 의 이론으로 나아가는 급진성을 통해, 또 방법론적 측면에서는 인과기능론으로부터 등가기능론으로의 전환을 통해 사회학적 체계이론의 패러다임 전환을 성공적으로 이끈 것으로 평가된다.

3. 기본사상

1) 루드비히 폰 버틀랜피 : 일반체계이론

생물학자 루드비히 폰 버틀랜피(Ludwig von Bertalanffy)는 자신의 학문 여정 대부분을 일반체계이론의 구축과 확산에 바쳤다. 그는 개별 사회의 특수성과 다양성에도 불구하고 일반화된 체계들에 적용 가능한 공통의 모델, 원칙, 법칙이 존재한다고 확신했다. 버틀랜피가 보기에 "특수한 종류의 체계가 아니라 모든 체계에 일반적으로 적용할 수 있는 보편적 원리들의 이론을 요구하는 것은 정당하다. 이런 식으로 우리는 일반체계이론(General Systems Theory)으로 불리는 새로운 분과를 상정한다. 그것의 핵심 내용은 '체계들'에 일반적으로 적용 가능한 원리들의 구성과 도출이다" (Bertalanffy, 1955: 32).

버틀랜피는 모든 학문분야의 점증하는 전문화로 인해 학문분과들 간에 그리고 때로는 분과 내에서 소통이 지난해지고 있고 다양한 학문분야들 간 괴리가 점증하고 있지만 동시에 이들을 관통하고 아우르는 공통의 개념과 원리들도 출현하고 있음에 주목했다. 그중에서도 특히 물리학, 생물학, 화학, 경제학, 심리학, 사회학 등 사회과학과 자연과학에서 동시다발적으로 출현하는 체계적 속성은 그의 각별한 관심대상이었다. 버틀랜피(1955: 35)는 일반체계이론을 가능하게 하는 최근의 주요 경향을 다음 다섯 가지로 집약하고 있다.

첫째, 다양한 자연과학 및 사회과학 분과에서 통합을 향한 일반적 경향이 목도된다.

둘째, 이러한 통합노력은 일반체계이론의 구축에 집중되고 있다.

셋째, 일반체계이론은 비물리적 학문분야에서 유효적절한 이론의 도출을 위한 주요 수단이 될 수 있다.

넷째, 일반체계이론은 개별 학문분과들의 세계를 '수직적으로' 관통하는 통합적 원리들을 발전시키면서 우리를 과학의 통합이라는 목적에 더 근접할 수 있게 한다.

다섯째, 이는 과학적 교육에 필수적인 통합을 가능하게 한다.

버틀랜피는 과학이론의 통합을 희구하는 사람들이 물리적 환원주의를 주창하는 현실을 개탄했다. '물리적 환원주의'는 사회학을 포함한 모든 학문분과들이 물리학 법칙으로 회귀해야 한다는 입장인데, 버틀랜피는 이러한 접근법이 과학발전에 백해무익한 것으로 보았다. 왜냐하면 오늘날 분과학문들 간에는 정보의 일방적 흐름보다는 정보의 원활한 소통과 쌍방향 흐름이 중요하며 물리학에 대한 과도한 의존은 현 실태를 오도할 가능성을 높이기 때문이다(Bertalanffy, 1955: 49). 그에 따르면 현대학문은 생물학적 수준, 행위수준, 사회수준을 물리학 구조나 법칙과 같은 최하위 수준으로 되돌려서는 안 된다. 이러한 무리수를 두지 않더라도 우리는 개별 수준 내에서 얼마든지 공통의 구조와 법칙을 발견할 수 있다. 모든 학문분과를 관통하는 지식과 주제들을 발굴하고 이들 간 소통을 증진시키는 것은 버틀랜피 이론의 주요 목표 중 하나였다. 그는 그런 지식의 절충과 종합을 통해 학문통합을 위한 중요한 일보를 내디딜 수 있다고 보았다.

버틀랜피의 일반체계이론은 자연과학과 사회과학을 망라한 거의 모든 분야에서 큰 호응을 얻었다. 특히 구조기능주의의 창시자로 알려진 탈콧 파슨스의 후기 저작들은 버틀랜피가 옹호했던 일반체계이론의 성공적 적용사례로 인정받고 있다. 파슨스가 자신의 일반체계이론의 범역을 사회학이라는 협소한 분야에 국한시키지 않고 살아 있는 체계들의 이론에서 찾았기 때문이다.

2) 빌프레도 파레토 : 균형이론

체계이론에 대한 빌프레도 파레토(Vilfredo Pareto)의 가장 중요한 기여는 균형상태에 있는 체계로서의 사회, 그리고 상호 의존적인 부뷴들로 구성된 전체로서의 사회에 대한 개념을 구체화한 것이다. 파레토는 이러한 개념구상을 통해 사회학이 유기체론의 온당한 명제들을 버리지 않고도 초기의 조악한 사회유기체설과 단절하는 것이 가능하다고 보았다. 그의 이론에서 균형은 궁극적으로 균형을 회복하려는 힘들의 존재에 의해 규정된다. 바꿔 말해, 모든 사회는 그 사회가 획득한 형태 또는 국면을 유지하는 힘 또는 균등하고 차단되지 않는 변동을 보장하는 힘, 즉 역동적 균형상태를 유지하는 힘이 있다. 따라서 만일 사회체계가 외부세계로부터 적당히 강한 힘을 받게 되면, 내부의 힘은 균형의 회복을 향하여 밀고 나가 사회를 그것의 교란을 받지 않는 상태로 되돌려 놓는다. 이들 내부의 힘들은 주로 내부의 균형을 교란시키는 것에 대한 반작용으로 이루어진다. 물론 체계를 구성하는 부분들은 상호 의존적인 관계에 있기 때문에 일부에서의 변동은 불가피하게 다른 부분들과 전체 체계에 영향을 미친다(Pareto, 1961; 티마셰프 · 테오도슨, 1985).

파레토에 의하면 체계를 구성하는 기본 단위 내지 분자들은 지속적인 또는 공통적 속성들을 지닌 사회세력들의 영향을 받고 있는 개인들이다. 즉, 파레토는 사회를 제한된 수의 힘들에게 노출되어 있는 개인들로 구성된 평형상태의 체계로 본다. 개인과 사회의 관계 역시 특성 체계에서의 전체와 부분 간의 관계라는 보다 더 일반적인 논제의 한 측면으로 이해되며, 그런 만큼 본질적으로는 상호 의존적이며 기능적이다. 따라서 한 체계의 부분들에 있어서의 변화는 전체에 영향을 미칠 수밖에 없으며 그 반대의 경우도 가능하다.

한편, 파레토는 특정 시기의 사회체계의 상태를 결정하는 조건으로, 첫째 인간외적인 환경, 둘째 다른 사회들, 특정 사회의 이전 상태 등을 포함하는 해당 사회에 외재하는 다른 요소들, 셋째 '감정'의 표현물인 체계의 내적인 요소들, 즉 관심, 지식 및 '잔기(residues)'와 '파생체(derivations)'들을 들고 있다. 이러한 조건들 중 그가 집중적인 관심대상으로 삼은 것은 잔기와 파생체였다. 잔기는 인간의 감정과 정신 상태를 나타내는 것으로 어느 시대나 사회를 막론하고 인간사회에 일반적으로 그리고 비교적 영속성을 띠면서 표출된다. 조합본능 잔기, 집합체 유지의 잔기, 외적인 행위를 통한 감정표출의 잔기, 사교성의 잔기, 개인적 성실성의 잔기, 성적인 잔기 등이 대표적인 예이다. 반면 파생체는 단언, 권위에 대한 호소, 감정 자체의 정당화, 언어적 증명 등의 형태로 잔기를 정당화하는 것을 말한다.

흥미로운 점은 파레토가 감정과 잔기를 사회의 균형유지에 있어서 필수적인 요소들로 본 반면 대다수 사회학자들이 중시하는 문화에 대해서는 소극적인 역할만을 부여하고 있다는 것이다. 바꿔 말해, 파레토는 잔기와 같은 체계 내적 요소들을 체계의 균형유지에 필수불가결한 조건으로 본 반면 법률, 정치, 종교, 예술 등과 같은 문화현상에는 별로 주목하지 않았다.

파레토가 사회학이론, 특히 체계이론의 발전에 끼친 주요 영향은 사회학연구가 엄격하게 과학적인 법칙에 의해 지배되어야 한다는 점을 역설하고 평형상태에 있는 전체 체계로서의 사회에 대한 관념을 구체화한 것이라고 할 수 있다. 체계로서의 사회, 교란된 평형을 회복하려는 사회체계의 일반적인 지향, 점진적 변동과 급격한 변동의 교차와 연속으로 특징지어지는 사회변동의 본질, 사회체계의 조건에 기여하는 다양한 요인들에 관한 파레토의 관심과 개념화는 사회학적 체계이론의 발전과 사회체계 연구에 적지 않은 시사점과 논쟁의 발화점을 제공한 것으로 평가된다.

3) 탈콧 파슨스 : 거대이론(grand theory) 기획으로서의 일반체계이론

탈콧 파슨스(Talcott Parsons)는 사회행위이론의 구축에 관심을 갖던 초창기에서부터 구조기능주의자로서의 면모를 보인 중반기를 거쳐 일반체계이론가로서 자리매김한 후반기에 이르기까지 자신의 전(全) 학문여정 동안 통합적 사회이론을 만들어 내려는 야심찬 노력을 펼쳤다. 그의 이론이 추구한 학제적 성격 덕분에 파슨스이론은 사회학뿐만 아니라 다른 행동과학에도 지속적이면서 지대한 영향을 미쳤다.

파슨스의 일반체계이론에 따르면 모든 살아 있는 체계들은 유형유지, 통합, 목적달성, 적응이라는 네 가지 기능적 요건을 충족시켜야만 유지되고 존속될 수 있다. 그는 이를 유명한 'AGIL' 도식으로 발전시켰다. 첫째, 'A', 즉 적응(Adaptation)의 요건이다. 체계는 스스로 환경으로부터 획득한 자원을 분배할 능력을 갖추어야 체계로서 존속할 수 있다. 주로 경제제도가 이러한 기능을 담당한다. 둘째, 'G', 즉 목표달성(Goal Attainment)의 기능이다. 체계는 목표를 설정하고, 목표들의 우선순위를 정하며, 구성부분들을 동원하여 그 목표를 달성할 능력을 갖추어야 체계로서 존속할 수 있다. 정치제도(정부)가 이러한 역할을 담당한다. 셋째, 'I', 즉 통합(Integration)의 기능이다. 체계는 부분들의 활동을 조정하고, 이들 간에 효과적인 작업관계를 확보할 수 있는 능력을 갖추어야 한다. 법과 규범이 이 역할을 담당한다. 넷째, 'L', 즉 잠재유형 유지 및 긴장관리(Latent Pattern Maintenance and Tension Management) 또는 잠재성(Latency)의 기능이다. 체계는 각 부분요소가 '온당한' 행위유형을 유지할 수 있도록 하고, 부분 간에 야기되는 어떤 긴장도 처리할 능력을 갖추어야 한다. 가족, 교육, 종교 등이 이러한 기능을 담당한다(Parsons, Bales, and Shils, 1981).

AGIL 도식으로 장착한 파슨스는 '구조'에서 '기능'으로 자신의 이론적 방점을 서서히 이동했다. 파슨스에 따르면 어떤 체계든지 자신의 존속유지를 위해서는 AGIL의 문제를 해결해야 한다. 파슨스는 AGIL 도식을 연결고리로 하여 자신이 오랫동안 관심을 가져온 문화, 사회구조, 퍼스낼리티, 유기체로 이루어진 전체 행위체계의 밑그림을 그려냈고 나아가 이들 '사이'의 관계를 규명하는 것으로 연구관심을 더욱 확대했다. 이 네 가지 하위체계들은 제각기 전반적 행위체계의 핵심 체계요건 중의 하나, 즉 유기체는 적응, 퍼스낼리티체계는 목표달성, 사회체계는 통합, 문화체계는 잠재적 유형유지 기능을 수행하는 것으로 간주되었다(Parsons, 1991; Parsons, Bales, and Shils, 1981).

먼저, 사회체계는 최소한 물리적 또는 환경적 인프라를 전제한 상황 속에서 서로 상호작용을 하고 있는 다수의 개별 행위자들로 구성된다. 이때 이 행위자들은 '만족의 최적화'를 지향하도록 동기화되어 있다. 이들 상호간의 관계, 그리고 상황에 대한 이들의 관계는 문화적으로 구조화되고 공유된 상징에 의해 규정되며 매개된다.

둘째, 문화체계는 상이한 지위 역할에 부과된 다양한 규범들에 일관성을 부여하는 포괄적인 가치체계로서 흡사 사회의 시멘트 내지는 본드의 역할을 수행한다. 파슨스는 문화를 사회세계의 다양한 요소들 또는 행위체계들을 연결시키는 핵심 고리로 간주했다. 문화는 행위자들 간의 상호작용을 중개하며 퍼스낼리티체계와 사회체계를 통합시켜 준다.

셋째, 퍼스낼리티체계는 최대의 만족을 얻고자 하는 행위자를 지칭한다. 퍼스낼리티체계는 문화체계와 사회체계에 의해 동시에 통제를 받는다. 파슨스의 이론에서 퍼스낼리티체계는 상대적으로 종속적 위치를 점하고 있기는 하지만 여기에도 어느 정도의 독립성과 자율성이 부여된다. 바꿔 말해, 퍼스낼리티 구조의 주요 내용은 사회화를 통해 사회체계나 문화로부터 파생되지만, 그 자신을 담고 있는 유기체와의 관계를 통해서, 그리고 자기 자신의 고유한 인생경험을 통해서 독자성을 갖는 체계가 된다.

넷째, 행동하는 유기체는 사회가 적응해야만 하는 물리적 환경으로서 여타 체계들을 위한 에너지원으로 기능한다. 파슨스는 행동하는 유기체를 네 가지 행위체계 중의 하나로 꼽았지만 실제로는 이에 특별히 주목하거나 이를 대상으로 면밀한 분석을 행하지는 않았다.

이러한 네 가지 행위체계들과 그것을 구성하는 부분요소들은 상호 의존적인 관계를 맺고서 전체 체계의 안녕과 존속에 기여한다. 이를 구체화하기 위해 파슨스가 도입한 것이 바로 형평(equilibrium) 개념이다. 한 체계를 이루는 구성요소들 간의 상호의존성 때문에 한 부분에 변화가 일어나면, 다른 부분에서도 변화가 불가피하다. 이와 같은 부분요소의 변화 때문에 전체, 즉 체계 자체이 존속이 위협을 받지 않도록 하기 위해서는 한 부분의 변화가 다른 부분의 그것으로 '상쇄(compensate)' 될 필요가 있으며, 이런 일련의 과정을 통해 체계의 형평은 유지된다.

여기서 주목할 것은 파슨스의 형평 개념에는 반드시 통합이 전제되고 있다는 점이다. 파슨스는 퍼스낼리티체계와 사회체계 간 통합을 설명하기 위해 두 가지 '기제(mechanism)', 즉 사회화 기제와 사회통제 기제를 고안했다. 이때 사회화 기제는 퍼스낼리티체계의 욕구구조를 한계짓는 기능과 불안과 긴장의 완화 및 인적 유대를 제공하는 기능을 하며, 사회통제 기제는 긴장과 일탈을 줄이는 기능을 담당한다. 이 기제들이 온전히 작동할 경우에만 퍼스낼리티체계는 비로소 사회체계의 구조와 양립 가능하도록 구조화된다. 여기에 더해, 파슨스는 사회체계와 문화체계의 통합을 위한 방법을 고민했으며, 언어와 같은 공통의 상징적 자원의 제공 및 가치, 신념, 이데올로기 등에 내포된 관념들의 전달을 그 해법으로 제시했다.

요약하면, 파슨스는 생물학, 심리학, 인류학, 경제학을 비롯한 살아 있는 체계들을 연구하는 모든 학문분과로부터 연구성과들을 수집하여 하나의 통합된 사회이론을 제시하려고 시도했다. 사회학의 연구대상인 사회 역시 다수의 살아 있는 체계들 중의 하나이다. 사회는 살아 있는 다른 체계들과 구분되는 자신만의 고유한 경계를 가지는 동시에 다른 살아 있는 체계들과 상호 의존적인 관계를 맺고 있다. 그런 만큼 살아 있는 체계들의 분석에는 두 가지 차원, 즉 체계를 구성하는 부분들 간의 상호관계성, 그리고 환경과 체계 간 경계를 넘나드는 교환에 대한 연구가 필수적이다. 예컨대 우리는 가족체계를 남편, 아내, 자녀와 같은 구성지위들에 의해 개념화할 수 있다. 하지만 마찬가지로 가족이 다른 부분사회체계들과 어떻게 관계하는지를 중심으로도 개념화할 수 있다. 뿐만 아니라 우리는 제도적 부분들로 이루어진 조금 더 큰 사회체계에 대해 얘기할 수 있다. 하지만 그것 역시 생물체계, 심리체계를 포함해 다른 체계들에 대한 호혜적 영향력을 가진 열린 체계이기도 하다.

파슨스의 이론은 과거 수십 년 동안 행위이론에서 구조기능주의로, 구조기능주의에서 일반체계이론으로 지속적인 수정과 변형 및 발전을 겪었다. 그중 가장 주목되는 것은 그의 생애 후반기에 구조기능주의에서 일반체계이론으로 이론적 관심을 옮긴 것이다. 하지만 동시에 간과해서 안 될 점은 파슨스가 산출한 수많은 저작들과 이론적 성과들은 실제로는 상호 연속적이고 누진적인 성격을 갖는다는 것이다. 비록 수정과 변용을 거쳤을지라도 사회행위이론과 구조기능주의의 유산 및 흔적이 그의 일반체계이론에 진하게 남아 있는 것도 이 때문이다.

4) 움베르토 마투라나와 프란시스코 바렐라 : 자동생산 이론

움베르토 마투라나(Humberto Maturana)와 그의 제자 프란시스코 바렐라(Francisco Varela)는 체계이론의 패러다임 전환을 이끈 자동생산(autopoisis) 개념을 발굴하고 학제적 연구에 활용한 최초의 학자들로 평가된다. 자동생산은 원래 생물학에서 유기체의 본질을 정의하고 규명하기 위해 고안된 것이었다. 지구상의 어떤 생물이든 태양에너지와 지구상에 존재하는 유기 및 무기 물질을 이용하여 생장 및 유지에 필요한 물질을 스스로 생산, 즉 자동생산하여야 한다. 그들이 주목한 자동생산체계의 원형은 생물세포이다. 예를 들면, 진핵세포는 핵산, 단백질과 같은 다양한 생화학적 요소들로 구성되어 있으며 세포핵, 핵막, 라이보좀, 액포, 딕티오좀, 미소체, 미토콘드리아, 세포막, 세포벽과 같은 결합구조로 조직화되어 있다. 분자와 에너지의 외부유동에 기반한 이러한 구조들은 구성요소들을 생성시키는 조직화된 결합구조가 지속적으로 유지되도록 하는 요소들을 스스로 생산한다.

마투라나는 여기에서 한 걸음 더 나아가 자동생산 개념에 세대계승 시(時)의 유전학적 복세라는 기존의 생물학적 의미와 자기 스스로를 지속적으로 재생산하는 체계라는 의미를 새로이 부가했다. 이는 '열린 체계'의 관점으로부터 '열리고 닫힌 체계'라는 관점으로 체계이론의 패러다임을 이동하는 결과를 가져왔다. 이러한 발상의 전환에 결정적 기여를 한 것은 신경생물학의 경험적 성과들에 기초한 구성주의 인식론이었다. 마투라나와 바렐라가 보기에 "살아 있는 체계들은 인지체계들이며 과정으로서 살아가는 것은 인지의 과정이다. 이 언명은 신경체계를 가지고 있든 그렇지 아니하든 모든 유기체에 유효하다"(Maturana and Varela, 1980: 58).

자동생산체계는 자기 자신, 예컨대 공장과는 다른 어떤 것인 차량(조직화된 구조)을 생산하기 위해 원자재들(요소들)을 사용하는 '타자생산체계'(allopoietic system), 즉 자동차공장과는 확연히 구분된다. 비록 일부 학자들이 종종 자동생산 개념을 자기조직화(self-organization)의 동의어로 사용하는 경향이 있기는 하지만 마투라나 자신은 자기조직화 개념의 효용성에 회의적이었다. 왜냐하면 자기조직화 자체가 논리적으로 성립 불가능한 개념이기 때문이다. 즉, "어떤 것의 조직화가 변하면, 바로 그 어떤 것 자체도 변한다." 자동생산체계는 전체를 유지하기 위해 그 내에 자족적인 과정이 존재한다는 의미에서 자율적이면서 동시에 조작적으로 닫힌 체계이다. 이 같은 마투라나의 자동생산체계 개념은 사회학자 루만에 의해 재발견되면서 사회이론의 복잡계적 전환을 견인한 것으로 평가된다.

5) 니클라스 루만 : 사회이론의 복잡계적 전환

니클라스 루만(Niklas Luhmann)은 마투라나(H. Maturana)와 바렐라(F. Varela)의 '자동생산' 개념에 기대어 사회이론의 이론, 이른바 '슈퍼이론(Supertheorie)'을 제안함으로써 파슨스의 구조기능주의를 포함한 기능주의 패러다임의 맹점을 극복하고 복잡다단해지는 사회현실에 이론적으로 응전하고자 했다. 간단히 말해 루만의 체계이론은 현대사회의 복잡성과 불확실성에 주목하고 복잡성이 포착 · 축소되고 불확실성이 제거될 수 있는 체계적 조건 및 그 과정을 분석대상으로 삼는 이론이라고 할 수 있다. 그의 체계이론이 '구조기능주의의 성찰적(reflexive)' 변용 또는 '사회이론의 복잡계적 전환'으로 평가되는 이유다(Schmid, 1974: 135).

(1) 체계, 환경, 체계와 환경

루만은 자신의 전(全) 저작을 통해 "자기준거적이고 자동생산적인 체계들이 존재한다"는 간단명료한 전제로부터 출발한다. 여기서 자기준거적이고 자동생산적인 체계들이 존재한다는 것은 자신과의 관계들을 생산해 내고 이러한 관계들을 그 환경의 관계들과 구분할 능력을 가진, 즉 환경의 초복합적인 가능성들로부터 구체적으로 선택할 능력을 가진 체계들이 존재한다는 의미이다. 루만의 표현을 빌리면 "체계는 자신의 환경과의 차별화(Differenz)인 동시에 경계를 정의내리고 유지하는 질서이다"(Luhmann, 1975a: 221). 다양한 수준의 체계유형들 중 사회학적으로 가장 중요한 것은 당연히 사회체계다. 루만은 사회체계를 "서로 서로를 지시하고 거기에 속하지 않는 행위들의 환경과 자신을 구별할 수 있는 사회적 행위들의 의미연관"(Luhmann, 1970: 115)으로 정의한다. 즉 사회체계는 여러 사람의 행위들이 상호 의미 있게 연결됨으로써 그 연관관계 내에 속하지 않는 환경과 구분되는 과정이다. "사회체계들은 모든 (다른 유형의: 필자 첨가) 체계들처럼 특정 가능성들을 확정짓고 다른 가능성들을 배제하는, 구조화된 관계구조(Beziehungsgefüge)이다. 사회체계는 자신을 둘러싼 환경의 고도 복잡성을 특정의 혹은 규정 가능한, 선택된 행위가능성들로 축소함으로써 인간 상호 간 행위를 의미 있게 방향지운다. 이것이 사회체계의 기본기능이다.

루만의 체계이론에서 흥미로운 점은 체계를 오로지 그 환경과의 관계 속에서만 적절히 파악되고 정의될 수 있는 것으로 본다는 사실이다. 즉, 환경 개념은 체계에 못지않게 루만의 이론구성에 중요한 의미를 지닌다. 그에 의하면 "한 체계의 환경은 체계에 의해 경계지워진 모든 것, 즉 체계에 속하지 않는 모든 것이다. 따라서 환경은 체계 상대적으로 정의된다.… 다양한 체계의 환경들은 그 결과 동일할 수는 없고, 오직 서로 폭넓게 교차할 수 있을 뿐이다. 체계에 속하지 않는 것의 전체는 그 자체로는 체계일 수 없다. 왜냐하면 이것은 경계 없이 세계로 넘어가고, 세계 자체는 체계가 아니기 때문이다"(Luhmann, 1977: 13). 여기서 보듯 루만은 자신의 체계이론의 마지막 준거점을 더 이상 '본질적으로 부분들로 구성된 전체'가 아니라 '체계와 환경의 차이'에서 찾고 있다(Luhmann, 1988: 296). 루만의 이론이 '차이'를 강조한다는 사실은 지배에서 자유로운(herrschaftfrei) 담론적 소통을 통한 '합의' 내지는 '동의'의 사회학을 제창한 하버마스의 이론과 명백히 구분되는 지점이기도 하다. 루만에 의하면 체계들은 환경과의 차이를 만들어 내고 유지함으로써 스스로를 구성하고 유지한다. 즉, 체계들은 구조적으로 자신들의 환경에로 지향하고 있고, 환경 없이는 존속할 수도 없다. 그런 점에서 환경은 "체계의 자기준거적 동작들의 필수불가결한 상관개념"(Luhmann, 1977: 25)이며, 마찬가지로 세계형성 조건으로서의 체계-

환경 관계는 본질적으로 구성적인 것이라고 할 수 있다.

체계와 환경의 관계를 구성적인 것으로 규정한 루만은 양자 간의 역동적 관계를 설명하는 매개 개념으로 '복잡성 낙차(Komplexitätsgefälle)' 라는 독특한 발상을 도입한다(Luhmann, 1981a: 275). 복잡성 낙차란 환경이 체계보다는 항상 더 복잡하기 때문에 체계와 환경 간 관계는 언제나 비대칭적이라는 뜻이다. 그렇다면 환경은 왜 체계보다 더 복잡한가? 일반적으로 보아 모든 체계구성은 다수의 다른 체계들의 환경에 영향을 미친다. 하지만 각 체계의 환경 내에도 무수히 많은 다른 체계들이 형성될 수 있다. 환경의 복잡성수준이 체계의 복잡성수준보다 더 높은 이유는 바로 여기, 즉 한 체계의 환경 내에 무수히 많은 체계들이 구성될 수 있다는 사실에 있다. 체계들은 환경에 비해 상대적으로 낮은 자신들의 복잡성수준을 '우연성의 활용(Ausnutzung)' 을 통해, 즉 체계 특유의 선택 틀을 통해 상쇄할 수 있다(Luhmann, 1984: 50). 이는 체계들이 자신의 미약한 복잡성을 우월한 질서, 즉 더 잘 조직화된 선택도(度)를 통해 상쇄할 수 있다는 것을 의미한다. 루만은 체계의 이 같은 능력을 '자동생산' 이란 개념으로 포장했다. 체계와 환경 간의 이러한 관계는 종국적으로 루만의 기본 관심사인 복잡성의 축소에 기여한다. "모든 다른 체계 및 그 상호의존관계들의 전체로서 환경은 항상 (개별) 체계보다 더 복잡하다. 따라서 환경과의 이러한 기본관계는 항상, 구조나 과정의 측면에서 보아, 복잡성 축소의 관계이다"(Luhmann, 1981b: 157).

(2) 소통

루만의 체계이론에서 복잡성과 더불어 이론구성 전략상 중요한 위치를 점하는 개념은 '소통(Kommunikation)' 이다. 그의 이론에서 소통 개념은 이전의 사회이론 패러다임에서 '행위' 개념이 차지한 위상을 대신하고 있는

데, 이는 그의 저작 곳곳에서 확인된다. '행위가 아니라 소통'이 사회체계 이론의 '기본개념'이다. 사회체계들은 "소통 그리고 그것들을 행위로서 산입(算入)함으로써"(Luhmann, 1984: 191, 240) 구성된다. "사회체계들 내에서 생산되고, 동일한 요소들의 네트워크를 통해 재생산되는 마지막 요소는" 행위(혹은 개인, 혹은 역할)가 아니라 소통이다(Luhmann, 1988: 299). 루만의 새로운 정의에 따르면 소통은 정보를 '전달하는' 단순한 통지행위가 아니라 '독자적 자동생산적 동작의 기본형식'이다. 소통은 세 가지 형태의 기본선택으로 이루어지는데, 첫째 가능성 목록으로부터의 선택을 의미하는 '정보', 둘째 정보를 전달하는 행위를 선택한다는 의미의 '통지', 셋째 어떤 연결선택이 기대되는지가 파악된나는 의미에서의 '이해'가 그것이다. 이 중에서 가장 주목할 것은 '이해'의 과정인데, 이해는 서로 상반된 두 가지 가능성, 즉 성공(成功)이나 거절(拒絕)의 기대를 모두 포함하고 있다. 루만에 의하면 인간은 서로 간의 '차이'를 확인하기 위해 소통할 수도 있고, 소통을 하면서 서로 갈등할 수도 있다. 기존의 소통이론, 특히 하버마스류의 소통이론이 종국적으로 '합의'를 지향하고 '상호이해'를 추구하는 담론 중심의 소통을 겨냥하고 있다면, 루만은 '차이'의 확인절차로서의 소통가능성을 다분히 염두에 두고 있다. 사회체계는 정보, 통지, 이해라는 세 요소들을 출현적(emergent) 단위로 결합시킴으로써 소통의 지속성이 담보될 수 있게 한다(Luhmann, 1984: 196-197).

(3) 개인과 사회

개인과 사회의 관계에 대한 담구는 훔볼트(Humbolt)로부터 헤겔(Hegel), 마르크스(Marx)를 거쳐 하버마스에 이르기까지 독일 사상계에서 오랜 관심과 연구 전통을 자랑한다. 전통적으로 이와 관련된 가장 중요한 관심사는 "어떻게 개인이 일반적인 것, 인간이 세계를 그 내에 구현하는가"(Luhmann, 1984: 350)하는 논제였다. 다시 말해, 훔볼트 이후 독일의 사상적 전통으로 자리를 굳힌 인간주의적 사고는 인간이 사회 혹은 사회질서와 구별되는 속성을 지닌 채 사회의 외부에 있는 존재라기보다는 사회의 필수적 구성요소로서 그 내(內)에 자리한다는 명료한 가정으로부터 출발했다.

루만은 이러한 인간주의적 전통에 분명한 선을 긋고 자신의 체계이론을 통해 하나의 새로운 인간상을 제시했다. 왜냐하면 복잡한 현대사회의 도래와 함께 사회를 단순히 인간들의 집합체로 파악하는 방식은 더 이상 설득력을 지니지 못한다고 보았기 때문이다. "사회체계를 위해 유의미한 선택적 관계들은, (사회체계가: 필자 첨가) 일정규모 이상을 넘어서면, 더 이상 인간들 간의 관계로서, 개별 인간이 자신의 모든 관계에 전인적(全人的)으로 완전히 참여하는 것으로 파악될 수 없다. 그것들은 이제 행위들 간의 관계로 이해되어야만 한다. 하지만 얼마만큼 이들의 개성이나 구체적 전기(傳記)가 행위 내에 함께 주어지고 기대되어야만 하는지는 미정으로 남아 있으며, 상이하게 규정될 수 있다"(Luhmann, 1974: 530). 즉, 복잡한 현대사회로의 진화는 명백히 사회관계들을 인간과 관련짓는 것이 의미 있었던 상황을 넘어서게 했다. '유별난 존재'인 인간은 이제 어떤 상황, 어떤 사회체계 내로도 자신을 "완전히 가지고 들어올 수는" 없다.

이러한 인식에 기초해 루만은 특유의 '현대적 개인'의 상(像)을 도출해 낸다. "전형적인 현대적 개인은 18세기에 상정된 '인간'으로 볼 수도 없고, 이에 따라 사회가 정돈되어야 할 '인간상'으로 볼 수도 없다. 현대적 의미에서의 개성(Individualität)은 오히려 엄격한 의미에서의 지속적 자기관찰, 다시 말해 *나는 어떠한가*(단순히 *내가 누구인가!*가 아니라)하는 질문, 그러니까 스스로 관찰자인 자신이 — 달리 선택될 수도 있는 자신의 관찰의 특이성 및 도구화라는 관점에서 — 스스로 행한 관찰과 부단히 자기대결(自己對決)할 것을 요구한다"(Luhmann, 1991: 150). 이런 의미에서 '인간'

이라는 상투어는 단지 조망 불가능한 복잡성을 지칭하는 통합 개념 내지는 형식 개념일 뿐, 더 이상 우리가 이에 대해 구체적 진술들을 구성할 수 있는 대상은 아니다(Luhmann, 1985: 36).

만약 '인간'이 더 이상 실체로서 파악될 수 없는 형식적인 틀 개념에 불과하다면, 이는 사회와 어떤 관계에 있는 것일까? 인간 또는 개인은 (신체적 · 정신적 체계의 합계 내지는 인격들로서) 사회체계들의 환경에 속한다. 바꿔 말해, 인간들은 더 이상 사회체계의 구성요소가 아니다. 이들은 물론 — 사회체계들의 구성을 위한 중요도의 측면에서 보아 — '특별한 환경'의 일부분이다. 그렇지만 사회체계들의 구축을 위한 (특수환경으로서의) 인간의 중요성은 이를테면 체계 내에서 가능한 것들을 제한한다는 의미일 뿐, 사회체계가 개별 인간과는 무관하게 자율적으로 자신의 기본적 동작들에 기초해 구성되는 것을 막지는 않는다(Luhmann, 1984: 346). 사회체계와 비교해서 인간은 예컨대 사(私)적 정신생활이나 행동, 또는 "비이성적이고 비도덕적인 행위를 할 자유"와 같이 보다 더 많은 자유를 향유한다. 하지만 이제 인간은 더 이상 사회를 위한 척도가 아니다.

지금까지 살펴보았듯이 루만은 사회이론의 체계론적 전회를 통해 사회적인 것 모두를 설명하고 복잡한 현대사회를 보다 포괄적으로 이해할 수 있는 보편적 사회이론을 제시하고자 시도했다. 이러한 이론구성전략의 일환으로 루만은 우연적 세계, 복합성, 의미와 소통, 체계-환경 차이, 자동생산과 같은 고도의 추상적인 개념들을 만들어 내고 활용했다. 분화와 탈분화, 뒤섞임과 엮임이 공존하는 오늘의 복잡계 사회에서는 특정 원인을 특정 결과와 연결짓는 구래의 인과론, 자연법이나 사회계약, 이성주의, 합리성 모형과 같은 '전통적인' 발상들은 더 이상 실득력을 지닐 수 없게 되었기 때문이다. 루만에 따르면, 이제 복잡성, 우연성, 패러독스, 자동생산, 자기준거와 같은 개념이 그 자리를 내신한다. 루만의 이론은 넓게는 다중 분화이론의 계보에 속하는 것으로 평가할 수 있으나 복잡계로서의 현대사회를 간파해 일찍이 인과론적 설명모형을 폐기하고 사회체계의 분화와 탈분화 및 재분화의 동학을 신과학에서 차용된 자동생산과 자기준거성이라는 키워드로 집약해 냄으로써 사회이론의 복잡 체계론적 전회를 완성한 학자로 평가된다.

4. 이론적 의의와 함의

사회학은 오래전부터 '자발적인 질서'의 형성에 지대한 관심을 기울여 왔다. 즉, 자발적 협동을 통한 조직과 사회체계의 형성 및 변화 원리는 사회학의 지속적인 탐구대상이었다. 체계이론은 구성요소들 간의 소통과 상호작용 속에서 조직과 사회가 만들어지는 원리를 추적하고 규명함으로써 사회의 일반이론을 구축하는 데 큰 기여를 했다. 오늘날 미시적인 개인의 행동이 거시적인 사회의 변화로 추동되는 중범위적 메커니즘 연구와 복잡계로서의 사회의 작동원리 규명에 복잡성(complexity), 소통, 의미화, 차이, 자기조직화(self-organization), 자동생산(autopoiese) 등의 체계론적 은유와 연구방법론은 폭넓게 활용되고 있다.

현대체계이론은 생물학자 버틀랜피의 일반체계이론을 시발점으로 파레토의 균형이론, 파슨스의 거대이론을 거쳐 루만의 자동생산이론으로 자리를 굳혔고, 사회학을 넘어선 학문분야에서는 '4C'로 불리는 사이버네틱스(cybernetics), 파국이론(catastrophe theory), 혼돈이론(chaos theory) 등의 유행을 거쳐 1980년대부터 복잡성이론(complexity theory)으로 자리를 잡았다. 상이한 학문전통과 방향성을 갖는 이 이론들은 자연, 인간, 사회의 모든 영역에서 관찰되는 복잡성(complexity)을 이론의 근간으로 하고 있고, 요소 간의 상호작용과 연결 및 이로 인해 일어나는 다양한 현상을 포착하고 설명하려고 한다는 점에서 궤를 같이한다. 체계론적 전환을 추동하는 이러한 일련의 과정은 자연과학과 사회과학, 인문학을 망라한 다양한 분야에서 축적된 문제의식이 공유되면서 일어난 현상으로 인간과 사회 전반에 걸쳐 목도되는 복잡성(complexity)이 학제 간 공통의 접점으로서 그 유효성을 인정받고 있음을 방증한다(채승병, 2008: 35).

현재까지 복잡계이론은 주로 생물학에서 발생, 진화, 형태, 생태 등을 설명하는 데 활용된 반면 사회현상, 특히 사회의 구조적인 변화와 이를 추동하는 요인들에 대한 설명에는 효과적으로 적용되지 않았다. 자연과학의 범주를 넘어선 복잡계이론의 적용은 주식, 금융 등과 같은 경제부문에 국한되었을 뿐이었다(박근서, 2012: 72). 하지만 최근 가속화되는 현실세계의 복잡화와 다양화는 체계론적 발상이 예측 불가능한 사회현상, 나날이 변화하는 새로운 사회 트렌드를 포착하고 설명해 낼 수 있는 가능성을 높여주고 있다. 특히 체계이론의 복잡계적 전환은 오늘날의 디지털 네트워크 시대를 유효적절하게 설명하고 그 변화와 진전의 방향을 가늠할 수 있는 중요한 이론적 통찰을 제공해 주고 있다. 디지털 코드에 의한 다대다 커뮤니케이션, 동기적 · 비동기적 커뮤니케이션, 글로벌 커뮤니케이션이 일상화되면서 소통의 시공이 무한히 확장되고 있고 이는 사회의 복잡계적 속성을 가시화하고 가속화하기 때문이다. 가까이는 월드컵 거리응원과 촛불집회에서부터 멀리는 아랍의 민주화 시위와 글로벌 금융위기에 이르기까지 최근 몇 년 사이에 우리가 경험한 일련의 사건들은 현대사회의 복잡 체계적 특성을 여실히 드러낸 편린들이라고 할 수 있다.

추상적이긴 하나 일관성 있게 구성된 복잡계이론의 기본가정과 주요 개념들은 사회적 실재의 좀 더 포괄적인 이해의 방편으로 체계론적 사고를 배우려 하는 모든 이들에게 고도의 색출적인 사유 잠재력을 제공하고 있다. 현대사회의 기본적 문제상황을 복잡성에 두고 이로부터 파생되는 갖가지 문제들을 통일된 이론적 틀 내로 종합 · 규명하고자 하는 체계이론의 야심찬 도전은 현대의 복잡성과 다양성 그리고 차이에 관심을 두고 있는 사회과학도들에게 해법모색의 유용한 실마리를 제공하고 있고, 복잡한 사회의 분화와 진화 그리고 그 의미에 대한 해석의 지평을 무한히 확장할 것으로 기대된다.

제 15 장

프래그머티즘적 전환

| 하홍규(연세대학교 BK21 플러스 사업단) |

1. 프래그머티즘으로의 전환

프래그머티즘은 19세기 말 곧, 유럽에서 사회학이 성립하던 시기와 같은 때 퍼스(Charles Sanders Peirce), 제임스(William James), 듀이(John Dewey) 등의 미국 철학자들에 의해서 창건된 철학적 전통으로서, 근대철학을 지배해 온 데카르트, 흄, 칸트 등으로부터 물려받은 철학적 문제들에 대한 통렬한 비판으로부터 출발한다. 이들은 각기 다른 철학적 관심사들을 갖고 있었으나, 진리의 상응이론과 지식의 모사이론에 대하여 적극적으로 반대하는 입장을 취하고 있다는 데 공통점을 갖고 있다. 프래그머티즘 철학자들이 근대철학의 문제로 여겼던 것은 정신적인 것과 물질적인 것 또는 주체와 객체 사이의 날카로운 구분, 진정한 지식은 확실한 토대 위에 근거하고 있다는 생각, 그리고 편견과 믿음을 괄호 안에 넣는 방법론적 회의에 의해서 확실성에 도달하고자 하는 철학적 방법이었다. 프래그머티즘 철학자들에 따르면, 이러한 근대철학의 생각들은 지식을 외부적 실재를 표상하고 묘사하며 반영하는 것으로 봄으로써, 지식을 인간의 삶으로부터 분리시키고 있으며, 지식이 인간 삶에서 행위하고 부딪치는 문제들을 해결해 가는 도구로서 기능한다는 사실을 무시하고 있다. 이들은 이러한 생각들에 반하여, 철학의 관심을 인간실천으로 돌리면서 인간을 생각하는 존재가 아니라 행위하는 존재로서 그리고 삶 가운데 부딪치는 문제들을 해결하려고 노력하는 존재로서 본다. 지식은 실재의 반영이 아니라, 일상적인 것이든 과학적인 것이든 경험과 인간실천에 기반하고 있다. 그래서 프래그머티즘은 행위의 철학이라 할 수 있다. 번스타인에 따르면, 근대철학이 물려준 문제들에 대한 대안으로서 프래그머티즘 철학자들은 "인간행위자가 규범적인 사회적 실천에 의해서 어떻게 형성되고 그 실천에 활동적으로 참여하는지에 대한 이해에 기초하여 반토대적(anti-foundational)이고 자기교정적인 인간탐구의 개념"을 제시하며, "철학이 우리의 일상적 경험을 풍부하게 하고 '창조적 민주주의'를 촉진시켜 가면서 우리의 행동을 인도하는 데 중요한 역할을 할 수 있다"(Bernstein, 2010: x)는 것을 보여주었다.

프래그머티즘은 그 창건자들 이후 마치 잠복기를 지내듯이 그리 활발한 모습을 보여주지는 못했다. 물론 번스타인(Richard J. Bernstein), 로티(Richard Rorty), 퍼트남(Hillary Putnam) 등과 같은 철학자들에게서 끊임없이 탐구되는 프래그머티즘의 모습을 확인할 수는 있지만, 철학의 지배적인 패러다임으로 자리를 잡지는 못했다는 뜻이다. 사회학에서도 프래그머티즘에 영향을 받은 상징적 교섭론이 사회학이론의 지평에서 결코 지배적인 자리에 있었다고 말할 수는 없다.[1] 그러나 20세기 후반으로 가면서 우리는 다양한 영역에서 프래그머티즘의 부활(Dickstein, 1998), 보다 적극적으로 표현하여서 프래그머티즘으로의 전환(Rehg and Bohman, 2001; Egginton and Sandbothe, 2004; Bernstein, 2010)을 목격하고 있다. 가히 "프래그머티즘은 철학뿐 아니라 사회사상, 법, 문학이론에서의 현대적 논쟁들이 펼쳐져 온 주요 준거점이 되었다"(Dickstein, 1998: 1)고 말할 수 있을 것이다. 보기를 들어, 종교연구에서 프래그머티즘은 토대주의, 본질주의, 교조주의를 넘어서서 종교현상을 이해하려는 시도들로 등장하고 있으며(Davis, 2005, 2009), 인지과학에서도 인지(cognition)를 외부세계와 지속적으로 상호작용하는 행위로 이해하고자 하는 행위 지향적 패러다임(Engel *et al*., 2013)으로 표상적(representational) 모델을 대체하려는 시도들이 관찰된다.[2]

---

1) 프래그머티즘은 사회학의 지배적인 패러다임이 되지는 못했지만 사회화, 일탈과 범죄, 도시, 직업 등의 여러 하위분야 연구에서 그 영향은 지속되었다.

2) 인지과학에서 패러다임의 전환은 "인지는 표상으로 구성되는 것이 아니고 체화된 행동으로 구성되는 것이다"(바렐라, 2009: 42)라는 표현 속에 잘 나타나 있다. 우리가 대상을 인식할 때 우리의 눈이 대상들이 가진 시각적 특징들을 추출해 내기 때문에 인지하는 것이 아니라 행동할 때 그 행동이 인도하는 시각에 의해서 대상을 인지한다는 것이다. 이를 '구성으로서의 인지(cognition as enaction)'라고 표현할 수 있을 터인데, 이때 "구성이란 실제적인 행함에 의하여 만들어진다는 뜻이" 담겨 있다(바렐라, 2009: 31).

사회학에서도 프래그머티즘으로의 전환은 사회과학의 작업을 오래도록 괴롭혀 왔던 자유와 억압, 개인과 사회, 보편과 상대, 실체와 해석 등의 여러 이원론들을 피하면서 탐구의 공간을 열고자 하는 시도로 나타나고 있다 (Dosse, 1999: xviii).[3]

2. '표상'에서 '행위'로 : 철학의 재구성

프래그머티즘으로의 전환에서 가장 돋보이는 것은 '실천적 행위(practical action)'에 대한 우선적 관심이다. 여기서 실천적 행위에 대한 우선적 관심은 파슨스가 시도했던 것과 같이 목적 지향적이고, 합리적이며, 자원적인 행위만을 강조하는 일반적인 행위모델의 구축을 의미하는 것이 아니다. 과학역사가 도쓰(François Dosse)는 프래그머티즘으로의 전환이 의미하는 바를 다음과 같이 적고 있다.

> 이 프래그머티즘적 전환(pragmatic turn)은 의미를 지니고 있는 행위에 핵심적 지위를 부여하며, 행위와 말의 상호적 결정 안에서 행위자들의 지향성과 정당화를 재활시킨다. 사회적인 것은 더 이상 사물(a thing)로서 인식되지 않는다. 더 이상 물화의 대상이 아니다. 왜냐하면 행위자와 관찰자 모두 상호주관성을 함축하는 해석의 관계에 있기 때문이다"(Dosse, 1999: xvi).

프래그머티즘은 존재론적으로 인간의 정신과 육체를 구분하고, 그로 인해 생각과 행위를 구분하는 데카르트의 견해를 거부하고, 인간을 삶의 과정에서 발생하는 실천적 문제들을 해결해 나가는 존재로서 본다. 곧, 인

3) 오랜 이원론을 극복하려는 시도라는 면에서 프래그머티즘으로의 전환은 9장에서 다룬 '실천적 전환'과 같은 관심을 공유한다. 두 이론적 움직임의 결합에 대해 논의하고 있는 Bogusz(2012)를 참조하라.

간은 환경의 자극에 대하여 자동적으로 반응하는 것이 아니라 행위로 반응하는 존재인 것이다. 단순히 반응하기만 하는 것이 아니라 적극적으로 이 세계에 참여하는 존재이다. 세계 안에서 실천적으로 활동하는 존재로서 인간을 이해할 때, 이는 생각하는 이성적 존재로서 인간을 이해해 왔던 철학의 재구성을 요청한다. 철학의 재구성은 "개인을 어떤 마술을 통해서 세계를 창조하는, 과장되게 자기충족적인 자아로서가 아니라 독창성, 창의력, 지적으로 지도된 노동을 통해서 세계를 재창조하고, 그것을 지성의 도구와 소유물로 전환시키는 데 책임이 있는 행위자로서 생각한다"(듀이, 2010: 91).

이러한 견해는 여러 가지 인식론적 문제들에 대한 재정립을 요구한다. 고전적 프래그머티즘의 부활에 큰 기여를 한 철학자 로티(Richard Rorty)가 '거울' 이라는 은유로 표현하였던 정신(mind)에 뿌리를 두고 있는, 실재하는 대상에 대한 정확한 표상으로서의 지식 개념(로티, 1998)은 세상 가운데서 '행위하는 인간' 의 지식 개념으로 대체된다. 인간정신은 실재를 반영하는 거울이 아니다. 그러기에 '생각' 은 정신 안에서 일어나는 표상의 과정이 아니다. '생각' 은 인간이 이 세계에서 부딪치는 문제들을 해결하는 데 있어서 행위를 안내하는 것이며, '지식' 은 "독립적이고 자기충족적인 어떤 것이 아니라, 생명을 유지하고 진화시키는 과정에 포함되어 있는 것이다"(듀이, 2010: 126). '앎' 이란 것은 우리의 행위와 분리될 수 없으며, 이는 곧 "지적으로 수행된 특정한 종류의 행위를 의미한다. 그것은 관조적이기를 그치고 참된 의미에서 실제적인 것이 된다"(듀이, 2010: 156). 그래서 지식에 대한 판단은 실재에 대한 정확한 표상의 여부에 의해 이루어지는 것이 아니라, 인간 삶과의 관련 속에서 이루어져야 한다.

또한 행위의 우선성은 사회를 상상하는 방식에도 재구성을 요구한다. 우리는 '사회' 라는 하나의 단어를 사용하기에 이것이 어떤 하나의 실체를 가리키는 것으로 생각하기 쉽다. 그러나 사회는 하나의 낱말이지만, 여러 가지 것들을 나타낸다. 사회는 "인간이 서로 협력하면서 자신들의 경험을 공유하고, 공통의 관심사와 목적을 구성하는 모든 방식, 즉 거리의 강도, 도둑집단, 씨족, 사회적 파벌, 노동조합, 주식회사, 마을, 국제적 동맹 등을 포괄한다”(듀이, 2010: 222). 사회는 하나의 단일한 조직이 아니라, 개인들이 다양한 수준에서 공동의 과정과 활동에 참여함으로써 구성되는 결속체들이다. 사회는 오히려 인간의 경험, 관념, 감정, 가치들이 전달되고 공유되는 방식으로 결속하는 ‘과정’ 이다. 사회는 하나의 실체가 아니므로 사회적 탐구는 일반적인 이론틀의 전제 안에서 미리 주어지는 총체성의 개념으로부터 진행될 수 없다. 특정한 사회적 문제들에 대한 해답은 그 문제가 발생하는 맥락을 떠나서 찾아질 수 없다는 것이다(Holmwood, 2011: 24).

지성을 삶의 열망으로부터 분리시키고, 상상하기를 잊어버린 철학이 냉담하고, 빈약하고, 무미건조한 과학적 관점을 품는 것을 통탄하였던 듀이는 관념과 신념들에 대한 적합한 표현을 자연의 거울이 아니라 인간의 구체적인 사회적 삶 속에서 찾음으로써 “심층적인 사고와 욕망이 퇴보”하고 있는 시대에 변화를 위한 철학으로 프래그머티즘을 제시하고 있다.

> 철학이 사건들의 경과와 협력하고, 일상적인 작은 일들의 의미를 명확하고 정합적인 것으로 만든다면, 과학과 감정은 서로 침투할 것이며, 실천과 상상력은 서로를 끌어안을 것이다. 시와 종교적 감정은 강제되지 않은 삶의 꽃이 될 것이다(듀이, 2010: 231).

듀이는 “오늘날 일어나고 있는 사건들의 의미를 더 자세하고 분명하게 밝히는 것은 전환의 시기에 필요한 철학의 과제와 문제”라는 말로 『철학의 재구성』을 마친다. 우리는 인간 능력의 해방이 사회적으로 창조적인 힘으로 작동하게 되는 것을 꿈꾸었던 듀이의 철학이 오늘날을 전환의 시기로 여기고 그와 마찬가지로 변화를 꿈꾸는 이들 가운데서 부활하고 있는 것을 목격한다.[4]

---

4) 물론 미국에서 프래그머티즘 사회학을 추구한 학자들이 없는 것은 아니다. 미국 사회학자들의 논의로는 Emirbayer and Maynard(2011), Emirbayer and Schneiderhan(2013),

3. 프래그머티즘 사회학

흥미롭게도 최근 미국의 프래그머티즘이 사회이론에서 르네상스를 보게 된 것은 유럽, 특히 독일과 프랑스에서였다. 유럽의 사회이론은 왜 프래그머티즘을 요청하는가? 이론적으로 프래그머티즘은 사회학이 성립하던 19세기 말로부터 유래한 이론적 자원들의 고갈로부터 새로운 이론적 어휘들을 구성해야 하는 필요성에 의해서 요청된다. 나아가 프래그머티즘이 지금 시대에 고려되고 있는 것은 "스스로 만들어 낸 근대성의 제약들을 넘어서 의미를 확장해야 하는 시대의 필요에 해답을 주는 의미이론을 제공하기 때문"(Rochberg-Halton, 1987: 194)이다. 그렇다면 과연 어떠한 상황 인식 가운데 어떠한 프래그머티즘 사회학이 요청되고 있는지 살펴보도록 하자.

1) 행위의 창조성 : 요아스

독일의 사회학자 요아스(Hans Joas)는 프래그머티즘 철학자들, 특히 듀이와 미드(George Herbert Mead)[5]에 기대어 기존의 지배적인 행위모델을 넘어서서 행위의 창조적 차원, 곧 행위의 구성하는 힘을 강조하는 새로운 사회학적 행위모델을 제시하고자 시도한다. 그렇다면 왜 '창조성' 인가?

요아스는 고도로 발전된 현대사회의 문제를 '분화문제의 민주화' 에 대한 갈등이라는 맥락 가운데 진단하면서 왜 창조성에 기반한 행위모델이 필요한지 설명한다. 먼저 '분화문제의 민주화' 라는 그의 정식을 이해하기 위

Gross(2009) 등을 참조하라.

5) 행위의 창조성과 인간 사회성의 소통적 성격을 동시에 강조하는 요아스의 행위이론에서 듀이와 미드는 상보적인 역할을 하고 있다. 요아스는 듀이와 미드를 다음과 같이 평가한다. "상호주관성 이론에 주된 관심을 둔다면 미드가 확실히 보다 중요한 저자이나, 그러나 나의 '실천적 상호주관성' 이라는 공식에서 '실천적' 계기를 중대하게 고려한다면, 보다 뛰어나고 보다 광범위하게 다듬어져 있는 듀이의 프래그머티즘이 필수적이다"(Joas, 1993: 243).

해서는 모든 사회적 과정이 정치적으로 매개된다는 점을 파악해야 한다. “오늘날 경제적, 기술적, 과학적인, 그리고 전반적인 문화적 지위는 모두 정치적 매개의 외부에 존재할 수 없다. 때문에 사회분화의 정도와 그 속성은 근대사회에서의 정치적 갈등의 주제가 된다”(요아스, 2002: 384). 사실상 분화로 인한 문제들에 대한 해답은 위험사회(risk society)에 대한 벡(Ulrich Beck)의 진단, 사회운동의 사회학과 탈산업사회로의 이행에 관심이 있었던 투렌(Alaine Touraine), 그리고 뮌히(Richard Münch)와 같은 신파슨스주의의 낙관주의, 마르크스주의적 또는 체계이론적인 급진적 비관주의에 이르기까지 이미 많은 이들에 의해 제시되어 왔다. 그러나 메타이론적인 방식으로 제시된 위와 같은 해답들은 사회구성원들의 의사소통에 대해서 열려 있지 않다. 메타이론들이 추구하는 바와 같이 새로운 사회의 모습을 제시하는 것만으로는 분화로 인해 발생한 문제들을 해결할 수 없다. 요아스는 모든 문제들은 “사회주의 등과 같이 이 모든 문제들이 사멸하게 되는 어떤 대안적인 세계를 생각하는 유토피아적 지평을 갖지 않는다 하더라도, 적절한 분화의 정도와 분화의 방식에 대한 질문으로서 제기될 수 있다”(요아스, 2002: 393)고 믿는다. 현존하는 분화가 인간행위자들에 의해 구성된 것이라면, 그 분화 자체가 행위의 대상이 될 수 있다는 사실을 인지할 때 해결의 실마리를 찾을 수 있게 된다. 그러므로 투렌의 말을 빌려, “점차적으로 새로운 행위체계에 대한 이론, 즉 문화적 프로젝트, 사회적 행위자, 갈등의 장, 협의기제, 정치적 통제, 그리고 탈산업사회를 특징짓는 새로운 사회문화적 조직형태 등에 대한 이론”이 필요하다고 말한다. 창조성에의 요청은 바로 새로운 방식의 사회적 삶을 상상하는 프로젝트이다. 요아스는 『행위의 창조성』을 마치면서 다음과 같이 말한다.

> 창조성에의 요청은 새로운 방식에 의한 사회적 삶의 도덕화로 이어질 수 있다. 그러나 (창조성과 규범성 사이의) 긴장은 — 헤르더와 낭만주의에서부터 유래한 — 개인적인 자기발전과 사회질서에 의해 주어진 제한들 사

> 이의 충돌, 즉 사회적 변화를 가져오는 근원으로서의 충돌이라는 의미에서만 의미를 가지는 것은 아니다. 그러한 긴장은 또한, 탈냥만주의적이고 아마도 '포스트모던' 한 의미에서, "우리들이 우리 자신을 위하여 창조해야만 하며 또한 창조하기를 원하는 사회질서란 무엇인가"에 대한 질문에 대답하기 위해서도 유의미한 것이다. 이제 더 이상 사회질서의 창출에 있어서 어떠한 메타사회적 보장도 존재하지 않기 때문에, 우리는 결국 인간행위 자체의 창조성에 대한 성찰에 이르지 않을 수 없다(요아스, 2002: 414).

행위의 창조적 차원을 고려하지 않는 메타이론들이 새로운 삶을 꿈꾸는 데 실패한 곳에서, 요아스는 전통적인 '전체론적' 사회 개념으로부터 벗어나서 행위 개념을 이론구성의 기반으로 채택하는 구성이론(Konstitutions-theorie)이 오늘날의 문제들을 해결하는 데 기여할 것이라 여긴다. 그가 추구하는 창조성에 기반한 구성적 행위모델의 핵심 테제는 다음과 같다.

> 이 책의 핵심적인 테제는, 두 가지의 지배적인 행위모델인 합리적 행위모델과 규범주의적 행위에 더하여 제3의 행위모델이 부가되어야 한다는 주장이다. 여기에서 내가 염두에 두고 있는 것은 인간행위의 창조적 속성을 강조하는 모델이다. 나아가 그것을 넘어서, 나는 이 제3의 모델이 이전의 두 가지의 행위모델을 포괄하는 성격을 지닌다는 것을 입증할 것이다(요아스, 2002: 40).

여기서 제3의 모델을 제시한다 하여 기존 이론과는 다른 행위모델을 첨가하거나 또는 기존 이론들을 단순히 확장하는 것이 그가 의도한 바가 아니라는 것을 아는 것이 중요하다. 그가 기존의 사회학적 행위이론들을 비판하는 이유는 그 이론들에 행위의 창조성이 전혀 등장하지 않기 때문이 아니라, "창조성의 이론들이 전체 이론 내에서 일관되게 통합되지 못하고 있다는 데 있다"(요아스, 2002: 242). 『행위의 창조성』 "제2장 창조성의 은유들"에서 체계적으로 살펴보고 있는 바대로 헤르더(Johann Gottfried Herder)의 '표현' (Ausdruck) 개념, 마르크스(Karl Marx)의 '생산' 과 '혁명'

개념, 생철학의 '삶' 개념들은 모두 창조성의 개념을 포함하고는 있으나, 이들은 모두 개념적 구조 안에 인간행위의 창조적 차원을 적절히 통합시키고 있지 못하다. 사회학을 사회적 행위에 대한 학문으로 발전시키고자 했던 베버 역시도 창조적인 일상적 행위의 가능성을 발전시키는 데 실패했다. 베버는 카리스마적 권위가 가지는 창조적 능력을 인정하고 있었음에도 불구하고, 이를 오직 지배유형의 분석에만 사용함으로써 그의 행위이론에서는 다루어지지 못하고 있다. 베버의 행위이론은 행위의 규범적이고 목적합리적인 차원만을 포착하는 경향만을 보이고 있다.

요아스는 사회학이론에 적절한 창조성의 자리를 마련하기 위해서는 기본적인 행위의 정의가 창조적인 차원을 포함하는 방식으로 재구성되어야 한다고 주장한다. 이를 위해서 요아스는 전통적인 행위모델에 내재해 있는 세 가지의 암묵적인 가정을 재구성하는 데 초점을 맞춘다. 그 세 가정의 첫째는 모든 행위는 목적지향적 속성을 가지고 있다는 것이고, 둘째는 행위자는 자신의 육체를 통제하는 내재적 능력을 가지고 있다는 것이며, 마지막으로는 행위자가 목표를 설정하는 데 기본적인 자율성을 가지고 있다는 것이다. 먼저 첫 번째는 행위 이전에 존재하는 목적, 목표, 동기의 존재를 가정한다. 이에 대해 요아스는 다음과 같이 통찰을 제시한다.

> 목적론적 시각에서 행위동기는 행위의 원인으로서 해석되며, 행위계획은 행위를 지속적으로 정향시키는, 미리 설정된 행위도식으로서 해석된다. 그러나 만약 행위가 전(前)성찰적인 상황연관에 뿌리내리고 있는 것으로서 이해된다면, 이상과 같은 가정의 자명성은 사라지게 된다. 행위는 필연적으로 계획을 전제로 하는 것이 아니며, 설령 계획이 행위 이전에 미리 존재한다고 하더라도, 구체적인 행위의 전개는 상황의 변화에 따라 구성적으로 산출되어야 하며 지속적인 수정가능성을 담고 있다(요아스, 2002: 266-267).

행위 이전의 목표의 존재에 대한 가정은 의식과 행위의 구분에 기반하고 있는데, 요아스는 우리의 의식적인 목표설정이 사실상은 전(前)성찰적인 수준에서 작동하고 있음을 강조함으로써, 의도성이란 전성찰적인 유사의도들에 의해 전개되고 있는 행위에 대한 자기성찰적인 판단과정이며, 동기와 계획이란 행위의 실질적 원인이 아니라, 그러한 성찰의 상황적 결과로 간주되어야 한다고 주장한다. 그는 지각과 인지가 일어나는 그리고 계획과 목표가 형성되는 곳이 바로 행위가 일어나는 구체적 상황임을 강조함으로써 행위의 의도성에 대한 비목적론적(non-teleological) 해석을 시도하고 있는 것이다. 행위는 항상 상황 가운데서 이루어지므로, 미리 주어진 합리성의 원칙이나 설정된 목표의 추구 또는 규범의 적용으로 이해될 수 없는 것이다.

두 번째로 행위자들이 자신의 육체를 통제할 수 있다는 가정은 육체가 행위자에게 주관적으로 주어져 있다는 매우 당연해 보이는 생각을 담고 있다. 그러나 요아스는 메를리-퐁티(Maurice Merleau-Ponty)의 상호육체성(intercorporéité) 사상과 육체도식의 구성에 대한 질문을 아동의 소통적 능력의 발달이라는 문제와 결부시키고 있는 미드에 기대어 우리의 육체경험은 직접적인 것이 아니라, 의식적 의도성에 선행하는 본원적 사회성에 의존한다고 주장한다.

> 자기 자신의 육체가 행위자들에게 직접적으로 주어져 있는 것이 아니라 오직 육체도식의 구성을 경유해서만 존재할 수 있는 것이라면, 그리고 이 육체도식 자체가 상호 주관적인 구성과정의 결과물이라면, 모든 행위능력은 또 하나의 암묵적인 전제를 내포하고 있는 것이다. 의식적인 의도성에 의해서 관철되는 것이 아니라 의도성에 선행하는 본원적 사회성, 즉 다름이 아니라 '우리 육체의 상호작용 속에 존재하는 공동의 행위구조'가 바로 그것이다(요아스, 2002: 301).

두 번째 가정에 대한 공격은 자연스럽게 세 번째 가정, 곧 행위자의 자율성이라는 생각에 대한 재구성으로 이끈다. 기존의 행위이론은 행위자의 자율성을 전제로 구성되어 있는데, 사실상 개인적이고 자율적인 행위능력이 과연 어떻게 형성되는가 하는 문제에 대해서는 해답을 제시하지 못하고 있다. 요아스는 여기서도 자아가 소통적 관계를 통해서 발전함을 보여줌으로써 개인의 행태를 사회적 집단의 조직된 형태라는 관점을 통해서 설명하고자 했던 미드에 기대어, 우리의 개인성이라는 것이 생물학적으로 미리 결정되어 있는 것이 아니라, 대부분의 행위이론들이 충분히 주의를 기울이지 못했던 차원, 바로 "모든 개인적 행위들 이전에 이미 전제되어 있으며, 개인적인 행위로 환원될 수 없는, 사회성의 차원"(요아스, 2002: 310)으로부터 비롯됨을 주장한다.

요아스는 미국 프래그머티즘 철학자들의 행위에 대한 이해로부터 행위의 창조적 차원에 대한 가장 만족할 만한 설명을 찾는다. 프래그머티즘의 행위모델에 따르면, 우리는 자명한 것으로 여겨지는 것들과 성공적인 습관들에 대한 성찰되지 않은 믿음에 바탕하여 이 세계를 인지하고 이 세계 안에서 행위한다. 그러나 우리가 어떠한 문제에 부딪치게 되면, 곧 일상화된 행위방식이 잘 적용되지 않는 상황을 만나게 되면, 이러한 믿음과 이에 결부된 습관들이 갖는 당연함이 흔들리고 붕괴되기도 한다. 여기서 당연하게 여겨 왔던 것들에 대한 '현실적 의심'이 발생하며, 이 단계로부터 행위자는 닥친 문제를 해결하기 위한 성찰을 시도한다.

> 인지는 현실의 새로운 측면, 또는 다른 측면을 파악해야만 한다. 행위는 세계의 다른 지점들에서 시작되거나 혹은 자기 자신을 재구조화해야만 한다. 이와같은 재구성이야말로, 행위자들의 창조적 수행이라고 할 수 있다. 변화된 인지를 통해서 행위를 재정향하고 그것을 통해 행위를 지속시키는 데에 성공한다면, 새로운 어떤 것이 세계에 등장하게 되는 것이다. 즉 스스로를 안정화시키고 그 자체가 다시금 성찰되지 않은 습성으로 될 수 있는, 새로운 행위양식이 바로 그것이다(요아스, 2002: 218).

이전의 이론가들은 인간행위의 창조성을 성찰되지 않은 행위습성들과 대립되는 것으로 이해하는 경향이 있으나, 프래그머티즘적인 창조성은 문제해결을 요청하는 상황 속에서 이루어지는 인간의 수행으로 이해된다. 그리고 그 문제상황에서 창조적으로 개발된 해결책들은 새로운 행위양식, 곧 새로운 습관이 된다. 이러한 시각에서 볼 때, 인간의 모든 행위는 전(前)성찰적 습관과 창조적 수행 사이의 긴장관계로 이해될 수 있다. 창조, 곧 새로운 것에 대한 전망은 무(無)로부터 태어나는 것이 아니다. 문제적인 상황으로부터 옛것들을 새로이 조명함으로써 생성되는 것이다. 요아스는 이를 "상황지어진 창조성에 대한 이론"(요아스, 2002: 225)이라고 정식화한다.

2) 비판의 사회학 : 볼탕스키, 떼브노, 치아펠로

프랑스에서 구조주의 이후 행위이론적 관점에 기반한 프래그머티즘 사회학의 등장은 볼탕스키(Luc Boltanski)와 그의 동료들 — 떼브노(Laurent Thévenot)와 치아펠로(Eve Chiapello) — 에 의해 이루어졌다. 이러한 움직임은 흔히 부르디외(Pierre Bourdieu)의 '비판사회학(critical sociology)'에 대한 반작용으로서 또는 그 대안으로서 이해되고 있다(Silber, 2003). 프랑스의 새로운 프래그머티즘 사회학을 이끈 볼탕스키가 부르디외의 제자였다는 사실은 이러한 지적 상황을 매우 흥미롭게 만든다. 그러면 한때 부르디외의 패러다임 안에서 작업하였던 이들이 부르디외의 사회학으로부터 거리를 두게 된 이유는 무엇인가? 부르디외의 '비판사회학'에 대한 불만은 무엇인가? 볼탕스키는 과학역사가 도쓰와의 인터뷰에서, 부르디외의 『구별짓기』가 나왔을 때, 그는 부르디외의 아비투스이론이 마치 블랙박스처럼 느껴졌다고 말한다. 왜냐하면 이 이론에서 행위자는 진정으로 전략선택의 자유를 갖고 있지 않으며, 그의 이면에서 작용하는 여러 인과적 힘에 의해 움직여지는 존재에 불과한 것으로 그려지기 때문이다(Dosse, 1999: 37-38).

우리는 여기서 이 새로운 사회학이 사회학에서 비판의 과제를 수행해 왔던 '의심의 해석학(hermeneutics of suspicion)'에 대한 반성으로부터 출발한다는 것에 주목해야 한다. '의심의 해석학'은 언제나 표면 아래 있는 무언가, 행위자의 등뒤에 있는 무언가를 찾으려는 시도를 한다. 그래서 비판은 언제나 행위자에게는 가려져 있는, 행위하는 그는 알 수 없는 것으로 전제되는 숨겨진 진실을 들추어냄으로써 이루어진다. 그 결과로 비판을 수행하는 이는 사람들이 실제로 행하고 있는 것, 말하고 있는 것을 액면 그대로 받아들일 수 없게 된다. 행위자는 기만된 존재이며, 가핑켈(Harold Garfinkel)의 용어를 빌자면, '문화적 꼭두각시'에 불과하다. 행위자의 자기이해와 실천적 능력을 무시하는 이러한 반(反)해석학적 태도는 행위자들에 대하여는 알려줄 수 있는 것이 없으며, 일상적인 행위자의 자기이해와 성찰은 단지 환상에 불과한 것이 된다. 이와 같이 행위자의 행위능력을 무시한다면, 비판이 결국에 추구하는바 현재의 문제적 상황을 변화시킬 변동의 가능성은 어디서 찾을 수 있을 것인가?[6] 비판사회학의 또 하나의 결과는 아비투스 개념이 뜻하는바 행위자의 성향적 속성을 과도하게 강조함으로써 행위가 일어나는 상황은 무시된다는 것이다.

> 행위자들이 개입하고 있는 상황에 새겨져 있는 속성들은 제쳐놓고, 행위자의 성향적 속성에 압도적인 무게가 주어져 있으며, 실질적으로 그들의 행동을 ― 무엇보다 교육과정에서 일어나는 ― 지배적인 규범들의 내면화에 의해서 설명하려는 시도가 이루어진다. 그것은 습관처럼, 이러한 규범들을 몸 안에 새기는 '포섭(incorporation)'의 형식 ― 구조의 재생산을 설명하는 과정 ― 을 취한다. 그러나 같은 이유에서, 때로는 성향들을 위하

6) 볼탕스키는 행위자들이 내면화된 존재방식, 곧 초기의 교육으로부터 생겨난 습관을 갖고 있다는 것을 부인하지 않는다. 다만 부르디외의 아비투스 모델이 모든 상황에서 유효하다는 것에 대해 이의를 제기한다. 왜냐하면 그러한 경우에 "동일한 아비투스를 갖지 않은 사람들 사이에서는 합의가 이루어질 수 없기 때문에 사회세계가 단순히 불가능할" 것이기 때문이다(Dosse, 1999: 160).

여, 때로는 구조를 위하여 상황들은 무시된다(Boltanski, 2011: 20).

이데올로기 비판과 마찬가지로 부르디외의 비판사회학은 외양과 실재, 이론과 실천, 이데올로기와 과학 사이의 명확한 구분을 전제로 하고 있다. 그리고 실재에 대한 지식은 비판의 과제를 수행하는 사회학자에게 배타적인 접근을 허용한다. 그러나 기만당하는 행위자와 숨겨진 진리를 드러낼 수 있는 능력을 소유한 사회학자 사이의 심각한 비대칭은 과학으로서의 사회학의 힘을 과장한다(Boltanski, 2011: 21). 상황 가운데서 그 상황을 관찰하고 파악하고 묘사할 수 있는 것은 사회학자만이 할 수 있는 일은 아니다. "명백히 스스로를 표현하는 능력을 행사하고, 자신이 무엇을 하고 있는지 성찰하며, 다른 이들이 믿고 행하는 바를 비판할 뿐만 아니라 비판에 대항하여 자신이 행하고 있는 이유들을 방어하기 위해서 반드시 전문적인 사회학자가 될 필요는 없다"(Celikates, 2006: 30).

프래그머티즘적 사회학은 비판적 사회학자와 일상적 행위 사이의 비대칭적 관계를 문제시하면서, 특정한 상황 가운데 행위자의 활동에 대한 보다 나은 기술(記述)을 제공하는 패러다임을 발전시키고자 한다. 그러나 이것이 '비판'의 과제를 포기하는 것을 뜻하지는 않는다. 단지 숨겨진 사회적 실재를 까발리기 위해 비판적 사회학자가 누려왔던 특권적 지위를 박탈하고, 일상적 행위자가 매일의 활동 가운데 판단과 비판에 관여하는 상황으로 들어가 이를 관찰하고 기술함을 뜻한다. 사회에 대한 해석이 과제로 삼는 것은 더 이상 숨겨진 구조나 법칙에 의해 지배되는 과정들을 찾아 드러내는 것이 아니라, 행위자들의 사회적 실천과 그들의 자기이해가 갖는 의미들을 이해하는 것이다. 사회학자가 관심을 두는 지식은 더 이상 관조적 관찰자에 의해서만 발견될 수 있는 객관적 진리가 아니라, 성찰적으로 실천에 참여하는 일상적인 행위가 갖고 있는 사회실재에 대한 지식이다. 그리하여 행위자를 이해하지 못하는 '비판'과 비판을 결여한 '이해'

(Celikates, 2006: 22)의 대립은 상황 가운데서 받아들여질 수 있는 비판과 정당화를 산출할 수 있는 행위자의 능력을 설명하고자 하는 시도 속에서 해소된다. 이런 뜻에서 프래그머티즘적 사회학은 '비판의 사회학(sociology of critique)' 이며, 모든 규범적 판단을 유보하고 비판적 활동을 할 수 있는 행위자들에 대한 경험적 연구를 추구한다는 뜻에서 '비판들에 대한 사회학' 이라 부를 수 있을 것이다.

볼탕스키와 떼브노가 함께 쓴 *On Justification: Economies of Worth* (2006)에서 밝히듯이 프래그머티즘적 비판의 사회학은 행위자의 정당화하는 능력과 그 실천을 연구의 대상으로 삼는다.

> 정당화할 수 있는 행위가 우리의 주안점이다. 우리는 사람들은 그들의 행위를 정당화할 필요가 있다는 사실로부터 모든 가능한 결과들을 끄집어 내고자 한다. 다른 말로 해서, 사람들은 대개 어떤 비밀스런 동기를 가리기 위해 알리바이를 제시하는 방식으로 사후에 허위 구실을 만들어 내고자 애쓰지 않는다. 오히려 사람들은 행위가 정당화의 테스트를 견뎌낼 수 있는 방식으로 자신들의 행위를 수행한다(Boltanski and Thévenot, 2006: 37).

행위자들은 일반적으로 합법적인 방식으로 정당화하는 도덕적 개념들에 호소하는 습득된 능력을 사용하여 자신들의 행위계획을 조정한다. 곧, "행위가 정당화의 테스트를 견뎌낼 수 있는 방식으로" 행위를 수행하는 것이다. 그러기에 정당화는 단지 사후에만 이루어지는 것이 아니다. 이때 정당화를 위한 기준이 단 하나만 있을 수는 없다. 특히 오늘날과 같이 복잡하고 분화된 사회 속에서 단 하나의 정당화 원칙만이 작동하리라고 기대할 수는 없는 것이다. 사람들은 다양한 정당화의 기준들을 가지고 자신을 정당화하고 다른 사람의 행위를 평가한다. 그래서 이제 행위자들의 가치와 규범들, 그리고 행위자들의 비판과 정당화의 성격들로 관심을 옮길 때, 행위자의 이면에 존재하는 실재가 무엇인지 묻는 것이 아니라, '사람들은 어떻게 자신들의 입장을 정당화하는가?' '그들은 어떻게 해서 폭력에 호소하지 않고 합의에 이르는가?' '어떤 기초 위에서 우리는 비판을 발전시킬 수 있는가?' 라고 묻는다. 이러한 문제들을 해결하기 위해 권력, 이해관계 또는 폭력에 기초했던 기존의 이론들을 거부하고, 개인들이 정당화할 수 있는 합의에 이르게 되는 상황에 대해 조사한다.

행위자들은 다양한 행위와 정당화의 맥락 가운데서 행위를 수행한다. 이러한 다수의 맥락과 행위의 레짐들은 각기 고유한 규범적 범주, 이른바 비판과 정당화의 구조 곧 '문법' 을 포함하고 있다. 볼탕스키와 떼브노는 구체적으로 불의(injustice)에 대한 불만과 비난의 사례들에 대한 현장조사를 통해서, 행위자들이 비판을 가능하게 하거나 비판에 부딪쳐서 스스로를 정당화하는 능력(competence)에 대한 모델을 구성하고자 시도한다. 이들은 여섯 가지 평가의 원칙을 찾아서, 고전 정치철학자들에 대한 논의를 통해 이들을 체계화하여 '정당화의 레짐(regimes of justification)' 으로 정식화한다. 레짐은 어떠한 합의가 합법적이다 또는 정당하다고 인정하게 되는 공동의 모델을 의미한다. 첫째로 영감(靈感)의 레짐(cité inspirée)에서는 은총이 다른 종류의 가치들로부터 구별되는 가치를 가지고 있으며, 이에 따라 가치의 위계가 형성된다. 여기서 "가치는 거룩한 이의 특징이 되며, 정당화 전략은 주어진 환경의 성스러움이나 개인의 거룩함을 가리킨다"(Joas and Knöble, 2009: 541). 둘째로 가족의 레짐(cité domestique)에서는 사람의 가치가 가족위계에서의 위치에 따라 결정된다. 셋째로 명성의 레짐(cité de l'opinion)에서 가치는 다른 사람들의 의견에 의존한다. 여기서의 가치는 다른 사람들이 의견에만 의존하기에 자존감과는 무관하며, 그래서 인정의 산물이라 할 수 있다. 명성의 레짐에서 논쟁은 개인의 자존감과 다른 사람들이 그 개인에게 갖는 존경심 사이에 간극이 있을 때 발생하며, 그로 인해 개인의 명예는 유지될 수도 있고 위협당할 수도 있으며, 올라갈 수도 있고 낮아질 수도 있다. 넷째로 시민의 레짐(cité civique)에서 가치는 전체를 대표하는 대표자에게 있다. 사람은 이기석이고 결여된 상태를 벗어나서 전체의 이익에 관심을 두는 상태에 이를 수 있는 능력이 있는데, 공정한 시민의 레짐을 세울 수 있는 가능성은 바로 이러한 능력을 실행하는 정도에 의존한다. 다섯째로 시장의 레짐(cité marchande)에서 가치는 물품을 자신뿐 아니라 타자들과의 관계로부터도 분리시켜 시장에서 교환을 위한 것으로 만드는 능력에 의존한다. 마지막으로 산업의 레짐(cité industrielle)에서 가치의 판단자는 전문가이다. 여기서 가치는 효율성의 원칙에 의해 결정된다.

이 원칙들은 사람들이 일상의 행위 가운데서 서로의 행위를 평가하고 자신의 행위를 정당화하기 위하여 사용하는 범주이다. 행위자들이 불의에 대한 불만을 느끼게 되는 것은 바로 이러한 각각의 정당화의 레짐이 일상적 정의감(sense of justice)에 따라 존중해야 하는 한계를 침범당하는 데서 비롯될 것이다. 만약 어떤 사람이 다른 사람을 부정의하다고 비난할 때, 그 사람의 숨은 동기나 잘못된 성향을 드러내고자 할 것이다. 이때 사람들은 여러 가지 정당화의 범주에 기대어 비난을 한다. 프래그머티즘적 사회학은 바로 이러한 범주들을 연구의 과제로 삼는다. "이 모델은 논란의 과정에서 사람들에 의하여 사용된 주장을 설명할 뿐만 아니라 폭력에 호소하는 것이 아니라 실재에 기대어 논란을 뒤로 하고 합의를 재구성하기 위해 쓰는 수단들을 설명하는 것을 목표로 한다"(Boltanski, 2011: 27). 이 수단이 바로 '실재 테스트' (reality tests)인데, 이는 다양한 정도의 합법성을 갖고 일어나는 행위자들 사이의 갈등의 형태를 지칭한다. 갈등의 상황에서 행위자들은 각기 다른 정당화의 원칙을 갖고 있을 수 있다. 이 과정에서 행위자들은 상대방의 판단에 대하여 상대방의 것과는 다른 원칙을 내세우거나 상대방의 원칙을 공식적인 것이 아닌 것으로 만듦으로써 비판을 가한다. 만약 서로가 자신의 원칙을 보편적인 것으로 주장한다면, 상대방의 것은 정의롭지 못한 것으로 여겨질 것이며 따라서 정당한 테스트는 불가능할 것이다. 보기를 들어, 영감(inspiration)의 레짐에서 시민의 레짐은 감정적 관계의 따뜻함과 대비되는 제도화된 차가움으로 비판될 것이며, 반대로 "시민의 세계에서 영감은 충동성('무책임하고 충동적인 접근')과 개인성으로 비판될 것이다"(Boltanski and Thévenot, 2006: 239, 251). 이때 힘에 의지하지 않고 합의에 도달하는 것은 불가능하다. 그러나 갈등 가운데 있는 행위자들이 공동선(common good)을 지향하고자 한다면 타협에 이르는 것이 가능하다. 이를 '타협공식(compromise formulas)'이라고 부르는데, 타협은 일반적인 이해관계를 추구함으로써 성취될 수 있다. 보기를 들어, 노동자의 권리라는 개념은 시민의 세계와 산업의 세계가 타협한 결과를 잘 보여준다. "타협은 다른 세계들로부터 유래한 대상들에 기초하여 판단을 내릴 수 있는 원칙의 가능성을 제시한다. 그것은 현존하는 두 개의 다른 가치형태들을 모두 포함함으로써 이 둘을 초월하는 공동선을 목표로 한다"(Boltanski and Thévenot, 2006: 278). 이러한 타협은 미리 명시되지는 않지만 '창조성의 기술(techniques of creativity)'을 증진시키는 것이다. 물론 이 타협이 하나의 레짐을 구성하는 공동선의 형태에 관련되지 않는다면, 다시 비판의 대상이 될 수 있다. 그래서 정당화 자체는 언제나 최종적일 수 없으며, 실재 테스트에 부딪쳐서 끊임없이 재확인되기도 하고 약화되기도 한다.

4. 행위와 변화

프래그머티즘 사회학은 상황 가운데서 이 세상을 해석하고 행위하는 행위자의 비판적 능력과 창조성을 인정하는 사회학이다. 인간은 자신이 살아가는 세계를 형성하며, 자유와 제약의 조건들을 능동적으로 생산하는 존재이다. 그리고 삶의 과정에서 문제에 부딪칠 때, 곧 기존의 습관화된 해답이 잘 작동하지 않을 때, 인간은 성찰적 사고를 통하여 그 문제를 해결해 나가는 존재이다. 바로 이 성잘적 지능에 대한 믿음이 오늘날 우리의 삶을 지향해 나가는 데 기여할 수 있는 프래그머티즘 전통이 남겨준 가장 중요한 유산이다. 확고한 토대와 총체적 도식에 대한 회의가 정당화된다 할지라도 행위자가 성찰적으로 행위하는 능력에 기대는 믿음은 오늘날 우리가 겪는 실천적 문제들의 무게를 상기하여 볼 때 불안하고 위태로워 보일 수 있다. "프래그머티즘적 관점의 사회학에 대한 주요 기여는 사회제도(social arrangements)를 위협하는 불확실성과 실재의 연약함(fragility)을 강조해 온 것이었다. 그러나 이러한 **불확실성**을 감소시키는 행위자들의 능력에 지나치게 많은 신뢰를 부여할 때 그 기여는 중도에서 멈추게 된다"(Boltanski, 2011: 54). 분명 우리는 의미를 창조하고, 문제가 발생했을 때 고치고, 질서를 창출해 가는 인간의 능력을 과장할 수는 없다. 그러기에 문제를 해결하는 인간의 능력에 대한 믿음은 열정적인 헌신이 요청되는 믿음이기도 하다(Bernstein, 1986: 20).

프래그머티즘은 행위에 초점을 두면서, 거시와 미시, 구조와 행위, 또는 사회와 개인과 같은 통상의 이분법에 기대기를 꺼려한다. 그러기에 사회적 삶을 해석하는 데 있어서 사회학자에게 숨겨진 진실을 밝힐 수 있는 특권적 지위가 주어지지 않는다. 행위자들의 사회적 실천은 객관적 관점으로부터 이해될 수 있는 것이 아니다. 왜냐하면 사회는 단일한 실체가 아니기 때문이다. 우리가 살아가는 사회세계는 다원적이다. 이 다수의 세계 안에서 행위자는 상황에 대한 정의를 내리고 협상하며 저항에 부딪쳤을 때 방어하며 살아간다. 하나의 실재로 환원되지 않는 사회세계는 끊임없이 재창조되고 재구성된다. 그러기에 뚜렷이 구분된 개인과 사회라는 낡은 도식은 본원적인 사회성에 기반한 행위의 창조적 순간들을 포착하는 데 실패할 수밖에 없다.

우리는 사회적 위기의 순간에 부르디외(Pierre Bourdieu)처럼 "구조의 상대적인 탈역사화와 영속화를 초래하는 역사적 기제를 탐구"(Bourdieu, 2001: viii)하여 위기의 원인을 밝히는 작업을 하는 데 익숙해져 있다. 그러나 행위자의 인식 이면에서 작동하는 지배의 기제—흔히 무의식—를 밝혀 알려줌으로써 행위자를 결국에는 기만된 존재로 보게 하는 것은 행위자가 구체적 상황 가운데 가지는 성찰적 능력을 무시하는 것이다. 위기는 반드시 혼돈이 아니다. 행위자의 창조적 차원은 위기의 순간에 빛을 발할 수 있다. 사회이론에서 프래그머티즘으로의 전환은 바로 이러한 행위로의 전환을 의미한다.

---

* 이 글은 2013년 "사회이론에서 프래그머티즘적 전환," 『사회와이론』 23집에 게재된 내용을 일부 수정 · 보완한 것임.

제 16 장

결론 : 이론적 체험으로의 초대

| 김홍중(서울대) |

1. 책의 내용

이제까지 우리는 현대 사회이론의 기초와 최근에 발생한 새로운 전환의 논리들을 최대한 포괄적인 동시에 집중적으로 살펴보고자 노력했다. 우선 제1부에서 우리는 사회학이라는 분과학문의 기초를 형성해 온 가장 중요한 이론적 패러다임들을 살펴보았다. 이에는 구조기능주의 패러다임, 갈등 패러다임, 사회적 교섭 패러다임, 해석적/현상학적 패러다임, 공리주의 패러다임 등이 포함되어 있다. 20세기 중반까지 사회학을 가장 중요한 사회과학의 한 분과로 설립시킨 초석적 관점들, 방법들, 개념들이 여기에 총망라되어 있다. 제1부의 핵심 과제는 이런 이론적 성과의 핵심을 간명하되 체계적으로 소개함으로써, 20세기 사회학 이론에 대한 개괄적 이해를 도모하자는 것이었다. 콩트, 스펜서, 마르크스, 뒤르켐, 베버, 짐멜, 퇴니스 등의 고전 사회학자들의 이론적 통찰들을 종합하고 심화시킴으로써, 새롭게 펼쳐지는 20세기적 맥락에서 반드시 검토해 보아야 하는 다양한 논쟁점들이 제1부의 내용에 풍부하게 포함되어 있다.

이를 바탕으로 우리는 제2부 '사회이론의 새로운 지평' 에서 20세기 후반에 시작되어 현재까지 그 적실성을 발휘하고 있는, 사회이론의 다양한 전환들을 다루어 보았다. 섬세한 독자는 간파했겠지만, 제1부는 '사회학이론' 을 다룬다면, 제2부는 '사회이론' 을 다루고 있다. 사회학이론이 사회학이라는 분과학문에 고유한 이론적 성과들에 국한된다면, 사회이론은 이보다 더 넓은 차원을 포괄한다. 사실 20세기 중, 후반 이후 전반적으로 진행되고 있는 '간학문적 연구' 의 경향은 사회학이 자신의 좁은 영역에 갇혀 있는 것을 불가능하게 한다. 사회학 고유의 것을 추구하고 고수하려는 이런 발상은, 사회학이 신생학문으로서 자신의 정체성을 확고하게 설립하고자 했던 고전사회학의 시기에는 긍정적인 결과를 생산한 것이 사실이지만,

그것이 성숙하여 더 다양한 문제들을 해결해야 하는 학문분야로 발전해 나가는 데는 오히려 걸림돌이 되는 경향이 없지 않았다. 이는 사실 사회학의 기원공간이 지금 우리가 생각하는 것보다 훨씬 더 혼종적이었다는 사실에 의해서 뒷받침된다. 사회학은 그 시작부터 생물학에 많은 빚을 지고 있었으며, 문학이나 역사학과도 밀접하게 연관되어 있다. 뒤르켐과 달리 모스는 총체적 사회적 사실(le fait social total)을 주창하면서, 심리적인 것을 다시 사회학의 설명대상으로 끌고 들어왔으며, 이는 심리적인 것(the psychic)과 사회적인 것(the social)의 연관성에 대한 사회학적 관심의 깊은 뿌리를 드러내고 있다. 20세기 중반 이후의 사회학이론은, 사회뿐 아니라 기술, 자연, 매체, 젠더, 신체, 전쟁, 공간에 대한 최신의 이론들과의 창조적 접합을 시도하고 있다. 이런 맥락에서 우리는 후기 근대적 전환, 포스트모던 전환, 실천적 전환, 생물학적 전환, 감정적 전환, 공간적 전환, 코스모폴리탄 전환, 체계론적 전환, 프래그마티즘 전환을 사회학이론이 사회이론으로 전환되는 과정에서 나타난 중요한 이론적 트렌드로서 소개한다. 이들 각각은 사회학의 외부에서 형성된 탁월한 이론적 가능성들과의 교류의 결과로 등장한 것이다. 이들에 대한 논의와 탐색은 사회이론의 현주소를 이해하기 위해서는 필수적인 것으로 판단된다.

이처럼 이 책이 사회학이론으로부터 사회이론으로의 확장을 진지하게 소개하는 데 주력하였음에도 불구하고 여전히 아쉬움이 남는다. 그것은 현대 사회이론의 스펙트럼이 매우 방대하여, 이 책에서 미처 다루지 못한 내용들이 다수 남아 있기 때문이다. 특히 페미니즘적 전환, 과학기술적 전환, 신체적 전환, 문화적 전환 등의 중요한 테마들을 다루지 못한 것은 특히 아쉽다. 그것은 이들 전환들이 중요하지 않아서가 아니라, 다른 분과가 집필하고 있는 한국사회학 총서의 내용과 겹치는 것을 방지하되 기술적으로 조정된 결과라는 점을 밝힌다. 향후 다른 기회가 주어진다면, 이번에 다루지 못한 부분들을 다시 집중적으로 논의할 수 있기를 희망한다. 사족을 붙이자면, 이 저서는 이론에 대한 논의를 하고 있다는 특성 때문에, 모든 장들을 정형화된 형식으로 틀지우지 않았다. 이론은 자유로운 사고와 상상력을 상당한 정도로 요청하는 작업이며, 그런 점에서 다른 여타의 사회학 분과들과 여러 가지 상이한 점들을 갖고 있다. 독자 여러분들에게 이 점에 대한 양해를 구한다.

2. 수행으로서의 이론

마지막으로 우리는 이론의 수행성(performativity)에 문제를 논하고자 한다. 수행성에 대한 관심은 그 자체로 현대 사회이론의 결정적 전회 중의 하나를 구성한다. 수행성 개념은 구조주의적 관점의 정태성을 극복하기 위한 다양한 시도들을 통해서 드러나게 된 '의미의 행위 의존성'에 대한 통찰을 집약하고 있다. 즉 언어, 지식, 제도, 과학 등 상징의 체계들은 그 자체로 존재하는 기호학적 실체로서 현실로부터 분리되어 자율적 세계를 구성하는 관념들이 아니라, 현실세계 속에서 구체적으로 무언가를 수행한다는 것이다. 수행성 개념은 수행의 구체적 주체를 상정한다는 의미에서 이론에 다시 '행위능력(agency)'과 '행위자(agent)'를 불러들인다. 이러한 상징의 체계들을 반복하는 과정(대개의 경우 의례들을 통한)에서 '의미'가 발생하며, 이런 점에서 의미의 선험적 구조보다, 의미구성의 수행적 실천이 더 중요한 과정으로 부각된다. 수행성 개념은 사회변동의 구조적 과정 또한 행위자들의 미시적 실천과정과 무관한 것으로 파악하는 대신, 구체적 수행과정의 지속, 변형, 재구성으로 파악한다.

수행성이론의 시발점은 주지하듯이 오스틴의 언어수행이론으로부터 시작된다. 오스틴은 자신의 주저 『말과 행위』에서 말을 하나의 행위로서(speech act) 파악해야 한다는 화행이론을 주창한다. 말이 행위라는 것은 말이 단순한 진술적(constative) 효과를 갖는 것뿐 아니라 수행적(performative) 효과를 갖는다는 의미이다. "나는 담배를 끊겠다"고 말하는 것은 금연의 의지를 진술하는 것인 동시에, 그것을 약속하는 행위이다(오스틴, 1992). 이러한 언어의 수행적 힘에 대한 인식은 단순히 언어학뿐 아니라 사회이론에 큰 영향을 준 바 있다. 그 대표적인 실례가 바로 버틀러(Judith Butler)의 『젠더트러블』에 제시된 젠더수행성의 논리이다. 버틀러의 수행성이론은 젠더의 정체성이 고정된 실체가 아니라 행위자의 부단한 수행에 의해서 형성되는 과정에 가깝다는 사실을 지적한다(Butler, 1990). 버틀러에 의하면 정체성은 인용과 반복(iterability)을 통해 다양한 변형을 허용하는 능동적이고 사회적인 과정에 의해 형성되는 것이다. 알렉산더(Jeffrey Alexander)는 그의 강한 프로그램으로서의 문화적 사회학(cultural sociology)에 수행적 전환을 도입한다. 고프먼의 상호작용 의례의 분석 등을 긴밀히 참조하면서, 알렉산더는 문화적 실천의 차원에 주목하며 그것이 어떻게 소위 '문화적 실용주의(cultural pragmatics)'의 개념으로 정초될 수 있는지를 보여주고 있다(Alexander, 2006).

사회이론을 수행성의 관점에서 파악한다는 것은 사회이론을 정태적 의미구조이자 텍스트로서 보는 것이 아니라 이론의 생성, 이해, 소통, 실천의 모든 과정 속에 개입되어 있는 구체적 실천들의 차원에서 이론을 조망하는 것이다. 우리가 이론을 단순히 문자화된 상징적 언어들로 구성된 것으로 간주한다면, 이론이 열어주는 지적 공간은 이론 텍스트들을 읽고, 이론적 테마들을 다루는 논문들을 쓰는 '해석학적' 공간에 국한된다. 이때 이론은 기본적으로 지적 사변(speculation)에 다름 아니다. 그러나 사실 이론이 형성되는 과정은 사변으로 환원되지 않는, 다양한 실천적 자원들을 내포한다. 이론가는 추상적인 회색의 사유공간에서 마치 현실과의 관계가 차단된, 밀폐된 진공에서 사고하여 생각을 증류시키는 듯이 보이지만 사실은 그렇지 않다. 이론가 역시 일상인으로서 신문을 읽고, 대화를 하고, 학생을 가르치고, 일상생활에서 요청되는 자질구레한 일들을 처리하고, TV와 영화를 보며, 술을 마시고, 여행을 떠나는 사회인이다. 하지만 그가 이론을 생산할 수 있는 것은 사회적 현실을 단순히 '사는 것'이 아니라, 이런 사회적 현실과의 성찰적 거리를 확보하고, 그 거리를 통해 드러나는 사회적 현실의 낯선 모습에 민감한 사고를 적용할 수 있는 전문적 훈련을 받았고 이를 항상적으로 실천하기 때문이다. 매일매일의 작은 통찰들과 사고들, 그리고 토론들의 결과 이론적 시스템이 구축되는 것이다. 최종적으로 제시되는 이론은 이론의 수행이라는 항상적 실천과정의 일부에 지나지 않는다. 이론가는 모름지기 자신의 생활과 삶에서 '의도하지 않은 참여관찰(unanticipated participant observation)'을 수행하는 존재여야 한다.

3. 제작, 학습, 적용

이론의 수행이 이론가에 의한 이론생산만을 포함하고 있는 것만은 아니다. 이론의 수행은 그런 방식으로 생산된 이론이 가르쳐지고, 읽히고, 습득되고, 토론되는 과정 전체도 포괄한다. 수많은 강당에서 거의 매일 이론은 언급되고, 인용되고, 비판되고, 논의된다. 이론의 학습과 토의, 그리고 이를 통한 이론적 지식의 전파는 이론적 수행의 가장 본질적 차원을 구성한다. 이론이 전수되고 갱신되는 과정, 이론이 번역되고 전파되는 과정 또한 이에 속한다. 개별적인 이론가들에 대한 연구, 혹은 이론을 주제로 한 세미나 모두에서 이론은 고정된 지식의 형태가 아니라 하나의 실천적 수행으로 이해되어야 한다. 더 나아가 이론하기에는 이론적 지식을 적용하여 경험적 연구결과를 산출하는 과정까지 포함된다. 경험적 연구를 수행함에 있어서, 그것이 질적 방법을 동원하는 연구이건 아니면 양적 방법을 동원하는 연구이건, 연구자가 현실과의 유효한 접점을 포착하기 위해서는 특정한 가설과 이론적 프레임워크를 요청받는다. 또한 그런 방법을 통해서 새롭게 발견되고 포착된 사실들과 명제들은 다시 추상적 이론화작업에 되먹여짐으로써 이론의 부분으로 재구성된다. 이론을 이처럼 수행적 관점에서 바라보면, 경험연구와 이론작업의 경계가 단절적인 것이 아님을 알 수 있다.

이상을 요약해서 말하자면 다음과 같이 정리할 수 있을 것이다. 수행성으로서의 이론은 세 가지 체험의 양상을 내포한다. 첫째, 이론의 제작이다. 이론의 제작은 이론으로 불리는 담론 형태를 이론가가 만들어 내는 과정을 가리킨다. 이론을 구상하고, 생각하고, 만들어 내는 모든 과정이 바로 이론의 제작이다. 둘째, 이론의 교육/학습이다. 이론의 학습은 제작된 이론이 이론의 선생과 학생의 실천과정으로 투입되어, 선생으로부터 학생에게 이론이 전수되거나, 아니면 이론의 독자가 이론적 저술들을 읽음으로써 이론의 주요 내용들을 탐구하는 과정이다. 셋째, 이론의 적용이다. 이론은 현상을 이해하거나 설명하는 데 활용됨으로써 현실에 적용되는데, 이 과정에서 이론은 현실의 복잡하고 다기한 사건들의 원인과 결과 그리고 그 의미를 포착할 수 있게 하는 훌륭한 도구로 기능한다. '제작-교육-적용' 은 한 개인(사회학자)에 의해 동시적으로 수행될 수도 있고, 또 다른 개인들에 의해 분업적으로 수행될 수도 있다. 어떤 경우라도 그러나 세 단계는 분석적으로 구분되어 있음에도 불구하고 유기적으로 결합되어 있는 연쇄적 과정들임에는 틀림없다.

4. 이론가란 누구인가?

이런 맥락에서 우리는 이론가를 재규정해야 할 필요성을 느낀다. 이론을 수행으로 파악하면, 우리는 이론가를 오직 그의 수행(제작, 교육/학습, 적용)에 의해 구성되는 정체성으로 이해하게 된다. 즉, 이론가는 선험적으로 자격이 부여된 존재가 아니라, 이론을 수행하는 다양한 실천을 하는 존재이다. 이론가에 대하여 학위논문을 쓴 사람만이 이론가가 되는 것이 아니다. 이론적 저작을 저술한 사람만이 이론가가 되는 것이 아니다. 이론가는 이론을 수행하는 자이다. 이론가가 존재하고 그리고 그가 이론을 생산하는 것이 아니다. 실존하는 것은 고정되고 불변의 내용을 갖춘 이론가라는 정체성이 아니라, 사실 사회적 삶의 다양한 양상들 속에서 펼쳐지는 이론적 체험들이다. 또 그런 형식들이 실행되는 과정에서 이론가가 아닌 사람들이 이론가가 되는 '이론가되기' 의 과정이 생성되는 것이다. 이론은 이때 훨씬 더 현실에 가까이 있고, 현실의 문제들과 유기적으로 연관되어 있다. 이론의 원체험적 공간은 서재와 도서관이 아닌 삶의 현장이다. 이 저서는 책을 읽는 모든 이들을 '이론가되기' 의 세상으로 초대한다. 더 이상 난해하고 추상적인 언어들의 집적이 아니라, 생생한 현장과 연결되어 있고 또 소통하는 이론 속에서 독자들 모두 '이론가되기' 를 체험할 수 있기를 바란다.

참고문헌

제1장

강정한 · 조연정. 2013. "온라인 연결망 불평등에 대한 학제적 이론화 모색." 『한국사회학』 47: 107-137.

김문조. 2013. 『융합문명론: 분석의 시대에서 종합의 시대로』. 나남.

김종길. 2008. 『사이버트렌드 2.0』. 집문당.

김홍중. 2009. 『마음의 사회학』. 문학동네.

밀즈, 찰스 라이트(Mills, C. W.). 2004. 『사회학적 상상력』. 강희경 · 이해찬 역. 돌베개.

베버, 막스(Weber, M.). 2007. 『직업으로서의 정치』. 전성우 역. 나남.

벨, 다니엘(Bell, D.). 2006. 『탈산업사회의 도래』. 김원동 · 박형신 역. 아카넷.

월러스틴, 임마누엘(Wallerstein, I.). 2007. 『지식의 불확실성: 새로운 지식 패러다임을 찾아서』. 유희석 역. 나남.

유승호. 2012. 『당신은 소셜한가?: 소셜미디어가 바꾸는 인류의 풍경』. 삼성경제연구소.

터너, 조나단 외(Turner, J. *et al*.). 1997. 『사회학 이론의 형성』. 김문조 외 역. 일신사.

하홍규. 2013. "분노를 보다: 감정과 사회적 맥락." 『감성연구』 6(1): 79-116.

Arato, A. and J. Cohen. 1992. *Civil Society and Political Theory*. MIT Press.

Baudrillard, J. 1981. *For a Critique of the Political Economy of the Sign*. Telos Press.

Bauman, Z. 2000. *Liquid Modernity*. Polity Press.

Berger, P. and H. Kellner. 1982. *Sociology Reinterpreted: An Essay on Method and Vocation*. Penguin Books.

Burawoy, M. 2005. "For Public Sociology." *American Sociological Review* 70-1: 4-28.

Deflen, M. 1994. *Habermas, Morality and Law*. Sage.

Gillmor, D. 2004. *We, the Media: Grassroots Journalism by the People, for the People*. O' Reilly.

Gouldner, A. 1970. *The Coming Crisis of Western Sociology*. Basic Books.

Habermas, J. 1971[1968]. *Knowledge and Human Interests*. Beacon Press.

Halfpenny, P. 1982. *Positivism and Sociology: Explaining Social Life*. Allen & Unwin.

Inglehart, R. 1977. *The Silent Revolution: Changing Values and Political Styles Among Western Publics*. Princeton University Press.

Kincaid, H. 1996. *Philosophical Foundations of the Social Sciences: Analyzing Controversies in Social Science Research*. Cambridge University Press.

Kooiman, J. 2003. *Governing as Governance*. Sage.

Kuhn, T. 1962. *The Structure of Scientific Revolution*. University of Chicago Press.

Lash, S. 2007. *Power after Hegemony, Theory, Culture & Society* 24(3): 55-78.

Ritzer, G. and B. Smart(eds). 2001. *Handbook of Social Theory*. Sage.

Schulze, G. 1992. *Erlebnisgesellschaft: Kultursozilogie der Gegenwart.* Campus Verlag.

Swedberg, R. 2012. "Theorizing in Sociology and Social Science: Turning to the Context of Discovery." *Theory and Society* 41: 1-40.

Turner, B.(ed). 2008. *The New Blackwell Companion to Social Theory*. Wiley-Blackwell.

Turner, J. 1991. *The Structure of Sociological Theory*. 5th ed, Wadsworth.

———. 2002. "Sociological Theory Today." in Turner, J.(ed). 2002. *Handbook of Sociological Theory*. Plenum.

Virillio, P. 1986[1977]. *Speed and Politics: An Essay on Dromology*. Semiotext(e).

Wallace, W. 1971. *The Logics of Science in Sociology*. Aldine.

Zeitlin, I. 2000. *Ideology and the Development of Sociological Theory*. 7th ed. Pearson.

제2장

기든스, 앤서니(Giddens, Anthony). 2000. 『뒤르켐』. 이종인 역. 시공사.

김문조. 1991. "은폐된 질서를 인식하는 정급한 관찰력." 『한국논단』 21: 220-226.

김종길. 2009. "기능적 분화' 로서의 모더니티: 사회적 현실인가 사회학적 신화인가." 『사회와 이론』 15.

김종엽. 1998. 『연대와 열광』. 창작과 비평사.

———. 2001. 『에밀 뒤르켐을 위하여 : 여성 · 축제 · 인종 · 방법』. 새물결.

뒤르켐, 에밀(Durkheim, Emile). 1992. 『종교 생활의 원초적 형태』. 노치준 역. 민영사.

———. 1999. 『사회분업론, 자살론』. 임희섭 역. 삼성출판사.

———. 2001. 『사회학적 방법의 규칙들』. 윤병철 역. 새물결.

———. 2012. 『사회분업론』. 민문홍 역. 아카넷.

레비스트로스, 클라우드(Levi-Strauss, Claude). 1996. 『야생의 사고』. 안정남 역, 한길사.

르 고프, 자크 · 니콜라스 트뤼옹(Le. Goff, Jacques and Nicolas Truong). 2009. 『중세 몸의 역사』. 채계병 옮김. 이카루스미디어.

모스, 마르셀(Mauss, Marcel). 2011. 『증여론』. 류정아 역. 지식을 만드는 지식.

민문홍. 2001. 『에밀 뒤르켐의 사회학』. 아카넷.

———. 2012. "프랑스 제3공화정 당시의 이념갈등과 사회통합 : 뒤르케임의 공화주의 이념과 사회학의 역할을 중심으로." 『담론21』 15(4) : 73-107.

박정호. 2009. "마르셀 모스의 증여론: 증여의 사회학적 본질과 기능 그리고 호혜성의 원리에 대하여." 『문화와 사회』 7(1): 7-49.

부동, 레이몽(Boudon, Raymond). 2011. 『사회변동과 사회학』. 민문홍 역. 한길사.

송태현. 2010. 『클로드 레비스트로스의 문화관 연구』. 세계문학비교연구 32.

슈뢰르, 마르쿠스(Schroer, Markus), 2010. 『공간, 장소, 경계』. 정인모 외 역. 에코리브르.

알렉산더, 제프리(Alexander, Jeffrey C.). 2007. 『사회적 삶의 의미』. 박선웅 역. 한울.

이윤희. 2006. "파슨스 사회이론의 재조명." 『담론201』 9(3): 5-31.

이재혁. 2011. "선물의 hau: 증답경제의 정치경제학과 관계자본." 『한국사회학』 45(1): 37-72.

정성훈. 2009. "루만과 하버마스의 대립구도에 관한 하나의 이해." 『진보평론』.

최일성. 2011. "금지와 타부, 혹은 이항대립적 사고의 정치사상적 기초에 관한 연구 : 레비스트로스의 『야생의 사고』에 대한 비판을 중심으로." 『사회과학연구』 19(1): 246-287.

최종렬. 2012. "사회학, 서사를 어떻게 할 것인가." 『사회이론』 41: 121-165.

캘리니코스, 알렉스(Callinicos, Alex). 2008. 『사회이론의 역사』. 박형신 외 역. 일신사.

코저, 루이스(Coser, Lewis A.). 2010. 『사회사상사 』. 신용하 역. 시그마프레스.

크루그먼, 폴(Krugman, P.). 2002. 『자기조직의 경제』. 박정태 역. 부키.

키징, 로저(Keesing, R.). 1984, 『현대문화인류학』. 전경수 역. 현음사.

터너, 조나단(Turner, J. H.). 1984. 『사회학이론의 구조』. 김진균 외 역. 한길사.

Alexander, Jeffrey C. and Philip Smith. 1993. "The Discourse of American Civil Society: A New Proposal for Cultural Studies." *Theory and Society* 22(2): 151-207.

Bourdieu, Pierre. 1996. *Physical space. Social space and Habitus*. Rapport 10. Institute for Sociology.

Collins, Randall. 2004. *Interaction Ritual Chains*. Princeton University Press.

Cordero, Rodrigo, Francisco Carballo, and José Ossandón. 2008. "Performing Cultural Sociology A Conversation with Jeffrey Alexander." *European Journal of Social Theory* 11(4): 523-542.

Durkheim, E. 1960. "Montesquieu' s Contribution to the Rise of Social Science," in *Montesquieu and Rousseau:Forerunner of Sociology*, Translated by R. Manheim. Ann Arbor. Michigan: University of

Michigan Press.

———. 1981. "The Realm of Sociology as a Science." *Social Forces* 59(4): 1054-70.

———. 1991. Physik der Sitten und des Rechts, *Vorlesungen sur Soziologie der Moral*. Translated by Bischoff, Michael. Frankfurt: Suhrkamp-Verlag.

Durkheim, E. and M. Mauss. 1963. *Primitive Classification*. University of Chicago Press.

Elster, J. and R. Jenkins. 1994. "Functional Explanation in Social Science." *Readings in the Philosophy of the Social Sciences* 403.

Freidson, E. 1976 "The Division of Labor as Social Interaction." *Social Problems* 23(3): 304-313.

Gouldner, A. 1970. *The Coming Crisis of Western Sociology*. Basic Books. New York. NY.

Habermas, Jürgen. 1988. *The Philosophical Discourse of Modernity*. Polity Press.

Habermas, J. and N. Luhmann. 1971. *Theory of Society or Social Technology*. Suhrkamp.

Hoy, D.C. 2005. *Critical Resistance: From Poststructuralism to Post-Critique*. MIT.

Jenkins, Richard. 1992. *Pierre Bourdieu*. London: Routledge.

Kingsbury and Scanzoni. 1993. *Structural-Functionalism, in Sourcebook of family theories and methods, a contextual approach*. Plenum Press.

Krugman, P. 2002. *The Self-Organizing Economy*. Bookie Publishing House.

Kurzwell, E. 1987. "Psychoanalysis as the Macro-Micro Link." pp. 237-254 in *The Micro-Macro Link*. edited by Jeffrey C. Alexander, D. Giesen, Richard Münch and Neil Smelser. Berkeley: the University of California Press.

Lange, S. and U. Schimank. 2004. *Governance und Gesellschaftliche Integration*. Vs Verlag Fur Sozialwissenschaften.

Lemert, C. 2009. *Social Theory: The Multicultural and Classic Readings*.

Westview Press.

Lockwood, David. 1992. *Solidarity and Schism: The Problem of Disorder in Durkeinmian and Marxist Sociology*. Clarendon Press.

Mahner, M. and M. Bunge. 2001. "Function and Functionalism: A Synthetic Perspective." *Philosophy of Science* 68(1): 75-94.

McIntyre, J. 1966. "The Structural-Functional Approach to Family Study." in F. Ivan Nye & F.M. Berardo(eds.), *Emerging Conceptual Frameworks in Family Analysis*. New York: Macmillan.

Merton, Robert K. 1940. "Bureaucratic Structure and Personality." *Social forces* 18(4): 560-568.

__________. 1957. "Bureaucratic Structure and Personality." *Social Theory and Social Structure*. Glencoe. IL: Free Press.

Nye, F.I. and F.M. Berardo(eds.). 1966. *Emerging Conceptual Frameworks in Family Analysis*. New York: Macmillan.

Parsons, Talcott. 1942. "Some Sociological Aspects of the Fascist Movements." *Social Forces* 21(2): 138-147.

__________. 1970. *Some Consideration on the Theory of Social Change. Reading in Social Evolution and Development*. Oxford, Pergamon.

__________. 1975. "The Sick Role and the Role of the Physician Reconsidered." *The Milbank Memorial Fund Quarterly* 53(3): 257-278.

Parsons, T. and Edward A. Shils(eds.). 1951. *Toward a General Theory of Action*. Cambridge: Harvard University Press.

Pescosolido, Bernice A. and Sharon Georgianna. 1989. "Durkheim, Suicide, and Religion: Toward a Network Theory of Suicide." *American Sociological Review* 54(1): 33-48.

Portes, A. 1998. "Social Capital: Its Origins and Applications in Modern Sociology." *Annual Review of Sociology*.

Pope, Whitney and Barclay D. Johnson. 1983. "Inside Organic Solidarity." *American Sociological Review*: 681-692.

Segall, Alexander. 1976. "The Sick Role Concept: Understanding Illness Behavior." *Journal of Health and Social Behavior* 17(2): 162-169.

Seidman, Steve. 2013. *Contested Knowledge: Social Theory Today*. Wiley-Blackwell.

Szelenyi, Ivan. 2009. *Foundations of Modern Social Thought.* Open Yale Courses.

Timasheff, N.S. and G.A. Theodorson. 1976. *Sociological Theory: Its Nature and Growth*. New York: Random House.

Tiryakian, Edward A. 2009. *For Durkheim: Essays in Historical and Cultural Sociology*. Ashgate Publishing, Ltd.

Williams, George C. 1997. *The Pony Fish's Glow*. Basic Books.

제3장

김문조 · 김종길. 2007. "기술시대의 사회갈등: 진단과 대응." 『담론201』 10(3): 47-74.

김종길. 2005. 『접속시대의 사회갈등과 사회통합』. 정보통신정책연구원.

김태기. 2005. "사회갈등과 협상게임." 『분쟁해결연구』 2(1): 5-26.

밀즈, 찰스 라이트(Mills, C. W.). 1991. 『파워엘리트』. 진덕규 역. 한길사.

박재환. 1992. 『사회갈등과 이데올로기』. 나남.

송복. 1994. 『한국사회의 갈등구조』. 현대문학.

심영희. 1984. "사회갈등과 사회통제-이론적 조망." 『한국사회학』 18(1): 230-248.

안광일. 1994. 『정부갈등관리론』. 대명출판사.

유해운 외. 1997. 『환경갈등과 님비이론』. 선학사.

최해진. 2004. 『갈등의 구조와 전략』. 두남.

코저, 루이스(Coser, L. A.). 1980. 『갈등의 사회적 기능』. 박재환 역. 한길사.

Angell, R. C. 1965. "The Sociology of Human Conflict." E. McNeil(ed.) *The Nature of Human Conflict*. Englewood Cliffs, N.J.: Prentice-Hall.

Bercovitch, J. 1984. *Social Conflicts and Third Parties: Strategies of Conflicts Resolution*. Boulder, Colorado: Westview Press

Coser, L.A. 1967. *Continuities in the Study of Social Conflict*. New York: Free Press.

Dahrendorf, R. 1959. *Class and Class Conflict in Industrial Society*. Stanford: Stanford University Press.

Habermas, J. 1981. *Theorie des Kommunikativen Handelns*. Bd.1 and 2, Frankfurt a.M.

Horkheimer, M. und Theodor W. Adorno. 1969. *Dialektik der Aufklärung*, Frankfurt a. M.

Kingsley, D. and Wilbert E. Moore. 1945. "Some Principles of Stratification." *American Sociological Review* 10: 242-249.

Lenski, G.E. 1966. *Power and Privilege: A Theory of Social Stratification*. New York: McGraw-Hill Book Company.

————. 1975. "Social Structure in Evolutionary Perspective." pp. 135-153. Peter M. Blau(ed.), *Approaches to the Study of Social Structure*. New York: The Free Press.

Poloma, M.M. 1979. *Contemporary Sociological Theory*. New York: Macmillan Publishing Co.

Simmel, G., 1972. Der Streit. Auszüge, Bühl, Walter L.(ed). Konflikt und Konflikstrategie. Ansätze Zueiner Soziologischen Konfliktheorie, Müchen: Mymphenburger Verlagsanstalt. pp. 65-112.

Turner, J.H. 1990. *The Structure of Sociological Theory*. Wadsworth Pub Co. 5th edition.

제4장

고프먼, 어빙(Goffman, Erving). 2013. 『상호작용 의례』. 진수미 역. 아카넷.

김덕영. 2007. 『게오르그 짐멜의 모더니티 풍경 11가지』. 길 .

미드, 조지 허버트(Mead, George Herbert). 2010. 『정신 · 자아 · 사회–사회행동주의자가 분석하는 개인과 사회』. 나은영 역. 한길사.

블루머, 허버트(Blumer, Herbert). 1982. 『사회과학의 상징적 교섭론』. 박영신 역. 까치.

짐멜, 게오르그(Simmel, Georg). 2005. 『짐멜의 모더니티 읽기』. 김덕영 · 윤미애 역. 새물결.

Becker, Howard. 1963. *Outsiders—Studies in the Sociology of Deviance*. New York and London: The Free Press.

Coulter, Jeff. 1990. "Introduction." pp.ix-xiii *in Ethnomethodological Sociology*. edited by Jeff Coulter. Brookfield: Edward Elgar Publishing Company.

Denzin, Norman. 1984. *On Understanding Emotion*. San Francisco, Washington and London: Jossey-Bass Publishers.

Garfinkel, Harold. 1963. "A Conception of, and Experiments with, 'Trust' as a Condition of Stable Concerted Actions." pp.187-238 in *Motivation and Social Interaction*. edited by O.J. Harvey. New York: Ronald Press.

――――――. 1967. *Ethnomethodology*. Englewood Cliffs, NJ: Prentice-Hall, Inc.

――――――. 2002. *Ethnomethodology's Program*. edited and introduced by Anne Warfield Rawls. Lanham, Boulder. New York and Oxford: Rowman & Littlefield Publishers. Inc.

Giddens, Anthony. 1988. "Goffman as a Systematic Social Theorist." pp. 250-279 in *Erving Goffman—Exploring the Interaction Order*. edited by Paul Drew and Anthony Wootton, Boston: Northeastern University Press.

Goffman, Erving. 1959. *The Presentation of the Self in Everyday Life*. New York, London, Tonronto. Sydney and Auckland: Doubleday.

――――――. 1961. *Asylums*. New York: Doubleday Anchor.

――――――. 1964. *Stigma: Notes on the Management of Spoiled Identity*. Englewood Cliffs, New Jersey: Prentice-Hall.

――――――. 1971. *Relations in Public : Microstudies of the Public Order*. New York: Harper and Row.

Heritage, John. 1984. *Garfinkel and Ethnomethodology*. Cambridge: Polity Press.

Hochschild, Arlie. 1983. *The Managed Heart*. Berkeley and London:

University of California Press.

Joas, Hans and Wolfgang Knöble. 2009. *Social Theory — Twenty Introductory Lectures*. translated by Alex Skinner. Cambridge: Cambridge University Press.

Maynard, Douglas W. 1991. "The Diversity of Ethnomethodology." *Annual Review of Sociology* 17: 385-418.

Meltzer, Bernard, John W. Petras, and Larry T. Reynolds. 1975. *Symbolic Interactionism—Genesis, Varieties and Criticism*. Boston, London and Henley: Routledge & Kegan Paul.

Simmel, Georg. 1971. *Georg Simmel—On Individuality and Social Forms*. edited by Donald N. Levine. Chicago and London: The University of Chicago Press.

——————. 1997. *Essays on Religion*. edited and translated by Hort Jürgen Helle in collaboration with Ludwig Nieder. New Haven and London: Yale University Press.

Strauss, Anselm. 1969. *Mirrors and Masks—The Search for Identity*. The Sociology Press.

Wrong, Dennis H. 1994. *The Problem of Order—What Unites and Divides Society*. Cambridge. MA and London: Harvard University Press.

제5장

기어츠, 클리포드(Geertz, Clifford). 1998. 『문화의 해석』. 문옥표 역. 까치.

김광기. 2001. "당연시되는 세계와 자기기만 · 일상성에 대한 피터 버거의 현상학." 『철학과 현상학 연구』 18: 388-416.

———. 2005. "알프레드 슈츠와 '자연적 태도'—철학과 사회학의 경계를 넘어서." 『철학과 현상학 연구』 25: 47-70.

김덕영. 2012. 『막스 베버』. 길.

이남인. 2011. "Husserl의 현상학과 Schutz의 현상학적 사회학." 『철학사상』 42: 123-149.

베버, 막스(Weber, Max). 1997.『경제와 사회 I』. 박성환 역. 문학과지성사.

————————. 2010.『프로테스탄티즘의 윤리와 자본주의 정신』. 김덕영 역. 길.

————————. 2011.『막스 베버 사회과학방법론 선집』. 전성우 역. 나남.

휴즈, 존 · 웨슬리 샤록(Hughes, John A. and W.W. Sharrock). 2000.『사회연구의 철학』. 이기홍 역. 한울아카데미.

Abercrombie, Nicholas. 1986. "Knowledge, Order, and Human Autonomy." pp.11-30 in *Making Sense of Modern Times—Peter L. Berger and the Vision of Interpretive Sociology*. edited by James Davison Hunter and Stephen C. Ainlay. London and New York: Routledge & Kegan Paul.

Anderson, R. J., John A. Hughes, and W. W. Sharrock. 1986. *Philosophy and the Human Sciences*. London & Sydney : Croom Helm.

Berger, Peter L. and Thomas Luckmann. 1966. *The Social Construction of Reality-A Treatise in the Sociology of Knowledge*. New York, London, Toronto, Sydney and Auckland: Anchor Books.

Bernstein, Richard J. 1976. *The Restructuring of Social and Political Theory*. University of Pennsylvania Press.

Ferguson, Harvie. 2006. *Phenomenological Sociology-Experience & Insight in Modern Society*. London, Thousand Oaks and New Delhi: Sage Publications.

Geertz, Clifford. 2000. *Local Knowledge*. Basic Books.

Kalberg, Stephen. 2003. "Max Weber." pp.132-192 in *The Blackwell Companion to Major Classical Social Theorists*. edited by George Ritzer. Malden, MA and Oxford: Blackwell Publishing.

Little, Daniel. 1991. *Varieties of Social Explanation—An Introduction to the Philosophy of Social Science*. Boulder, San Francisco and Oxford: Westview Press.

Ryle, Gilbert. 2009. *Collected Papers*. Vol. 2. London and New York: Routledge.

Schutz, Alfred. 1967a. *Collected Papers I—The Problem of Social Reality*. The Hague: Martinus Nijhoff.

―――――. 1967b. *The Phenomenology of the Social World*. Evanston, IL.: Northwestern University Press.

―――――. 1970. *Collected Papers III—Studies in Phenomenological Philosophy*. The Hague: Martinus Nijhoff.

Sullivan, William and Paul Rabinow. 1979. "The Interpretive Turn: Emergence of an Approach." *Philosophy Today* 23(1): 29-40.

Taylor, Charles. 1971. "Interpretation and the Sciences of Man." *The Review of Metaphysics* 25(1): 3-51.

제6장

김규원 · 표상수. 2009. 『수리사회학의 적용』. 경북대학교 출판부.

김용학. 2003. 『사회구조와 행위: 거시적 현상의 미시적 기초를 찾아서』. 3판. 나남.

리처, 조지(Ritzer, George). [2004] 2006. 『사회학이론』. 김왕배 외 역. 한올출판사.

말리노프스키, 브로니스로브(Malinowski, Bronislaw). [1922] 2013. 『서태평양의 항해자들』. 최협 역. 전남대학교 출판부.

바타이유, 조르주(Bataille, Georges). 2000. 『저주의 몫』. 조한경 역. 문학동네.

스미스, 애덤(Smith, Adam). 2007. 『국부론(하)』. 김수행 역. 비봉출판사.

―――――――. 2009. 『도덕감정론』. 박세일 · 민경국 역. 비봉출판사.

Baker, Wayne E. 1984. "The Social Structure of a National Securities Market." *American Journal of Sociology* 89: 775-811.

Becker, Gary S. 1975. *Human Capital*. Chicago: The University of Chicago Press.

―――――. [1981] 1993. *A Treatise on the Family*. Cambridge, MA: Harvard University Press.

Bentham, Jeremy. [1789] 1948. *An Introduction to the Principles of Morals and Legislation*. New York: Hafner Press.

Boudon, Raymond. 1976. "Comment on Hauser's Review of Education, Opportunity, and Social Inequality." *American Journal of Sociology* 81: 1175-1187.

――――――――. 1982. *The Unintended Consequences of Social Action*. New York: St. Matin's Press.

Blau, Peter M. [1964] 1986. *Exchange and Power in Social Life*. New Brunswick: Transaction.

Callon, Michel. 1998. "The Embeddedness of Economic Markets in Economics." pp.1~57 in *The Laws of the Markets*. edited by Michel Callon. Wiley-Blackwell.

Coleman, James S. 1990. *Foundations of Social Theory*. Cambridge, MA: Harvard University Press.

Cook, Karen S., Richard M. Emerson, Mary B. Gillmore, and Toshio Yamagishi. 1983. "The Distribution of Power in Exchange Networks: Theory and Experimental Results." *American Journal of Sociology* 89: 275-305.

Cyert, Richard and James G. March. 1963. *A Behavioral Theory of the Firm*. Englewood Cliffs, N.J.: Prentice-Hall.

Emerson, Richard M. 1972a. "Exchange Theory, Part I: A Psychological Basis for Social Exchange." pp.38-57 in J. Berger, M. Zelditch, Jr., and B. Anderson(eds.), *Sociological Theories in Progress*, Vol 2. Boston: Houghton Mifflin.

――――――――. 1972b. "Exchange Theory, Part II: A Psychological Basis for Social Exchange." pp.58-87 in J. Berger, M. Zelditch, Jr., and B. Anderson(eds.), *Sociological Theories in Progress*, Vol 2. Boston: Houghton Mifflin.

Frank, Robert H., Thomas Gilovich, and Dennis T. Regan, 1993, "Does Studying Economics Inhibit Cooperation?" *Journal of Economic Perspectives* 7: 159-171.

Gould, Roger. 2002. "The Origins of Status Hierarchies: A Formal Theory and Empirical Test. *American Journal of Sociology* 107: 1143-1178.

Hedström, Peter and Richard Swedberg. 1998. "Social Mechanisms; Anintroductory Essay." pp.1-31 in *Social Mechanisms: An Analytical Approach to Social Theory*. Cambridge, U.K.. New York. Cambridge

University Press.

Heider, Fritz. 1946. "Attitude and Cognitive Organization." *Journal of Psychology* 21: 107-112.

Hobbes, Thomas. [1658] 1972. *De Homine. In Man and Citizen*, edited by Bernard Gert. Garden City: Doubleday.

Hollis, Martin and Steven Lukes. 1982. *Rationality and Relativism.* Cambridge: MIT Press.

Homans, George C. 1974. *Social Behavior: Its Elementary Form*s. Revised Edition. NY: Harcourt Brace Jovanovich.

Jackson, Matthew O. and Brian W. Rogers. 2007. "Meeting Strangers and Friends of Friends: How Random Are Social Networks?" *American Economic Review* 97: 890-915.

Joas, Hans and Wolfgang Knöbl. 2009. *Social Theory: Twenty Introductory Lectures*. Cambridge: Cambridge University Press.

Kahneman, Daniel and Amos Tversky. 1979. "Prospect Theory: An Analysis of Decision under Risk." *Econometrica* 47: 263-292.

Kalberg, Stephen. 1980. "Max Weber' s Types of Rationality: Cornerstones for the Analysis of Rationalization Processes in History." *American Journal of Sociology* 85: 1145-1179.

Lave, Charles A. and James G. March. [1975] 1993. *An Introduction to Models in the Social Sciences*. Lanham: Unversity Press of America.

Levine, Donald N. 1995. *Visions of the Sociological Tradition*. Chicago and London: The University of Chicago Press.

MacKenzie, Donald. 2006. *An Engine, Not a Camera: How Financial Models Shape Markets*. Cambridge and London: MIT Press.

Macy, Michael W. 1990. "Learning Theory and the Logic of Critical Mass." *American Sociological Revie*w 55: 809-826.

March, James G. and Herbert A. Simon. 1970. "Decision-Making Theory." In *The Sociology of Organizations: Basic Studies*. edited by Oscar Grusky and George A. Miller. 93-102. New York, NY: Free Press.

Marwell, Gerald and Ruth E. Ames. 1981. "Economists Free Ride, Does

Anyone Else?: Experiments on the Provision of Public Goods, IV." *Journal of Public Economics* 15: 295-310.

Mizruchi, Mark. 1994. "Social Network Analysis: Recent Achievements and Current Controversies." *Acta Sociologica* 37: 329-343.

Olson, Mancur Jr. 1965. *The Logic of Collective Action*. Cambridge, MA: Harvard University Press.

Rothschild, Emma. 1994. "Adam Smith and the Invisible Hand." *American Economic Review* 84: 319-322.

Schelling, Thomas C. 1978. *Micromotives and Macrobehavior*. New York and London: W. W. Norton & Co.

Smelser, Neil. 1992. "The Rational Choice Perspective: A Theoretical Assessment." *Rationality and Society* 4: 381-410.

Thibaut, John W. and Harold H. Kelley. 1959. *The Social Psychology of Groups*. New York: Wiley.

Tilly, Charles. 1978. *From Mobilization to Revolution*. Reading, MA: Addison-Wesley.

Uzzi, Brian. 1997. "Social Structure and Competition in Interfirm Networks: The Paradox of Embeddedness." *Administrative Science Quarterly* 42: 35-67.

제7장

기든스, 앤서니(Giddens, A.). 1981. 『자본주의와 현대사회이론』. 임영일 · 박노영 옮김. 한길.

————————. 1991. 『포스트모더니티』. 이윤희 · 이현희 옮김. 민영사.

————————. 1994. "탈전통사회에서 산다는 것." 『성찰적 근대화』. 임현진 · 정일준 옮김. 한울.

————————. 1995. 『현대사회의 성, 사랑, 에로티시즘』. 배은경 · 황정미 옮김. 새물결.

____________. 1997. 『현대성과 자아정체성』. 권기돈 옮김. 새물결.

____________. 1998a. 『사회구성론』. 황명주 · 정희태 · 권진현 옮김. 간디서원.

____________. 1998b. 『제3의 길』. 한상진 · 박찬욱 옮김. 생각의나무.

래시, 스콧(Lash, S.). 1993. 『포스트모더니즘과 사회학』. 김재필 옮김. 한신문화사.

료타르, 장 프랑수아(Lyotard, J.-F.). 1992. 『포스트모던적 조건』. 이현복 옮김. 서광사.

마페졸리, 미셸(Maffesoli, M.). 2012. 『영원한 순간』. 신지은 옮김. 이학사.

마르크스, 칼(Marx, K.). 1992. "포이에르바하에 관한 테제들." 『칼 마르크스, 프리드리히 엥겔스 저작선집 1』. 최인호 외 옮김. 박종철출판사.

마르크스, 칼 · 프리드리히 엥겔스(Marx, K. and F. Engels). 1992. "공산주의당 선언." 『칼 마르크스, 프리드리히 엥겔스 저작선집 1』. 최인호 외 옮김. 박종철출판사.

바우만, 지그문트(Bauman, Z.). 2005. 『액체근대』. 이일수 옮김. 강.

____________. 2006. 『유동하는 공포』. 함규진 옮김. 산책자.

____________. 2010. 『모두스 비벤디』. 한상석 옮김. 후마니타스.

____________. 2013. 『현대성과 홀로코스트』. 정일준 옮김. 새물결.

버만, 마샬(Berman, M.). 2004. 『현대성의 경험』. 윤호병 · 이만식 옮김. 현대미학사.

베르크하우스, 마르고트(Berghaus, M.). 2012. 『쉽게 읽는 루만』. 이철 옮김. 한울.

베버, 막스(Weber, M.). 2010. 『프로테스탄티즘의 윤리와 자본주의 정신』. 김덕영 옮김. 길.

베스트, 스티븐 · 더글라스 켈너(Best, S. and D. Kellner). 1995. 『탈현대의 사회이론』. 정일준 옮김. 현대미학사.

벡, 울리히(Beck, U.). 1997. 『위험사회』. 홍성태 옮김. 새물결.

____________. 1998a. "정치의 재창조." 『성찰적 근대화』. 임현진 · 정일준 옮김. 한울.

――――――――. 1998b. 『정치의 재발견』. 문순홍 옮김. 거름.

――――――――. 2010. 『글로벌 위험사회』. 박미애 · 이진우 옮김. 길.

쉬만크, 우베(Schimank, U.) 외. 2011. 『현대사회를 진단한다. 사회진단의 사회학』. 전태국 외. 논형.

제임슨, 프레드릭(Jameson, F.). 1989. "포스트모더니즘 · 후기자본주의의 문화논리." 강내희 옮김. 『포스트모더니즘론』. 정정호 · 강내희 편. 문화과학.

페더스톤, 마이크(Featherstone, M.). 1999. 『포스트모더니즘과 소비문화』. 정숙경 옮김. 현대미학사.

하버마스, 위르겐(Habermas, J.). 1989. "모더니티 · 미완성의 계획." 강내희 옮김. 『포스트모더니즘론』. 정정호 · 강내희 편. 문화과학.

――――――――. 2006. 『의사소통행위이론』. 장춘익 옮김. 나남.

하비, 데이비드(Harvey, D.). 1994. 『포스트모더니티의 조건』. 구동회 · 박영민 옮김. 한울.

호르크하이머, 막스 · 테어도어 아도르노(Horkheimer, M. and Th. Adorno). 1995. 『계몽의 변증법』. 김유동 · 주경식 · 이상훈 옮김. 문예출판사.

홉스봄, 에릭(Hobsbawm, E.). 2004. 『만들어진 전통』. 박지향 · 장문석 옮김. 휴머니스트.

Alexander, J. 1995. "Modern, Anti, Post and Neo." *New Left Review* 210.

Baudrillard, J. 2007. *In the Shadow of the Silent Majorities*. trans. col. L.A. Semiotext(e).

Bauman, Z. 1989. *Modernity and the Holocaust*. Ithaca, New York. Cornell University Press.

――――――. 1992. *Intimations of Postmodernity*. London. Routledtge.

――――――. 1993. *Postmodern Ethics*. Oxford. Blackwell.

――――――. 2005. *Liquid Life*. Blackwell.

Beck, U. and Beck-Gernsheim E. 2002. *Individualization*. Sage.

Choi, J. 2004. *Postmodern American Sociology*. University Press of America.

Crook, S., J. Pakulski, and M. Waters. 1992. *Postmodernization*. Sage Publications.

Dean, M. 1999. "Risk, Calculable and Incalculable." *Risk and Sociocultural Theory*. ed. D. Lupton. Cambridge University Press.

Lee, R.L.M. 2006. "Reinventing Modernity." *European Journal of Social Theory* 9.

Luhmann, N. 1991. *Soziologie des Risikos*. Berlin.

Lyotard, J.-F. 1986. *Le Postmodernisme Expliqué aux Enfants*. Paris. Galilée.

Maffesoli, M. 1988. *Le Temps des Tribus*. Paris. La Table Ronde.

Owen, D. 1997. "The Postmodern Challenge to Sociology." *Sociology After Postmodernism*. Sage Publications.

Renn, O. 1992. "Concepts of Risk: A Classification." *Social Theories of Risk*. eds. S. Krimsky and D. Golding. Praeger.

Scott, A. 2000. "Risk or Angst Society." *The Risk Society and Beyond*. ed. B. Adam, U. Beck, and J. van Loon. London. Sage.

Smith, D. 2000. *Zygmunt Bauman. Prophet of Postmodernity*. Cambridge. Polity.

Ungar, S. 2001. "Moral Panic Versus the Risk Society." *British Journal of Sociology* 52(2): 272-3.

제8장

강내희 · 정정호 편. 1989. 『포스트모더니즘론』. 도서출판 터.

기든스, 앤서니(Giddens, A.). 1991. 『포스트모더니티』. 이윤희 · 이현희 역. 민영사.

김성기. 1991. 『포스트모더니즘과 비판사회과학』. 문학과지성사.

김욱동. 1990. 『포스트모더니즘의 이해』. 문학과지성사.

김형효. 1993. 『데리다의 해체전략』. 민음사.

오생근. 1985. "미셸 푸코, 지식과 권력의 해부학자." 『외국문학』 4호.

터너, 브라이언(Turner, B.). 2010. 『현대사회학이론의 흐름』. 박형신 외 역. 한울.

푸코, 미셸(Foucault, M.). 1992. 『성의 역사 I : 앎의 의지』. 이규현 역. 나남.

Baudrillard, J. 1968. *Le Systéme des Objects*. Denoel-Gouthier.

———. 1970. *La Société de Consommation*. Gallimard.(이상률 옮김. 1991. 『소비사회』. 문예출판사).

———. 1981. *For a Critique of the Political Economy of the Sign*.

Telos Press.

———. 1983a. *Simulations. Simiotext.*(하태환 옮김. 1992. 『시뮬라시옹』. 민음사).

———. 1983b. *In the Shadow of the Silent Majorities*. Semiotext.

———. 1984. "Game with Vestiges." *On the Beach* 5: 19-25.

Berman, M. 1992. "Why Modernism Still Matters." in S. Lash and J. Friedman(eds). *Modernity and Identity*. Blackwell.

Deleuze, G. 1983. *Nietzsche & Philosophy*. Athlone.

Denzin, N. 1986. "Postmodern Social Theory." *Sociological Theory* 4: 194-204.

Derrida, J. 1972. *Marges de la philosophie*. Minuit.

———. 1973. *Speech and Phenomena*. Northwestern University Press.

———. 1978. *Writing and Difference*. RKP.

———. 1981. *Positions.* Univ. of Chicago Press.

Dreyfus, H. and P. Rainbow. 1982. *Michel Foucault: Beyond Structuralism and Hermeneutics*. University of Chicago Press.

Elias, N. 1978. *The Civilization Process: The History of Manners*. Blackwell.

Foucault, M. 1975. *The Birth of the Clinic*. Vintage.

———. 1977. *Madness and Civilization*. Tavistock.

Habermas, J. 1981. "Modernity versus Postmodernity." *New German Critique* 22: 3-11.

Harland, R. 1987. *Superstructuralism: The Philosophy of Structuralism and Post-structuralism*. Methun.

Kellner, D. 1988. "Postmodernism as Social Theory: Some Challenges and Problems." *Theory Culture & Society* 5(2/3): 239-69.

Lyotard, J. 1971. *Discourse, Figure*. Klincksieck.

———. 1984. *The Postmodern Condition*. University of Minnesota Press.

———. 1985. *Just Gaming*. University of Minnesota Press.

———. 1988. *The Differend*. University of Minnesota Press.

McArthur, T. 1986. *Worlds of Reference*. Cambridge University Press.

Norris, C. 1987. *Derrida*. Fontana.

Smart, B. 1993. *Postmodernity*. Taylor & Frencis.

Walzer, M. 1986. "The Politics of Michel Faucault." D. Hoy(ed), *Faucault: A Critical Reader*. Blackwell.

제9장

기든스, 앤서니(Giddens, A.). 1998. 『사회구성론』. 황명주 · 정희태 · 권진현 역. 간디서원.

베버, 막스(Weber, Max). 1997. 『경제와 사회 I』. 박성환 역. 문학과지성사.

부르디외, 피에르(Bourdieu, Pierre). 2005. 『실천이성』. 김웅권 역. 동문선.

Bell, Catherine. 1992. *Ritual Theory, Ritual Practice*. New York and Oxford: Oxford University Press.

Berard, Tim. 2005. "Rethinking Practices and Structures." *Philosophy of the Social Sciences* 35(2): 196-230.

Bourdieu, Pierre. 1977. *Outline of Theory of Practice*. Cambridge: Cambridge University Press.

____________. 1990. *The Logic of Practice*. Stanford: Stanford University Press.

Giddens, Anthony. 1979. *Central Problems in Social Theory*. Berkeley and Los Angeles: University of California Press.

Lynch, Michael. 1997. "Theorizing Practice." *Human Studies* 20: 335-344.

Ortner, Sherry B. 1984. "Theory in Anthropology since the Sixties." *Comparative Studies in Society and History* 26(1): 126-165.

Rouse, Joseph. 2007. "Practice Theory." pp.639-681 in *Handbook of the Philosophy of Science. Philosophy of Anthropology and Sociology*. edited by Stephen P. Turner and Mark W. Risjord. Amsterdam and Oxford: Elsevier.

Rubinstein, David. 1977. "The Concept of Action in the Social Sciences." *Journal for the Theory of Social Behaviour* 7(2). 209-236.

____________. 1981. *Marx and Wittgenstein—Social Praxis and Social*

Explanation. London, Boston and Henley: Routledge & Kegan Paul.

Schatzki, Theodore R. 1996. *Social Practices—A Wittgensteinian Approach to Human Activity and the Social*. Cambridge: Cambridge University Press.

──────. 2001. "Introduction: Practice Theory." pp.1-14 in *The Practice Turn in Contemporary Theory*. edited by Theodore R. Schatzki, Karin Knorr Cetina & Eike von Savigny. London and New York: Routledge.

Stern, David G. 2003. "The Practical Turn." pp.185-206. in *The Blackwell Guide to the Philosophy of the Social Sciences*. edited by Stephen P. Turner and Paul A. Roth. Oxford: Blackwell Publishing Ltd.

Swartz, David. 1996. "Bringing the Study of Culture and Religion: Pierre Bourdieu's Political Economy of Symbolic Power." *Sociology of Religion* 57(1): 71-85.

──────. 1997. *Culture and Power—The Sociology of Pierre Bourdieu*. Chicago and London: The University of Chicago Press.

Swidler, Ann. 2001. "What Anchors Cultural Practices." pp.74-92 in *The Practice Turn in Contemporary Theory*. Theodore R. Schatzki, Karin Knorr Cetina & Eike von Savigny. London and New York: Routledge.

Turner, Stephen. 1994. *The Social Theory of Practices—Tradition, Tacit Knowledge, and Presuppositions*. Chicago: The University of Chicago Press.

제10장

김남옥. 2012. "몸의 사회학적 연구 현황과 새로운 과제." 『사회와 이론』. 21: 289-326.

글라크, 제임스(Gleick, James). [1987] 1993. 『카오스』. 박배식 · 성하운 옮김. 동문사.

도킨스, 리처드(Dawkins, Richard). [1989]1993. 『이기적 유전자』. 홍영남 역. 을

유문화사.

램프레히트, 스터링(Lamprecht, Sterling P). 1992. 『서양철학사』. 김태길 외 역. 을유문화사.

리처, 조지(Ritzer, George). [2004]2006. 『사회학이론』. 김왕배 외 역. 한올출판사.

슈스터만, 리처드(Shusterman, Richard). 2010. 『몸의 의식』. 이혜진 옮김. 북코리아.

Axelrod, Robert. 1984. *The Evolution of Cooperation*. Basic Books.

Barabási, Alberto-Laszl, 2003. *Linked*. New York: A Plume Book.

Bechtel, W. and A. Abrahamsen. 2002. *Connectionism and the Mind: Parallel Processing, Dynamics, and Evolution in Networks*. Second Edition. Oxford: Basil Blackwell.

Blute, Marion. 2010. *Darwinian Sociocultural Evolution*. Cambridge: Cambridge University Press.

Campbell, Donald T. 1975. "On the Conflict between Biological and Social Evolution and between Psychology and Moral Tradition." *American Psychologist* 30: 1103-1126.

Choi, Jung-Kyoo and Samuel Bowles. 2007. "The Coevolution of Parochial Altruism and War." *Science* 318: 636-640.

Clark, Andrew G. *et al*. 2003. "Inferring Nonneutral Evolution from Human-Chimp-Mouse Orthologous Gene Trios." *Science* 302(5652): 1960-1963.

Davidson, Eric H. 2006. *The Regulatory Genome: Gene Regulatory Networks In Development And Evolution*. Burlington, MA: Academic Press.

Duster, Troy. 1990. *Backdoor to Eugenics*. New York: Routledge.

Featherstone, Mike, Mike Hepworth, and Bryan S. Turner(ed). 1991. *The Body: Social Process and Cultural Theory*. London: Sage.

Gazzaniga, Michael. 2008. *Human: The Science Behind What Makes Us Unique*. New York: Harper Collins.

Hamilton, William D. 1964a. "The Genetical Evolution of Social Behaviour. I." *Journal of Theoretical Biology* 7: 1-16.

——————. 1964b. "The Genetical Evolution of Social Behaviour. II." *Journal of Theoretical Biology* 7: 17-52.

Hatemi, Peter K. and Rose McDermott(editor). 2011. *Man Is by Nature a Political Animal: Evolution, Biology, and Politics*. Chicago: Univeristy of Chicago Press.

Illich, Ivan D. 1975. *Medical Nemesis: The Expropriation of Health*. London: Calder and Boyars.

Jan, Steven. 2007. *The Memetics of Music: A Neo-Darwinian View of Musical Structure and Culture*. Aldershot, England: Ashgate Publishing Limited.

Kuhn, Thomas. 1969. *The Structure of Scientific Revolutions*. Chicago: University of Chicago Press.

Kitano, Hiroaki. 2002. "Systems Biology: A Brief Overview." *Science* 295: 1662-1664.

Latour, Bruno. 2004. *Politics of Nature: How to Bring the Sciences into Democracy*. Translated by Catherine Porter. Cambridge, MA: Harvard University Press.

——————. 2005. *Reassembling the Social: An Introduction to Actor-Network Theory*. Oxford and New York: Oxford University Press.

Leclerc, Robert D. 2008. "Survival of the Sparsest: Robust Gene Networks Are Parsimonious." *Molecular Systems Biology* 4: 213.

Lee. S. 2001. "Fat Phobia in Anorexia Nervosa: Whose Obsession Is It?" in M. Nasser, M. Katzman and R. Gordon(eds), *Eating Disorder and Cultures in Transition*. New York: Brunner-Routledge.

Lyell, Charles. 1830. *Principles of Geology 1*. London: John Murray.

Maguire, Eleanor A., David G. Gadian, Ingrid S. Johnsrude *et al*. 2000. "Navigation-Related Structural Change in the Hippocampi of Taxi Drivers." *Proceedings of the National Academy of Sciences* 97(8): 4398-4403.

Maynard Smith, John. 1989. *Evolutionary Genetics*. New York: Oxford University Press.

Mayr, Ernst. 1942. *Systematics and the Origin of Species*. Columbia University Press.

Nielsen, Francois. 1994. "Sociobiology and Sociology." *Annual Review of Sociology* 20: 267-303.

Pascual-Leone, Alvaro, Amir Amedi, Felipe Fregni, and Lotfi B. Merabet. 2005. "The Plastic Human Brain Cortex." *Annual Review of Neuroscience* 28: 377-401.

Pennisi, Elizabeth. 2005. "Why Do Humans Have So Few Genes?" *Science* 309(5731): 80.

Pocklington, Richard and Michael I. Best. 1997. "Cultural Evolution and the Units of Selection in Replicating Texts." *Journal of Theoretical Biology* 188: 79-87.

Rainbow, Paul. 1996. "Artificiality and Enlightenment: From Siciobiology to Biosociality." *Essays on the Anthropology of Reason*. NJ: Peinceton University Press.

Richardson, Peter J. and Robert Boyd. 2005. *Not by Genes Alone: How Culture Transformed Human Evolution*. Chicago: University of Chicago Press.

Riolo, Rick L., Michael D. Cohen, and Robert Axelrod. 2001. "Evolution of Cooperation without Reciprocity." *Nature* 414: 441-443.

Ritt, Nikolaus. 2004. Selfish Sounds and Linguistic Evolution: A Darwinian Approach to Language Change. Cambridge: Cambridge University Press.

Runciman, W.G. 2009. *The Theory of Cultural and Social Selection*. Cambridge: Cambridge University Press.

Shilling, Chris. 2003. *The Body and Social Theory*. London: Sage.

Schreiber, Darren and Marco Iacoboni. 2012. "Huxtables on the Brain: An fMRI Study of Race and Norm Violation." *Political Psychology* 33: 313-330.

Spencer, Herbert. 1862. *First Principles*. London: Williams & Norgate.

―――――――. 1873. *The Study of Sociology*. London: Williams & Norgate.

Wilson, Edward O. 1975. *Sociobiology: The New Synthesis*. Cambridge, MA: Harvard University Press.

하버드 대학 시스템 생물학 홈페이지
https://sysbio.med.harvard.edu/welcome-to-the-department-of-systems-biology-hms.

제11장

굿윈, 제프 · 제임스 재스퍼 · 프란체스카 폴레타 엮음(Goodwin, J., J. M. Jasper, and F. Polletta(eds.). 2012. 『열정적 정치』. 박형신 · 이신의 옮김. 한울.

다마지오, 안토니오(Damasio, A.). 1999. 『데카르트의 오류』. 김린 옮김. 중앙문화사.

들뢰즈, 질(Deleuze, G.). 2005. "정동이란 무엇인가." 『비물질노동과 다중』. 서창현 외 옮김. 갈무리.

바바렛, 잭(Barbalet, J. M.). 2006. 『감정의 거시사회학』. 박형신 · 정수남 옮김. 일신사.

박형신 · 정수남. 2009. "거시적 감정사회학을 위하여." 『사회와이론』. (15).

베버, 막스(Weber, M.). 1997. 『경제와 사회 I』. 박성환 옮김. 문학과 지성.

____________. 2003. "크니스와 비합리성의 문제." 『문화과학과 사회과학의 방법론. I』. 염동훈 옮김. 일신사.

____________. 2010. 『프로테스탄티즘의 윤리와 자본주의 정신』. 김덕영 옮김. 길.

실링, 크리스(Shilling, C.). 2009. "감정사회학의 두 가지 전통." 『감정과 사회학』. 박형신 옮김. 이학사.

실링, 크리스 · 필립 멜러(Shilling, C. and Ph. A. Mellor). 2013. 『사회학적 야망』. 박형신 옮김. 한울.

일루즈, 에바(Illouz, E.). 2006. 『오프라 윈프리, 위대한 인생』. 강주헌 옮김. Smart Business.

____________. 2010. 『감정자본주의』. 김정아 옮김. 돌베개

제임스, 윌리엄(James, W.). 2008. 『실용주의』. 정해창 편역. 아카넷.

짐멜, 게오르그(Simmel, G.). 2005.『대도시와 정신적 삶』. 김덕영 · 윤미애 옮김. 새물결.

칼훈, 크레그(Calhoun, C.). 2012. "감정을 제자리에 위치시키기."『열정적 정치』. 굿윈 · 제스퍼 · 폴레타 엮음. 박형신 · 이진희 옮김. 2012.

케인즈, 존(Keynes, J. M.). 2007.『고용, 이자 및 화폐의 일반이론』. 조순 옮김. 비봉출판사.

코저, 루이스(Coser, L.A.). 1988.『사회사상사』. 신용하 · 박명규 옮김. 일지사.

콜린스, 랜달(Collins, R.). 1995. "사회구조에 있어 감정의 역할."『감정사회학』. 이성식 · 전신현 편역. 한울.

____________. 2009.『사회적 삶의 에너지』. 진수미 옮김. 한울아카데미.

토이츠, 티모시(Thoits, T.). 1995. "감정사회학에서의 주요 연구들."『감정사회학』. 이성식 · 전신현 편역. 한울.

하트, 마이클(Hardt, M.). 2005. "정동적 노동."『비물질노동과 다중』. 서창현 외 옮김. 갈무리.

함인희. 2003. "사회학적 패러다임에 비추어 본 감성 연구."『한국문화연구』. (5).

허쉬먼, 앨버트(Hirshman, A.). 1994.『열정과 이해관계』. 김승현 옮김. 나남.

혹실드, 앨리 러셀(Hochschild, A. R.). 2003.『감정노동』. 이가람 옮김. 이매진.

Barbalet, J.M. 2000. "*Beruf*, Rationality and Emotion in Max Weber's Sociology." *European Journal of Sociology* 41(2).

Boltanski, L. and E. Chiapello, 1999. *Le Nouvel Esprit du Capitalisme*. Paris. Gallimard.

Boudon, R. 2009. *La Rationalité*. Paris. PUF.

Bronckart, J.-P. 2008. "L'approche des émotions/sentiments chez Spinoza, James et Vygotski." *Emotions et Sentiments. Une Construction Sociale*. Paris. L'Harmattan.

Clarke, S., P. Hoggett, and S. Thompson(eds.). 2006. *Emotion, Politics and Society*. Palgrave.

Clough, P.T.(ed.). 2007. *The Affective Turn*. Durham & London. Duke University Press.

Collins, R. 1975. *Conflict Sociology. Towards an Explanatory Science*. New York. Academy Press.

———. 1981. "On the Microfoundations of Macrosociology." *American Journal of Sociology* 86(5).

———. 1993. "Emotion Energy as the Common Denominator of Rational Action." *Rationality and Society* 5(2).

De Sousa, R. 1987. *The Rationality of Emotion*. The MIT Press.

Denzin, N. 1984. *On Understanding Emotion*. San Francisco. Jossey-Bass Publishers.

Durkheim, E. 2005. *Les Régles de la mMéthode Sociologique*. Paris. PUF.

Fish, J. 2002. "Religion and the Changing Intensity of Emotional Solidarities in Durkheim's The Division of Labour in Society." *Journal of Classical Sociology* 2.

———. 2005. *Defending Durkheimian Tradition. Religion, Emotion and Morality* Ashgate Publishing Company.

Fisher, G.A. and K.K. Chon. 1989. "Durkheim and the Social Construction of Emotions." *Social Psychology Quarterly* 52(1).

Gregg, M. and G.J. Seigworth(eds.) 2010. *The Affective Theory Reader*. Durham & London. Duke University Press.

Hochschild, A. R. 1979. "Emotion Work, Feeling Rules, and Social Structure." *American Journal of Sociology* 85(3).

———. 1983. *The Managed Heart*. University of California Press.

Kemper, T. 1978. *A Social Interaction Theory of Emotions*. New York. John Wiley.

Marx, K. 1975. "Economic and Philosophical manuscripts." *Early Writings*. trans. R. Livingstone and G. Benton. New York. Vintage.

Massumi, B. 2002. *Parables for the Virtual. Movement, Affect, Sensation*. Durham & London. Duke University Press.

Meštrović, S. G. 1997. *Postemotional Society*. Sage.

Parsons, T. 1951. *The Social System*. London. Routledge.

Weber, M. 1978. *Economy and Society. vol. II*. ed. G. Roth and C. Wittich. Berkeley. University of California Press.

제12장

글레이져, 에드워드(Glaeser, Edward). 2011. 『도시의 승리』. 이진원 역. 해냄.
김문조. 2008. 『한국사회의 양극화』. 집문당.
김윤태. 2006. 『사회학의 발견』. 새로운 사람들.
김왕배. 2000. 『도시, 공간, 생활세계』. 한울.
김홍중. 2012. "미래의 미래." 『문학동네』 71.
도승연 외. 2011. 『현대철학과 사회이론의 공간적 선회』. 라움.
뒤르켐, 에밀(Durkheim, Émile). 2012. 『사회분업론』. 민문홍 역. 아카넷.
르페브르, 앙리(Lefebvre, Henri). 2011. 『공간의 생산』. 양영란 역. 에코리브르.
______________. 2013. 『리듬분석』. 정기헌 역. 갈무리.
바우만, 지그문트(Bauman, Zygmunt). 2000. 『액체근대』. 이수일 역. 도서출판 강.
박정호. 2009. "마르셀 모스의 증여론: 증여의 사회학적 본질과 기능 그리고 호혜성의 원리에 대하여." 『문화와 사회』 7(2): 7-49.
보드리야르, 장(Baudrillard, Jean). 2001. 『소비의 사회』. 이상률 역. 문예출판사.
서우석. 2005. "게오르그 짐멜의 공간이론과 도시문화론." 『현대공간이론의 사상가들』. 한울.
슈뢰르, 마르쿠스(Schroer, Markus). 2010. 『공간, 장소, 경계』. 정인모 · 배정희 역. 에코리브르.
유승호. 2008. 『문화도시: 지역발전의 새로운 패러다임』. 일신사.
임동근. 2009. "푸코의 통치성 논의가 도시연구에 주는 함의." 문화과학 집담회 발표글. 서울시립대 도시인문연구소.
정성훈. 2010. "공간의 의미 부각과 현대성의 위기." 『사회와 철학』. 20: 239-258.
정수복. 2010. 『파리의 장소들: 기억과 풍경의 도시미학』. 문학과 지성사.
캘리니코스, 알렉스(Callinicos, Alex). 2008. 『사회이론의 역사』. 박형신 · 신종화 역. 일신사.
푸코, 미셸(Foucault, Michel). 1975. 『감시와 처벌』. 오생근 역. 나남.
______________. 2011. 『안전, 영토, 인구』. 심세광 역. 난장.

Auge, M. 2009. *Non-Places: An Introduction to Supermodernity*. Verso.

Translated by John Howe.

Bauman, Z. 2005. *Work, Consumerism and the New Poor*. Open University Press.

Bourdieu, P. 1985. "The Social Space and the Genesis of Groups." *Theory and Society* 14(6): 723-744.

Beck, U. 2000. "The Cosmopolitan Perspective: Sociology of the Second Age of Odernity." *British Journal of Sociology* 51: 79-105.

———. 2004. "Mobility and the Cosmopolitan Society." Mobility and the Cosmopoli-Perspective. Documentation of a Workshop at the Reflexive Modernization Research Centre.

Castell, S. M. 2009 *The Rise of Network Society*. A John Wiley & Sons.

Christakis, J. 2007. "The Spread of Obesity in a Large Social Network over 32 Years." *England Journal of Medicine*. Massachusetts Medical Society.

Foucault, Michel. 1977. *Security, Territory, Population: Lectures at the Collége de France* 1977-1978. Picador.

———. 1980. *Power/Knowledge: Selected Interviews and Other Writings, 1972-1977*. Vintage.

Giddens, A. 1984. *The Constitution of Society: Outline of the Theory of Structuration.* Berkeley. CA: University of California Press.

Harvey, D. 1983. *The Urbanization of Capital*. Johns Hopkins Univ. Press

———. 1995. *The Limits to Capital*. (최병두 역. 1995. 『자본의 한계』. 한울)

———. 2001. "Globalization and Spatial Fix." *Geographische Rivue* 2.

Portes, A. 1998. "Social Capital: Its Origins and Applications in Modern Sociology." *Annual Reveiw of Sociology* 24: 1-24.

Reckwitz, Andreas. 2012. "Affective Spaces: a Praxeological Outlook." *The Journal of Theory and Practice* 16(2): 241-258.

Robinson, William I. 2009. "Saskia Sassen and the Sociology of Globalization: A Critical Appraisal." *Sociological Analysis* 3(1): 5-29.

Rumbaut, R.G. 1997. "Ties That Bind: Immigration and Immigrant Families in the United States." *Research and Policy on U.S. Immigrants*: 3-46.

Sassen, S. 2002, "Global Cities and Survival Circuits," in Ehrenreich, B. and

Hochschild, A. R.(eds.) *Global Woman: Nannies, Maids, and Sex Workers in the New Economy*. Metropolitan Books. New York.

Sennet, R. 1992. *The Fall of Public Man*. W. W. Norton & Company.

Sheller, M. and J. Urry. 2006. "The New Mobilities Paradigm." *Environment and Planning A* 38: 2.

Simmel, Georg. 1989. Philosophie des Geldes. translated by Frisby. 2011. *Philosophy of Money*. Routledge.

Soja, Edward W. 1989. *Postmodern Geographies: The Reassertion of Space in Critical Social Theory*. London: Verso.

Urry, J. 2008. "Moving on the Mobility Turn." in *Tracing Mobilities*. Ashgate.

Warf, B. and S. Arias(eds). 2008. *The Spatial Turn: Interdisciplinary Perspective*. London: Routledge.

Watts, M.J. and H.G. Bohle. 1993. *The Space of Vulnerability: The Causal Structure of Hunger and Famine* 17: 43-67.

Wirth, Louis. 1938. "Urbanism As A Way of Life." *American Journal of Sociology* 44(1): 1-24.

제13장

김오남. 2008. 『결혼이민가족의 이해』. 집문당.

김이선 외. 2006. 『여성결혼이민자의 문화적 갈등경험과 소통증진을 위한 정책과제』. 한국여성개발원.

김현미. 2006. "국제결혼의 전 지구적 젠더 정치학." 『경제와 사회』 70.

김혜순. 2008. "결혼이주여성과 한국의 다문화사회 실험: 최근 다문화담론의 사회학." 『한국사회학』 42(2).

마르크스, 칼 · 프리드리히 엥겔스(Marx, Karl and F. Engels). 1989. 『공산당 선언』. 남상일 역. 백산서당.

밀, 존 스튜어트(Mill, J. S.). 2008. 『자유에 대하여』. 이주명 역. 필맥.

밀즈, 찰스 라이트(Mills, C. W.). 2004. 『사회학적 상상력』. 강희경 · 이해찬 역.

돌베개.

바르니에, 장피에르(Warnier, J.). 2001.『문화의 세계화』. 주형일 역. 한울.

박경태. 2007.『인권과 소수자 이야기: 우리가 되지 못하는 사람들』. 책세상.

———. 2008.『소수자와 한국사회』. 후마니타스.

벤하비브, 세일라(Benhabib, S.). 2008.『타자의 권리』. 이상훈 역. 철학과 현실사.

설동훈. 1999.『외국인노동자와 한국사회』. 서울대출판부.

스미스, 애덤(Smith, A.). 2007.『국부론』. 김수행 역. 비봉.

애피아, 콰메(Appiah, K.). 2008.『세계시민주의: 이방인들의 세계를 위한 윤리학』. 실천철학연구회 역. 바이북스.

오경석 외. 2007.『한국에서의 다문화주의: 현실과 쟁점』. 한울아카데미.

윤인진. 2008. "한국적 다문화주의의 전개와 특성: 국가와 시민사회의 관계를 중심으로."『한국사회학』42(2).

이남석. 2001『차이의 정치: 이제 소수를 위하여』. 책세상.

이수자. 2004. "이주여성 디아스포라: 국제성별분업, 문화혼성성, 타자화와 섹슈얼리티."『한국사회학』38(2).

장미경. 2005. "한국사회 소수자와 시민권의 정치."『한국사회학』39(6).

전경수 외. 2008.『혼혈에서 다문화로』. 일지사.

조정남 편. 2006. 〈특집〉 "한국의 외국인노동자"『민족연구』42(2).

코엔, 다니엘(Cohen, D.). 2007.『세계화와 그 적들』. 이광호 역. 울력.

Arendt, H. [1945]1978. "Zionism Reconsidered." in R.H. Feldman. *The Jew as Parish: Jewish Identity and Politics in the Modern Age.* Grove Press: 131-192

Bartaille, G. 1991. *The Accused Share.* Vol.1: Consumption, trans. R. Hurley. Zone books.

Bauman, Z. 2000. *Liquid Modernity.* Polity.

Beck, U. 2002. "The Cosmopolitan Society and its Enemies." *Theory, Culture & Society* 19(1/2).

———. 2006. *The Cosmopolitan Vision.* Polity Press.

Beck, U. and N. Sznaider. 2006. "Unpacking Cosmopolitanism for the Social Science: A Research Agenda." *The British Journal of Sociology* 57: 1-23.

Castells, M. 1996. *The Rise of the Network Society. Vol. 1. The Information Age*. Blackwell.

Delanty, G. 2006. "The Cosmopolitan Imagination: Critical Cosmopolitanism and Social Theory." *British Journal of Sociology* 57(10).

Durkheim, E. [1893]1984. *The Division of Labor In Society*. Free Press.

Giddens, A. 1991. *Modernity and Self-Identity*. Polity.

Harvey, D. 1996. *Justice, Nature, & the Geography of Difference*. Blackwell.

Held, D. 1995. *Democracy and the Global Order: From the Modern State to Cosmopolitan Governance*. Stanford University Press.

Held, D. and T. Hale(eds). 2011. *Handbook of Transnational Governance*. Polity Press.

Huntington, S. 1996. *The Clash of Civilization and the Remaking of World*. Simon and Schuster.

Kant, Ie [1795]1994. "Perpetual Peace: A Philosophical Sketch," Trans. by H. Nisbet. In H. Reiss(ed). Kant: Political Writings, Second and Enlarged Ed. Cambridge: 93-130.

Kellner, D. 2001. Grand Theft 2000. *Media Spectacle and a Stolen Election*. Rowman & Little Publishers.

Korten, D. 1995. *When Corporations Rule the World*. 2nd. ed., Kumarian Press.

Latour, B. 2005. *Assembling the Social: An Introduction to Actor-Network Theory*. Oxford University Press.

Malinowski, B. 1928. *Argonauts of the Western Pacific*. RKP.

Mauss, M. [1925]1974. *The Gift*. I. Cunnison Trans. RKP.

Murray, W.E. 2006. *Geographies of Globalization*. Routledge, Taylor and Francis.

Müller, K. 2009. "Varieties of Cosmopolitanism." Working Paper of the Center for the Critical Study of Global Power and Politics.

Palmer, T. 2002. "Globalization is Grrrreat!" Cato's Letter 1-2. http://www.cato.org/pubs/letters/palmer-catoletters.pdf.

Pieterse, N. 2004. *Globalization and Culture: Global Mélange*. Rowman &

Littlefield.

Scholte, J. 2000. *Globalization: A Critical Introduction*. St. Martin's.

Sirkin, H. *et. al*. 2008. *Globality: Competing with Everyone from Everywhere for Everything*. Business Plus.

Stigliz, J. 2002. *Globalization and Its Discontents*. Norton.

Stoekl, A. *et. al*. 1985. *Vision of Excess: Selected Writings 1927-1939*. University of Minnesota Press.

Urry, J. 2002. *Global Complexity*. Routledge.

제14장

노보루, 마키노. 1992. 『패러독스 경영』. 일본경제연구회 옮김. 김영사.

박근서. 2012. "소통환경의 변화와 복잡계 이론: 사회변동에 대한 새로운 패러다임의 모색." 『커뮤니케이션 이론』. 8(2): 65-98.

방건웅. 1997. 『신과학이 세상을 바꾼다』. 정신세계사.

채승병. 2008. 복잡계 이론과 사회과학의 만남. 2008 정보 및 제어 심포지엄(ICS'08) 논문집.

카프라, 프리초프(Capra, P.). 1998. 『생명의 그물』. 김용정 · 김동광 역. 범양사출판부.

티마셰프, 니콜라스 · 조지 테오도슨(Timasheff, N. S. and G. A. Theodorson). 1985. 『사회학사』. 박재묵 · 이정옥 역. 풀빛.

프리고진, 일리아 · 이사벨 스탠저스(Prigogine, L. and I. Stangers). 2011. 『혼돈으로부터의 질서』. 신국조 역. 고려원.

Bertalanffy, Ludwig von. 1955. *General System Theory, Main Currents of Modern Thought II*. March: 75-83.

Luhmann, N. 1969. Gesellschaftliche Organisation. Ellwein, Th. and M. Groothoff u.a.(eds.), *Erziehungswissenschaftliches Handbuch*. Berlin-West I: 387-405.

________. 1970. *Soziologische Aufklärung 1. Aufsätze zur Theorie sozialer Systeme*. Opladen: Westdeutcher Verlag.

———. 1974. *Gesellschaftstheorie*. Vervielf. Manuskript, Bielefeld.

———. 1975a. *Soziologische Aufklärung 2. Aufsätze zur Theorie der Gesellschaft*. Opladen: Westdeutscher.

———. 1975b. *Macht*. Stuttgart.

———. 1977. *Funktion und Religion*, Frankfurt a.M.: Suhrkamp.

———. 1981a. *Gesellschaftsstruktur und Semantik. Studien zur Wissenssoziologie der modernen Gesellschaft*. Bd. 2, Frankfurt a.M.: Suhrkamp.

———. 1981b. *Soziologische Aufklärung 3. Soziales System, Gesellschaft, Organisation*. Opladen: Westdeutcher Verlag.

———. 1984. *Soziale Systeme. Grundriß einer allgemeinen Theorien*. Frankfurt a.M.: Suhrkamp.

———. 1985. Die Soziologie und der Mensch. *Neue Sammlung* 25. pp. 33-41.

———. 1987. *Archimedes und wir: Interviews*. Baecker, D. and G. Stanitzek(eds.), Berlin: Merve Verlag.

———. 1988. Neuere Entwicklungen in der Systemtheorie. *Merkur* 42: 292-300.

———. 1991. Am Ende der kritischen Soziologie. *Zeitschrift für Soziologie* 20: 147-152.

Maturana, H. R. and F. Varela. 1980. Autopoiesis and Cognition: the Realization of the Living, Cohen, R. and M. Wartofsky(eds.), *Boston Studies in the Philosophy of Science*. 42. Dordecht: D. Reidel Publishing Co.

Pareto, V. 1961. On the Equilibrium of the Social Systems, Talcott Parsons (ed.), *Theories of Society: Foundations of Modern Sociological Theory*. 2 Vol., The Free Press of Glencoe, Inc. pp.1288-1291.

Parsons, T. 1970. Some Problems of General Theory in Sociology, John C. McKinney and Edward A. Tiryakian(eds.), *Sociology Perspectives and Developments*. New York: Appleton-Centry-Crafts. pp. 27-68.

———. 1991. *The Social System*. London: Routledge.

Parsons, T., Robert Freed Bales, and Edward Albert Shils. 1981. *Working Papers in the Theory of Action*. Greenwood Press.

Schmid, G. 1974. *Funktionalanalyse und politische Theorie. Funktionalismustheorie, politisch-ökonomische Faktorenanalyse und Elemente einer genetisch-funktionalen Systemtheorie*, Düsseldorf: Bertelsman Universitätsverlag.

Stacey, R. 1996. *Strategic Management & Organizational Dynamics*. London: Pitman Publishing.

제15장

듀이, 존(Dewey, John). 2010. 『철학의 재구성』. 이유선 역. 아카넷.

로티, 리처드(Rorty, Richard). 1998. 『철학 그리고 자연의 거울』. 박지수 역. 까치.

바렐라, 프란시스코(Varela, Francisco J.). 2009. 『윤리적 노하우』. 유권종 · 박충식 역. 갈무리.

요아스, 한스(Joas, Hans). 2002. 『행위의 창조성』. 신진욱 역. 한울아카데미.

Bénatouïl, Thomas. 1999. "A Tale of Two Sociologies—The Critical and the Pragmatic Stance in Contemporary French Sociology." *European Journal of Social Theory*. 2(3): 379-396.

Bernstein, Richard J. 1986. *Philosophical Profiles—Essays in a Pragmatic Mode*. Philadelphia: University of Pennsylvania Press.

________. 2010. *The Pragmatic Turn*. Cambridge: Polity.

Bogusz, Tanja. 2012. "Experiencing Practical Knowledge: Emerging Convergences of Pragmatism and Sociological Practice Theory." *European Journal of Pragmatism and American Philosophy*. IV(1): 32-54.

Boltanski, Luc. 2011. *On Critique—A Sociology of Emancipation*. Cambridge: Polity.

Boltanski, Luc and Laurent Thévenot. 2006. *On Justification—Economies of*

Worth. Princeton and Oxford: Princeton University Press.

Bourdieu, Pierre. 2001. *Masculine Domination*. Stanford: Stanford University Press.

Celikates, Robin. 2006. "From Critical Social Theory to a Social Theory of Critique: On the Critique of Ideology after the Pragmatic Turn." *Constellations*. 13(1): 21-40.

Davis, Scott G. 2005. "The Pragmatic Turn in the Study of Religion." *Journal of Religious Ethics* 33(4): 659-668.

———————. 2009. "Richard Rorty and the Pragmatic Turn in the Study of Religion." *Religion*. 39: 69-82.

Dickstein, Morris(ed). 1998. *The Revival of Pragmatism*. Durham and London: Duke University Press.

Dosse, François. 1999. *Empire of Meaning—The Humanization of the Social Sciences*. Minneapolis and London: University of Minnesota Press.

Egginton, William and Mike Sandbothe(eds). 2004. *Pragmatic Turn in Philosophy: Contemporary Engagements Between Analytic and Continental Thought*. State University of New York Press.

Emirbayer, Mustafa and Douglas W. Maynard. 2011. "Pragmatism and Ethnomethodology." *Qualitative Sociology* 34: 221-261.

Emirbayer, Mustafa and Erik Schneiderhan. 2013. "Dewey and Bourdieu on Democrary." pp. 131-157 in *Bourdieu and Historical Analysis*. edited by Philip S. Gorski. Durham and London: Duke University Press.

Engel, Andreas K. *et al*. 2013. "Where' s the Action? The Pragmatic Turn in Cognitive Science." *Trends in Cognitive Sciences* 17(5): 202-209.

Gross, Neil. 2009. "A Pragmatist Theory of Social Mechanisms." *American Sociological Review* 74(3): 358-379.

Holmwood, John. 2011. "Pragmatism and the Prospects of Sociological Theory." *Journal of Classical Sociology* 11(1): 15-30.

Joas, Hans. 1993. *Pragmatism and Social Theory*. Chicago and London: The University of Chicago Press.

Joas, Hans and Woflgang Knöble. 2009. *Social Theory—Twenty Introductory Lectures*. Cambridge: Cambridge University Press.

Rehg, William and James Bohman(eds). 2001. *Pluralism and the Pragmatic Turn—The Transformation of Critical Theory*. Cambridge, MA and London: The MIT Press.

Rochberg-Halton, Eugene. 1987. "Why Pragmatism Now?" *Sociological Theory* 5(2): 194-200.

Silber, Ilana Friedrich. 2003. "Pragmatic Sociology as Cultural Sociology—Beyond Repertoire Theory?" *European Journal of Social Theory* 6(4): 427-449.

제16장

오스틴, 존(Austin, J). 1992. 『말과 행위』. 김영진 옮김. 서광사. 2005.

Alexander, J. 2006. "Cultural Pragmatics. Social Performance Between Ritual and Strategy." *Social Performance*. eds. J. C. Alexander, B. Giesen, J. L. Mast. Cambridge University Press.

Butler, J. 1990. *Gender Trouble. Feminism and the Subverstion of Identity*. Routledge. 1997.

찾아보기

ㄴ

ㅇ

ㅈ

〔저 자 약 력〕

강정한(姜政漢)

ㅁ **약력** : 서울대학교 수학과에서 학사를 마치고 사회학과에서 사회학 석사를, 미국 시카고 대학(University of Chicago)에서 사회학 박사를 취득했다. 코넬대학(Cornell University)에서 박사 후 연구원을 지낸 후 2008년부터 연세대학교 사회학과에 교수로 재직 중이다. 주요 관심분야는 온라인 사회학, 수리사회학, 조직사회학 등이 있고, 연구 논문들은 『한국사회학』, 『이론사회학』, 『인사조직연구』, *Journal of Mathematical Sociology*, *Social Methods and Research*, *Administrative Science Quarterly* 등의 학술지에 게재했다.

ㅁ E-mail : jhk55@yonsei.ac.kr

김문조(金文朝)

ㅁ **약력** : 서울대학교 화학과, 고려대학교 사회학과 및 미국 University of Georgia에서 수학한 후, 1982년부터 고려대학교 문과대학 사회학과 교수로 재직하면서 노동, 과학기술, 문화, 현대사상 분야의 연구에 주력해 왔다. 주요 저서로는 『과학기술과 한국사회의 미래』(1999), 『디지털 한국사회의 이해』(공저)(2006), 『한국사회의 양극화』(2008), 『융합문명론』(2013) 등이 있고, 논문은 "IT기반사회의 미래 전망" 『한국사회학』 39-6(2005), "기술 시대의 위험에 관한 사회과학적 진단" 『사회와이론』 13(2008), "융합시대의 미디어 정책" 『담론201』 14-3(2011), "스마트 사회, 새로운 문명사적 도전" 『지식의 지평』 14(2013) 등이 있다.

ㅁ E-mail : muncho@korea.ac.kr

김종길(金鍾吉)

ㅁ **약력** : 고려대학교 사회학과를 졸업한 후 독일 괴팅겐대학교에서 석사 및 박사학위를 취득했으며, 2000년부터 덕성여자대학교 사회과학대학 사회학과 교수로 재직하고 있다. 주요 관심 분야는 정보사회학, 현대사회이론, 환경사회학 등이다. 주요 저서로는 『디지털 한국사회의 이해』(공저)(2006), 『사이버트렌드 2.0』(2008), 『피핑 톰 소사이어티』(2013) 등이 있고, 연구 논문들은 "'기능적 분화' 로서의 모더니티" 『사회와이론』 15(2009), "온라인 지식검색의 확산과 업무지식 활용 행태 변화: 우리나라 직장인들의 온라인 지식검색서비스 이용 양태를 중심으로" 『문화경제연구』 13(2010), "지식정보사회의 발전과 '스마트복지' 의 조건" 『사회와이론』 21(2012) 등이 있다.

ㅁ E-mail : way21@duksung.ac.kr

김홍중(金洪中)

ㅁ **약력** : 서울대학교 사회학과, 동 대학원을 졸업한 후 프랑스 파리 사회과학고등연구원(EHESS)에서 박사학위를 취득했다. 현재 서울대학교 사회학과 교수로 재직 중이며, 주

요 관심분야는 사회이론, 문화사회학, 문학/예술 사회학 등이 있고, 주요 저서로 『마음의 사회학』(2009)이 있다.

□ E-mail : slimciga@hanmail.net

유승호(柳承昊)

□ **약력** : 고려대학교 사회학과를 거쳐 동 대학원에서 사회학 박사학위를 받았으며, 현재 강원대학교 영상문화학과 교수 및 카이스트 문화기술대학원 겸직교수로 재직하면서 정보사회, 문화산업, 문화도시, 양극화 분야의 연구에 주력하고 있다. 주요 저서로는 『당신은 소셜한가? 소셜미디어가 바꾸는 인류의 풍경』(2012), 『창의성에 관한 11가지 생각』(공저)(2009), 『문화도시: 지역발전의 새로운 패러다임』(2008) 등이 있고, 연구 논문들은 "빈곤문제에서 문화의 역할" 『문화정책논총』 27-1(2013), "소비자 태도와 행위에 대한 이론적 접근: 해석 수준 이론을 중심으로" 『사회와이론』 21(2012)" 등이 있다.

□ E-mail : shryu@kangwon.ac.kr

하홍규(河弘奎)

□ **약력** : 연세대학교 사회학과에서 학사와 석사를 마치고, 미국 보스턴대학교(Boston University)에서 박사학위를 받았으며, 현재 연세대학교 사회학과 BK21 플러스 '사회적 연대와 공존' 사업단 연구원으로 재직하고 있다. 주요 관심분야는 사회이론, 종교사회학, 문화사회학, 마음의 사회학(sociology of mind)이다. 주요 논문으로는 "실천으로서의 종교-의미의 문제를 넘어서" 『종교문화연구』(2010), "조지 허버트 미드와 정신의 사회적 구성" 『철학탐구』(2011), "분노를 보다-감정과 사회적 맥락" 『감성연구』(2013), "Small is Sacred : émergence des petites églises dans une grande ville" *SOCIÉTÉS*(공저)(2013)이 있다.

□ E-mail : hajeremiah@gmail.com

사회학총서 1

현대사회학이론 : 패러다임적 구도와 전환

2013년 12월 19일 제1판 1쇄 발행
2023년 1월 25일 제1판 3쇄 발행

저 자 김 문 조 외
발행인 강 희 일 · 박 은 자

발행처 다 산 출 판 사

서울특별시 마포구 대흥로 6길 8
등 록 1979. 6. 5. 제 3–86 호(윤)
전 화 717-3661~2
FAX 716-9945
주 파 미 하 디 지 탄 아 트

정가 22,000원 파본은 바꾸어 드립니다.

http://www.dasanbooks.co.kr

ISBN 978-89-7110-413-2 94330
ISBN 978-89-7110-412-5(세트)